Steffen Hartmann

# Gilgamesch und Enkidu –
# Eine weltgeschichtliche Freundschaft

Steffen Hartmann

# Gilgamesch und Enkidu – Eine weltgeschichtliche Freundschaft

## Eine karmische Studie zu Rudolf Steiner und Ita Wegman

Verlag Freies Geistesleben

1. Auflage 2021

**Verlag Freies Geistesleben**
Landhausstraße 82, 70190 Stuttgart
www.geistesleben.com

ISBN 978-3-7725-1924-6


Umschlagbild: Susanne Mathes, *Grün auf Grün* 2004,
Öl auf Leinwand, 90 x 85 cm
Druck: Friedrich Pustet, Regensburg
Printed in Germany

MIX
Papier aus verantwortungsvollen Quellen
FSC® C014889
www.fsc.org

«Ohne Freundschaft möchte niemand leben, hätte er auch alle anderen Güter. Der Reiche, der Herrscher und der Mächtige scheint der Freunde ganz besonders zu bedürfen. Denn was nützte ihm die Gunst des Schicksals, wenn ihm die Möglichkeit entzogen würde, jenes Wohltun zu üben, das man am besten und lobenswürdigsten gegen Freunde beweist? Oder wie ließe sich das Glück ohne Freunde hüten und wahren? Es ist ja um so unsicherer, je größer es ist. In Armut und sonstiger Not aber gilt der Freund als die einzige Zuflucht. Den Jünglingen erwächst aus der Freundschaft Bewahrung vor Fehltritten, den Greisen die wünschenswerte Pflege und Ersatz für das, was ihre Schwäche selbst nicht mehr vermag, dem starken Mann Förderung zu jeder guten Tat.»

Aristoteles, *Nikomachische Ethik,* 1155a

# INHALT

# GELEITWORT

Als im neunzehnten Jahrhundert im Zuge der Ausgrabungen im Zweistromland die unschätzbare Tontafelbibliothek des Assurbanipal in Ninive ans Tageslicht kam, wurde der Weg zur Erforschung des assyrischen Machtzentrums endgültig freigelegt. Unter jenen Hügeln fanden sich auch jene Tontafeln, auf denen das gewaltige Gilgamesch-Epos aufgezeichnet war: Die Kunde von dem Menschen, der vor etwa 5.000 Jahren um das Rätsel des Todes rang, der keine Mühen und Prüfungen scheute, um das Geheimnis der Unsterblichkeit zu erfahren. Und vornehmlich in diesem Sinne rezipierte die Kulturwelt dieses Urdrama des Menschlichen.

Weniger tauchte allerdings im Visier der Forscher und Künstler, die sich immer wieder des Stoffes bemächtigten, der Charakter einer besonderen Freundschaft auf, die auch in diesem Epos aufgezeichnet war: Die Freundschaft zwischen zwei ungleichen Menschen, Gilgamesch und Eabani-Enkidu, deren Treue zueinander dazu bestimmt war, die Schranken des Todes zu durchbrechen.

Dem aufmerksamen Blick erscheinen sie zunächst wie eine Verkörperung von zwei Grundkräften, die am Werden unserer Weltgeschichte maßgeblich beteiligt sind: Gilgamesch, der mächtige Herrscher von Uruk, ist der Repräsentant der *Stärke*. Eabani-Enkidu, begabt mit Hellsichtigkeit und paradiesischer Hellfühligkeit, ist im Besitz einer besonderen *Weisheit*. Und es ist das Verdienst Steffen Hartmanns, dass er sein Augenmerk besonders auf den Charakter dieser über die Jahrtausende hindurch wirkenden – und sich wandelnden – Freundschaft lenkt.

Zu *Weisheit* und *Stärke*, wie ich die beiden Grundkräfte genannt habe, fügt er ein drittes Lebenselement hinzu: die *Liebe*, deren Goldgrund in den Impulsen des Mysteriums von Golgatha ruht, das dieser Freundschaft später eine besondere Innigkeit verlieh.

Gleichsam in Ergänzung zu den archäologischen Funden im Zweistromland brachte die Geisteswissenschaft Rudolf Steiners die Kenntnis und die Bedeutung dieser überzeitlichen Freundschaft in ihrem karmisch-reinkarnatorischen Rhythmus ans Tageslicht der Öffentlichkeit.

Fußend auf seinen Aussagen und auf eigener Forschung entwirft Steffen Hartmann ein gewaltiges Tableau dieser für den Fortschritt der Menschheit wesentlichen, schicksalhaften Beziehung, die im Laufe von drei Kulturepochen große kulturelle und zivilisatorische Errungenschaften gezeitigt hat. Sein Blick erreicht das zwanzigste Jahrhundert und greift, im Sinne der praktischen, wissenschaftlichen, künstlerischen und religiösen Bestrebungen der Anthroposophie, weit darüber hinaus.

Das Geschehen der Weihnachtstagung 1923/24 zur Neugründung der Anthroposophischen Gesellschaft als soziales Kunstwerk und der Freien Hochschule für Geisteswissenschaft als Forschungsgemeinschaft, bildet gewissermaßen das pulsierende Herz eines großen Kreislaufs von Toden, Geburten aber auch Geschehnissen in der geistigen Welt, die von Steffen Hartmann in einer geistig intimen Weise geschildert werden.

Es handelt sich um Ereignisse, die jeden angehen, der für das zukünftige Schicksal des Wesens «Anthroposophie» ein Herz hat, wie auch immer er oder sie dessen oft tragischen Lebensstationen beurteilen mag.

Steffen Hartmanns Sprache ist genau, wesentlich, und ein künstlerisch-inspirativer Zug durchzieht seine ganze Erzählung, die selber, gerade in der Zerrissenheit und in dem Unfrieden unserer gegenwärtigen Welt, eine große Anregung für das eigene Leben bedeuten kann.

Dieses Buch erfordert aber auch Unvoreingenommenheit bei der Aufnahme manch ungewöhnlicher Gedanken und Geistesmut im Hinblick auf die gegenwärtigen und zukünftigen Aufgaben der anthroposophischen Bewegung und Gesellschaft, so wie sie vom Zeitgeist Michael immer noch intendiert sind – nicht zuletzt bei der Frage nach der Überwindung geistfeindlicher Mächte.

Die Kernbotschaft von Steffen Hartmann, neben tiefen geisteswissenschaftlichen Einsichten aus der Welt der Mysterien, ist eigentlich ein Hohelied der Freundschaft und der Hoffnung: Denn letzten Endes hängt doch das Heil unserer Welt, nicht nur das der weltweiten anthroposophischen Bewegung, davon ab, ob im persönlichen Bereich oder auf dem politischen Parkett, nach und nach – denn auch die schönste Blüte braucht ihre Zeit – echte menschliche Beziehungen entstehen. Ja, Beziehungen, die ebenfalls die Schranken des Todes durchbrechen können, wie die zwischen Gilgamesch und Eabani-Enkidu:

«Freundschaft heißt, sich gegenseitig empathisch verstehen. Freundschaft dokumentiert sich am innigsten, wo der eine den anderen tiefer versteht und erkennt als dieser sich selbst. Mein eigenes höheres Wesen kommt mir durch den Freund entgegen, wird mir vom Freunde geschenkt. Und da heraus entsteht nicht nur Schicksalsklarheit und Schicksalsführung, sondern auch Mut.»[1]

Lebensmut.

Klingt nicht hier eine Musik, die Gegenwart und Zukunft unseres Menschseins heilen kann?

Ich wünsche dieser besonderen Schrift einen sehr großen Leserkreis.

*Mario Betti*

1 Siehe S. 33 in diesem Buch.

# WIE ES ZU DIESEM BUCH KAM

An der siebten Himmelfahrtstagung zur Zukunft der anthroposophischen Bewegung und Gesellschaft in Stuttgart hielt ich am 31. Mai 2019 einen Vortrag, in dem ich unter anderem über das weltweite Problem des Selbstmords sprach. Nach einem Bericht der Weltgesundheitsorganisation WHO haben sich im Jahre 2000 mehr als doppelt so viele Menschen selbst umgebracht, als in allen Kriegen in diesem Schwellenjahr gestorben sind.[2] Eine unfassbare Zahl! Eine unvorstellbare Signatur unserer Zeit, des beginnenden 21. Jahrhunderts. Warum verzweifeln so viele Menschen der Gegenwart an ihrem Leben und an sich selbst, dass sie als letzten (scheinbaren) Ausweg den Selbstmord wählen?

In meinem Vortrag ging ich diesem *inneren* Abgrund im Verhältnis des Menschen-Ich zu sich selbst nach und stellte noch zwei weitere Abgründe daneben: den *sozialen* Abgrund in der Ich-Du-Beziehung, und den *globalen* Abgrund, unser prekäres Verhältnis als globalisierte Menschheit zur Erde als Organismus, vor allem in ökologischer Hinsicht.

Nach der Tagung bekam ich eine lange E-Mail von einem mir bis dahin unbekannten Menschen namens David Stewart. Er schrieb mir, dass mein Vortrag ihn sehr berührt habe und erzählte mir sein halbes Leben. Wie er als junger Mensch kurz vor

2 «Jedes Jahr sterben nach Angaben der WHO 1,6 Millionen Menschen eines gewaltsamen Todes, und Millionen von weiteren werden verletzt. Fast jede Minute wird irgendwo auf der Welt eine Person umgebracht, alle 40 Sekunden begeht jemand Selbstmord, und etwa 35 Personen kommen pro Stunde in Kriegen ums Leben …» – *Jede Minute wird jemand umgebracht*, in *Neue Zürcher Zeitung* vom 3. Oktober 2002.

dem Selbstmord gestanden und ihm dann die Anthroposophie das Leben gerettet habe, neuen Mut und neue Lebensperspektiven eröffnend. Am Ende seines kleinen Lebensberichts fügte er an, dass er zur Zeit in einer freien Eurythmieproduktion zum Gilgamesch-Epos den Gilgamesch darstelle.

Von diesem Eurythmie-Projekt über Gilgamesch und Enkidu, verbunden mit Einführungsvorträgen von Marcus Schneider, hatte ich schon Positives durch Freunde gehört. Umgehend antwortete ich David Stewart, dass ich seine Eurythmie-Gruppe gerne nach Hamburg einladen würde.

So kam es im März 2020 in Hamburg zu einem öffentlichen Gilgamesch-Projekt. Geplant waren zwei einführende Vorträge, einer von Marcus Schneider und einer von mir, sowie eine Eurythmieaufführung. Doch die Krise um das Corona-Virus machte uns einen Strich durch die Rechnung … Kurzfristig sagte uns das Stuttgarter Ensemble ab. Plötzlich entstand ein Freiraum. Wir konnten dann immerhin eine Lesung des Gilgamesch-Epos mit Musik arrangieren und ich einigte mich mit Marcus Schneider schnell und unkompliziert darauf, dass ich neben seinen Ausführungen zu den zwölf Tafeln des Epos noch weiterführend über die karmischen Hintergründe von Gilgamesch und Enkidu sprechen würde – einen Weg nachzeichnend von Uruk bis zur Weihnachtstagung in Dornach 1923/24. Ein Weg dieses Freundespaares durch 5.000 Jahre und durch insgesamt sechs gemeinsame Inkarnationen hindurch.

Dieser Vortrag wurde dann die Keimzelle des vorliegenden Buchs. Es verdankt sich somit verschiedenen Umständen, die mich anregten, meine langjährige innere Auseinandersetzung mit diesem Stoff – die in meinem 16. Lebensjahr (1992) begann – einmal zu verschriftlichen.

Das Buch hat vier Teile. Im ersten Teil entwickle ich das Gilgamesch-Epos anhand verschiedener Übersetzungen und

Übertragungen. Gleichzeitig setze ich eigene Schwerpunkte und akzentuiere diese erste durch Dokumente bezeugte Freundschaftsbildung der Menschheitsgeschichte im Zeichen des Sonnengottes Schamasch-Michael. Im zweiten Teil stelle ich die karmischen Hintergründe von Gilgamesch und Enkidu dar, aufbauend auf den Forschungen von Rudolf Steiner, insbesondere der *Okkulten Geschichte* von 1910/11 (GA 126) und dem Zyklus *Die Weltgeschichte in anthroposophischer Beleuchtung* von 1923/24 (GA 233). Wesentliche Vorarbeiten sind darüber hinaus *Die Menschheitsaufgabe Rudolf Steiners und Ita Wegman* von Margarete und Erich Kirchner-Bockholt (1976/81) sowie *Die Erkraftung des Herzens* von Emanuel Zeylmans van Emmichoven (2009).

Es kann auf diesen Wegen deutlich werden, wie die Individualität Rudolf Steiners mit Eabani-Enkidu zusammenhängt und die Individualität Ita Wegmans mit Gilgamesch. Wichtig ist es bereits an dieser Stelle, darauf hinzuweisen, dass Rudolf Steiner über diese karmischen Zusammenhänge, ihn selbst betreffend, nicht öffentlich sprach, geschweige denn schrieb. Was er in den internen Mitgliedervorträgen darstellte, war stets losgelöst von seiner Person, eine Darstellung geschichtlicher und karmischer Vorgänge von übergeordneter Bedeutung. Nur in Privatgesprächen und in intimen Notizen, Briefen und Meditationen für Ita Wegman wurde Rudolf Steiner ins Persönliche gehend konkret. Es bedarf also einer klaren Reinheit des Anschauens, ja einer Keuschheit des Erkennens, wenn über diese Dinge aus dem historischen Abstand von fast einem Jahrhundert geschrieben und nachgesonnen wird.

Im dritten Teil befrage ich die gegenwärtige Situation der anthroposophischen Bewegung im Hinblick auf hundert Jahre Weihnachtstagung 2023/24 sowie im Hinblick auf das Jahr 2033, welches einen bedeutsamen Einschnitt in der Menschheitsentwicklung mit sich bringen wird. Ich bin davon überzeugt, dass wir nur dann hundert Jahre Weihnachtstagung «feiern» können, wenn wir mindestens genauso intensiv nach vorne schauen und fragen, wie wir zurückblicken. Diese michaelische Waage zu bilden, ist kein leichtes Unterfangen. Es braucht ein ehrliches Erkennen und auch Eingestehen der historischen Entwicklung mit all ihren Brüchen. Dann ein nüchternes Anschauen der Gegenwart, und ein offenes, bewegliches Fragen und Suchen in die Zukunft hinein.

Ich danke verschiedenen Menschen, die meine Forschungsarbeit angeregt und unterstützt sowie durch konstruktive Kritik dem ganzen Projekt geholfen haben, von Herzen: Mario Betti, Anthea Bischof, Heide-Sibyll Erichsen, Volker Fintelmann, Corinna Gleide, Johannes Greiner, Anton Kimpfler, Gabriele Kleber, Salvatore Lavecchia, Michael Rheinheimer, Harrie Salman, Marcus Schneider, Almuth Steffens, David Stewart und Cordula Zeylmans van Emmichoven. Im vierten Teil finden sich einige wertvolle Exkurse zu einzelnen Themen des Buchs, die ich meinen Freunden und zahlreichen intensiven Erkenntnisgesprächen verdanke. Ich empfinde sie wie Brückenpfeiler, die das von mir Ausgeführte stützen und ergänzen. Dank auch an meine beiden Verleger, Jean-Claude Lin für sein geduldiges Mittragen und Claudius Weise für seine fachkundigen Ratschläge. Zuletzt möchte ich Peter Selg vom Ita Wegman Institut für die Bereitstellung dreier Abbildungen danken.

*Steffen Hartmann*, Pfingsten 2021

# ERSTER TEIL

# DAS GILGAMESCH-EPOS

«Gilgamesch ist ungeheuer: ich kenns aus der Ausgabe des Urtextes und rechne es zum Größesten, das einem widerfahren kann. Von Zeit zu Zeit erzähl ichs dem und jenem, den ganzen Verlauf, und habe jedes Mal die erstaunendsten Zuhörer. Die Zusammenfassung Burckhardts ist nicht durchaus glücklich, bleibt hinter der Größe und Bedeutung zurück –, ich fühle: ich erzähls besser. Und mich geht's an.»

Rainer Maria Rilke
in einem Brief an Katharina Kippenberg,
11. Dezember 1916

Zu Beginn des 3. Jahrtausends vor Christus lebte im alten Mesopotamien – dem Zweistromland von Euphrat und Tigris – Gilgamesch, der König und Herrscher von Uruk. Das älteste Epos der Menschheit beschreibt uns sein Schicksal, auf zwölf Tontafeln, die nur fragmentarisch und in verschiedenen Varianten überliefert sind. Die historische Stadt Uruk wurde in den letzten hundert Jahren, vornehmlich von deutschen Forschern, freigelegt und wiederentdeckt. 2013 gab es im Pergamon-Museum in Berlin die große Ausstellung *Uruk – 5000 Jahre Megacity*, die Menschen aus aller Welt anzog.

Was berührt die Menschen so eindrücklich an dieser Geschichte? Was fasziniert bis heute so nachhaltig an Gilgamesch und Enkidu, der ersten Freundschaft, die sich in das Bewusstsein der Menschheit schriftlich eingezeichnet hat? Wie ist es zu erklären, dass tausende von Menschen Lebensweise und Stadtstruktur von Uruk tief, ja geradezu andächtig in sich aufnehmen, wie es 2013 in Berlin zu erleben war?

«Und mich geht's an …», dieses Rilke-Wort fühlen wohl viele Menschen des 20. und 21. Jahrhunderts in ihren Herzen pulsieren. Was will es uns sagen?

Auf jeden Fall ist deutlich, dass das älteste schriftlich überlieferte Epos der Menschheit, das die Freundschaft von Gilgamesch und Enkidu, das Rätsel des Todes, die Frage nach der Unsterblichkeit und einen ausführlichen Bericht von der Sintflut vor uns hinstellt, auf geheimnisvolle Weise in die Zukunft weist. Und das seit 5.000 Jahren …

Parallel zur äußeren und historischen Erforschung von Uruk, sowie der philologischen Rekonstruktion der Fragmente des Epos, hat Rudolf Steiner aus seiner geisteswissenschaftlichen Forschung Wesentliches über Gilgamesch und Enkidu und ihre weltgeschichtliche Aufgabe dargestellt. Dreimal hat Rudolf Steiner in Vorträgen ausführlich über Gilgamesch gesprochen, zweimal in der *Okkulten Geschichte* von 1910 (in den Vorträgen vom 27. Dezember 1910 und 28. Dezember 1910, GA 126) und einmal während der Weihnachtstagung 1923 (im Abendvortrag vom 26. Dezember 1923, GA 233) in dem Zyklus *Die Weltgeschichte in anthroposophischer Beleuchtung*. Diese beiden Vortragszyklen, die im Abstand von 13 Jahren gehalten wurden, sind auf eine geheimnisvolle, ja geradezu mysteriöse Weise miteinander verbunden, worüber noch gesprochen werden wird. Friedrich Hiebel berichtete Bernd Lampe (und dieser dem Verfasser), dass Rudolf Steiner während der Abendvorträge der Weihnachtstagung auf seinem Rednerpult den Zyklus *Okkulte Geschichte* liegen hatte, unmittelbar anknüpfend an seine Stuttgarter Darstellung von 1910, und doch zugleich der aktuellen Dornacher Situation von 1923 und der Neubegründung der Anthroposophischen Gesellschaft in Geistesgegenwart und -offenheit inspirativ nachlauschend.

Die Individualitäten von Gilgamesch und Enkidu – Rudolf Steiner spricht von Eabani (dem damaligen Stand der Wissenschaft entsprechend) – sind zentrale Träger der anthroposophischen Bewegung, wie immer deutlicher werden kann und wohl auch muss. Im Zugehen auf hundert Jahre Weihnachtstagung – die als Neubegründung der Anthroposophischen Gesellschaft und der Freien Hochschule für Geisteswissenschaft stattfand – ist dieses Buch verfasst worden. Viel wurde bereits geschrieben und gesprochen über diese Weihnachtstagung, die Rudolf Steiner selbst als einen «Welten-Zeitenwende-Anfang» (1. Januar

1924, GA 233) bezeichnete. Doch ist das Geheimnis von Gilgamesch und Enkidu schon in seiner Tiefe ergründet worden? Was heißt es, dass der Fortgang der Weltgeschichte an einzelnen Individualitäten – mit all ihren Stärken *und* Schwächen – hängt? Könnte es sein, dass auch etwas vom Schicksal des Wesens Anthroposophie – keimhaft selbstverständlich – begann, als Gilgamesch und Enkidu erstmals aufeinandertrafen und im Zeichen des Sonnengottes Schamasch Freunde wurden?

## Die erste Tafel

Der alles gesehn hat überall, das Land regierte,
Der die Ferne kannte, Jegliches erfaßt hatte,
… er gleichermaßen;
Alles an Kenntnis der Dinge allzumal hatte Anu ihm bestimmt.
Verwahrtes auch sah er, Verborgenes erblickte er;
Hat Kunde gebracht von vor der Sintflut,
Fernen Weg befahren, war dabei matt einmal
und wieder frisch,
Auf einen Denkstein hat er die ganze Mühsal gemeißelt.
Die Mauer um Uruk-Gart ließ er bauen,
Um das heil'ge Eanna, den strahlenden Hort.
Sieh an seine Mauer, deren Friese wie Bronzeschalen scheinen![3]

In elementarer Sprache, mit großer Wucht, trotz der fehlenden, oft nicht zu entziffernden Stellen, hebt das Epos an zu erzählen: von Gilgamesch. Er, der alles gesehen hatte. Der Himmelsgott Anu hat ihm Kenntnis aller Dinge bestimmt. Von der großen Flut, der Sintflut, die auch im Alten Testament beschrieben wird, hat Gilgamesch Kunde gebracht. «Auf einen Denkstein hat er

3 *Das Gilgamesch-Epos,* übersetzt von Albert Schott, Stuttgart 1992, S. 15.

die ganze Mühsal gemeißelt.» Gilgamesch ist eine alte Seele, mit viel Erdenerfahrung, die schon etliche Inkarnationen durchgemacht hat, sowohl in nachatlantischer Zeit als auch auf der Atlantis. Dieser Herrscher von Uruk ist kein normaler Mensch:

Überragend ist er weit voran den Königen,
der Ruhmreiche von schöner Gestalt,
Der heldenhafte Abkömmling von Uruk, der stößige Stier.
Er geht voran, ist der Allererste;
Er geht hinterher, ist die Stütze seiner Brüder …[4]

Seine Mutter ist die göttliche Ninsun (oder Ninßun), sein Vater der König Lugalbanda. «Zwei Drittel an ihm sind Gott, ein Drittel nur Mensch.»[5] Das sagt uns das Epos. Diese alte Seele Gilgamesch ist also durchdrungen von einem göttlichen Geistwesen. Rudolf Steiner spricht von einer «Art Feuergeist» (Vortrag vom 27. Dezember 1910, GA 126), wir können ihn auch einen Archangelos oder Erzengel nennen, der in und durch Gilgamesch wirksam ist.

Die heutige Wissenschaft beschreibt Stellung und Bedeutung von Gilgamesch wie folgt: «Und damit schloss Gilgamesch die Reihe der mesopotamischen Kulturheroen ab: Enmerkara verdankte man Schrift und Handelskontakte, Lugalbanda Opfer und die Handwerker und Gilgamesch die Zedern und vor allem das rechte Königtum, zu dem er erst durch Beherrschung seines ungestümen Wesens und schließlich durch die Weisheit des Sintfluthelden gelangte.»[6]

Die Bevölkerung von Uruk leidet unter ihrem König; die Menschen ächzen und stöhnen aufgrund der übermächtigen

4 Ebenda, S. 16.

5 Ebenda, S. 17.

6 Walther Sallaberger, *Gilgamesch, sagenhafter König von Uruk*, in: Nicola Crüseman u.a. (Hrsg.), *Uruk – 5000 Jahre Megacity*, Petersberg $^{2}$2013, S. 56.

Herrschernatur Gilgameschs und seiner maßlosen Ansprüche. Niemand ist ihm gewachsen. Können die Götter eine Hilfe, einen Ausgleich senden zu diesem Übermenschen?

In den Hürden von Uruk geht er einher,
Wilde Kraft setzt er ein gleich dem Wildstier,
erhabenen Schrittes!
Keinen Nebenbuhler hat seiner Waffen Aufbruch!
Durch seine Trommel sind dauernd im Gang seine Gesellen.
Immer neu regten sich auf die Mannen von Uruk
über willkürliches Tun.

Und sie rufen die Götter an, um Hilfe bittend:

Nicht läßt Gilgamesch den Sohn zum Vater.
Am lichten Tag und bei Nacht bäumt er sich wild auf.
Gilgamesch ist der Hirte von Uruk-Gart,
Übermächtig, stattlich, kundig und weise!
Nicht läßt Gilgamesch die Jungfrau zum Geliebten,
Die Tochter des Helden, die Gemahlin des Mannen.[7]

Das Wesen von Gilgamesch verlangt nach einem Ausgleich. Das Unbeherrschte in ihm muss gebändigt werden. Die Menschen können ihn nicht länger ertragen. Man kann das auch so verstehen, dass in seinem Schicksal sich etwas erschöpft hat. Das Vergangenheitskarma seiner Individualität ist übermächtig geworden. Das spiegelt sich in seinem umfassenden Wissen einerseits – Anu hatte ihm Kenntnis aller Dinge verliehen – und in seiner unbändigen Feuernatur, in seinem maßlosen Willenswesen andererseits.

Das Karma verlangt einen Neueinschlag, ein Neu-Beginnen. Doch dafür braucht es einen anderen Menschen, ein Du, einen

7 *Das Gilgamesch-Epos*, S. 17.

wahrhaften Freund, der lebendigen Gegensatz und verstehende Ergänzung in einem verkörpern soll. Und die Götter erhören die Klage der Menschen von Uruk, sie erkennen die Not und Einsamkeit Gilgameschs. Sie erschaffen den zukünftigen Freund: Eabani oder Enkidu genannt.

Aruru wusch sich die Hände, [die Muttergöttin; S.H.]
Kniff sich Lehm ab, warf ihn draußen hin.
Enkidu, den gewaltigen, schuf sie, einen Helden,
Einen Sprößling der Nachtstille, mit Kraft beschenkt von
Ninurta [ein Kriegsgott und Gott des Sirius; S.H.]
Mit Haaren bepelzt am ganzen Leibe;
Mit Haupthaar versehen wie ein Weib:
Das wallende Haupthaar, ihm wächst's wie der Nisaba!
[die Getreidegöttin; S.H.]
Auch kennt er nicht Land noch Leute:
Bekleidet ist er wie Sumukan! [der Gott der Tiere; S.H.]
So verzehrt er auch mit den Gazellen das Gras,
Drängt er hin mit dem Wilde zur Tränke,
Ward wohl seinem Herzen am Wasser mit dem Getier.[8]

Enkidu, der Tiermensch. Ein Wilder. Er lebt mit den Tieren, in paradiesischer Unschuld. Rudolf Steiner wies darauf hin, dass Eabani eine junge Seele war, mit wenigen vorherigen Inkarnationen, das heißt wenig Erdenerfahrung. Eabani war lange in kosmischen Höhen verblieben, im Umkreis der Erde. Wenig Erdenkarma und Erdenschuld bringt er mit, dafür aber kosmische Hellsichtigkeit und Hellfühligkeit in paradiesischer Unschuld.[9]

Dieser Tiermensch beunruhigt einen Jäger vor der Stadt. Enkidu hindert das Jagen, wie eine Art Schutzgeist der Tiere ge-

8 Ebenda, S. 18.

9 Siehe hierzu Rudolf Steiner, *Okkulte Geschichte,* GA 126, Vortrag vom 27. Dezember 1910.

bärdet er sich. Er wird so zu einem Problem, das der Jäger in der Stadt Uruk meldet. Gilgamesch gibt weisen Rat, was zu tun sei. In einer freien Nachdichtung hat Hella Krause-Zimmer diese Stelle in schöne und tiefe Worte gefasst. Bei ihr spricht die Liebesgöttin und Stadtpatronin Ischtar zu Gilgamesch:

> Enkidu, wirst du, o König,
> nimmer erblicken,
> solange die Tiere ihm dienen
> und die Menschen ihm fremd sind.
> Enkidu kennt
> sein irdisches Wesen noch nicht.
> Mit göttlichen Träumen
> umgibt er sich mächtig die Seele,
> nicht Unrast noch Sorge
> hat je ihn berührt.
> Enkidu meidet die Menschen.
>
> Willst du ihn aber
> ziehen in deinen Bann
> und vor die Tore dir zwingen
> zum Zweikampf,
> dann sende voraus,
> was mächtiger ist, als du,
> und was Enkidu dir macht
> zum menschlichen Wesen,
> das Zweisamkeit sucht,
> das lernt, Begehrung zu tragen
> nach anderem Antlitz
> und anderem Wesen,
> das entfaltet aus dem Kerker des Leibes
> die menschliche Stimme der Sehnsucht.

Sende die kleinere Schwester der Ischtar,
sie in die Wüste,
sie in die Wildnis,
daß sie dir zähme den gewaltigen Mann
und locke vor deine Tore.[10]

Der erste Mensch, dem Enkidu begegnen wird, ist eine Frau, eine Priesterin der Ischtar-Mysterien, sie wird ihn zum Manne und damit auch zum Menschen machen. Seine paradiesische Unschuld wird verloren gehen, das Zusammenleben mit den Tieren wird aufhören. Enkidu wird erwachen zum wirklichen Menschsein auf der Erde.

Eindrücklich schildert das Epos diese erste Etappe der Menschwerdung Enkidus. Es ist eine geweihte Frau, die Enkidu zum Menschen macht, die ihn einführt in das menschliche Leibes- und Sinneserleben. Ihr Name ist Schamchat. Schamchat ist eine Dienerin der Ischtar. Eine Priesterin der Liebe. Und Enkidu erfährt durch sie eine Liebeseinweihung. Die junge Seele, die bis dahin in paradiesischer Unschuld mit den Tieren lebte, kommt durch die Begegnung mit der geweihten Schamchat in Berührung mit urmenschlichen Erden-Kräften. Sechs Tage und sieben Nächte begegnen und «erkennen» sie einander.

Sie öffnete ihr Gewand, daß er auf ihr ruhe.
Wonne erregte sie ihm, das Werk des Weibes.
Seine Brust preßte sich auf sie.
Enkidu vergaß, wo er geboren war.
Sechs Tage und sieben Nächte
pflog Enkidu der Liebe mit der Geweihten.[11]

10 Hella Krause-Zimmer, *Das Gilgamesch Epos. Freie Nachdichtung*, Dürnau 1986, S. 11f.

11 *Das Gilgamesch Epos,* in der Übersetzung von Hermann Ranke, nach der Ausgabe von 1924, Wiesbaden 2006, S. 11.f.

Es war eine Entwicklungsnotwendigkeit, dass die Wildheit in Enkidus Wesen – er lebte zuvor mit den wilden Tieren – gezähmt wurde. So zähmte Schamchat liebevoll Enkidu und schenkte ihm damit sein bewusstes Menschsein. Das Motiv der sechs Tage und sieben Nächte leuchtet hier zum ersten Mal auf. Es zeigt deutlich, dass Enkidu im Liebeserleben eine Art Einweihung erfährt. Später wird Gilgamesch am Totenbett Enkidus – aus Liebe und Schmerz – sieben Tage und Nächte ausharren und wachen; und am Ende seiner großen Einweihungsreise zu Utnapischtim wird Gilgamesch die Prüfung, sechs Tage und sieben Nächte zu wachen, *nicht* bestehen und sofort zu Beginn der Prüfung einschlafen für sieben Nächte …

Nach sechs Tagen und sieben Nächten ist Enkidu ermattet, die Liebeseinweihung endet, und die Priesterin und er führen ein Gespräch. Zum ersten Mal vernimmt Enkidu menschliche Worte! Zum ersten Mal spricht jemand mit ihm. Die kundige Frau hat ihn tief erkannt. Sie sagt ihm: Enkidu, Du bist schön. Enkidu, auf deiner Stirne leuchtet die Kraft des Verstandes. Lass die Tiere hinter dir, komm mit mir in die Stadt. Da gibt es einen, der alle überstrahlt, der stärker ist als alle, ihn musst du kennenlernen, *Gilgamesch* ist sein Name. Und Enkidu springt auf und ruft: «Der Starke bin ich!»

In diesem Moment hat ihn die Sehnsucht erfasst, den Anderen zu treffen. Da spürt er zum ersten Mal ahnungsweise, was es heißt, auf ein ebenbürtiges Gegenüber zu stoßen. Es verlangt Enkidu nach dem Kampf mit Gilgamesch. Die Frau ist die Brücke zum zukünftigen Freund. Die Ischtar-Priesterin bahnt für ihn, den Urmenschen, den Weg in die Stadt, zu den Menschen. Schon hier sei die Frage erlaubt: Wer war diese Frau? Was hat diese ihre Tat für Schicksalsfolgen – für Enkidu, für Gilgamesch und für sie selbst, auch in folgenden Erdenleben?

## Die zweite Tafel

In der zweiten Tafel des Epos kommt es zum Kampf. Gilgamesch ist vorgewarnt und vorbereitet. Ihm träumte bereits von einem heftigen Kampf, seine Mutter Ninsun deutete ihm den Traum: Ein Starker wird kommen aus der Steppe, einer wie du, und ihr werdet kämpfen miteinander, aber bedenke, es ist ein Freund, ich will ihn aufnehmen wie meinen Sohn.

Gilgamesch, dem noch niemand widersprach, Gilgamesch, dem noch niemand entgegentrat, Gilgamesch, vor dem alle zittern, Er, der Einsame unter den Menschen trifft jetzt auf Enkidu. Dieser ist in die Stadt eingedrungen, geführt von der Ischtar-Priesterin, alle Menschen von Uruk weichen staunend zurück vor dem Glanz und der Aura dieses Tiermenschen. Da packt beide der Zorn und der Eifer des Kampfes:

Gilgamesch …
Über ihm … zürnt er …
Er machte sich auf und ging auf ihn zu,
Sie stießen zusammen auf dem Markte des Landes.
Enkidu sperrte das Tor mit dem Fuß,
Daß Gilgamesch eintrat, gab er nicht zu.
Da packten sie sich, gingen in die Knie wie Stiere,
Zerschmetterten den Türpfosten, es bebte die Wand! –
Gilgamesch und Enkidu –
Ja, sie packten sich, gingen in die Knie wie Stiere,
Zerschmetterten den Türpfosten, es erbebte die Wand! –
Als Gilgamesch ins Knie sank, am Boden den Fuß –
Da verrauchte sein Zorn, er wandte seine Brust
Sobald er gewandt seine Brust,
Sprach Enkidu zu ihm, zu Gilgamesch:
»Wie so einzig gebar deine Mutter dich,

Des Geheges Wildkuh, Rimat-Ninßun!
Erhöht ist über die Männer dein Haupt,
Dir bestimmte der Leute Königtum Enlil! [der göttliche Länderherr; S.H.]
Die Fürsten der Welt überragt deine Kraft.»[12]

Und dann kommt ein Satz, der durch die Jahrtausende weitertönt: «Sie küssten einander und schlossen Freundschaft ...»

Im Kampfe erkennen sie sich, im Streit erwacht die Liebe zueinander, und kämpfend schließen sie Freundschaft. Das ist der zweite Akt der Menschwerdung Enkidus, nach der erweckenden Begegnung mit der Ischtar-Priesterin. Aber auch Gilgamesch – zwei Drittel Gott, ein Drittel Mensch – vermenschlicht sich durch diesen Kampf etwas, da zum ersten Mal ein Mensch ihm widersteht, da er zum ersten Mal auf ein wirkliches Gegenüber stößt. Beide werden durch diese Freundschaft von ihrer bisherigen Einsamkeit erlöst. In den Schicksalsstrom beider Individualitäten gibt es einen Neueinschlag, mit unabsehbaren karmischen Folgen in die Zukunft hinein.

Nun wird Enkidu aufgenommen in Uruk, neben Gilgamesch darf er sein und wirken. Die Stadtgöttin von Uruk ist die Liebesgöttin Ischtar – ein Geistwesen, das in späteren Zeiten auch mit der Venus in Verbindung gebracht wurde. Halten wir fest: In ihrem Zeichen haben sich die beiden gefunden, zumindest mit ihrer Hilfe, und mit der Hilfe einer ihrer Priesterinnen.

12 *Das Gilgamesch-Epos*, übersetzt von Albert Schott, S. 29.

## Der Auftrag von Schamasch

Gilgamesch ist durchdrungen von dem Sonnengott Schamasch. Dieser überstrahlt ihn. Und ihm dient Gilgamesch mit elementarischer Gewalt. Schamasch wird er treu bleiben durch alle Wirrnisse und Herausforderungen des Epos hindurch. Der babylonische Sonnengott Schamasch kann in Verbindung gebracht werden mit derjenigen Wesenheit, die wir heute Michael nennen. Dann kann man sagen: Gilgamesch ist ein werdender Michael-Diener. Und Enkidu kommt nun *auf der Erde* durch die Begegnung mit Gilgamesch in den Wirkenskreis von Schamasch-Michael.

Werner Papke, der den interessanten Versuch unternommen hat, ausgehend vom Jahre 2340 vor Christus, das Gilgamesch-Epos astronomisch auszudeuten, schreibt über Gilgamesch und Schamasch: «Die Herrscher von Uruk betrachteten sich demnach als Nachkommen oder ‹Söhne› der Sonne. Deshalb nimmt auch im Gilgamesch-Epos der Sonnengott (Schamasch) eine so wichtige Stellung ein. Zu ihm fleht Gilgamesch in seiner Not. Vor Schamasch legen die beiden Helden den erschlagenen Himmelsstier nieder. Und Schamasch hält Gericht mit Anu, Enlil und Ea und verteidigt die beiden Adoptivbrüder.»[13]

13 Werner Papke, *Die geheime Botschaft des Gilgamesch,* Augsburg 1993, S. 201. Zu dem Verhältnis der beiden babylonischen Gottheiten Schamasch und Marduk sei noch hinzugefügt, dass sie beide Michaels-Qualitäten verkörpern. Sigismund von Gleich schreibt dazu: «›Ia‹ sandte der Menschheit seinen Sohn *Marduk* als Helfer. Er ist der ‹Herr› oder Bel. Dies Wesen darf als der babylonische Michael betrachtet werden. Obwohl Marduk in der Planetenwelt über dem Jupiter waltet, ist seine Natur doch sonnenhaft. Die Hymnen an ihn lassen dies deutlich erkennen. Einige Anrufungen des Marduk seien hier angeführt; er wird dem Sonnengott Schamasch verglichen:

Marduk, Herr der Länder, grimmiger, / Gewaltiger, einziger, vollkommener, / Erhabener Held, Vater mit weitem Sinn, Fürst! / Marduk, Gewaltiger, Ausgezeichneter, / Starker, Kräftiger, / Weiser, Erstgeborener des Ia, / Schöpfer der ganzen Menschheit! / Herr bist Du gleich Schamasch, / Erleuchter der Finsternis!»

Doch fahren wir fort mit der Betrachtung des Epos. Die beiden Freunde Gilgamesch und Enkidu bleiben nicht untätig. Jetzt, wo sie sich gefunden haben, sinnen sie auf große Taten. Ihre Freundschaft will sich im Tun bewähren. Und Schamasch selbst erteilt ihnen einen ersten Auftrag. Georg Burckhardt übersetzt den Beginn der vierten Tafel mit den Worten:

«Und Schamasch, der Sonnengott, sprach zu Gilgamesch: ‹Mache dich auf mit dem Freunde, zu streiten gegen Chumbaba! Zum Hüter des Zedernwaldes ist er bestellt; durch den Zedernwald geht es zum Götterberg hinauf. Gegen mich hat Chumbaba gefrevelt, darum geht und erschlagt ihn!›»[14]

Nun beginnt ein Drama, in das zunehmend Götter mit hineinverstrickt werden. Denn auch Schamasch hat ein Schicksal, ebenso Ischtar, und diese Götterschicksale bilden mit am Menschheitswerden. *Das Schicksal ist stärker als Menschen und Götter*. Diese erschütternde Aussage gilt schon für die babylonisch-chaldäische Kulturzeit.[15] Und so werden auch Schamasch und Ischtar hineinverwickelt in die Taten und Tatenfolgen von Gilgamesch und Enkidu …

Die Reise zum Zedernwald des Chumbaba ist beschwerlich. Man vermutet, dass es eine Reise bis in den heutigen Libanon war. Der Wächter dieses Waldes – durch den man zum Götterberg gelangen kann – hat gegen den Sonnengott Schamasch gefrevelt, deshalb soll er getötet werden. Auf dieser Reise kommen den beiden Freunden immer wieder Zweifel und Angst steigt auf vor den kommenden Ereignissen. Eine Signatur dieser

---

Sigismund von Gleich, *Marksteine der Kulturgeschichte,* Stuttgart 1963, S. 41.

14 *Das Gilgamesch-Epos. Eine Dichtung aus dem alten Orient,* zu einem Ganzen gestaltet von Georg Burckhardt, Leipzig 1958, S. 19.

15 Später werden die alten Griechen diese Einsicht auf dramatische Art ausgestalten. Siehe hierzu Anton Kimpfler, *Schicksalsprobleme bewältigen. Stärker als Menschen und Götter,* Heidenheim 2007, S. 7ff.

Freundschaft ist es, dass Gilgamesch Träume hat, die er selbst nicht ganz versteht, die ihm aber Enkidu deuten kann. Die alte Seele schaut in Imaginationen die Zukunft, kann sie selber aber nicht zur vollen Klarheit bringen, die junge Seele jedoch kann durch ihre kosmische Verbundenheit, durch ihre «Hell-Erkenntnis», wie Rudolf Steiner es in der *Okkulten Geschichte* formuliert,[16] diese Träume aufschlüsseln und deuten.

Freundschaft heißt, sich gegenseitig empathisch verstehen. Freundschaft dokumentiert sich am innigsten, wo der eine den anderen tiefer versteht und erkennt als dieser sich selbst. Mein eigenes höheres Wesen kommt mir durch den Freund entgegen, wird mir vom Freunde geschenkt. Und da heraus entsteht nicht nur Schicksalsklarheit und Schicksalsführung, sondern auch Mut. Mut machen sich Enkidu und Gilgamesch immer wieder gegenseitig. Wenn der eine erlahmt, feuert der andere ihn wieder an und umgekehrt. Zusammen sind sie unbesiegbar. Tiefe Freundschaftsbande entwickeln sich dadurch zwischen ihnen.[17]

Ist es nicht zum ersten Mal in der Weltgeschichte, dass sich zwei derart unterschiedliche Menschen freundschaftlich verbanden? Ist das vielleicht selbst den Göttern neu, diese Freundschafts-Qualitäten? Bis dahin gab es Familienbande, Stammesbande, Volksbande sowie hierarchische Strukturen, die

16 «[A]ber in seiner Wildheit lebte Gottbeseeltheit, altes Hellsehen, Hellwissen, alte Hell-Erkenntnis.» - Rudolf Steiner, *Okkulte Geschichte,* GA 126, Vortrag vom 27. Dezember 1910. Vgl. auch Emanuel Zeylmans, *Die Erkraftung des Herzens*, Arlesheim 2009, S. 184ff.

17 «Da sehen wir bei Gilgamesch und Eabani ins Spirituelle umgesetzt ein solches Zusammenwirken von Menschen ganz verschiedener Begabung. […] Das aber, was Gilgamesch außerdem durch Eabani, seinen Freund, sich für seine Seele erobern konnte, das war, daß er gleichsam von Eabani angesteckt wurde mit einer eigenen hellseherischen Kraft, so daß er in gewisser Weise zurückschauen konnte in seine früheren Inkarnationen. So lernte Gilgamesch wirklich von Eabani das Zurückschauen in frühere Inkarnationen.» – Rudolf Steiner, *Okkulte Geschichte*, GA 126, Vortrag vom 28. Dezember 1910.

das Zusammenleben der Menschen regelten. Aber eine freie Freundschaft, auf offene Entwicklungen hin veranlagt? Erklärt das vielleicht, warum Rudolf Steiner über dieses Freundespaar unter dem Titel *Die Weltgeschichte in anthroposophischer Beleuchtung und als Grundlage der Erkenntnis des Menschengeistes* spricht?

Und nochmal anders gefragt: Hat nicht Schamasch-Michael die Erprobung und Verwirklichung dieser Freundschaft impulsiert, weil er wusste, dass es für den Fortgang der Weltgeschichte notwendig ist, dass Freunde aus Freiheit und Liebe zusammenwirken? Die Folgen solcher Freundestaten kann Schamasch-Michael aufgreifen und im Kosmos weiter schwingen lassen, an der Entwicklung der ganzen Menschheit bauend.

Chumbaba ist ein schreckliches Hüter-Geist-Wesen, das Gilgamesch und Enkidu schon kennt, schon seit ihrer Jugend. Er empfängt die beiden mit Spott und Hohn:

Chumbaba tat seinen Mund auf zu reden
　　　　und sprach zu Gilgamesch:
«Beraten sollen sich da doch, Gilgamesch,
　　　　der Tölpel und der Dummkopf:
Warum lieft ihr bis zu mir?
Gib den Rat doch, Enkidu, du Fischsohn,
　　　　der seinen Vater nicht kennt,
Den Schildkröten, klein und groß, die nicht
　　　　einsaugen konnten die Milch der Mutter!
Schon, als du noch klein warst, blickte ich dich an,
　　　　trat aber nicht heran an dich
...
Hätte dein Fleisch fressen lassen sollen
　　　　den Schlangenvogel, den Adler und Geier!»[18]

18 *Das Gilgamesch-Epos*, übersetzt von Albert Schott, S. 47.

Man kann den Eindruck haben, als ob Chumbaba es bereut, die beiden nicht schon früher vernichtet zu haben, jetzt, wo sie ihm zu Leibe rücken und ihn bedrohen. Und es kommt zu einem erbitterten Kampf. Chumbaba ist ein mächtiges Wesen – und alleine hätten die Freunde diesen Kampf wohl nicht bestehen können. Aber Schamasch eilt ihnen zur Hilfe, zusammen mit der Elemente Gewalt:

Schamasch erweckte gegen Chumbaba große Sturmwinde,
Den Südostwind, den Nordwestwind, den Nordostwind,
den Südwestwind, den Böenwind,
Den Sturm, den Wildsturm, den bösen Wind,
den Simurru-Wind,
Den Asakku-Dämon, den Schüttelfrost, den Sturmwind,
den Sandsturm.
Dreizehn Winde erhoben sich gegen ihn
und verfinsterten Chumbabas Gesicht.[19]

Nun gelingt es den Freunden – mit Hilfe dieser dreizehn Windgewalten – Chumbaba so zu bedrängen, dass dieser um sein Leben fleht. In dieser Situation ist es interessanterweise Enkidu, der kein Erbarmen kennt, und der Gilgamesch auffordert, stark zu bleiben und Chumbaba zu töten. Und Gilgamesch erschlägt Chumbaba. Seinen Kopf trägt er als Siegestrophäe und Opfergabe zurück bis nach Uruk. Die erste Prüfung haben die beiden bestanden.

19 Ebenda, S. 48f.

## Die Auseinandersetzung mit Ischtar

Man kann sich vorstellen, wie die gemeinsame Aura von Gilgamesch und Enkidu jetzt glänzt. Sie haben ihr erstes großes Abenteuer *gemeinsam* bestanden, haben den Auftrag von Schamasch erfüllt. Nun wird deutlich, im Bereich der Menschen und Götter, dass die beiden zusammen unbesiegbar sind. Der Glanz ihrer Freundschaft strahlt über Uruk.

So ist es verständlich, dass nun Ischtar, die Stadtgöttin von Uruk, sich liebevoll Gilgamesch zuwendet. Sie wirbt um ihn, sie will ihn zum Mann gewinnen. Was wäre passender gewesen? Der König von Uruk vereint sich mit der Stadt- und Liebesgöttin Ischtar.

Rudolf Steiner weist in *Die Weltgeschichte in anthroposophischer Beleuchtung* darauf hin, dass die Ischtar-Mysterien von Uruk eine Art «synthetischen Mysteriums» gewesen seien, das heißt, dass in ihnen eine Synthese asiatischer Mysterien gepflegt wurde. Mächtig ist diese Ischtar und weise, ausgestattet mit allen Kräften der Liebe, der Fortpflanzung und der Kultivierung, auch den Kräften von Geburt und Tod. Wie wird Gilgamesch sich verhalten? Und was wäre Enkidus Rolle in dem Ganzen?

Das Erstaunliche ist nun: Gilgamesch weist Ischtar zurück! Ja, nicht nur das, er verhöhnt sie, verspottet sie. Er hält ihr vor, wie übel es ihren früheren Liebhabern erging. Nein, er möchte unabhängig von ihr bleiben, er ist verbunden in Liebe mit Enkidu und mit Schamasch. Da ist kein Platz für Ischtar. Ein Rätsel. Warum tut er das? Warum brüskiert er die Göttin so schamlos?

Dieses Zurückweisen der Ischtar wird bittere Folgen haben für die beiden Freunde, ja es wird schließlich zum Tod von Enkidu führen. Warum geschieht dieses? Ja, warum ist sogar Schamasch auf Seiten der beiden, die Ischtar nicht nur zurückweisen, sondern verhöhnen, damit auch Schuld auf sich ladend?

Ischtar beklagt sich daraufhin bitter im Götterhimmel und fordert eine Strafe für Gilgamesch. Sie verlangt den Himmelsstier, mit dem sie gegen Uruk ziehen will, Rache zu nehmen. Der Himmelsstier soll Gilgamesch töten. Die Götter beratschlagen und müssen zugestehen, dass das Verhalten von Gilgamesch unziemlich war. Ischtar bekommt den Himmelsstier und schickt ihn gen Uruk. Unheil naht.

Welch ein Bild: Im Zorn bedroht Ischtar ihre eigene Stadt! Sie will Rache an Gilgamesch, koste es, was es wolle. In dem nun folgenden Kampf werden im Grunde Gilgamesch und Enkidu die neuen Stadtwächter und Beschützer von Uruk, im Kampf gegen den Himmelsstier.

Und mit vereinten Kräften töten sie den Himmelsstier. Gilgamesch trifft ihn mit seinem Schwert, zwischen Nacken und Hörnern, wie ein kundiger Schlachter.

Da sie getötet den Himmelsstier, sein Inneres ausgeweidet,
Legten sie vor Schamasch ihn nieder.
Sie traten zurück, voll Ehrfurcht vor Schamasch sich beugend,
Dann setzten sich beide Brüder. –
Auf stieg Ischtar auf Uruk-Garts Mauer,
Sie sprang auf … stieß ein Wehgeschrei aus:
«Weh über Gilgamesch, der mich beschmäht hat!
Den Himmelsstier erschlug er!»
Da Enkidu diese Rede der Ischtar hörte,
Riß er des Himmelsstieres Keule aus und warf sie ihr hin:
«Kriegte ich dich, auch dir tät ich wie diesem!
Sein Geweide hängt' ich an deinen Arm.»[20]

20 Ebenda, S. 60.

Was hat Enkidu da getan? Furchtbar hat er nun Ischtar gedemütigt. Nicht genug, dass der Himmelsstier getötet wurde von Gilgamesch, nun verhöhnt und beschmutzt Enkidu auch noch die trauernde Ischtar. Das wird karmische Folgen haben, für ihn und für Gilgamesch. Doch seine Tat hat einen tiefen spirituellen Sinn. Margarete und Erich Kirchner-Bockholt schreiben dazu in ihrem gemeinsamen Buch: «Die Stierkultur, die mit den Vererbungs- und Blutskräften zusammenhängt, muss überwunden werden. Das ist ein deutliches Bild für die Tatsache, dass Eabani auf die Erde kommt, um die Blutsmysterien abzulösen und den Persönlichkeitsimpuls zu bringen, er, der ganz Mensch ist.»[21]

Klarsichtig und tiefgehend charakterisieren sie in diesem Zusammenhang auch das Wesen von Eabani-Enkidu mit den Worten: «Eabani unterscheidet sich von allen Menschheitsführern der früheren Zeiten dadurch, daß er ganz Mensch ist, daß er aber, wie geschildert, mit dem ganzen kosmischen Wissen der Fixstern- wie auch der Planetenwelt auf die Erde kommt. Er braucht keine Mysterien, er braucht auch nicht die Inkorporation einer hierarchischen Wesenheit in seiner Persönlichkeit. – Bei allen früheren Menschheitsführern, sogar bis 1000 v. Chr., kann man nicht von einem Ich sprechen, selbst bei Zarathustra nicht. Hierarchische Wesen inkorporieren sich in ihnen und wirken durch sie.»[22] Diese Aussagen führen uns dazu, weitere Fragen in Bezug auf die Auseinandersetzung der beiden Freunde mit dem alten Mysterienwesen zu verfolgen.

21 Margarete und Erich Kirchner-Bockholt, *Die Menschheitsaufgabe Rudolf Steiners und Ita Wegman,* Dornach 1981, S. 24.

22 Ebenda, S. 23.

## Weiterführende Fragen und die Inkarnation Luzifers

Halten wir an dieser Stelle im Strom des Epos einmal inne. Warum geschieht das alles? Gibt es einen tieferen, weltgeschichtlichen Sinn in dem Ganzen, den es zu entschlüsseln gilt? Müssen Gilgamesch und Enkidu aus einer ehernen Notwendigkeit heraus so handeln und schuldig werden? Und weiß Schamasch der Sonnengott, warum Ischtar so energisch zurückgewiesen werden muss? Ist er der eigentliche Führer in dem ganzen Vorgang?

Ich entwickle nun einen Zusammenhang im Hinblick auf diese Fragen, der sich so nicht bei Rudolf Steiner findet, obwohl die einzelnen Bausteine zu dieser Zusammenschau alle auf seinen geistigen Forschungen beruhen. Ich verdanke einiges, was ich jetzt darstellen werde, intensiven Erkenntnisgesprächen mit meinem Freund Johannes Greiner.

Etwa zeitgleich zu der Erdenwirksamkeit von Gilgamesch und Enkidu am Beginn des dritten vorchristlichen Jahrtausends im Zweistromland ereignete sich eine bedeutsame Inkarnation im alten China, und zwar die Inkarnation Luzifers. Noch in der *Geheimwissenschaft im Umriß* findet man nichts über diese Inkarnation Luzifers. In diesem Grundlagenwerk stellt Rudolf Steiner 1909 die ganze Weltentwicklung dar, und als ihren Dreh- und Angelpunkt die Inkarnation Christi, des hohen Sonnenwesens aus dem Bereich der göttlichen Trinität. Erst zehn Jahre später, im Jahre 1919, spricht Rudolf Steiner in insgesamt acht Vorträgen über die Inkarnation Ahrimans und im Zusammenhang damit auch über die Inkarnation Luzifers.

Die in das Weltenwerden eingeschriebene Götter-Waage sieht als Urgesetzmäßigkeit die Inkarnation Christi als die eigentliche Zeitenwende vor, und 3.000 Jahre vorher eine Inkarnation des Lichtbringers Luzifers sowie im 3. Jahrtausend nach der Zeitenwende – gleichsam als karmischer Ausgleich auf der Götterwaage – eine Inkarnation Ahrimans. Luzifer kam im Osten auf die Erde, im alten China, Christus in der Mitte, im Heiligen Land, und Ahriman wird sich im Westen inkarnieren.

Da Ahriman der große Beschleuniger ist, der alle Entwicklungsprozesse unmenschlich beschleunigt und damit ihres lebendigen Rhythmus beraubt, wird er alles daran setzen, viel früher zu kommen, als ihm eigentlich zusteht. Ja, Ahriman scheint in den Jahren 2020/21 nahe seiner Erdeninkarnation zu stehen. Dies ist ein weiterer Beweggrund für diese Ausführungen, da ich überzeugt bin, dass wir die Inkarnation Ahrimans nur verstehen können, wenn wir auch die Inkarnation Luzifers vor etwa 5.000 Jahren verstehen und natürlich die Menschwerdung Christi in der Zeitenwende.[23]

Rudolf Steiner sprach am 27. Oktober 1919 über die Inkarnation Luzifers und Ahrimans. Es heißt da über Luzifer: «Da findet der zurückschauende seherische Blick, wie auch eine Inkarnation einer übersinnlichen Wesenheit in einem Menschen stattfand, so wie durch das Ereignis von Golgatha eine Inkarnation einer übersinnlichen Wesenheit, des Christus, in dem Menschen Jesus von Nazareth stattgefunden hat. Diejenige Inkarnation, die am Beginn des 3. vorchristlichen Jahrtausends stattgefunden hat, die außerordentlich schwierig zu verfolgen ist, auch mit der Wissenschaft des Schauens, der Initiationswissenschaft, gab der Menschheit außerordentlich Glanzvolles, außerordentlich Einschneidendes. Und was sie da der Menschheit gab, das ist im Grunde genommen wesentlich jene alte Urweisheit.»[24]

23 Siehe hierzu auch meinen Aufsatz *Die Menschwerdung Christi und die Inkarnation Ahrimans*, in *Wege* 4/2019. Die *Wege*-Zeitschrift ist zu beziehen über den Wege-Verlag in der Scheffelstr. 53, 79102 Freiburg i.Br..

24 Rudolf Steiner, *Der innere Aspekt des sozialen Rätsels. Luziferische Vergangenheit und ahrimanische Zukunft*, GA 193, Vortrag vom 27. Oktober 1919.

Durch Luzifer hat die Menschheit die Urweisheit bekommen. Das heißt, die Weisheit der Mysterien und dann auch, im alten Griechenland, in der Entwicklung der Philosophie, verdanken wir Luzifer! Er ist der Lichtbringer. Auch die ganze Kunst-Entwicklung ist von ihm inspiriert und getragen: «Da war, so zeigt es sich dem zurückschauenden seherischen Blick, tatsächlich eine wirkliche Menschheitsinkarnation der luziferischen Macht. Und diese Inkarnation Luzifers in der Menschheit, die in einer gewissen Weise sich vollzogen hat, war der Ursprung der weit ausgebreiteten, auf dem Grunde der dritten nachatlantischen Menschenkultur liegenden Urweisheit.»[25]

Rudolf Steiner macht dann auch darauf aufmerksam, dass es unsinnig wäre, diese Luzifer-Inkarnation und ihre Wirkungen irgendwie zu fliehen oder zu verschmähen; denn Luzifer hat unendlich viel Schönes und Weisheitsvolles der Menschheit gebracht: «Alles, was die Menschen denken, dichten, wollen konnten in der damaligen Zeit, war in einer gewissen Weise durch diesen luziferischen Einschlag in die Menschheitskultur bedingt.»

Das war also die geistige Situation als Gilgamesch und Enkidu Freunde wurden in Uruk. Natürlich sind die beiden Luzifer als Mensch nicht leiblich begegnet, aber die Geistatmosphäre der Zeit, ihrer Lebenszeit, war durchdrungen von der Macht Luzifers, von der Anwesenheit Luzifers auf Erden. Und Luzifer wirkte in allen vorchristlichen Mysterien. Man kann es auch so ausdrücken: Die guten, fortschreitenden Götter mussten in vorchristlicher Zeit in den Mysterienstätten mit Luzifer kooperieren, es ging gar nicht anders. Und erst durch das Wirken des Christus in Jesus auf Erden, erst durch die Auferweckung des Lazarus und den Kreuzestod Christi, die Höllenfahrt und die Auferstehung sind die Mysterien ihrem Wesen nach *verchristlicht* worden.

25 Ebenda.

Schamasch-Michael sieht diesen großen Entwicklungsbogen vor sich. Michael ist der Gott, der am innigsten mit Christus und seinen Zukunftswegen verbunden ist. Schamasch-Michael will der Menschwerdung Christi die nötigen Wege bahnen. Dazu gehörte – schon im dritten nachatlantischen Zeitraum – eine Zurückweisung des luziferischen Elementes auf der Erde zugunsten des Rein-Menschlichen, das die beiden Freunde in ihrer Gemeinsamkeit verkörpern. Das übermächtige Wirken Luzifers in den Mysterien musste an einer entscheidenden Stelle – obwohl es weltgeschichtlich berechtigt und notwendig war – zurückgewiesen werden. Diese welthistorische Stelle war Uruk. Und die beiden Michael-Diener in dieser weltgeschichtlichen Stunde waren Gilgamesch und Enkidu. Das menschliche, schmerzvolle Karma, das mit der energischen Zurückweisung der Ischtar einherging, mussten die beiden persönlich auf sich nehmen – es ist gewissermaßen ein Michael-Karma, wenn man das so ausdrücken möchte. Ein schweres Karma im Dienste der Sonne luden die beiden Freunde auf sich. Schamasch weiß darum, und auch er wird den beiden Freunden seinerseits die Treue halten … Denn *das Schicksal ist stärker als Menschen und Götter*.

## Das Drama der siebten Tafel

Enkidu spricht in großer Erregung zu Gilgamesch:

Mein Freund, weshalb nur ratschlagen die großen Götter?
Vernimm, welch einen Traum heute Nacht ich gesehen:
Anu, Enlil, Ea und der himmlische Schamasch
Hielten Rat; zu Enlil sprach Anu:
«Dafür, daß sie getötet den Himmelsstier,

Auch den Chumbaba getötet haben,
Soll», sprach Anu, «von ihnen sterben
Der, der den Bergen die Zeder entrissen!»
Enlil aber sprach: «Enkidu soll sterben,
Gilgamesch aber soll nicht sterben.»
Nun widersprach der himmlische Schamasch dem Helden Enlil:
«Haben sie nicht auf mein Geheiß
Den Himmelsstier und Chumbaba getötet?
Und nun soll Enkidu unschuldig sterben?«
Aber Enlil erzürnte sich gegen den himmlischen Schamasch:
«Weil du täglich zu ihnen wie ihresgleichen hinabgingst!»

Enkidu lag krank darnieder vor Gilgamesch.
Dem brachen die Tränen in Strömen hervor:
«Bruder, lieber Bruder! warum sprechen sie mich frei
anstatt meines Bruders?«[26]

Wahrhaftig ein dramatisches Göttergespräch! Schamasch selbst wird zurechtgewiesen von Enlil, dem Länderherr, der zusammen mit dem Himmelsvater Anu die Welt regiert. Schamasch kann den Götterbeschluss und das Karmawirken – den Tod Enkidus – nicht verhindern. Und Gilgamesch erkennt voller Schmerz den drohenden Verlust des geliebten Freundes. Er stellt die Bruderfrage. Er stellt sich an diejenige Stelle, an der Kain und Abel noch nicht stehen konnten, da sie Brüder waren, aber nicht Freunde, Leibes-Brüder, aber nicht Geistes-Brüder. Gilgamesch will der Hüter seines Freundes und Bruders Enkidu sein. Und dieser Freundschaftswille ist eine neue moralische Substanz, wir können sagen: eine michaelische Substanz, auf die Schamasch-Michael baut, obwohl er zwischenzeitlich dadurch selbst in Götterschwierigkeiten gerät.

Bevor wir auf den Tod Enkidus eingehen und den maßlosen

26 *Das Gilgamesch-Epos,* übersetzt von Albert Schott, S. 62.

Schmerz Gilgameschs, bevor wir uns dem Rätsel des Todes zuwenden und dem Ringen Gilgameschs um Unsterblichkeit, möchte ich noch einen anderen Aspekt des Kampfes Gilgameschs gegen Ischtar aufzeigen. Das bisher Entwickelte, im Zusammenhang mit der Inkarnation Luzifers, möchte ich die *weltgeschichtliche Dimension* dieser Auseinandersetzung nennen. Es gibt aber auch noch eine Innenseite, eine *persönliche Dimension,* die im Wesen Gilgameschs begründet liegt.

Rudolf Steiner beschreibt in der *Okkulten Geschichte,* dass Gilgamesch von sich aus nicht in seine früheren Inkarnationen zurückblicken konnte. Dass er jedoch durch seinen Freund Eabani «angesteckt» wurde mit der Fähigkeit, in seine früheren Leben hellsichtig zurückzuschauen. «Das aber, was Gilgamesch außerdem durch Eabani, seinen Freund, sich für seine Seele erobern konnte, das war, daß er gleichsam von Eabani angesteckt wurde mit einer eigenen hellseherischen Kraft, so daß er in gewisser Weise zurückschauen konnte in seine eigenen früheren Inkarnationen. So lernte Gilgamesch wirklich von Eabani das Zurückschauen in frühere Inkarnationen.»[27]

Durch diesen Vorgang geschieht nun etwas Eigenartiges mit Gilgamesch: Er kommt in einen Zwiespalt mit sich selbst hinein. Er hadert mit sich selbst, weil ihm das nicht gefällt, was er als seine eigenen früheren Verkörperungen schaut! «Da er aber zurückschaute, da gefiel ihm manches nicht in seinen früheren Inkarnationen, da konnte er sich sagen: das ist doch nicht nach meinem Geschmack. Da fand er, daß zum Beispiel seine Seele in den Inkarnationen ganz besondere Freundschaften, ganz besondere menschliche Zusammenhänge gehabt hatte, deren er sich jetzt hätte schämen mögen.»[28]

27 Rudolf Steiner, *Okkulte Geschichte,* GA 126, Vortrag vom 28. Dezember 1910.

28 Ebenda.

Rudolf Steiner fügt hier sogar noch eine prinzipielle methodische Bemerkung ein, dahingehend, dass es den meisten Menschen so gehen würde, wenn sie wirklich ihre früheren Erdenleben schauen könnten. Dass das, was Gilgamesch erlebte, sozusagen das Normale ist, dass er in diesem Erleben wie urbildlich einer allgemeinen Menschheitssituation vorausgeht: Unzufriedenheit und Scham angesichts der eigenen Vorverkörperungen.

Und diesen ganzen Ärger über sich selbst, den projiziert Gilgamesch nun – laut Rudolf Steiner – auf die Göttin Ischtar. Das wendet er als Spott und Hohn gegen Ischtar. «Im Mythos wird angedeutet, daß er der Göttin Vorwürfe machte über ihre Bekanntschaften, denn er wurde eifersüchtig auf solche Bekanntschaften. Da blickte er sozusagen auf den Horizont seiner Seele und die Schauungen standen so lebendig vor ihm, wie Menschen um einen anderen herumstehen in der äußeren physischen Welt [...] Und in alledem, was nun Gilgamesch der Stadtgöttin an Vorwürfen macht, erkennen wir, daß er eigentlich mit demjenigen redet, was auf dem Grunde seiner Seele sich abspielt.»[29]

Man kann sagen, hier liegt eine Charakterschwäche von Gilgamesch vor – und das ist sicherlich richtig. Gleichzeitig muss man aber auch sagen, dass es aus weltgeschichtlichen Gründen notwendig war, dass Gilgamesch die Ischtar-Mysterien zurückwies. Das war im Sinne Michaels. So dass die Frage in der eigenen Seele aufsteigen kann – eine Frage, die auf keinen Fall leicht genommen werden darf, im Gegenteil, mit dieser Frage sind Tiefen und Untiefen der Karmabildung verbunden: Kann es sein, dass der Sonnengott Schamasch-Michael auch mit menschlichen Schwächen arbeitet? Könnte es sein, dass die Michael-Diener charakterliche Schwächen haben (dürfen), deren Folgen ausgeglichen werden müssen – das ist klar, denn

29 Ebenda.

das Karma fordert seinen Ausgleich –, die aber im Sinne der Menschwerdung aller Menschen, ja der Menschwerdung Christi notwendig sind?!

Eine Mysterienfrage der Gegenwart, wie mir scheint. Zugleich eine Frage, die uns helfen kann, den tragischen Fortgang der anthroposophischen Bewegung im 20. Jahrhundert in einem vielleicht neuen und weiterführenden Licht zu sehen.

## Der Tod Enkidus

Der Tod Enkidus ist der Tiefpunkt des Gilgamesch-Epos. Mit diesem Tod des Freundes endet der erste Teil des Epos, und ein zweiter Teil beginnt, der eine große Reise schildert: Gilgamesch auf der Suche nach der Unsterblichkeit. Es ist eine Einweihungsreise, bei der Enkidu nachtodlich helfend und begleitend anwesend ist, auch wenn Gilgamesch ihn oft nicht wahrnehmen kann. Ein großer einsamer Zug des Gilgamesch von Ost nach West.

Doch gehen wir noch einmal zum Sterbelager Enkidus. Enkidu weiß aufgrund seiner Träume, dass er sterben wird, er liegt danieder im Fieberwahn. Er spricht Abschied nehmend zum Freunde, zu Gilgamesch: «Mein Freund, für mich sind die Schicksalspläne bereits entworfen, für mich sind die Entwürfe schon skizziert. Es müssen Menschen gehen, noch bevor sich ihr Schicksal erfüllt.»[30] Und nun tut er etwas, das ebenfalls schicksalhafte Folgen haben wird – für ihn und die beteiligten Menschen: Er verflucht sterbend den Jäger, der ihn entdeckt hat und die Ischtar-Priesterin, die ihn in die Stadt geholt hat:

30 *Gilgamesch,* aus dem Babylonischen übersetzt von Stefan M. Maul, München 2007, S. 67.

Ich gehe dich an, o Schamasch, wegen meines
so kostbaren Lebens.
Jener aber, der Fallensteller, der Räuber-Mensch,
der mich nicht zu Freunden passen ließ,
soviel es auch davon gab,
der Fallensteller möge nicht zu seinen eigenen Freunden
passen, soviel es auch davon gibt.
Vernichte seinen Gewinn! Vermindere seinen Lohn!
Sein Anteil möge abgezogen werden vor dir!
Dort, wo er hereinkommt, möge der Wohlstand
durchs Fenster hinausgehen.
Als er den Fallensteller verflucht,
dem Wunsch seines Herzens gemäß,
da trieb ihn sein Herz, auch Schamchat, die Dirne,
zu verwünschen.
Komm her, Schamchat, ich will dir das Schicksal bestimmen,
ein Schicksal, das nie ein Ende finden wird auf immer und ewig!

Ich will dich verfluchen mit einem gewaltigen Fluch!
Sofort, geschwinde mögen dich meine Flüche ereilen!
Nicht mögest du den Hausstand deiner Wonne ergründen!
Nicht mögest deinem Nachwuchs du deine Brust entblößen!

Nicht mögest du im Gemach der Mädchen sitzen!
Dein schönstes Kleid soll der Boden beflecken!
Dein Festtagsgewand möge der Trunkene wälzen im Staub!
Nicht mögest du ein Haus mit Hausrat und
schönen Dingen bekommen!
…
Der Staub der Straßenkreuzung sei deine Bleibe!
Ruinen seien die Stätten, an denen du schläfst!
Im Schatten der Stadtmauer seien die Stellen,
an denen du stehst!

Disteln und Dornen sollen dir die Füße zerfetzen!

Der Trunkene und der Durstige mögen dich schlagen
in dein Gesicht!
Bei einer Begegnung sei dir die Ehefrau Anklägerin,
sie schreie dich an!

Deine Dächer möge der Baumeister nicht abdichten!
In deinem Haus mögen Käuzchen sich stets zur Ruhe lagern!
In dein Haus möge nicht zum Essen geladen werden,
weil du mich, mich, den Reinen, schwach werden ließest
in meiner Steppe![31]

Schamasch kann zwar Enkidu auf dem Sterbelager noch besänftigen, sodass Enkidu seinen Fluch wieder zurücknimmt und der Ischtar-Priesterin schließlich verzeiht – Schamasch weist unter anderem darauf hin, dass er ja durch sie den Freund Gilgamesch gewonnen habe –, aber die Fluchesworte sind in der Welt, wirken dort weiter und werden auch auf die Individualität Enkidus sowie die der Ischtar-Priesterin karmisch zurückwirken.

Enkidus Krankheit wird immer schlimmer und schlimmer, so sagt uns das Epos. Und schließlich stirbt er. Die Trauer und der Schmerz von Gilgamesch sind maßlos. Niemand kann ihm nahen. Alleine ist er um den Toten, sieben Tage und sieben Nächte wacht er bei ihm und wartet, ob er wieder erwache. Bis die Würmer aus dem Leichnam kriechen …

> Hört mich, Älteste, hört mich, junge Männer,
> mein geliebter Freund ist tot, er ist tot,
> mein geliebter Bruder ist tot, ich werde trauern,
> solange ich atme, ich werde weinen um ihn
> wie eine Frau, die ihr einziges Kind verloren hat.

31 Ebenda, S. 67ff.

O Enkidu, du warst die Axt an meiner Seite,
auf die mein Arm vertraute, der Dolch in meiner Scheide,
der Schild, den ich trug, mein prächtiges Gewand,
der breite Gürtel um meine Lenden, und jetzt
hat dich ein hartes Los für immer von mir fortgerissen.
…
Doch Enkidu gab keine Antwort: Gilgamesch
Faßte ihm ans Herz, das schlug aber nicht.

Da verschleierte er Enkidus Antlitz wie das einer Braut.
Wie ein Adler umkreiste Gilgamesch ihn,
auf und ab schritt er vor ihm
wie eine Löwin, deren Junge in einer Grube gefangen sind,
in Büscheln riß er sich die Haare aus, riß sich
die herrlichen Gewänder vom Leib, als ob sie verflucht wären.[32]

Ich habe den Eindruck, dass diese tiefe, maßlose Trauer Gilgamesch weiter vermenschlicht. Er fühlt menschlichen Schmerz, Ohnmacht und Angst vor dem Tode, dadurch verliert er etwas von seiner mitgebrachten Göttlichkeit – «zwei Drittel ist er Gott und ein Drittel Mensch». Ja, es durchzuckt ihn irgendwann die Einsicht: Mir wird es genauso ergehen, auch ich bin sterblich, auch ich werde verrotten und verwesen wie Enkidu …

Und das ist gut so, das ist gerade der tiefere Sinn seiner Entwicklung, er soll und darf nach und nach Erden-Mensch werden. Der Kampf mit Enkidu war seine erste Etappe auf diesem Weg, die Freundschaft mit Enkidu eine weitere, und jetzt die Trauer um den Toten eine dritte. Gilgamesch wird wahrhaft menschlich im Schmerz – das ist ein Teil seines Einweihungsweges.

32 *Gilgamesch*, hrsg. von Stephen Mitchell, München 2006, S. 159f.

## Der Zug nach Westen

Alleine zieht er los, verlässt Uruk, geht in die Einsamkeit. Eine lange Wanderung beginnt, auf der Suche nach der Unsterblichkeit. Gilgamesch will den Tod überwinden – im Grunde ein christliches Motiv, 3.000 Jahre bevor Christus auf die Erde kam und durch Tod und Auferstehung hindurch ging. Und Gilgamesch will den verstorbenen Freund wiederfinden, ihn aus der Unterwelt zurückholen – auch das im Kleinen das Motiv der Höllenfahrt Christi, die Erlösung der Toten.

Folgen wir einem Hinweis Rudolf Steiners, so gelangt Gilgamesch auf seiner Reise schließlich ins Burgenland im heutigen Österreich.[33] An einem Berg stößt er auf zwei Wächtergestalten, zwei furchtbare Skorpionmenschen:

33 Ita Wegman schrieb in einem Artikel ‹An die Mitglieder› vom 12. Juli 1925 über das Burgenland, dass dort «in bestimmten Orten uralte Donau-Mysterienstätten waren, von denen Dr. Steiner auch in verschiedenen Vorträgen gesprochen hat, wo auch nach der Gilgamesch-Sage Gilgamesch seine Einweihung durchgemacht hat.» Und am 13. September 1925: «Wo befindet sich die Mysterien-Stätte des Gilgamesch, fragt man sich, wohin die Schritte wenden? Zum Antimonbergwerk, ist die Antwort, die innerlich erklingt. […] Nicht weit vom Antimonwerk, am Fuße eines Berges, Herzberg genannt, findet sich ein Kupfer-Bergwerk und der ganze Berg ist mit Kupfer durchsetzt. Wenn Gilgamesch seine Einweihung in einer Mysterien-Stätte im Burgenland empfangen hat, so mußte es wohl hier sein, wo das Antimon die geistige Atmosphäre geschaffen hat, und die Mysterien-Stätte mußte sich auf einem Berge befinden, wo Kupferkräfte wirksam sind; weil auch das Epos davon spricht, daß Gilgamesch im Burgenlande dasjenige Mysterium gefunden hat, das eine Metamorphose echter Wiederholung der alten atlantischen Mysterien ist. Es erzählt uns Rudolf Steiner weiter an Hand des Epos, daß Gilgamesch Erleuchtung und Erkenntnisse bekam durch das Einnehmen von Substanzen, die ihn für diese Erkenntnisse empfänglich machten.» – Ita Wegman, *An die Freunde,* Arlesheim 1968. Vgl. Rudolf Steiner, *Die Weltgeschichte in anthroposophischer Beleuchtung und als Grundlage der Erkenntnis des Menschengeistes*, GA, 233, Vortrag vom 26. Dezember 1923.

Über die nur die Himmelshalde hinwegragt,
Denen unten die Brust an den Höllengrund stößt –
Skorpionmenschen halten am Bergtor Wacht,
Deren Furchtbarkeit ungeheuer ist, deren Anblick Tod ist …[34]

Hüter der Schwelle sind diese Skorpionmenschen und sie weisen Gilgamesch zurück, obwohl sie seine göttlichen Wesensanteile erkennen und anerkennen. Doch Gilgamesch fordert mit all seiner Willenskraft, eingelassen zu werden – er will das Geheimnis von Leben und Tod ergründen. Noch nie ist ein Mensch durch die Finsternis dieses Berges gelangt. Die Skorpionmenschen sagen ihm, dass er zwölf Doppelstunden durch absolute Finsternis im Innern des Berges dringen muss. Doch Gilgamesch hat keine Angst: «Auf dem Wege des Schamasch trat er ins Bergtor ein.»

Dunkel ist es, Finsternis breitet sich um ihn. Eine Doppelstunde geht er, zwei Doppelstunden … Nach zehn Doppelstunden hellt sich die Finsternis langsam auf, Gilgamesch gelangt schließlich wieder ins Freie, er kommt in einen Edelsteingarten, einen Garten der Götter, und an das Ufer eines Meeres. Die Erdprobe hat er bestanden, im Ringen mit des Berges Innern, nun wartet die Wasserprobe auf ihn. Er will zu Utnapischtim, dem sagenumwobenen, der die große Sintflut überstand und dem die Götter Unsterblichkeit verliehen, das ist sein Ziel.

Gilgamesch begegnet Urschanabi, dem Schiffer des Utnapischtim. Im Zorn hat er kurz zuvor die steinernen Männer Urschanabis, auf die er am Ufer traf, zerstückelt. Gelassen klärt Urschanabi ihn nun auf, dass nur mit Hilfe dieser Steinernen das große Wasser, welches ein totes Meer umfasst, hätte überquert werden können. Aber es gibt noch einen letzten Ausweg … Hundertzwanzig Bäume soll er fällen und zu großen Stangen

34 *Das Gilgamesch-Epos*, übersetzt von Albert Schott, S. 75.

zubereiten, mit diesen könnten sie vielleicht das todbringende Gewässer überwinden. Sie dürfen dieses Gewässer auf keinen Fall berühren; die hundertzwanzig Stangen dienen dazu, dass sie sich im Schiff sitzend am Grunde des Wassers abstoßen können.

## Utnapischtim

Und so kommen sie zu Utnapischtim. Die Überfahrt gelingt. Utnapischtim ist erstaunt, dass ein fremder Mensch naht. Wer mag das sein? Und er spricht zu Gilgamesch:

Warum sind abgezehrt deine Wangen, gebeugt dein Antlitz,
Ist unfroh dein Herz, verlebt deine Züge,
Ist Harm in deinem Gemüte da,
Gleicht einem Wanderer ferner Wege dein Antlitz,
Ist von Nässe und Sonnenglut dein Antlitz versengt,
… und läufst in die Steppe?

Und Gilgamesch wiederholt all diese Worte bejahend, ja, wie könnte es anders sein, da Enkidu tot ist.

Enkidu, mein Freund,
der flüchtige Maulesel, der Wildesel des Gebirges,
der Panther der Steppe!
Nachdem wir, alles gemeinsam verrichtend, den Berg erstiegen,
Die Stadt … einnahmen, den Himmelsstier töteten,
Auch den Chumbaba umbrachten, der da wohnte
im Zedernwald,
In den Pässen der Berge Löwen töteten!

Mein Freund, den ich über die Maßen geliebt,
Der mit mir durch alle Beschwernisse zog –
Es hat ihn ereilt die Bestimmung des Menschen.[35]

Utnapischtim hält nun eine lange Rede, die nur in Bruchstücken überliefert ist. Gerade dieses Bruchstückhafte und Fragmentarische der Worte Utnapischtims macht sie für uns Heutige erstaunlich modern, geradezu zeitlos. Es könnte ein zeitgenössisches Gedicht sein oder ein japanischer Haiku, wenn es zum Beispiel heißt:

> Eine Mondfinsternis …
> Wach sind die Götter …
> Sind ruhelos bemüht …
> Seit jeher ist vorhanden …
> Du bemüh dich und …
> Deine Hilfe gewähre …[36]

Was man rekonstruieren konnte, weist darauf hin, dass Utnapischtim als unsterblich gilt und Gilgamesch ihn gerade deswegen aufsucht, um von ihm das Geheimnis der Unsterblichkeit zu erfahren. Über seine Unsterblichkeit spricht Utnapischtim aber zunächst nicht, sondern über den Lauf der Dinge, über das Menschsein und die Vergänglichkeit des menschlichen Lebens. Ich habe den Eindruck, dass er Gilgamesch auf etwas verweist, was man heute «Ergebenheit in das Schicksal» nennen könnte. Er belehrt ihn, dass man eigenes Leid überwinden kann, indem man anderen Menschen hilft. Im Grunde ein zutiefst christliches Motiv.

Gilgamesch begegnet in Utnapischtim einem großen Einge-

35 Ebenda, S. 87f.
36 Ebenda, S. 90.

weihten. Er wird sein Lehrer und Meister sein auf dieser großen Reise. An Utnapischtim kann man die Signatur des Eingeweihten erkennen. Es ist der Mensch, der alles Menschliche kennt, der durch alles Leid hindurch gegangen ist und der dabei den wahren Glauben nicht verloren, sondern neu gewonnen hat: den Glauben an den Menschen und an die Götter, das Vertrauen ins Schicksal, die Demut dem Leben gegenüber. Diese Haltung ist mehr als alles Wissen; das scheint Utnapischtim Gilgamesch vermitteln zu wollen.

Raoul Schrott überträgt die letzten Verse der zehnten Tafel in die Worte:

Die Annunaki, die großen götter, hielten eine versammlung ab;
Mammitum, die das los jedes einzelnen festlegt, setzte mit ihnen das schicksal fest:
sie erlegten uns das leben und den tod auf,
doch den tag des todes, den enthüllen sie keinem.[37]

Doch diese Schicksalsergebenheit und Demut, zu der Utnapischtim mahnt, befriedigen Gilgamesch nicht. Er will wissen, wie Utnapischtim unsterblich wurde. Ihn treibt die Frage und das Verlangen um, selber unsterblich zu werden. So fragt er ihn: Wie bist Du, Utnapischtim, zum ewigen Leben gelangt? Du bist doch ein Mensch wie ich gewesen, was ist dir widerfahren, was mir noch fehlt?

Gilgamesch rüttelt hier an den Grundfesten des Menschseins, er kann und will die Sterblichkeit, die er durch seine Geschichte mit Enkidu erstmals als *Persönlichkeit* erlebt hat, nicht akzeptieren. Gilgamesch ist eine alte Seele, er ist schon viele Tode gestorben in früheren Erdenleben. So könnte man annehmen, dass ihm das Sterben wohl vertraut ist und er keine Angst vor dem Tod haben müsse. Das Gegenteil ist der Fall.

37 Raoul Schrott, *Gilgamesh*, Frankfurt a.M. $^{4}$2011, S. 256.

Gerade weil er soviel Erdenerfahrung in seiner Seele trägt, ist er mit diesem «karmischen Gepäck» an ein Ende gekommen. Man könnte es auch so ausdrücken: Gilgamesch rüttelt am Verhältnis zum Vater. Damit meine ich sein Verhältnis zum Ur-Göttlichen, zum Vater-Göttlichen. Nicht sein Verhältnis zu Schamasch ist in Frage gestellt, aber er befragt aus seiner in der Gilgamesch-Inkarnation erstmals erwachten Erdenpersönlichkeit heraus, verbunden mit seinem Feuer-Willens-Wesen, die Gründe des Seins des Menschen auf Erden.

Rudolf Steiner hat im *Pastoral-Medizinischen Kurs* (GA 318) den Priestern und Ärzten eine Meditation gegeben, deren erster Teil lautet:

> Ich werde gehen den Weg,
> Der die Elemente in Geschehen löst
> Und mich führt nach unten zum Vater
> Der die Krankheit schickt zum Ausgleich des Karma[38]

Dieses Mantram kann man geradezu wie einen geistigen Kommentar zum Gilgamesch-Epos empfinden. Der Vater, der die Krankheit schickt zum Ausgleich des Karma – ein tiefer, kaum auszulotender Gedanke! Nicht die Krankheit ist das Problem, sondern das, was ihr zu Grunde liegt. Die Krankheit ist zur Heilung da, zum Ausgleich des Karma. Es ist ein göttlicher Segen, dass wir mit Hilfe des Karma und damit auch der Krankheit Ereignisse und Taten in unserer Schicksalsbilanz ausgleichen können.

Gerade in Zeiten der weltweit grassierenden Ängste, die durch die Corona-Pandemie ausgelöst wurden (dieses Buch wurde 2020/21 geschrieben), ist es existenziell notwendig, sich

38 Rudolf Steiner, *Das Zusammenwirken von Ärzten und Seelsorgern. Pastoral-Medizinischer Kurs,* GA 318, Dornach 1994, S. 163.

klar zu machen, dass Krankheiten dafür da sind, das im Menschen und seinem Schicksal Erkrankte, das ins Unheil Geratene wieder ins Ganze zu führen. Denn das Wahre ist das Ganze, wie schon Hegel in seiner *Phänomenologie des Geistes* bemerkte.

Die Meditation von Rudolf Steiner für die Priester und Ärzte geht dann mit den folgenden vier Zeilen weiter:

> Und mich führt nach oben zum Geiste
> Der die Seele in Irrtum zum Erwerb der Freiheit leitet
> Christus führt nach unten und nach oben
> Harmonisch Geistesmensch in Erdenmenschen zeugend.

Dieser zweite Teil der Meditation ist natürlich erst nach der Zeitenwende voll erfahrbar geworden. Insofern weist er nach meinem Verständnis auf etwas, wonach sich Gilgamesch zutiefst gesehnt hat, was aber 3000 Jahre vor Christus noch nicht zu erreichen war: *Christus führt nach unten und nach oben / Harmonisch Geistesmensch in Erdenmenschen zeugend.*

Wenn gesagt wird, die Einweihung von Gilgamesch im Burgenland sei nur teilweise geglückt, etwas an dieser Einweihung sei gescheitert, so hängt das auch damit zusammen, dass Gilgamesch etwas Zukünftiges erstrebte, was auf Erden noch nicht zu finden war. Erst nach der Kreuzigung Christi, seinem Gang durch die Erdentiefen (Hölle) und seiner Auferstehung ist es möglich geworden, sich als Mensch mit dem Auferstehungsleib Christi individuell zu verbinden: *In Christo morimur*. «In Christus wird Leben der Tod», wie Rudolf Steiner diesen Rosenkreuzerspruch an der Weihnachtstagung 1923 mantrisch ausgestalten wird.

In der elften Tafel des Epos berichtet nun Utnapischtim ausführlich von der großen Flut, der Sintflut, wie er eine Arche baute, wie er von allen Tieren ein Paar aufnahm und auch einige auserwählte Menschen. Wie die Götter durch eine große Katastrophe die Welt der verderbten Menschen (die alte Atlantis) untergehen ließen. Und selbst die Götter erschraken vor der Not, die sie über die Erde und die Menschen gebracht hatten. Auch die Götter beklagten den Untergang der Menschen und aller Kultur.

Utnapischtim, welcher der Fährmann in ein neues Zeitalter war, und seine Frau erlangten – aus Dankbarkeit der Götter für ihre Tat – die Unsterblichkeit. Seither lebt Utnapischtim, als ein Urvater der Menschheit «in der Ferne». Dieser lange Bericht des Utnapischtim ist auch Teil der Einweihung des Gilgamesch, der später dieses Wissen nach Uruk tragen und den Menschen, ja der Menschheit überliefern wird – durch das Aufschreiben auf Tontafeln.

Utnapischtim hält inne in seinem Bericht, und fragt, auf Gilgamesch blickend:

Wer aber könnte jetzt die Götterversammlung
für dich einberufen,
damit auch du das leben findest, nach dem du suchst?
Vielleicht versuchst du statt dessen sechs tage und
sieben nächte nicht zu schlafen![39]

Damit ist die Aufgabe gestellt. Doch kaum hat Gilgamesch diese Worte vernommen, schläft er ein.

Aber kaum hatte sich Gilgamesh auf seinen hintern gehockt,
hüllte ihn auch schon der schlaf ein wie nebel.

So erschöpft und übermüdet ist er von seiner Reise. Gilgamesch kann das Bewusstseinslicht nicht durch die Tiefen des Schlafes tragen, da versagt seine Willens-Feuer-Kraft. Aus Mitleid will

39 *Gilgamesh*, S. 263.

die Frau des Utnapischtim Gilgamesch aufwecken, doch Utnapischtim sagt ihr, sie solle Brote backen, jeden Tag eines, bis dieser Mensch wieder erwacht. Und so backt sie nach und nach sieben Brote. Brote des Lebens, die im Schlaf um Gilgamesch gelegt werden, auf dass er sie erblicke, wenn er erwacht.

Als Gilgamesch schließlich erwacht, sieht er voller Schrecken die sieben Brote des Lebens vor sich. Er meint, er habe nur einen Augenblick geruht, doch nun muss er erkennen, dass er sechs Tage und sieben Nächte geschlafen hat. Was für ein großartiges und zugleich erschütterndes Bild. Noch kann der Mensch auf Erden sich nicht mit dem Brot des Lebens vereinen – denn Christus war noch nicht auf der Erde, Christus ist noch nicht Mensch geworden. Erst Christus wird die Worte sprechen: *Ich bin das Brot des Lebens*. (Joh 6,35) Und, wie eine Antwort auf Gilgameschs Fragen und Suchen: *Ich bin die Auferstehung und das Leben*. (Joh 11,25)

## Die Rückkehr

Soll Gilgamesch nun mit leeren Händen abziehen? Es scheint noch einen Ausweg zu geben, Utnapischtim gibt ihm zum Abschied einen letzten Rat:

Du bist hierhergekommen, Gilgamesh, hast gelitten und bist
übers meer gekommen;
        was kann ich dir für deine heimreise mitgeben?
Laß mich dir, Gilgamesh, ein mysterium enthüllen;
      dir will ich ein geheimnis der götter verraten.

Eine pflanze gibt es, die aussieht wie der buchsdorn;
sie hat stacheln wie die hundsrose und sticht,
wenn man sie pflückt.
Aber wenn sie in deine hände gelangt,
wirst du wieder so, wie du in deiner jugend warst.[40]

Ein Lebenskraut soll Gilgamesch finden, auf dem Meeresgrund, da muss er hinabtauchen, auf der Suche nach dieser Pflanze. Gilgamesch taucht auf seiner Rückreise auf des Meeres Grund, findet die Pflanze, die ewige Jugend verheißt, und bringt sie an Land. Interessanterweise isst er dann nicht sofort von dieser Pflanze. Er will sie erst nach Uruk bringen. Er möchte sie den Menschen in Uruk geben, auf dass alle ewige Jugend erlangen mögen. Dies ist in mehrfacher Hinsicht ein sprechendes Detail. Nachdem die eigentliche Einweihung zum Teil missglückt war, soll Gilgamesch mit Hilfe einer Substanz (einer Pflanze) zur Unsterblichkeit gelangen. Er findet die Pflanze, nutzt sie aber nicht für sich. Warum eigentlich nicht?

Ich denke, aus einem sozialen Impuls heraus, schließlich ist er der König von Uruk. «Ich will's bringen nach Uruk-Gart, es dort zu essen geben / und dadurch das Gewächs erproben!»[41] Gilgamesch will die Früchte seiner Reise teilen mit den Menschen. Dieselbe Geste praktiziert er ja auch mit der Geschichte von der Sintflut, die Utnapischtim ihm mitteilte. Diese Geschichte teilt er sogar mit der ganzen Menschheit, indem er sie in Stein meißelt. «Auf einen Denkstein hat er die ganze Mühsal gemeißelt.»

Doch es ist eine lange Reise zurück, vom Burgenland bis nach Uruk. Unterwegs geschieht ein letztes Missgeschick. Einmal badet Gilgamesch, um sich zu reinigen und zu erquicken.

40 Ebenda, S. 266.
41 Ebenda.

Das Kraut des Lebens liegt am Ufer, unbewacht. Da kommt eine Schlange daher und vor den Augen des Gilgamesch verschlingt sie die Pflanze. Die Schlange verjüngt sich, wirft ihre alte Haut ab und schlängelt davon.

Nun ist Gilgamesch wirklich untröstlich. Alles hat er verloren. Hat er alles verloren?

Da setzte sich Gilgamesh hin und weinte,
daß ihm die tränen über die wangen rannen,
und er sagte zu ihm, zu Ur-shanabi dem fährmann:

Wer von den meinen, Ur-shanabi, hat nun etwas davon,
daß sich meine arme so anstrengten,
Wer von den meinen hat nun etwas davon,
daß mein herz ausgeblutet ist?
Nicht einmal mir selbst habe ich damit gutes getan;
der schlange, dem löwen der erde, tat ich einen gefallen![42]

Gilgamesch kommt mit leeren Händen nach Uruk zurück. Alles hat er gesehen, nichts hat er erreicht. Aber stimmt das, hat er sein Ziel nicht erreicht? *Der schlange, dem löwen der erde, tat ich einen gefallen!*

Ich sprach weiter oben davon, dass Gilgamesch und Enkidu in ihrer Auseinandersetzung mit Ischtar notwendigerweise das luziferische Prinzip und Wesen ernüchtern und zurückweisen mussten. Hier nun gibt Gilgamesch der Schlange – ungewollt – etwas zurück. Man kann es auch so sehen, dass Luzifer in der Gestalt der Schlange ihn beraubt. Ganz am Ende des Epos wird die Anwesenheit Luzifers auf Erden, auf die ich hingewiesen habe, wirkmächtig ins Bild gebracht.

Und doch hat das alles einen tiefen Sinn. Es ist kein Scheitern,

42 Ebenda, S. 267.

auch wenn es zunächst so aussehen mag. Gilgamesch kommt *als Mensch* zurück nach Uruk. Er bringt sein Menschsein, und damit auch seine Sterblichkeit und Verletzlichkeit, nach Hause. Und das war das eigentliche Ziel seiner Reise! So konnte Schamasch ihn vorbereiten auf seine nächsten Inkarnationen, in denen er nicht nur ein Michael-Streiter, sondern immer mehr auch ein Christus-Diener werden soll.

## Die zwölf Tafeln des Gilgamesch-Epos und der Tierkreis

Marcus Schneider verdanke ich den Hinweis und die Anregung, die zwölf Tafeln des Gilgamesch-Epos den zwölf Tierkreiszeichen zuzuordnen. Dies kann natürlich nur ein Versuch sein, das fragmentarisch Überlieferte in seiner höheren Ordnung ansichtig und tiefer verstehbar zu machen. Der Versuch sei gewagt, die heutigen Tierkreiszeichen zu Grunde zu legen, auch wenn die alten Sumerer den Sternenhimmel ganz anders erlebt haben als wir heute und daher auch eine andere Einteilung des Kosmos hatten. Doch das Epos will ja, wie ich meine, auch den Menschen der Gegenwart etwas sagen.

♉ Das Gilgamesch-Epos ereignete sich historisch im Zeitalter des Stieres, daher ist es naheliegend, die erste Tafel dem *Stier* zuzuordnen. Gilgameschs Tyrannei von Uruk ist Ausdruck von noch unbeherrschten Stierkräften – *wie ein Wildstier ist er* – und die Erschaffung Enkidus geschieht als Ausgleich dazu, zur Bändigung der Stierdynamik in Gilgamesch. «Erhelle dich, Wesensglanz», so tönt die Sonne im Stier, nach Rudolf Steiners großer mantrischer Dichtung *Zwölf Stimmungen* (in *Wahrspruchworte,* GA 40). Dies kann wie das Eingangswort des ganzen Epos, sein tragendes Grundmotiv, verstanden werden: Der Wesensglanz von Gilgamesch soll erhellt werden, und in Wechselwirkung damit ebenso der Wesensglanz des noch mit den Tieren lebenden Enkidu. Die diesem Sternzeichen zugehörende Weltanschauung ist der Rationalismus[43], was im Zusammenhang mit dem Epos so verstanden werden kann, dass die beiden Freunde durch ihre Begegnung *rationaler* werden, oder eben unbändige Stierkräfte gezähmt und verwandelt werden in Denkkräfte.

♊ In der zweiten Tafel kommt es zur Begegnung der beiden. Sie werden Freunde im Kampf. Dies geschieht im Zeichen der *Zwillinge*. Alte Seele und junge Seele vereinen sich zwillingshaft zu neuem Wirken. «Erschließe dich, Sonnesein» (Sonne in den Zwillingen), heißt es in den Mantren Rudolf Steiners. Wir können in diesem Sinne sagen: Durch ihr Aufeinandertreffen erschließt sich ein neues «Sonnesein», das heißt ein neuer Lebenssinn, in ihrer beider Schicksale. Die zugehörige Weltanschauung ist der Mathematismus. Novalis schrieb die großartigen Sätze: «Das höchste Leben ist Mathematik. Das Leben der Götter ist Mathematik. Reine Mathematik ist Religion.»[44] Etwas in dem Aufeinandertreffen der beiden Antipoden Gilgamesch und Enkidu nimmt sich aus wie «göttliche Mathematik«; es walten hier weltgeschichtliche Notwendigkeiten.

♋ In der dritten Tafel bringt die Mutter Gilgameschs Gebetsopfer dar und adoptiert Enkidu als Sohn – dies geschieht im Zeichen des *Krebs*. Im Krebs ergreifen wir die Materie (Materi-

43 Siehe hierzu die grundlegenden Forschungen Rudolf Steiners zum Verhältnis von Tierkreiszeichen und Weltanschauungen in *Der menschliche und der kosmische Gedanke* (GA 151), sowie Sigismund von Gleich, *Die Wahrheit als Gesamtumfang aller Weltansichten,* Stuttgart 1957, und Mario Betti, *Zwölf Wege, die Welt zu verstehen,* Stuttgart 2007.

44 Novalis, *Werke und Briefe,* München 1962, aus den Fragmenten über Mathematik und Naturwissenschaften, Nr. 354.

alismus), was sowohl im Opfervorgang – Physisches wird Geistigem geopfert – als auch in der urmütterlichen Geste, Enkidu physisch aufzunehmen, zum Ausdruck kommt. «Du ruhender Leuchteglanz» (Sonne im Krebs) – so ein ruhender Leuchteglanz liegt nun für einen Moment über Uruk, bevor es im Zeichen des Löwen in einen dramatischen Kampf geht.

♌ *Löwe:* Im Auftrag des Sonnengottes Schamasch kämpfen Gilgamesch und Enkidu in der vierten Tafel mit löwenhaftem Mut gegen Chumbaba, den furchtbaren Wächter des Zedernwaldes. Ganz im Sinnlichen hat sich diese Freundschaft nun zu erproben (Sensualismus). Ja, mit physischer Gewalt ersteht der Sinn dieser Freundschaft. Dazu passen die mantrischen Worte Rudolf Steiners: «Durchströme mit Sinngewalt / Gewordenes Weltensein» (Sonne und Venus im Löwen).

♍ Die fünfte Tafel: Doch die beiden Freunde benötigen die Hilfe Schamaschs, um diesen Kampf zu bestehen. Dreizehn Winde sendet Schamasch. In der *Jungfrau* wird Chumbabas Kraft ernüchtert, wir können auch sagen, Chumbaba wird der kosmischen Sophia geopfert im Auftrag Michaels. Da geht es um die Überwindung alter atavistischer Kräfte. Man kann den Eindruck haben, die Kraft Chumbabas verdeckt das reine Auffassen der Phänomene im «Wald», der die Welt repräsentiert; dieses klare Welterfassen sollen die beiden Freunde jedoch erstreiten (Phänomenalismus). Geradezu jungfräulich rein zeigt sich uns die Freundschaft von Gilgamesch und Enkidu nach dieser ersten gemeinsamen Tat. Und der «Wald», das heißt die Welt, ist zugänglich geworden dem freien Schauen: «Die Welten erschaue, Seele!» (Sonne in der Jungfrau)

♎ In der sechsten Tafel wirbt Ischtar um Gilgamesch; doch wird sie in einer Schmährede zurückgewiesen. Das geschieht im Zeichen einer michaelischen Welten-*Waage*. Gilgamesch und Enkidu weisen das luziferische Element auf Erden – welches in allen vorchristlichen Mysterien wirksam war – ausgleichend, ausbalancierend zurück. Das ist eine Prüfung auf den irdischen Realismus der beiden Freunde. Können sie geerdet bleiben im Angesicht der werbenden großartigen Göttin? Indem sie diese Prüfung bestehen, erwerben sie eine reale weltenerhaltende beziehungsweise menschenerhaltende Kraft auf der Erde. «Die Welten erhalten Welten» (Sonne in der Waage).

♏ In der siebten Tafel stirbt Enkidu. Hier wirkt unerbittlich die Kraft des *Skorpions*: «In strafendem Weltenwalten» (Jupiter im Skorpion) gegen Enkidu. Und «im ahndendem Sich-Gestalten» (Saturn im Skorpion) gegen, oder besser gesagt in Gilgamesch. Die Mitte des Epos ist durchschritten; der Tiefpunkt erreicht. Die hier anklingende Weltanschauung ist der Dynamismus. Enkidu stirbt, er erleidet die Dynamik des Todes, die vernichtende Kraft des Todesstachels des Skorpions. Und Gilgamesch erfährt die Dynamik tiefsten Schmerzes.

♐ Im *Schützen* kommt Gilgamesch nun ganz zu sich – der «Kentaur» Gilgamesch, zwei Drittel Gott und ein Drittel Mensch. Diese achte Tafel zeigt Trauer, Schmerz und Verzweiflung des Gilgamesch. In der Totenklage ist er ganz allein und erlebt die Grundfrage seines eigenen Wesens: Was ist der Tod? Wie kann ich Unsterblichkeit erlangen? Und urbildlich die Kentaurfrage: Wie kann ich Göttliches und Menschliches in mir versöhnen? «Das Werden erreicht die Seinsgewalt, / Im Seienden erstirbt die Werdemacht» (Sonne und Venus im Schützen). Mit diesen mantrischen Worten ist die Kraft des Schützen angesprochen, sein Ziel zu erreichen. Gilgamesch erreicht gleichsam sich selbst; die eigene Monade erfährt er im tiefsten Schmerz (Monadismus).

♑ Die neunte Tafel: Im Zeichen des *Steinbock* steigt Gilgamesch ins Innere des Berges, vorbei an den Skorpionmenschen, dem Hüter der Schwelle. Ein Gang in Erdentiefen beginnt. Sein künftiges Schicksal ahnend und bauend schreitet Gilgamesch voran. «Das Künftige ruhe auf Vergangenem» (Sonne im Steinbock). Darauf muss er nun kühn vertrauen! Man könnte hier einen Widerspruch zu dem die Bergeshöhen erklimmenden Steinbock erleben, wenn an dieser Stelle von einem Gang in die Erdentiefen die Rede ist. Da hilft die entsprechende Weltanschauung im Verständnis weiter: der Spiritualismus. Diese Weltanschauung dringt in die spirituellen Tiefen des Weltganzen vor, was dem Einweihungsweg des Gilgamesch im Innern des Berges entspricht.

♒ Im *Wassermann* – die zehnte Tafel des Epos – geht es um die Überwindung der Wasser des Todes. Gemeinsam mit Urschanabi gelingt die Überfahrt. Urschanabi ist der gute Fährmann. Alles gerät hier in Fluss. Die Weltanschauung des Pneumatismus lehrt uns ein Aufgehen im Weltenstrom, was nur gelingen kann, wenn wir uns mutig auf diese Wasserprobe einlassen oder, wie es in den Mantren Rudolf Steiners heißt: «Begrenztes sich opfere Grenzenlosem» (Sonne im Wassermann).

♓ In der elften Tafel – im Zeichen der *Fische* – hören wir den großen Sintflutbericht des Utnapischtim. Auch die misslungene Einweihungsprobe – sechs Tage und sieben Nächte zu wachen – fällt in diesen Abschnitt. Gilgamesch kann seine Bewusstseinswachheit (noch) nicht durchtragen durch die Schicksalserprobung der Fische. Das Wunderkraut, das er auf der Rückreise vom Meeresboden gewinnt, frisst eine Schlange. Mit leeren Händen steht Gilgamesch da, und das Schicksal sagt deutlich: «Im Verlorenen finde sich Verlust» (Sonne in den Fischen). Und mondenhaft weise: «Der Verlust sei Gewinn für sich». Noch hat Gilgamesch nicht die Möglichkeit, sein waches Ich – in der Sphäre des Psychismus – ganz zu ergreifen, wie es einst der Philosoph des Ich, Johann Gottlieb Fichte, der

Menschheit in seiner «Tathandlung» des sich selbst setzenden Ich vorleben wird.

Die zwölfte Tafel, sehr unvollständig erhalten, enthält die Heimkehr und die Lobpreisung der Mauer von Uruk sowie das Bezeugen des Erlebten – «auf einen Denkstein hat er die ganze Mühsal gemeißelt». Hier schafft Gilgamesch einen Übergang ins nächste Menschheitszeitalter: die *Widder*-Zeit. Die Zeit des Lammes, in der Christus zur Erde kommen wird. Da tönt die Sonne verheißungsvoll einer neuen Zeit entgegen: «Erstehe, o Lichtessschein» (Sonne im Widder). Es ist auch die Veranlagung des Idealismus, die wir hier erleben: Die ganze Geschichte wird als Ereignis denkbar und begreifbar.

Der erste Teil dieses Buchs möge ausklingen mit Worten von Sigismund von Gleich, der in seinen tiefgründigen Betrachtungen *Marksteine der Kulturgeschichte* schreibt: «Das Mysterienepos von dem Helden *Gilgamesch* und seinem erleuchteten Freunde *Iabani,* dem in die Mysterien der Sternenschrift Eingeweihten, erzählt zwar tatsächliche Erdengeschichte, will aber zugleich als realer Sternenmythos, das heißt als kosmisch-geistiges Schicksalsgeschehen gelesen werden. Die zwölf Tafeln, auf denen es überliefert ist, entsprechen den zwölf Tierkreis-Stationen, die von der Sonne von ihrem damaligen Frühlingspunkt im Stier während eines Jahres durchlaufen wurden. [...]

In den gegenwärtigen Kulturgeschehnissen und Seelentrieben, die sich zum Beispiel nach einer echten Astrologie sehnen, auferstehen allmählich in verwandelter und durchchristeter Form diejenigen weltgeschichtlichen Kräfte und Wesenheiten, die einst von den Weisen der Nachwelt überliefert worden sind, etwa im Gilgamesch-Epos oder in den alttestamentlichen Erzählungen von den Erzvätern *Abraham, Isaak* und *Jakob.*»[45]

45 Sigismund von Gleich, *Marksteine der Kulturgeschichte,* Stuttgart 1963, S. 31f.

# Zweiter Teil

## Karmische Zusammenhänge

Ich frage am Tigris
Es nickt freundlich «Ja»
Ich frage zu Ephesus
Es nickt freundlich «Ja»
Ich frage bei Kabiren
Es nickt freundlich «Ja»
Ich frage am Odilienhügel
Es nickt freundlich «Ja»
Ich frage in der Klosterzelle
Es nickt freundlich «Ja»
Und am Dornacher Hügel
Da muß noch mutvoll
Die Seele sich finden
Daß sie erkenne, wie
Geistessonne schattenlos
Echte Morgenröte
Um Rosenkreuzessterne
Webt.

Rudolf Steiner
für Ita Wegman, September oder Oktober 1923

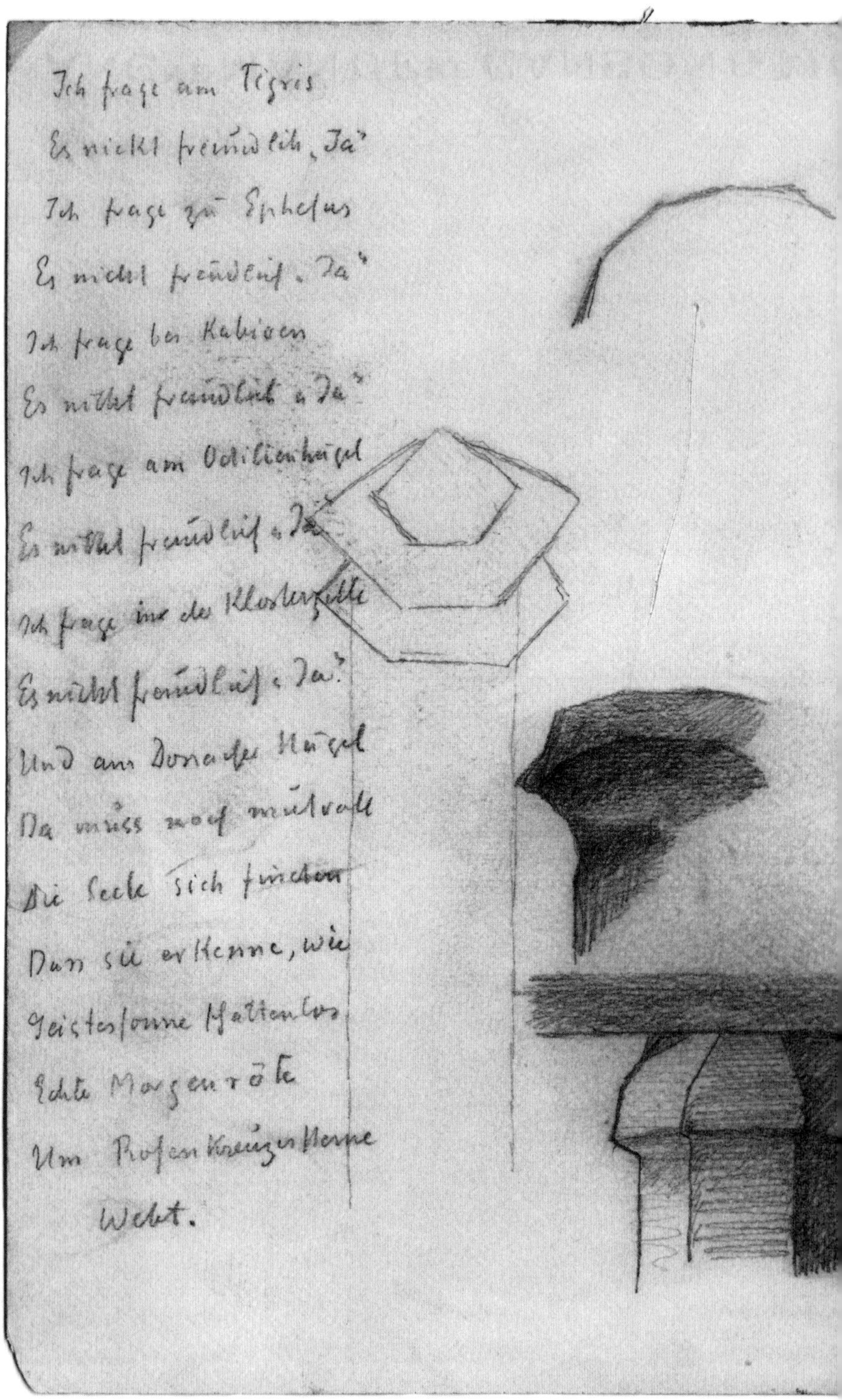
Ich frage am Tigris
Es nickt freundlich „Ja"
Ich frage zu Ephesus
Es nickt freundlich „Ja"
Ich frage bei Kabiren
Es nickt freundlich „Ja"
Ich frage am Odilienhügel
Es nickt freundlich „Ja"
Ich frage in der Klosterzelle
Es nickt freundlich „Ja"
Und am Dornacher Hügel
Da muss noch mutvoll
Die Seele sich finden
Dass sie erkenne, wie
Geistessonne schattenlos
Echte Morgenröte
Um Rosenkreuzersterne
Webt.

Abb. 1

Dieser Spruch von Rudolf Steiner, der in fragender, tastender Weise durch Orte und Zeiten von insgesamt sechs gemeinsamen Inkarnationen der beiden Freunde Gilgamesch und Enkidu geht, wurde erstmals aus dem Nachlass von Ita Wegman in dem Buch *Die Menschheitsaufgabe Rudolf Steiners und Ita Wegman* im Jahre 1976 veröffentlicht. Das Buch erschien zum hundertsten Geburts- und zugleich 33. Todestag Ita Wegmans. Im Jahre 1981 erfuhr es eine zweite Auflage. Es wurde allerdings nur an Mitglieder der Anthroposophischen Gesellschaft ausgegeben; mittlerweile ist es längst vergriffen. Weitere 33 Jahre später brachte Emanuel Zeylmans van Emmichoven alle esoterischen Sprüche, Notizen und Briefe von Rudolf Steiner an Ita Wegman in einem sorgfältig kommentierten Band heraus: *Die Erkraftung des Herzens. Eine Mysterienschulung der Gegenwart. Rudolf Steiners Zusammenarbeit mit Ita Wegman* (Arlesheim 2009).

Vieles, was in den Mitgliedervorträgen über Gilgamesch und Eabani nur zu erahnen war, wird in den genannten Veröffentlichungen deutlicher. Bis dahin, dass Rudolf Steiner selbst seine eigene Individualität im Zusammenhang mit Eabani sah und die Individualität Ita Wegmans im karmischen Zusammenhang mit Gilgamesch. Emanuel Zeylmans hat im dritten Band seiner großen Ita Wegman-Biografie eine Aufstellung gemacht, wo im Gesamtwerk Steiners über diese hier angedeuteten sechs Inkarnationen Aussagen zu finden sind. Auf diese verdienstvolle Studiengrundlage sei ausdrücklich hingewiesen.[46]

46 Siehe Emanuel Zeylmans van Emmichoven, *Wer war Ita Wegman, Eine Dokumentation, Band 3, Kämpfe und Konflikte 1924 bis 1943*, S. 178ff.

Über die *Reinkarnation* eines konkreten Menschengeistes zu sprechen, verlangt viel Differenzierungsvermögen. Allzu leicht werden in sogenannten «Reinkarnationsreihen» eines Menschen verschiedene Erdenpersönlichkeiten miteinander gleichgesetzt. «Diese Person war jene Person in einem früheren Leben», heißt es dann, was nie ganz stimmig sein kann, da jede Erdenpersönlichkeit einmalig ist. Was sich reinkarniert, ist der überzeitliche Wesenskern, die geistige Individualität, die in immer neuen «Gewändern» und Zeiten erscheinen und sich weiterentwickeln kann. Unter diesem methodischen Blickwinkel und mit dieser Gesinnung soll hier von Reinkarnationszusammenhängen gesprochen werden.

Das *Karma* wirkt jedoch wiederum so, dass es in einem Erdenleben einen Ausgleich für Taten aus früheren Erdenleben verlangt. So bindet das Karma den überzeitlichen Menschengeist an vergängliche Taten und ihre Folgen. Wo Karma wirkt, verbinden sich geistige Individualität und Wirkungen aus Raum und Zeit. Das macht es notwendig, die Taten und Leiden einer Erdenpersönlichkeit mit denen einer früheren Erdenpersönlichkeit, in der derselbe Menschengeist lebte, in eine konkrete Verbindung zu setzen – wenn wir Schicksalsverläufe wirklich aus der Ichperspektive verstehen wollen. Der sprachlichen Einfachheit zuliebe werden dann mitunter verschiedene Erdenpersönlichkeiten, die reinkarnatorisch zusammenhängen, in eine direkte Verbindung gebracht; was auch Rudolf Steiner oft getan hat, obwohl ihm die damit zusammenhängenden Schwierigkeiten bewusst gewesen seien dürften.

*Reinkarnation* und *Karma* sind also zwei Begriffe und Wirkprinzipien, die in einem durchaus spannungsvollen Verhältnis zueinander stehen. Durch die Reinkarnation bekommt der Menschengeist die Möglichkeit, das Eintauchen in einen

Leib und in bestimmte irdische Verhältnisse zu anderen Zeiten zu *wiederholen.* Das Karma verbindet mit unzähligen Schicksalsfäden die verschiedenen Erdenleben eines Menschen-Ich, wobei es keine einfachen Kausalitätswirkungen gibt, vielmehr mannigfache Entwicklungsmöglichkeiten, Variationen und Metamorphosen, die den Sinn haben, Schicksal *auszugleichen*.

Bei den erwähnten Vorträgen über *Okkulte Geschichte* in Stuttgart zum Jahreswechsel 1910/11 ist Ita Wegman wohl nicht dabei gewesen. Es ist mir nicht bekannt, wann sie von den Inhalten dieses Zyklus, der ja gedruckt wurde, Kenntnis erhalten hat, und wie. Ob Rudolf Steiner sie auf diese Vorträge aufmerksam gemacht hat?

Rudolf Steiner hatte damals schon das Weiterwirken des Freundespaares aus dem Zweistromland in einer nächsten maßgeblichen Inkarnation beschrieben: «Und an demselben Tage, wo ein Mensch, bloß um seinen Namen auf die Nachwelt zu bringen, die Feuerfackel wirft in den Tempel des Heiligtums von Ephesus, an dem gleichen Tage wird der Mensch geboren, der zur Persönlichkeitskultur das allermeiste getan hat auf demjenigen Grund und Boden, auf dem die bloße Persönlichkeitskultur überwunden werden soll: Herostrat wirft die Fackel an dem Tage, da *Alexander der Große* geboren wird, der Mensch, der ganz Persönlichkeit ist. So steht Alexander der Große da als das Schattenbild des Gilgamesch.

Dahinter steckt eine tiefe Wahrheit. Wie das Schattenbild des Gilgamesch steht Alexander der Große im vierten, im griechisch-lateinischen Zeitraum, wie die Projektion eines Geistigen auf den physischen Plan. Und der Eabani, der ist, projiziert auf den physischen Plan, *Aristoteles,* der Lehrer Alexander des

Großen. So sonderbar das ist: Alexander und Aristoteles stehen nebeneinander wie Gilgamesch und Eabani.»[47]

Wenn es in dem Spruch von Rudolf Steiner heißt: «Ich frage bei Kabiren», so ist damit auf Samothrake gedeutet, wo Alexander gemeinsam mit seinem Lehrer Aristoteles zumindest teilweise in die Kabiren-Mysterien eingeweiht wurde. Die zehn Kategorien des Aristoteles sind eine Frucht dieses Aufenthaltes auf der Mysterien-Insel, und Rudolf Steiner schreibt die Erkenntnis der zehn Kategorien ausdrücklich einer gemeinsamen Inspiration von Aristoteles und Alexander zu.

Die beiden hatten durch die Berührung mit dem Kabiren-Mysterium eine Art Rückerinnerung an eine gemeinsame Vorverkörperung, die noch nicht lange zurücklag, und die im Mysterium von Ephesus stattgefunden hatte. Darauf deuten die Worte Rudolf Steiners in dem Spruch: «Ich frage zu Ephesus».

Das Freundespaar hat sich also, nachdem es in Uruk gewirkt hatte, zunächst wieder inkarniert in Kleinasien, im Zusammenhang mit dem Mysterium von Ephesus, ungefähr im 5. Jahrhundert vor Christus. Das war eine mehr nach Innen gehende Inkarnation für beide gewesen. Gilgamesch war als Frau wiedergekommen, eine Priesterin zu Ephesus. Rudolf Steiner hat ihren Namen Ita Wegman angegeben: Mysa. Emanuel Zeylmans schreibt dazu: «Der Name ‹Mysa› bezeichnet eine Mysterienpriesterin des Artemistempels in Ephesos im fünften vorchristlichen Jahrhundert. Wahrscheinlich deutet der Name eine Funktion an; Steiner schrieb in manchen Gedichten auch ‹Artemysia›.»[48] Und Eabani kam als ein Eingeweihter der Wortmysterien von Ephesus wieder: als Kratylos, ein Schüler von Heraklit.

47 Rudolf Steiner, *Okkulte Geschichte*, GA 126, Vortrag vom 27. Dezember 1910.

48 Emanuel Zeylmans van Emmichoven, *Wer war Ita Wegman, Eine Dokumentation, Band 1, 1876 bis 1925,* Dornach $^{3}$2004, S. 201.

Schon in der *Okkulten Geschichte* weist Rudolf Steiner auf diese Zusammenhänge hin, allerdings ohne diese beiden Namen zu nennen. «Da können wir als ein Beispiel anführen, wie Eabani in derjenigen seiner Inkarnationen, die zwischen der Persönlichkeit des Eabani und des Aristoteles liegt, unter dem Einfluß der alten Mysterienlehren mit ihren aus den übersinnlichen Welten herabkommenden Kräften aufnehmen konnte das, worauf eigentlich in gewissen Mysterienschulen die Fortentwickelung der menschlichen Seele beruht. [...] In solchen Mysterien wurden in der Seele namentlich jene Empfindungen, jene Impulse erregt, die geeignet waren, von Grund aus allen Egoismus auszurotten aus der Seele.»[49]

Hier spricht Rudolf Steiner von Kratylos. Auch Platon berichtet uns von diesem Kratylos; es gibt einen ganzen platonischen Dialog, der seinen Namen als Titel trägt, und in dem Kratylos als der Lehrer von Sokrates auftritt.

Jetzt kann auch deutlich werden, warum für Rudolf Steiner die Tatsache so bedeutsam war, dass in der Geburtsnacht von Alexander der Tempel zu Ephesus abbrannte. Diejenige Individualität, die dort als die Priesterin Mysa gedient hatte, wurde genau in dem Moment wiedergeboren, als dieser Wunderbau am Meer restlos zerstört wurde. Schon in der Antike gab es das geflügelte Wort, dass der Tempel der Artemis abbrennen konnte, weil die Göttin in dieser Nacht der Geburt Alexanders beiwohnen wollte und ihren Tempel somit nicht beschützen konnte.

Es war also eine spirituelle Schicksalsaufgabe für die beiden karmischen Freunde, als Aristoteles und Alexander etwas von dem verlorengegangenen Mysterium von Ephesus zumindest geistig-inspirativ wieder zurückzugewinnen. Und das gelang ihnen auch durch ihre Reise nach Samothrake. Rudolf Steiner beschreibt dies am 22. April 1924 in einem Vortrag:

49 *Okkulte Geschichte,* Vortrag vom 29. Dezember 1910.

«Und nun entstand, als jenes Monden-Weltenerklingen wieder da war [die Wahrnehmung der Sphärenharmonie vom Monde aus; S.H.], in dem erkannt wurde von Aristoteles und Alexander, was das Feuer von Ephesus bedeutete, wie dieses Feuer hinausgetragen hat in Welten-Ätherfernen dasjenige, was das Geheimnis von Ephesus war, da war es, daß in diesen beiden entstand die Inspiration, die Weltenschrift zu begründen. Nur, die Weltenschrift wird nicht begründet mit a b c d e f, sondern Weltenschrift wird begründet, wie die Buchschrift mit Buchstaben, so diese mit Gedanken. Und es entstanden die Lettern der Weltenschrift.

Wenn ich es Ihnen aufschreibe, sind sie ebenso abstrakt, wie a b c d: Quantität (also Menge), Qualität (Eigenschaft), Relation, Raum, Zeit, Lage, Tun und Leiden. Da haben Sie eine Anzahl von Begriffen. Lernen Sie mit diesen Begriffen, die zuerst Aristoteles dem Alexander vorgeführt hat, lernen Sie mit diesen Begriffen dasselbe vollführen, was Sie gelernt haben mit a b c d, dann lernen Sie aus Qualität, Quantität, Relation, Raum, Zeit, Lage, Tun, Leiden –, aus dem lernen Sie lesen im Kosmos. […] Denn alle Geheimnisse der physischen und der geistigen Welt sind in diesen einfachen Begriffen als dem Weltenalphabet enthalten. […] Tief esoterisch ist der Sinn, der lebt in diesen acht, oder man kann sie auch [um Wesen und Haben; S.H.] auf zehn erweitern, in diesen acht oder zehn einfachen Begriffen.»[50]

Nehmen wir diese Sätze ernst, so können wir sagen, dass auch die ganze Anthroposophie als Geisteswissenschaft auf diesen zehn Ur-Begriffen beruht. *Denn alle Geheimnisse der physischen und der geistigen Welt sind in diesen einfachen Begriffen als dem Weltenalphabet enthalten*. Eine spirituelle Entschlüsse-

50 Rudolf Steiner, *Mysterienstätten des Mittelalters,* GA 233a, Vortrag vom 22. April 1924.

lung der zehn Kategorien ist daher ein Einweihungsweg in tiefste Geheimnisse – und gleichzeitig Teil des Entwicklungsweges des hier besprochenen Freundespaares.

## Die Artemis von Ephesus und der Tierkreis

«Man kann nicht zweimal
in denselben Fluß steigen.»
Heraklit, fr. 91

Die Artemis von Ephesus trägt die Sternenwelt, den Tierkreis, in ihrem Herzbereich. Das sieht man besonders gut bei der sogenannten «schönen Artemis», die im Museum in Ephesus (heute Selcuk in der Türkei) aufgestellt ist. Es handelt sich dabei um eine antike Kopie des Originals aus späterer römischer Zeit. Die ursprüngliche Statue im Mysterien-Tempel zu Ephesus war aus Holz gestaltet. Aus neueren Forschungen wissen wir, dass dasjenige, was lange Zeit für Brüste gehalten wurde (unterhalb des Tierkreises), in Wirklichkeit wohl Stierhoden waren, die zum Zeichen der Fruchtbarkeit bei bestimmten Kulten an die Götterstatue gehängt wurden.[51]

Artemis ist die Göttin des Ungeborenen. Alles, was zur Geburt kommt, wird von ihr beschützt und begleitet: Tiere, Pflanzen, Menschen. Vor der Geburt weilen wir in der Mondensphäre. Man kann sagen, durch die Artemis ertönt die kosmische Sternen-Weisheit im Gewande des Mondes.

Mysterienerlebnisse waren immer auch Mysteriengeheimnis-

51 Siehe den Aufsatz von Johannes Greiner *Die griechischen Mysterien und ihre Auferstehung durch die Anthroposophie*, in *Die Sozialgestalt der Weihnachtstagung*, Arlesheim 2014, S. 128.

se. Und auf Mysterienverrat stand die Todesstrafe. Daher wissen wir nur in Andeutungen und in Umrissen von den Einweihungserlebnissen im Tempel zu Ephesus. Manches kann aber im Nacherleben vor Ort und mit Hilfe der Geistesforschung Rudolf Steiners meditativ erschlossen werden.

Die Artemis stand im Osten des Tempels und schaute nach Westen. Artemis ist ein ätherisches Wesen, sie ist verbunden mit allen Lebensvorgängen. Tiere treten aus ihrer Gestalt heraus, in Dreiergruppen, zum Beispiel Löwen und Stiere, an der Seite der Gestalt auch Bienen. Für eine griechische Göttin wirkt die ephesische Artemis insgesamt sehr streng, eher ägyptisch im Stil, was mit ihrer speziellen Herkunft und Geschichte zu tun haben mag.[52]

Und sie trägt Kultur auf dem Haupt, eine Art Turm aus menschlichen Schöpfungen, tempelartige Bauten. Die Mysterien des Werdens umfassen also nicht nur die Naturwesen, sondern auch die Kulturschöpfungen des Menschen. Das kann man an der «großen Artemis» im Museum von Ephesus besonders gut erleben.

52 Frank Teichmann hat in seinem Buch über *Die Griechischen Mysterien* (Stuttgart 2007) diesen Zusammenhang zu den ägyptischen Mysterien herausgearbeitet. Er beschreibt die Gestalt der Artemis wie folgt: «Zur Weltgestaltung sind zwei Kräfte nötig: die der *Form,* die im stofflosen Bereich der Nacht urständet, und die der *Substanz*, die zur Erscheinungsseite des Tages gehört. Im Gespräch des Lehrers mit dem Schüler in Ephesos war gerade diese Doppelheit der Prozesse entdeckt worden. Jede lebende Gestalt ist ein Ergebnis dieser beiden Kräfte: einer befruchtenden, zeugenden Kraft (die über den Samen vermittelt wird) und einer aufnehmenden, mütterlichen Kraft, die dann durch die Kräfte der Welt weiter zur Entwicklung gebracht wird. Dieser Doppelprozess ist es, der durch die Artemis von Ephesos dargestellt wird: Die umgehängten Stierbeutel, die von den Opferstieren stammen – was in den Kybelekulten bezeugt wird –, repräsentieren die zeugende Seite des Prozesses, die Geste der Artemis, die vorgestreckten Arme, durch die sie sich als plastizierendes Wesen zu erkennen gibt, das hinter den zu bildenden Gestalten wirkt, vertritt die aufnehmende Seite.» (S. 116f.)

Martin-Ingbert Heigl schreibt in seinem anregenden Buch *Artemis:* «Der Zugang zum Bild der Göttin war in alten Zeiten nur dem gestattet, der nach langer Vorbereitung für reif befunden wurde. Auch heute noch bleiben die Menschen wie durch eine inzwischen unsichtbare Mauer getrennt von Artemis. Gerade das offenbare Geheimnis ist heute das verborgene. Anders als vor Jahrtausenden liegt die Mauer des Tempels heute im Menschen selber – in seiner Art, die Dinge zu betrachten. Artemis tönt und aus dem Klang formen sich Worte. Die Wesen der Naturreiche sprechen durch sie. Das Wort, ausgebreitet in der Schöpfung, wurde in Ephesos erlebt.»[53]

Wie können wir uns das Einweihungsgeschehen im Mysterium des Tempels von Ephesus vorstellen? Was erlebte die Seele in der Begegnung mit der Göttin Artemis? Was ereignete sich, wenn der Einzuweihende – nach langer Vorbereitung und innerer Arbeit am schöpferischen Vorgang des Sprechens – in eine seelisch-geistige Identifikation mit Artemis gelangte? Was haben Kratylos und Mysa hier gemeinsam vollzogen und erlebt?

Aus meinen Forschungen in Ephesus und Gesprächen mit Johannes Greiner hat sich mir Folgendes ergeben: Man schlüpfte im Einweihungsvorgang gleichsam in die Wesenheit der Artemis hinein. Die Größe ihres Wesens wurde für den Einzuweihenden erlebbar. Der eigene Ätherleib weitete sich und das Erleben der Seele wurde leibbefreit. Die vorangegangenen Übungen und Prüfungen hatten den Sinn, dass der Einzuweihende die Seelenstärke und Geistesgegenwart erworben hatte, im Erleben des Ätherischen nicht sein Bewusstsein zu verlieren.

Es gab wohl drei Stufen der Einweihung:

53 Martin-Ingbert Heigl, *Artemis – Eurythmie, Sprachgestaltung und Philosophie der Freiheit*, BoD $^{3}$2015, S. 119f.

1. Stufe der Einweihung: Blick *auf* die Artemis, nach Osten. Ein Geist-Erinnern erwachte in der Seele. Dieses Erleben führte zum Ursprung der nachatlantischen Menschheitsentwicklung, bis hin zum alten Indien, und dem vorangegangenen Untergang der alten Atlantis. Frühere Inkarnationen der Seele wurden ahnungsweise bewusst. Dieser Stufe entspricht im Gilgamesch-Epos der Bericht von der Sintflut sowie die durch Eabani ermöglichte Rückschau in frühere Leben.
2. Stufe der Einweihung: Blick *mit* der Artemis, nach Westen (Richtung Eleusis). Ein Geist-Erschauen wurde geweckt. Zukunftsaufgaben der Menschheit wurden dabei bewusst. Dies entspricht im Gilgamesch-Epos dem Zug nach Westen und der Verantwortung, die Gilgamesch übernimmt, Zeugnis abzulegen in der Schrift für folgende Generationen und Zeiten. Auch das Ringen mit den Kräften des Todes, der Unterwelt gehört hierhin.
3. Stufe der Einweihung: Durchdringung und Vermittlung der beiden Blickweisen, von Osten und Westen, auch von Vergangenheit und Zukunft. Ein ausgewogenes Geist-Besinnen in Sternenklarheit wurde möglich. Das konnte Gilgamesch noch nicht ganz erreichen. Er schlief ein, kaum dass ihm Utnapischtim die Aufgabe, sieben Tage und Nächte zu wachen, gestellt hatte.

Man könnte den skizzierten Ablauf und Aufbau auch so ausdrücken, im Zusammenhang mit dem eurythmischen I A O erlebt:

Ich erinnere meine Herkunft /
Stofferleben – Osten A
Ich erschaue meine Zukunft /
Formerleben – Westen O
Ich erlebe Geistes-Gegenwart /
selbstloses Wesenserleben – Mitte I

Wir alle kommen aus einem Bereich vorgeburtlicher Lebenswirksamkeit. Dem entspricht die öffnende und empfangende A-Geste der Artemis von Ephesus. Wir lauschen in den hinteren Raum und öffnen uns für das zur Welt Kommende – im eurythmischen A. Sodann schwingen wir in den vorderen Raum (gleichsam nach Westen), bilden die geschlossene Form des O, und erschauen Zukünftiges, verbunden mit dem Weltganzen. Zum Abschluss kommen wir in die Mitte mit der Geste des I. Hier findet eine Zentrierung unseres Eigenwesens im Angesicht der Artemis statt, besser gesagt: durchdrungen von der Aufrichtekraft der Artemis.

So kommen wir zunächst auf die Vokalfolge: A O I. Das «fehlende» vorangehende I ergibt sich qualitativ, wenn man die vorangegangene, ichstärkende Mysterienschulung mit einbezieht. Bevor der Mysterienschüler überhaupt zur Einweihung zugelassen wurde, musste er selbst gleichsam zur I-CH-Säule geworden sein. So dass der ganze Vorgang als I A O I beschrieben werden kann.

Im Grundsteinspruch von Rudolf Steiner ertönten bei der Weihnachtstagung 1923/24 drei Aufforderungen, die hiermit zu tun haben, und die eine Metamorphose der alten Mysterienerlebnisse in die neuen Mysterien der heutigen Zeit darstellen:[54]

54 Zum Grundsteinspruch siehe Rudolf Steiner, *Die Grundsteinlegung der Allgemeinen Anthroposophischen Gesellschaft 1923/24,* Dornach 1986, sowie ders., *Die Weihnachtstagung zur Begründung der Allgemeinen Anthroposophischen Gesellschaft 1923/24,* GA 260, Dornach 1994.

Übe Geist-Erinnern
in Seelentiefen

Übe Geist-Besinnen
im Seelengleichgewichte

Übe Geist-Erschauen
in Gedanken-Ruhe

Die drei griechischen Mysterienstätten Ephesus, Eleusis und Samothrake in ihrer Ganzheit und Zusammengehörigkeit spiegeln etwas von diesem Dreischritt:

1. Ephesus – Mysterien der Geburt und des schöpferischen Wortes
2. Eleusis – Mysterien der Erdentiefen und der Überwindung des Todes
3. Samothrake – Mysterien der großen Götter und des Gedanken-Wortes (Kategorien)

Ephesus in Kleinasien (Osten) steht für die Qualität des Geist-Erinnerns. Dort wurde vor allem erlebt, wo alles quellende Leben seine Ursprünge hat und wie es zur Geburt gelangt. Eleusis, die mittlere griechische Mysterienstätte, ganz in der Nähe von Athen gelegen, hatte mit dem Geist-Besinnen zu tun. Der Einzuweihende brauchte ein starkes Seelengleichgewicht, um die Kräfte der Tiefe und des Todes (Hades-Bereich) überwinden zu können. Bildhaft ist davon einiges auf uns gekommen durch den Persephoneia-Mythos.[55] Samothrake schließlich ist eine Vulkaninsel im Norden der Ägäis. Hier ging es darum, vor

55 Siehe hierzu das von Johannes Greiner herausgebrachte Buch: *Persephone – Die Frage nach der neuen Gemeinschaft*, Hamburg 2020.

allem für Aristoteles und Alexander, das im Kabiren-Mysterium Erlebte *in den freien Gedanken zu heben*. Damit war für die beiden auch ein ahnendes Rückerinnern an ihr Wirken im Mysterienzusammenhang von Ephesus verbunden. Gleichzeitig eröffnete Samothrake ein Tor in eine weite Zukunft: einmal durch die «Entdeckung» der zehn Kategorien (»Übe Geist-Erschauen«) und dann durch den Willensimpuls, den Alexander hier empfing, den Aristotelismus in einem gigantischen Feldzug über ganz Asien zu verbreiten. –

Doch gehen wir noch einmal zurück zum Einweihungsvorgang in Ephesus, wie er sich uns darstellt. Unter der Berücksichtigung der «Zwölf Stimmungen» von Rudolf Steiner könnte das außerleibliche, kosmische Einweihungserlebnis im Mondenbereich der Artemis auch folgendermaßen differenziert dargestellt und meditiert werden:

Mond im Widder: «O Lichtesschein, verbleibe!»
Eine bittende Geste des Mondes macht den Anfang im gesamten Werdeprozess: Der Lichtesschein möge mit den anfänglichen, zarten Werdekräften des Wesens verbunden bleiben.

Mond im Stier: «O Wesensglanz, erscheine!»
Dies kann wie ein Aufruf erlebt werden: Dass aus dem zarten Lichtesschein des Anfangens der Eigenglanz des Wesens in Erscheinung treten möge.

Mond in den Zwillingen: «O Sonnesein, verharre!»
Das in dieser Entwicklung wirkende Sonnesein wird vom Mond nun darin bestärkt, in dem wesenhaften Erscheinen zu verharren, das heißt bestärkend anwesend zu sein.

Mond im Krebs: «Du Leuchteglanz, erstarke!»
Der Mond spricht hier den Leuchteglanz persönlich mit «Du» an und bewirkt damit eine Bekräftigung des bisherigen Licht-Werde-Prozesses über die Stufen Scheinen, Glänzen, Sonnen und Leuchten. – Eine erster Abschnitt der Entwicklung ist vollendet.

Mond im Löwen: «Mit Sinngewalt erstehe!»
Das im Krebs zu sich gekommene Wesen (das «Du«) ersteht im Löwen zur Sinngewalt seines Daseins. Dadurch wird Sinnerfülltes vom Innern des Wesens in die Welt, nach außen, getragen.

Mond in der Jungfrau: «O Seele, erkenne die Wesen!»
In der Jungfrau erleben wir nun die Aufforderung zur umfassenden Wesenserkenntnis, das heißt die Seele möge lernen, die Wesen zu unterscheiden.

Mond in der Waage: «O Welten, traget Welten!»
Die Mondenbahn wendet sich von der Einzelseele zu umfassenden Welten. Diese werden bittend angerufen, in einem kosmischen Wechselgeschehen sich gegenseitig zu tragen.

Mond im Skorpion: «Das Wesen erhält die Wesen.»
Der Mond beschreibt hier eine Tatsache, sein bittender Charakter tritt in den Hintergrund: Das göttliche Urwesen erhält – in der Doppelbedeutung von *bewahren* und *bekommen* – alle anderen Wesen.

Mond im Schützen: «Das Seiende fühle das Seiende!»
Die Mondenqualität im Schützen führt die Monade – das Wesen – zur Verinnerlichung im Fühlen des Seienden. Es möge fühlen, ob das Erreichnis gut werde.

Mond im Steinbock: «Vergangenes ertrage Künftiges!»
Das Zukünftige muss vom Vergangenen (dem bisherigen Prozess) ertragen werden. Ertragen freilich im dreifachen Wortsinne von *aushalten, weitertragen* und *Ertrag (Frucht) bringen* verstanden.

Mond im Wassermann: «Begrenze dich, o Grenzenloses.»
Die Fülle des Erreichten muss sich nun begrenzen. Das Urbild dieses Vorgangs ist die Menschwerdung des allumfassenden Logos in dem Menschen Jesus Christus (was in Ephesus noch Zukunftserwartung war).

Mond in den Fischen: «Der Verlust sei Gewinn für sich!»
So spricht das Schicksal. Alles geht verloren – alles fließt. Doch eine Essenz bleibt und wird Schicksalsfrucht für alle Ewigkeit.

Das sind die zwölf kosmischen Weltenorte der Artemiswesenheit im Mondenbereich, die sich meditativ nach und nach erschließen können.[56] Diese mantrischen Sprüche der «Zwölf Stimmungen» von Rudolf Steiner darf man nicht innerseelisch, das heißt astralisch-persönlich verstehen wollen. Es sind vielmehr makrokosmische Wirkprinzipien, die hier zum Ausdruck kommen. Sie gestalten den vorgeburtlichen Bereich und den Prozess des Geborenwerdens. Was wir als Erdenpersönlichkeit im Alltag fühlen und erleben, kann wie ein Abglanz davon in der eigenen Seele erscheinen. Es bedarf eines jahrelangen übenden Umgehens mit diesen Sprüchen, um ihre kosmische Weite und Lebensfülle auch nur ahnungsweise zu erfassen.

56 Dieser ganze Durchgang durch den Tierkreis hat auch eine musikalische Dimension. Zu einer möglichen Zuordnung der Tonarten zu den mantrischen Sprüchen Rudolf Steiners siehe mein Buch *Vom Schicksal der Töne in unserer Zeit* (Hamburg 2018). Die hier erfolgte Ausformulierung verdankt sich auch der Zusammenarbeit mit der Eurythmistin Almuth Steffens.

## Isrenum

Nach Rudolf Steiner lautet der okkulte Name der Göttin Artemis *Isrenum*. Isrenum konnte die Geheimnisse des Kosmos von der Mondenbahn aus erkunden. Emanuel Zeylmans schreibt hierzu in *Die Erkraftung des Herzens:* «Isrenum ist ein sehr hoher Himmelsgeist: er steht, so Steiner, Michael besonders nahe, verwaltet die Mondenzyklen und kann dadurch den Kosmos von den verschiedensten Aspekten aus beschauen. Wer Rudolf Steiners Beschreibungen der Einweihungsriten im alten Ephesos kennt, sieht sofort, dass es Isrenum war, der die Zöglinge im Mondenheiligtum begleitete, wenn sie aus dem Leibe traten und mit ihrem Bewusstsein in die Mondensphäre kamen, wo sie *wie aus einem Observatorium* den Kosmos von den verschiedensten Seiten aus beobachten lernten.»[57] Insofern ist Isrenum eine Art Hierophant für den Einweihungsvorgang im Mondenbereich, wie er oben mit Hilfe der «Zwölf Stimmungen» angedeutet wurde. Man gelangt hier jedoch an eine Grenze des sprachlich Mitteilbaren.

Aus diesem Grund möchte ich an dieser Stelle zwei Gedichte einflechten, die auf einer Reise nach Ephesus im Jahr 2015 entstanden sind, da sie das eigentlich Unsagbare des Mysteriums nochmal anders andeuten können als die bisherigen Ausführungen. Das erste Gedicht zur Göttin Artemis entstand in Gesprächen gemeinsam mit Sivan Karnieli:

57 Emanuel Zeylmans van Emmichoven, *Die Erkraftung des Herzens,* Arlesheim 2009, S. 352f.

*Der Göttin Artemis*

**A**lldurchwirkendes Götterwort
**R**eichst Du uns aus Sternenweiten,
**T**or ist Deine Gestalt,
**E**wiges spricht durch Dich.
**M**ilder Mondenglanz im Tempel tönt:
**I**m Innersten erfahre Weltenwerden,
**S**uche das Ungeborene durch Raum und Zeit.

Und ergänzend möchte ich noch den folgenden Spruch zu Isrenum hinzufügen:

*Isrenum*

**I**m Hüten des Ungeborenen bist
**S**elbstlos dienendes Tor Du,
**R**egsame Fruchtbarkeit in der Mondenwacht,
**E**s ersteht des Kosmos Seinsgewalt in Dir.
**N**iemand findet Dich bei Tage
**U**nd Unberufene auch nicht im Nachtbereich –
**M**it tönender Liebeskraft schauen wir Dich.

## Kratylos und Aristoteles – vom Mysterium von Ephesus zu den zehn Kategorien

Geheimnisvoll ist der Zusammenhang des Mysteriums von Ephesus mit den zehn Kategorien des Aristoteles. Es geht dabei auch um den karmischen Zusammenhang von Kratylos – von dem wir äußerlich durch den gleichnamigen Dialog Platons wissen – mit Aristoteles. Es handelt sich im Grunde um eine weltgeschichtliche Metamorphose: Wie altes Mysterienerleben und Mysterienerkennen, wie kosmische Sternenweisheit eingezogen ist in das menschliche Denken. Wie eine Metamorphose stattgefunden hat von den Wort-Mysterien Ephesus' zu den zehn Kategorien, zu den zehn Ur-Begriffen der aristotelischen Philosophie. Ein Weg von Kratylos zu Aristoteles.

Im Frühjahr 2013 machte ich eine Reise durch Nordgriechenland, auf den Spuren von Aristoteles und Alexander. Mein Freund Johannes Greiner und ich kamen dabei auch nach Stagira, dem Geburtsort von Aristoteles. Aristoteles wurde hier – vor nunmehr 2.400 Jahren – im Jahre 384 vor Christus geboren. Stagira befindet sich auf der nordgriechischen Halbinsel Chalkidike. Wenn man auf der Ruine der alten Festungsmauer steht und nach Osten schaut – in Richtung der Vulkaninsel Samothrake –, so hat man unter sich den Fels und vor sich das bewegte Meer, um sich herum das Spiel des Windes. Ist das nicht ein wunderbares Sinnbild für das Wesen des Aristoteles? Ein fester Grund im Denken, auf dem sich sicher stehen lässt. Ein weiter Blick aufs Meer der Menschheitsvergangenheit (der Blick nach Osten), ebenso aber ein Blick Richtung Festland (im Westen), wo die Menschheitszukunft liegt, und beständig vermittelnd der frische Wind. Ein Wind, der weht, wo er will …

Noch eindrücklicher war für mich der Besuch von Mieza, wo heute mitten in einer lieblichen Landschaft plötzlich ein

Schild steht mit der Aufschrift «Institute of Aristoteles». Dort begründete Aristoteles einst eine Schule für den makedonischen Königssohn Alexander und einige seiner adeligen Jugendgefährten. Leicht in den Felsen gehauen wurde die Anlage, im Hintergrund die makedonischen Berge, im Untergrund ein rauschender Bach, und wieder dieser weite Blick nach Osten. Als bei unserem Besuch, nach einigen Stunden des Verweilens, die Sonne unterging und die Sterne am Himmel erglänzten, da leuchtete mir blitzartig gedanklich auf: Dass die kosmische Weisheit der Sternenwelt, die bis zu Aristoteles im Umkreis, im Kosmischen, von den Göttern inspiriert erlebt worden war, dass diese Sternenweisheit mit Aristoteles in das menschliche Denken einzog, in das menschliche Haupt, damit auch in unsere menschlich-persönliche Schädelstätte, die jedes denkende Wesen auf der Erde mit sich herumträgt.

Mit Aristoteles beginnen die Sterne *im* menschlichen Denken aufzuleuchten und es beginnt ein Prozess, der die Menschen immer mehr zum Selber-Denken, ja schließlich zu dem Erlebnis «Ich denke» führen wird. Thomas von Aquin konnte darauf aufbauend im 13. Jahrhundert nach Christus dann formulieren: «Dieser einzelne Mensch denkt» – *hic homo singularis intelligit*.[58]

Ein solches individualisiertes Denk-Erleben wäre für den Einzuweihenden in den Mysterien, zum Beispiel von Ephesus oder auch von Eleusis, noch ganz undenkbar – im wahrsten Sinne des Wortes – gewesen. Die strengen Prüfungen im Mysterienzusammenhang dienten dazu, die Seelen dafür reif zu machen, dass die Sprache der Götter erlebt und gehört werden konnte. Dafür musste jeder Eigenwille im Menschen schweigen. Nicht

58 Nachzulesen in der Schrift *Über die Einheit des Geistes gegen die Averroisten* (Stuttgart 1987), die Wolf-Ulrich Klünker verdienstvoller Weise übersetzt und kommentiert hat.

«ich denke» oder «ich will», sondern «es denkt in mir», «es tönt durch mich», «es spricht kosmisch zu mir» – das war die seelische Grundhaltung in dem Mysterium zu Ephesus.

Selbst Heraklit, der Lehrer des Kratylos in Ephesus, hat sein Denken noch ganz als im Dienste der Göttin Artemis stehend verstanden. Das kann man der Tatsache entnehmen, dass er ein Buch geschrieben hat, welches im Artemis-Tempel von ihm niedergelegt wurde, vor der Göttin, ihr zu Ehren. Man konnte nur im Tempel in diesem Buch lesen. Verstehen konnte es gleichwohl fast niemand; deshalb nannte man schon in der Antike Heraklit «den Dunklen», den Geheimnisvollen, das heißt, den mit dem Intellekt nicht gänzlich zu Begreifenden. Heraklit schöpfte in seinem Denken eben noch direkt aus dem Mysterienzusammenhang. Der berühmte Satz «Man kann nicht zweimal in denselben Fluss steigen» bezeugt dies. Der Satz weist uns auf dasjenige, was man auf dem Einweihungsweg die «Wasserprobe» nennt. Es ist eine tiefgehende Einweihungserfahrung: «Alles fließt».[59]

Und etwa zweihundert Jahre später Aristoteles? Da zieht sich geistig etwas zusammen; es konzentriert sich das Denken zunehmend *im* Kopf; es zentriert sich der Begriff im klaren und trockenen Denk-Bewusstsein. Alexander der Große hat das unmittelbar empfunden. Es wird von ihm das Wort überliefert: «*peri tos pyseos*» – «Du presst mir ja den Kopf zusammen!»[60] Dieses «Zusammengepresstwerden» im Denkvorgang können

59 Vgl. auch Karl-Martin Dietz, *Metamorphosen des Geistes,* Stuttgart 1990, insbesondere *Bd. 3: Heraklit von Ephesus*; sowie Johannes Greiner, Alexander Kühl und Benjamin Gautier *Heraklit. Denken zwischen Bildern und Begriffen,* Selbstverlag 2015.

60 «Das Denken aber, im Beginne der menschlichen Denkentwicklung von Aristoteles seinen Schülern gelehrt, wirkte auf einen derselben – Alexander den Großen – so, dass er zu Aristoteles – gemäß dem Herausgepreßten der Wahrnehmung, peri tos pyseos – sagte: Du preßt mir ja den Kopf zusammen!» – Berthold Wulf, *Die Kategorien des Aristoteles,* Zürich 1988, S. 34.

wir noch heute erleben, wenn wir intensiv Aristoteles studieren, zum Beispiel bestimmte Passagen aus seiner *Metaphysik*. Wir kommen durch dieses Denken – man müsste sagen durch die spezifisch aristotelische Denkart, seinen Denkgestus – *in* den Kopf hinein. Und gleichzeitig schaffen wir, wie Rudolf Steiner es einmal ausdrückte, damit eine Art Skelett für das Arbeiten in den höheren Welten.[61]

Was Alexander da aussprach, meint im Grunde einen zweifachen Verdichtungs- und Konzentrationsvorgang: Das rein Begriffliche wird zunehmend vom Wahrnehmlichen, und damit auch vom Lebendigen (Ätherischen), abgezogen. Das ist das eine, eine Art Abtötungsvorgang, Ablähmungsvorgang des Lebendigen zugunsten des klaren aber toten Gedankens. Und das andere ist: Der Mensch kommt dadurch zu sich selbst, er wird kopfzentriert bewusst. Das Weben in einer allgemeinen Geistigkeit verstummt und die Eigenaktivität im Denken erwacht.

Wir können uns heute kaum noch vorstellen, was für ein ungeheures *Erlebnis* es war, vor 2.400 Jahren im Umkreis des Aristoteles, Kategorien des Weltzusammenhangs erstmalig in der Menschheitsgeschichte denkend zu ergreifen, denkend bewusst zu machen, denkend kristallkar zu fixieren. Das war eine ungeheure Geistesanstrengung, zugleich aber ein zutiefst begeisterndes Erleben: Die Götter haben den Sternenhimmel freigegeben. Die Götter haben sich zurückgezogen. Die Menschen können die kosmische Intelligenz ergreifen. Eine gewaltige

61 Vgl. Rudolf Steiner, *Philosophie und Anthroposophie*, GA 35, Dornach 1984. Rudolf Steiner spricht hier darüber, «wie in der aristotelischen Vorstellungsart die Möglichkeit liegt, Begriffe zu finden, durch die man Anthroposophie stützen kann.» Und im Zusammenhang mit den erkenntniswissenschaftlichen Bemühungen von Carl Unger heißt es dann, dass es eine Gedankentechnik gibt, «die einen realen Grund für ein wirklich gediegenes Arbeiten schafft, die ein Skelett schafft für das Arbeiten in der höheren Welt.» (S. 93f.)

Aufgabe, die im direkten Zusammenhang steht mit derjenigen geistigen Wesenheit, die wir heute Michael als Verwalter der kosmischen Intelligenz nennen können.

## Kratylos bei Rudolf Steiner und bei Aristoteles

Rudolf Steiner schreibt in *Die Rätsel der Philosophie*: «Es wird die Denkweise des Heraklit gewöhnlich mit dem Satze charakterisiert: man könne nicht zweimal in denselben Strom steigen; denn das zweitemal ist das Wasser ein anderes. Und ein Schüler Heraklits, *Kratylos,* steigerte den Ausspruch, indem er sagte: auch einmal könne man nicht in denselben Strom steigen. So ist es mit allen Dingen; während wir auf das scheinbar Beharrende hinblicken, ist es im allgemeinen Strome des Daseins schon ein anderes geworden.»[62]

Interessanterweise gibt es im ersten Buch der *Metaphysik* des Aristoteles eine fast gleichlautende Stelle. Aristoteles behandelt dort Platon und seine Lehrer. Es heißt dann: «Da er [Platon; S.H.] nämlich von Jugend auf mit dem Kratylos und den Ansichten des Herakleitos bekannt geworden war, daß alles Sinnliche in beständigem Flusse sei, und daß es keine Wissenschaft [das heißt Erkenntnis; S.H.] davon gebe, so blieb er auch später bei dieser Annahme.»[63]

Aristoteles meinte, dass die Erfahrung «Alles fließt» mit zu der Ideenlehre Platons geführt habe, da die beständige, ewige, durch sich selbst begründete Idee Platons eine Antwort auf das Problem des unbeständigen Zerfließens aller Dinge sei. Gleichsam eine Antwort auf den «Zeitvernichtungsstrom» ...

62 Rudolf Steiner, *Die Rätsel der Philosophie,* GA 18, Dornach 1985, S. 55.
63 Aristoteles, *Metaphysik,* Hamburg 1995, S. 19 (987a).

Berthold Wulf hat diese Fragestellung tiefgehend in seinem umfassenden Werk *Die Kategorien des Aristoteles* erörtert. Dabei arbeitet er einen zunächst verborgenen Zusammenhang heraus: die Geburt der vierten Kategorie des Aristoteles – der Relation – im Übergang und Zusammenhang von fließendem Sein und dessen Bewusst-Sein: «Herakleitos von Ephesos – er ‹blühte› um 500 vor Christus – bezeichnet die ‹Kräfte des Kosmos› mit dem Worte ‹alles fließt› (panta rhei). Und dieses Fließen lässt ihn zu der Überzeugung gelangen: ‹In denselben Strom steigst du nicht zum zweiten Mal.› Kratylos, sein Schüler und der Lehrer Platons, hat dieses Wort Heraklits abgewandelt, aber so, dass es das seelische Erleben mit der Tatsache verbindet, die es ausdrückt: ‹In denselben Strom steigst du auch nicht einmal‹; denn wenn ‹alles fließt›, und der Mensch sein Bewusstsein mit diesem All-Fließenden verbindet, erlischt dieses Bewusstsein: Man steigt auch nicht einmal in den Strom, weil man selbst als Bewusstsein und der Strom vor diesem Bewusstsein nicht mehr ist; denn in demselben Augenblick lösen sich vor diesem Bewusstsein die Verhältnisse von Mensch und Welt und damit beide selbst auf.»[64]

Klare Bewusstheit und Selbst-Bewusstsein entstehen nur dann, wenn Ich und Welt auseinandertreten, durch Distanz. Das ist die Ur-Beziehung, die Ur-*Relation*: ein selbstbewusstes Wesen, das der Welt gegenübersteht. Diesem Wesen zeigen sich die Erscheinungen der Welt dann im Nebeneinander – dadurch entsteht der *Raum*; und im Nacheinander – dadurch konstituiert sich die *Zeit*.

Berthold Wulf schreibt weiter: «Durch den Satz des Kratylos formuliert eine erste Menschenbewusstheit die Tatsache, dass diese Bewusstheit entsteht, indem sie aus dem Sein (to on), dem panta rhei ‹sich im Vorstellen (befreit) von allen Kräften des Kosmos› (Rudolf Steiner).»[65]

64 Berthold Wulf, *Die Kategorien des Aristoteles,* Zürich 1988, S. 48.
65 Dieses und das folgende Zitat ebenda, S. 49f.

Durch das selbstbewusste Erleben der Welt treten wir in eine Distanz zum fließenden Sein. Und aus dieser von uns eingenommenen Relation zum Weltgeschehen geht Bewusstsein der Dinge hervor. Damit werden die Dinge aber fest und tot, räumlich verortet. Das «Alles fließt» wird unterbrochen durch ein Raum-Bewusstsein und ebenso durch ein Zeit-Bewusstsein, welches anfängt, den Zeitenstrom zu gliedern.

Kratylos formulierte mithin eine geistige Grenzerfahrung, ein Einweihungserlebnis: «Kratylos wusste und erlebte, indem er ihn anschaute, stieg er in den Strom selbst; dann aber verlor er, weil in der Bewegung von ‹Kräften des Kosmos› das Bewusstsein sich selbst verliert, sich selbst und den Strom: ‹In denselben Strom steigst du auch nicht einmal›, es sei denn, dass das Bewusstsein sich so stärkt und erweitert, das Strömende von ‹Kräften des Kosmos› auszuhalten und mit zu umfassen. [...] Was Kratylos formulierte, ist die Essenz, die in der Anthroposophie als Bewusstseinserweiterung wirkt, die sinnliche Welt der Erscheinungen und die übersinnliche der ‹Kräfte des Kosmos› zu erfassen. Die vierte Kategorie des Aristoteles bildet das Auffassungsorgan dessen, was Kratylos durch sein Wort fordert, was Rudolf Steiner durch seine Geisteswissenschaft erfüllt.» Man ersieht hieraus, wie Kratylos aus dem Mysterienzusammenhang etwas formulierte, was Aristoteles dann im reinen Denken der Kategorien weiterentwickelte.

## Rudolf Steiner über die ephesischen Mysterien

Am 2. Dezember 1923 sprach Rudolf Steiner in Dornach über die Mysterien des Artemis-Tempels zu Ephesus. Aus seiner geistigen Forschung heraus beschrieb er die in der Antike streng geheim gehaltenen Mysterienschulungen und -vorgänge: «Da tritt uns immer wieder und wieder für das Schauen entgegen, wie der Schüler von dem Lehrer verwiesen worden ist zunächst auf die menschliche Sprache; wie er ermahnt worden ist, immer wieder und wieder ermahnt worden ist: Fühle in deinen eigenen Sprachwerkzeugen, was da eigentlich vorgeht, indem du sprichst. [...] Da wurde der Schüler aufmerksam gemacht, wie das Wort aus dem Munde erklingt. Es wurde ihm immer wieder und wiederum gesagt: Merke auf, was du empfindest, wenn das Wort aus dem Munde erklingt.»[66]

Ohne einen Namen zu nennen, beschrieb Steiner hier etwas von der Unterrichtstätigkeit des Eingeweihten Kratylos. Eine erhöhte, intensiv meditative Aufmerksamkeit auf den Akt des Sprechens wurde geübt. In dieser Mysterien-Arbeit am Wortbilden wurden das seelische Innenerleben des Menschen und das Außenwelterleben der Elemente bewusst miteinander verwoben: «Vom Worte steigt etwas auf wie Wärme nach dem Kopfe hin, und diese Wärme, dieses Feuer, fängt den Gedanken ab. Und nach unten fließt etwas wie wässriges Element; das ergießt sich nach unten, wie sich eine Drüsenabsonderung in den Menschen ergießt.»[67]

Daraus ergibt sich eine Doppelbewegung der Sprech-*Luft*, einmal nach oben hin zur *Wärme*, und einmal nach unten hin zum *Wasser*: «... die Luft verwandelt sich im Sprechen in das nächste Element, in das Feuer, in die Wärme und holt den Gedanken von den Höhen des Hauptes herunter, verleibt sich ihm ein. Und wiederum, indem ein Wechselzustand eintritt: Hinaufsenden des Feuers, Hinuntersenden desjenigen, was im Worte liegt, träufelt gewissermaßen die Luft wie eine Drüsenabsonderung nach unten als Wasser, als Flüssiges. Dadurch wird das

66 Rudolf Steiner, *Mysteriengestaltungen,* GA 232, Dornach 1998, S. 90.
67 Ebenda, S. 91.

Wort dem Menschen innerlich fühlbar. Das Wort träufelt als flüssiges Element nach unten.»[68]

Die Luft nimmt im Akt des Sprechens eine Mittellage ein, nach oben sich wendend zum Gedanken wird sie Wärme (feurig), nach unten sich wendend zum Gefühl wird sie Wasser (flüssig). Beides zusammen – Gedanke und Gefühl – ist in jedem menschlichen Sprechakt anwesend. Die elementarische Verwandlung des Wortes in Wärme und in Wasser verbleibt jedoch für das gewöhnliche Bewusstsein verborgen. Die Aufmerksamkeit richtet sich beim heutigen Menschen in der Regel nur auf den *intellektuellen Inhalt* der Worte; auf das, was er mitteilen will. Der real in und durch die menschliche Organisation sich vollziehende Vorgang des Sprechens kann aber als Bilde-Vorgang – gleichsam im *panta rhei* – ins Bewusstsein gehoben werden. Dadurch konstituiert sich nach Berthold Wulf die vierte Kategorie: die Relation, im und durch den Menschen, als neues Auffassungsorgan von Wirk-lichkeit. Es ist ein Aufwachen *in* der lebendigen Relation, in der Relation als Prozess, nicht nur *an* ihrem Ergebnis.

## Die zehn Kategorien des Aristoteles

In seiner nur als Fragment überlieferten Kategorienschrift entwickelt Aristoteles die zehn Kategorien als begriffliche Werkzeuge für ein differenziertes Erfassen der Welt, und zwar in einer sehr nüchternen und bodenständigen Art und Weise. Es ist ein Charakteristikum seines Denkens, dass er – stets von einfachen Beispielen der sinnlichen Welt ausgehend – immer weiter aufsteigt zu einem Höchstmaß an Abstraktion, allerdings ohne

68 Ebenda.

das Band zwischen Sinnlichem und Geistigem – zwischen Idee und Erscheinung – je zu zerreißen.

Zu Beginn des 4. Kapitels seiner Kategorienschrift benennt Aristoteles alle zehn Kategorien folgendermaßen: «Von dem, was da nach keiner Verknüpfung ausgesagt wird, weist ein jedes entweder auf ein *seiendes Wesen* hin oder auf ein *irgendwieviel* oder *irgendwie-beschaffen* oder ein *im-Verhältnis-zu …* oder *irgendwo* oder *irgendwann* oder ein *Liegen* oder *Haben* oder *Tun* oder *Erleiden*.

*Seiendes Wesen* ist dabei, um es umrisshaft zu sagen, z.B. Mensch, Pferd usw.; *so-und-so-viel* z.B. zwei Ellen, drei Ellen …; *derartig* z.B. weiß, schriftkundig; *im-Verhältnis-zu …* z.B. doppelt, halb, größer …; *da-und-dort* z. B. im Lykeion, auf dem Markt; *dann-und-dann* z. B. gestern, vor einem Jahr; *Lage* z. B. liegt da, sitzt; *Haben* z. B. hat Schuhe an, hat Waffen angelegt; *Tätigsein* z. B. schneiden, brennen; *Erleiden* z. B. geschnitten werden, gebrannt werden.»[69]

Es handelt sich hierbei im ersten Anschein fast um eine bloß katalogartige Aufzählung der zehn Kategorien. Für ein tieferes Verständnis des Aristotelismus kommt es allerdings darauf an, in einen lebendigen und beweglichen Umgang mit dem Organismus der zehn Kategorien zu gelangen. Folgende Übersicht der Kategorien möge zu einem solchen Verständnis anregen:

69 Aristoteles, *Kategorien*, Hamburg 1998, S. 7.

| Kategorie | Begriffserklärung | Frage | Quellen[70] |
|---|---|---|---|
| Substanz | Wesenheit; seiendes Wesen; das Zugrundeliegende; «etwas» | Wer oder Was? | Aristoteles: *Kategorien*, 2a 10 – 4b 19 *Metaphysik*, 1017b - 1018a |
| Quantität | Zahl und Maß von etwas | Wieviel? | *Kategorien*, 4b 20 – 6a 35 *Metaphysik*, 1020a |
| Qualität | Beschaffenheit oder Eigenschaft von etwas | Wie beschaffen? | *Kategorien*, 8b 25 – 11a 36 *Metaphysik*, 1020a - 1020b |
| Relation | Beziehung; im Verhältnis zu etwas | Zu was? | *Kategorien*, 6a 36 – 8b 24 *Metaphysik*, 1020b – 1021a |
| Raum | Das Nebeneinander von etwas | Wo? | *Kategorien*, 1b 25 – 2a 10 |
| Zeit | Das Nacheinander von etwas | Wann? | *Kategorien*, 14a 24-14b 8 |
| Lage | Stellung von etwas | Wie oder wo erscheint etwas? | *Kategorien*, 1b 25 – 2a 10 |
| Haben | Seinsweise von etwas | Mit was behaftet? | *Kategorien*, 15b 17 - 32 *Metaphysik*, 1022b – 1023b |
| Tun | Aktivität von etwas | Wie wirkend auf etwas? | *Kategorien*, 11b |
| Leiden | Passivität von etwas | Wie leidend durch etwas? | *Kategorien*, 11b |

70 Aristoteles: *Kategorien*, Hamburg 1998; ders., *Metaphysik*, Hamburg 1995.

Man kann aus dieser Darstellung ersehen, dass die aristotelischen Kategorien hierarchisch geordnet sind. Die erste Kategorie der Substanz oder Wesenheit ist allen anderen vorgelagert; sie ist das diesen Zugrundeliegende. Quantität, Qualität und Relation werden immer im Hinblick auf ein Wesen oder mehrere Wesen, eben auf «etwas», ausgesagt. Im aristotelischen Sinne kann man formulieren, dass alle anderen Kategorien an und durch diese erste Kategorie der Substanz erscheinen können. Der Stufenbau der Kategorienlehre führt dabei vom Großen ins Kleine, vom umfassenden Allgemeinen ins zunehmend Besondere. So sind Quantität und Qualität essenziell mit der Natur des Wesens verbunden, während Tun und Leiden schnell wechselnde, vorübergehende Momente darstellen. Dass ein Mensch – als «zweifüßiges Lebewesen», wie Aristoteles die menschliche Wesenheit in der *Metaphysik* definiert – *einer* (Quantität) ist und *musisch begabt* (Qualität), ist wesentlicher, das heißt substanzieller mit seinem Wesen verbunden, als zum Beispiel die Tatsache, dass dieser Mensch in einer bestimmten Situation am Boden liegt (Lage) oder ein Theaterstück anschaut (Tun und Leiden).[71]

71 Vgl. auch die verwandte Darstellung der zehn Kategorien in Steffen Hartmann, *Engel denken. Ein Erkenntnisweg*, Hamburg 2021.

# Das Mysterium des Wort-Bildens

«Mensch, rede,
Und du offenbarest durch dich
Das Weltenwerden.

Das Weltenwerden offenbart sich
Durch dich, o Mensch,
Wenn du redest.»

Rudolf Steiner, *Aus den Mysterien von Ephesus*, in *Wahrspruchworte* (GA 40)

Mir ist auf meiner Reise nach Ephesus im September 2015 deutlich geworden, wie im Prozess des Worte-Bildens der Einzuweihende im Tempel der Artemis zu Ephesus alle zehn Kategorien in Stufen des Erlebens durchlaufen hat. Gedanklich-meditativ kann das versuchsweise folgendermaßen beschrieben und nachvollzogen beziehungsweise vom Leser im Mitvollzug aktualisiert werden:

Das *Wesen* des Wortes ertönt. Das *Wort* im Wesen ersteht. Dieses macht den Ur-Anfang. Das Ur-Wort, oder auch der «ewige Name», wird ausgesprochen. Der Mensch redet. Im Aussprechen ergreift das Wesen das Wort. Das Wesen west im Wort, im Logos. (Man kann dies, worauf hier gedeutet wird, nur meditativ erfassen und im Grunde *nicht darüber* sprechen.)

Aus der vormals unausgesprochenen All-Einheit tritt das Ausgesprochene heraus. Das Wort entringt sich der Sphäre des Ungeborenen. Durch das Geborenwerden des Wortes teilt sich die Sphäre der unausgesprochenen All-Einheit. Der Mysterienschüler erlebt die *Quantität*. Unausgesprochenes *und* Ausgesprochenes. Wort *und* Sprechender. Eine quantitative Ur-Teilung des ursprünglichen Wesens hat sich vollzogen. Ein erstes zählendes Unterscheiden wird möglich. Aus der Eins wird die Zwei.

Damit geht unmittelbar eine dritte Stufe des Erlebens einher. Es ist etwas *Qualitatives,* das gesagt wird. Das ausgesprochene Wort hat eine spezifische Eigen-*Qualität.* Ein Eigen-Klang und ein Eigen-Sinn manifestieren sich: die Qualität oder auch die Eigenschaft des Wortes.

Aus diesem dritten Schritt ergibt sich ganz organisch auch die vierte Stufe des Wort-Bilde-Vorgangs: die *Relation.* Es sind Beziehungen entstanden; unterschiedene, aber aufeinander bezogene Sphären. Das Unausgesprochene und das Ausgesprochene in Relation zueinander, Wort und Sprechender in ihrem Verhältnis, aber auch Quantität und Qualität in ihrer Beziehung – alles webt in real durchlebten und durchfühlten Relationen.

Der ganze Vorgang beruht auf einem *Tun.* Das ist das Fünfte: «O, Mensch rede ...» Der Mysterienschüler tut; er schafft; er bringt sprechend etwas hervor. Im Sprechen beobachtet er sein Sprechen. Das ist reine, schöpferische Aktivität.

Das tuende Sprechen, das schaffende Sprechen wird gehört. Das ist ein *Leiden,* ein Aufnehmen des Gesprochenen. Hörendes Lauschen als Leiden, die sechste Stufe dieses Erkenntnisvorgangs. Im Leiden geschieht auch eine Verinnerlichung. Das leidende Wesen nimmt geformte Substanz (das Wort) in sich auf. Es reift dadurch, man könnte auch sagen, es erleidet Schicksal.

Hieraus ergibt sich organisch die siebte Stufe des ganzen Prozesses. Wir kommen fortwährend in *Lagen* des Erlebens. Es ereignen sich bestimmte Lebenssituationen oder auch Schicksalsschläge. Konkrete Schicksalslagen (Karma) nehmen wir dadurch ein und an. Im Tempel zu Ephesus hieß das: Stehend vor der Göttin Artemis, im Sprechen lauschend tastend, nach innen und nach außen, in die eigene Organisation und in die Mondensphäre des Kosmos hinein, mit der Artemis als Hüterin des Ungeborenen besonders verbunden ist. Das schafft konkrete Lagen im Worte-Bilde-Erleben.

Diese Lagen ereignen sich im *Raum*. Das Wort erklingt im Raum. Das Mysterienerlebnis war im Grunde: Das klingende Wort schafft den Raum. Der Raum ist nichts an und für sich, kein leerer Kasten, den man befüllen könnte mit Dingen. Der Raum ist vielmehr das worthafte Nebeneinander der Wesen. Das ist das Achte. – Doch die Worte erklingen und verklingen in der *Zeit*. Es ereignet sich ein zeitlicher Prozess. Das worthafte Nacheinander der Wesen gebiert den Zeitenstrom. Hier kommt es nun zu der heraklitischen Ur-Erfahrung: «Alles fließt» – «*panta rhei*». In der Zeit lässt sich nichts festhalten.

Wenn der Einweihungsprozess gelang, das heißt, wenn der Mysterienschüler sein Bewusstsein und die Reinheit seiner Geist-Seele durch diese neun skizzierten Stufen hindurchtragen konnte, dann kam es zu einer Resonanz auf den ganzen Vorgang, eine Frucht des Ganzen ergab sich: das *Haben*.

Nicht das Haben von diesem oder jenem ist gemeint (das wäre ein ganz äußerliches Haben), sondern das Haben als inneres Erreichnis, als erlebende Überschau der neun Stufen in einem Zehnten: die Krönung des Prozesses, die Vollendung der «Wort-Einweihung». Nach einer solchen Einweihung war der ganze Mensch ein anderer geworden. –

Ich habe diesen Einweihungsweg, das Wort-Mysterium von Ephesus, hier mit Hilfe der zehn Kategorien des Aristoteles beschrieben. Das war im Mysterium zu Ephesus so natürlich nicht der Fall. Was uns heute in den festen Begriff gerinnt, was uns auskristallisiert in einen toten, aber gänzlich klaren und durchschaubaren Begriff, das war in Ephesus webendes und tönendes Wesenserlebnis im Bereich der Göttin Artemis: erschütternde, ja beglückende Wesensbegegnung und Wesensbewegung.

Man erfuhr im Worte-Bilden Wesen der Wesen, Wesen der Quantität, Wesen der Qualität, Relationswesen, schaffende Geister, leidende (aufnehmende) Geister, Lagewesen (Schicksal schaffende Wesen), Raumeswesen, Zeitgeister und schließlich den Menschen selbst in seinem Wesenskern als Habenden, wir können auch sagen als Beschenkten, Gekrönten, von Artemis Erfüllten. *Haben* als eine Art geistige Kommunion.[72] Folgendes Schaubild möge den ganzen Prozess imaginativ verdeutlichen:

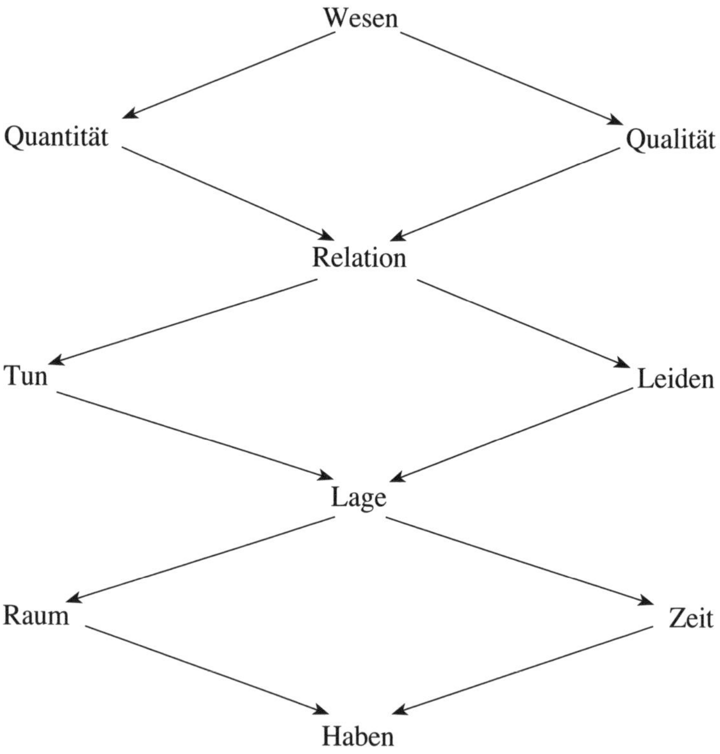


72 Wesentliche Anregungen zu diesen Betrachtungen verdanke ich den Forschungen von Bernd Lampe und seinem Buch *Gebärden des Wortes. 57 Gespräche zum Beginn des Johannes-Evangeliums*, Dürnau 2010.

# Der Brand von Ephesus und die Einweihung von Aristoteles und Alexander auf Samothrake

Nun möchte ich noch einmal auf den Schicksalszusammenhang zwischen Aristoteles und Kratylos eingehen. Aus eindeutiger mündlicher und schriftlicher Überlieferung wissen wir, dass Rudolf Steiner selbst seine ewige Individualität sowohl mit Aristoteles als auch mit Kratylos verbunden erkannte. [73]

Es liegt also der merkwürdige Fall vor, dass Kratylos, als ein Inspirator Platons (und ein Lehrer des Sokrates, wie wir hörten), sich sehr schnell wieder inkarnierte und in seiner nächsten Inkarnation als Aristoteles ein Schüler des Platon wurde! Kratylos war einer der *letzten* Eingeweihten in Ephesus. Aristoteles war der *erste* Denker, der erste Philosoph, der alles Wissen aus dem reinen Denken holte und nicht mehr direkt aus den Mysterienzusammenhängen schöpfte, wie selbst Platon das noch tat, was das berühmte Höhlengleichnis aus der *Politeia* zeigt, das einen philosophischen Ausdruck der eleusinischen Mysterien darstellt.

Man könnte diesen Weg auch so formulieren: Kratylos war ein philosophischer Eingeweihter in den Wort-Mysterien zu Ephesus. Sokrates war der große Frager, die geistige Hebamme der griechischen Philosophie. In ihm erwachte das Denken erstmals im Innenraum der fragenden Persönlichkeit. Platon, sein Schüler, war der große Schauende im Denken, ein Brückenbauer zwischen den alten Mysterien und der noch jungen Philosophie. Er war vor allem verbunden mit den Mysterien

73 In dem Buch *Die Sozialgestalt der Weihnachtstagung* (Arlesheim, 2014) habe ich in meinem Aufsatz über *Kratylos und Rudolf Steiner* diese karmischen Zusammenhänge ausführlich dargestellt. Dort finden sich auch alle relevanten Quellenangaben zu diesem Thema.

von Eleusis, was zum Beispiel an dem Höhlengleichnis deutlich wird. Aristoteles schließlich war der erste große reine Denker. Er baute ganz auf der Sinneswahrnehmung und einem kristallklarem Denken auf. Seine Empirie war allumfassend; seine Logik ist bis heute maßgebend. Er war der Philosoph der Mysterienstätte von Samothrake.[74]

Obwohl Aristoteles und Alexander keine Eingeweihten im alten Sinne mehr waren, kamen sie doch in Berührung mit dem Mysterienwesen. Rudolf Steiner beschreibt, wie Aristoteles und Alexander gemeinsam, durch ihren Besuch der Mysterieninsel Samothrake, zu einer gewaltigen Inspiration kamen, die sich dann in den zehn Kategorien bewusstseinsmäßig niederschlug. Rudolf Steiner sprach am 22. April 1924 in Dornach über die Tatsache, dass der Artemis-Tempel zu Ephesus in der Geburtsnacht Alexander des Großen abgebrannt ist.

Und es heißt dann weiter: «Oh, wie ungeheuer viel war für diejenigen, die zu diesem Tempel gehörten, im Laufe von Jahrhunderten geschehen! Wie viel Geistiges an Licht und Weisheit ist durch diese Tempelräume gegangen. Und alles, was da durch diese Tempelräume ging, ist ja mitgeteilt worden, während die Flammen herausschlugen aus dem Tempel zu Ephesus, ist ja mitgeteilt worden dem Weltenäther. So daß man sagen kann: Das kontinuierliche Osterfest zu Ephesus, das in den Tempelräumen eingeschlossen war, ist seither eingeschrieben, wenn auch mit weniger deutlich wahrnehmbaren Lettern, in den ganzen Weltendom, insofern der Weltendom ätherisch ist. […] Vieles von dem, was menschliche Weisheit ist, war in alten Zei-

74 Frank Teichmann hat dies in etwas anderer Gewichtung so dargestellt, dass alle drei griechischen Mysterienstätten jeweils ihren Philosophen hatten, der dort eingeweiht wurde, und der das an für sich «Unsagbare» der Mysterienerfahrungen in das philosophische Denken übersetzte: Heraklit für Ephesus, Platon für Eleusis und Aristoteles für Samothrake. Siehe hierzu Frank Teichmann, *Die griechischen Mysterien*, Stuttgart 2007.

ten umschlossen von Tempelwänden. Es ist den Tempelwänden entflohen, ist in den Weltenäther eingeschrieben und wird da sofort sichtbar, wenn der Mensch zur wirklichen Imagination aufsteigt.»[75]

Auf Samothrake war nun durch den Einfluss der Kabirenmysterien für Aristoteles und Alexander die Möglichkeit eines individuellen Geist-Erinnerns gegeben: die Möglichkeit, im Weltenäther die Geheimnisse des zerstörten Tempels von Ephesus zu lesen und daraus etwas gänzlich Neues zu schaffen.

Hella Krause-Zimmer schreibt über Samothrake, «wie nicht die kontemplativen, sondern die stürmischen, von Wünschen und Wollen durchpulsten Naturen einen Zug dazu hatten, sich hier an die Mysterienstätte der Werdegötter zu knüpfen, deren großartige Schöpfergeheimnisse sie anzogen, deren kraftvolle, plastizierende Schulung wohl aber auch gerade solchen Naturen allein auf den Grund zu dringen vermochte.»[76]

Rudolf Steiner beschreibt das Kabirenmysterium von Samothrake, in dessen Mittelpunkt drei Krüge standen, wie folgt: «Aber das Wesentliche war, daß mit diesen Krügen in ihrer ganzen symbolischen Gestaltung eine Weihehandlung, eine Opferhandlung vor sich gegangen ist. Eine Art Weihrauch wurde in diese Krüge getan, wurde entzündet, der Rauch strömte heraus, und drei Worte [...] wurden mit mantrischer Gewalt von dem zelebrierenden Vater in den Rauch hineingesprochen, der von diesen Krügen aufdampfte, und es erschienen die Gestalten der drei Kabiren. Sie erschienen dadurch, daß der menschliche Atem, die Ausatmung durch das mantrische Wort sich gestaltete und seine Gestaltung mitteilte dem Aufsteigenden, Aufdampfenden der Substanz, die den symbolischen Krügen einverleibt

75 Rudolf Steiner, *Mysterienstätten des Mittelalters,* GA 233a, Dornach 1991, S. 161f.

76 Hella Krause-Zimmer, *Alles durchweben die Götter,* Stuttgart 1984, S. 120.

worden war. Und indem der Schüler auf diese Weise lesen lernte in seinen eigenen Atemzügen, indem er lesen lernte, was in den Rauch diese eigenen Atemzüge hineinschrieben, lernte er zugleich lesen, was die geheimnisvollen Planeten aus dem weiten Weltenall herein zu ihm sprachen. Denn nun wußte er: wie der eine der Kabiren gestaltet wurde durch das mantrische Wort und seine Gewalt, so war in Wirklichkeit der Merkur; wie gestaltet wurde der zweite Kabir, so war in Wirklichkeit der Mars; wie gestaltet wurde der dritte Kabir, so war in Wirklichkeit Apollo, die Sonne.»[77]

Die großen Götter taten sich noch kund auf Samothrake, die Kabiren erschienen im Opferrauch auf Erden, repräsentierend Merkur, Mars und Sonne: «Mit der Sprache, die aus dem Herzen kam, ertastete der samothrakische Weise die durch den Opferrauch zu ihm herabsteigenden Kabiren, das heißt die großen Götter. Und es war eine lebendige Wechselwirkung zwischen dem Logos im Menschen und dem Logos draußen in den Weltenweiten.»[78]

Ein wesentlicher Unterschied von Ephesus zu Samothrake kann hier deutlich werden: In Ephesus bestand eine innige Verbindung zur Göttin Artemis, dort wurde das Tor der Geburt erlebt. Wie das Ungeborene klingend und webend aus der Mondensphäre ins Erdensein dringt und quillt – das wurde in Ephesus durchlebt. Auf der Vulkaninsel Samothrake ist der Bezug zur Erde, zum Felsigen und zur rauen Wirklichkeit der Erdengeschicke viel stärker wirksam. Beides waren jedoch Sprach-Mysterien. Aber Samothrake lag später in der Zeit und sozusagen «tiefer», erdbezogener. Zugleich wirkten hier impulsierend Merkur, Mars und Sonne. Die Menschen, die hier-

77 Rudolf Steiner, *Mysteriengestaltungen,* GA 232, Vortrag vom 21. Dezember 1923.

78 Ebenda.

herkamen, waren stärker inkarniert und die Kabiren-Mysterien ergriffen intensiver den Willen, wie man an den weltumspannenden Taten Alexanders sehen kann, der um seinen ersten Mondknoten herum mit seinem Lehrer Aristoteles das Kabiren-Mysterium aufsuchte.

Emanuel Zeylmans hat eine Skizze von Rudolf Steiner veröffentlicht, aus der hervorgeht, dass er zusammen mit Ita Wegman Samothrake geistig besucht hat. Links auf dem Blatt steht geschrieben: «Wiederholung des Besuches 18. – 19. April 1924» (das war die Nacht von Karfreitag auf Karsamstag im Jahre 1924).[79] So konkret weben die verschiedenen Inkarnationen des Freundespaares schicksalhaft und sinnerfüllt ineinander.

Rudolf Steiner notierte zunächst folgenden Spruch auf diesem Blatt:

Weisheit ist verborgen
Sie kommt in die Erscheinung
Und äußert sich als Kraft[80]

Dazu heißt es: «So Aristoteles und Alexander *vor* dem Besuch beider in Samothrake.»

Dann kommt der Umschwung in den beiden Freunden durch das Erleben des Kabiren-Mysteriums. Nun heißt es:

Weisheit wirkt als Kraft
Kraft lebt in der Erscheinung
Die Erscheinung erstirbt in der Weisheit

Hier notiert Rudolf Steiner: «Aristoteles und Alexander *nach* dem Besuch beider in Samothrake.» Wir wollen die weiteren

79 Emanuel Zeylmans, *Die Erkraftung des Herzens*, Arlesheim 2009, S. 258ff.
80 Ebenda.

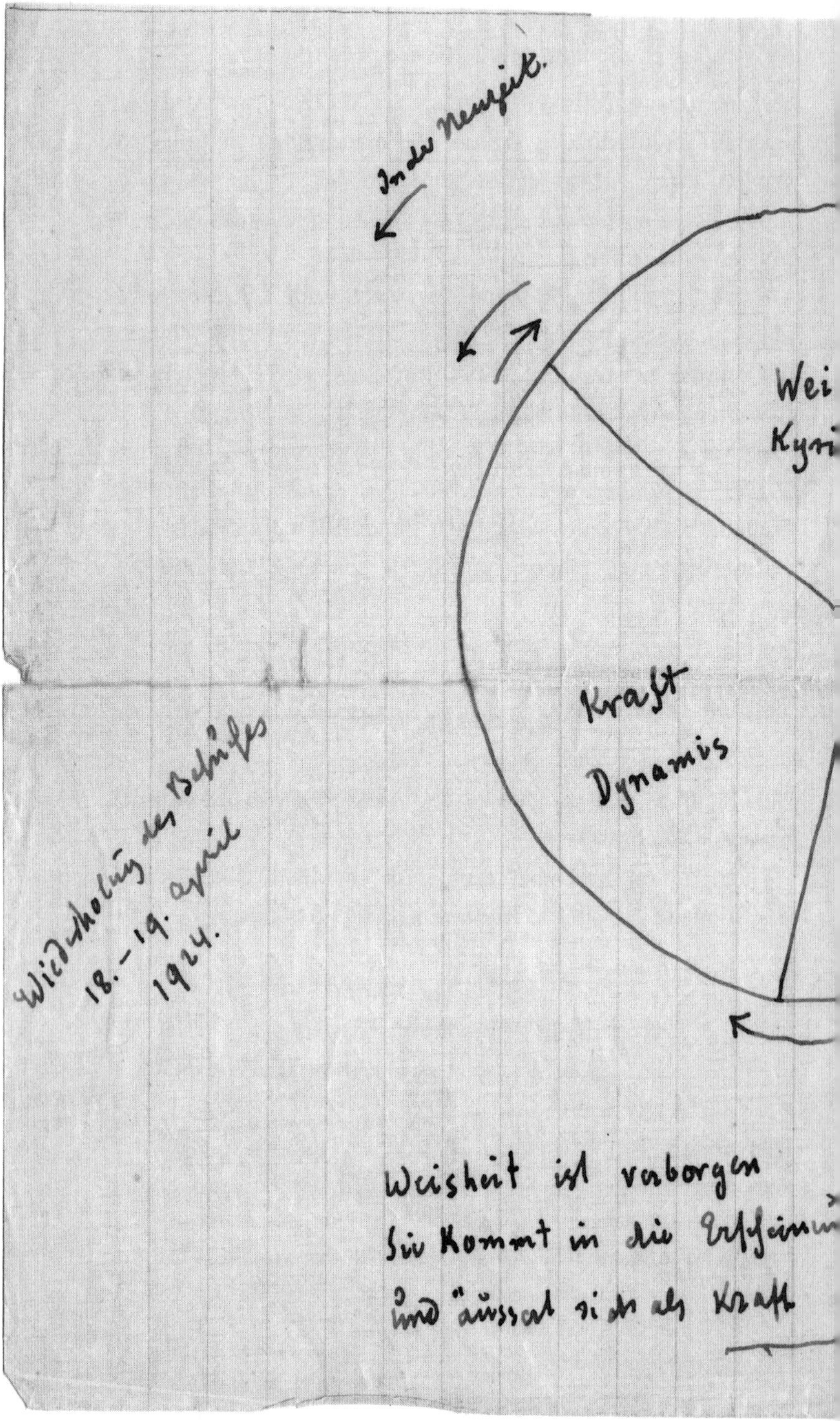


*Abb. 2: Der Besuch auf Samothrake*

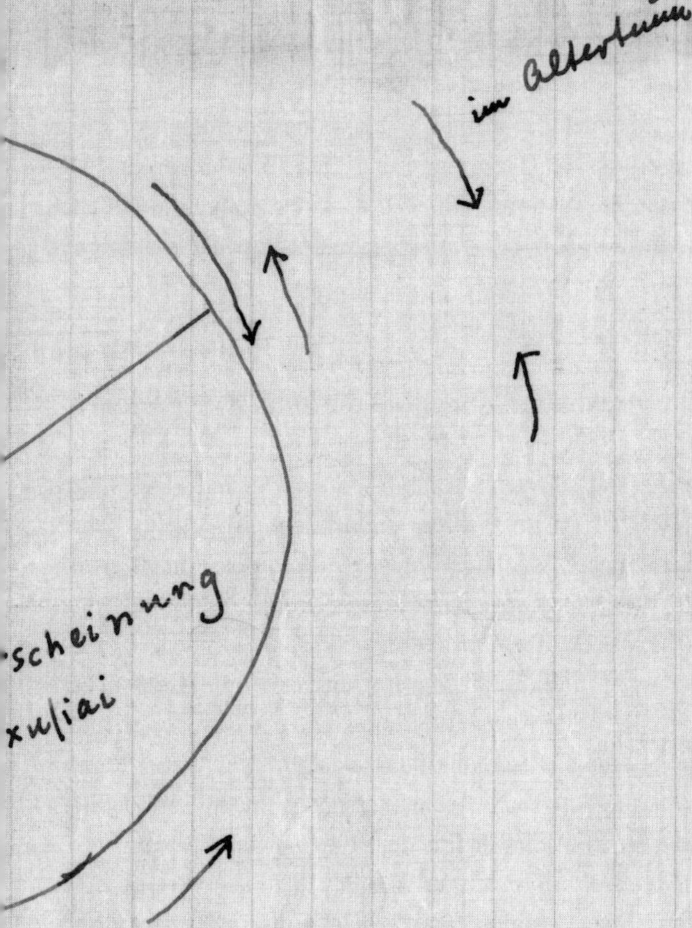


A. a. A. vor dem Besuch beider in Samothrake.

---

isheit wirkt als Kraft
raft lebt in der Erscheinung
ie Erscheinung erstirbt in der Weisheit

} A. a. A. nach dem Besuch beider in Samothrake.

Tiefen und Geheimnisse dieses Blattes, das auch noch von der zweiten Hierarchie, den Kyriotetes (die mit der Weisheit zusammenhängen), den Dynamis (verbunden mit der Kraft) und den Exusiai (hier der Erscheinung zugeordnet) handelt, der freien Meditation unserer Leserinnen und Leser überlassen, und verfolgen nun im Weiteren einige Linien der weltgeschichtlichen Ereignisse, die auf den historischen Samothrake-Besuch folgten.

## Die Alexander-Züge und die zehn Kategorien

Aristoteles hat die zehn Kategorien im Denken ausgestaltet; Alexander hat sie im Wollen verwirklicht. Aristoteles bahnte neue Denkwege, Alexander baute Brücken der Völkerverständigung zwischen Asien und Europa. Beides gehört als geistesgeschichtliche Tat und Wirksamkeit zusammen. Cordula Zeylmans hat mich durch ihre Forschungen zu diesem Thema angeregt, die Willensverwirklichung der zehn Kategorien durch Alexander einmal skizzenhaft darzustellen. Man kann die zehn Kategorien in den Taten Alexanders lesen und kommt dadurch zu einem inneren Verständnis der Feldzüge nach Asien.

Die *Quantität* zeigt sich im Wirken Alexanders in den vielen Städtegründungen und allem, was damit zusammenhängt: Straßenbau, Handel, aber auch Geld- und Finanzströme quer durch ein riesiges, in zehn Jahren stetig wachsendes Weltreich.

Dadurch veränderte und steigerte Alexander die Lebens-*Qualität* von ganzen Völkern in Makedonien, Griechenland, Kleinasien, Ägypten, Persien, Babylonien bis hin nach Indien. Insbesondere die hellenistischen Bildungsimpulse – die Gründung von Schulen und Bibliotheken – hat mit der Verwirklichung der Kategorie der Qualität zu tun.

Nicholas Hammond schreibt in seinem Standardwerk *Alexander der Große:* «Die Städte verbreiteten außer griechischen Fertigkeiten in der Landwirtschaft, bei der Urbarmachung sowie in Handel und Gewerbe auch das Griechische, das in allen Städten die Amtssprache war.»[81] Sehr schön wird hier nachvollziehbar, wie *Quantität* von Alexander in *Qualität* überführt wurde. «Die Städte waren Zentren von Kultur und Bildung. Jede von ihnen besaß für die Aufführung von Theater- und Musikstücken ein Theater und ein Odeion. Alexander las die Schriften Homers, Pindars und der Tragödiendichter und hatte ein ausgeprägtes Interesse an Philosophie, die auch Gedanken über Kunst und Naturwissenschaft umfasste.»[82]

Alexander lebte als Feldherr, Staatsmann, Philosoph und Menschenfreund mannigfache individualisierte Beziehungen – *Relationen* – dar. Eine seiner *Relationen* ist die zu seinem Heer. Er pflegte freundschaftliche Beziehungen zu seinen Offizieren, aber auch zu den einfachen Soldaten. In der Beziehung (Relation) zu Aristoteles kam es mit dem Feldzug zu einer Trennung. Die freundschaftliche Beziehung zu Kleitos endete tragischerweise mit dessen Ermordung. Die liebevolle Beziehung zu Hephaistion endete mit dem Tod des geliebten Freundes. Daneben war Alexander mit vier sehr unterschiedlichen Frauen verheiratet, zwei davon seien hier genannt: mit der wilden, mitunter magisch wirkenden Roxane und deren späterer Antipodin, der zarten persischen Prinzessin Stateira. Zuletzt sei noch seine intensive Beziehung zu seinem Pferd Bukephalos hervorgehoben, das ihn sicher durch unzählige Schlachten trug, bevor es vor Indien verstarb.[83] All diese Relationen brachten bestimmte Le-

81 Nicholas Hammond, *Alexander der Große. Feldherr und Staatsmann*, München & Berlin 2001, S. 153.

82 Ebenda.

83 Johannes Voigt hat in einer anregenden Studie über das Einhorn die Relation von Alexander und seinem Pferd Bukephalos tiefgründig ausgelotet.

benslagen (das heißt Karma) mit sich, welche mit der Kategorie der *Lage* zu tun haben.

Das entstehende Weltreich wurde auf freie Relationen der Völker begründet, was völlig neu war in der Geschichte und als kosmopolitischer Impuls Alexanders bezeichnet werden kann. Nicholas Hammond schreibt: «Das Reich der Makedonen auf dem Balkan war anders verfasst als beispielsweise das der Athener in der Ägäis. Die unterworfenen Stämme durften sich weiterhin selbst regieren, ihre Gesetze und Bräuche beibehalten und ihre eigene Miliz aufstellen. Ihnen wurde kein parteiorientiertes Herrschaftssystem, wie etwa Demokratie oder Oligarchie, aufgezwungen, das zu inneren Zwistigkeiten geführt hätte, und es gab keine Besetzung in Form von Garnisonen. Vielmehr behielt jeder Stammesstaat seine Traditionen, seinen Charakter und seine Selbstachtung.»[84]

Der *Raum:* Raumgreifend war die Grundgeste von Alexanders Wesen. Der asiatische Raum wurde durch ihn erobert und ergriffen wie das nie zuvor geschehen war. Alexander hatte einen

---

Er schreibt u.a.: «Als Bukephalos 326 v. Chr. hochbetagt in der Schlacht am Hydaspes in Pakistan ertrank, gründete Alexander an dieser Stelle die Stadt ‹Alexandria Bukephalos›, vermutlich das heutige Jhelam. Es sind Symptome, die unsere Aufmerksamkeit auf sich lenken können, wenn es sich erweist, dass die Lebensspanne der beiden fast den gleichen Zeitraum deckt. Während Bukephalos am Ende seines Lebens fast dreißig Jahre zählt, stirbt Alexander selbst drei Jahre später im Alter von Zweiunddreißig. Kurz nach dem Tod des Bukephalos wird Alexanders Lunge von einem Pfeil durchbohrt. Er überlebt schwer verletzt, erholt sich jedoch Zeit seines verbleibenden Lebens nie wieder ganz. […] Tatsächlich sind die letzten drei Lebensjahre Alexanders von Rückzug und schmerzhaften Abschieden geprägt. Es erscheint, nach all dem mächtigen Weltwirken, die existenzielle Individualisierungssignatur eines auf sich Zurückgeworfenseins. Das Einhorn trägt ihn nicht mehr, er muss seine Trägerschaft auf zukünftigen Lebenswegen in sich zu finden suchen.» – Johannes Voigt, *Die Befreiung des Einhorns,* Steinbergkirche 2020, S. 59f.

84 Nicholas Hammond, *Alexander der Große,* 2001, S. 62f.

tiefen Sinn für die Himmelsrichtungen und ihre Qualitäten – Osten, Süden, Westen, Norden – , überhaupt für Entfernungen und ihre Überwindung, für Landmassen und Meere. Eine treibende Frage bei der Raumeserkundung war für ihn: Was kommt hinter dem Hindukusch?

In den vielen Schlachten, die er gewann, verfügte er anders über Raum und Zeit als seine Gegner. Hier kommen mehrere Kategorien in der Beschreibung seines *Wesens* und *Tuns* zusammen: «Von Alexanders persönlichen Qualitäten sind die Brillanz, die Spannweite und Schnelligkeit seines Verstandes bemerkenswert, vor allem, was die Kriegsführung betraf. In Gaugamela und am Hydaspes sah er die Abfolge der Bewegungen seiner eigenen Einheiten und der Reaktionen seiner Feinde genau voraus. So bemerkte Ptolemaios, der selbst ein überaus fähiger Befehlshaber war, über den ersten Feldzug: ‹Es kam so, wie Alexander vorausgesehen hatte.› [Beherrschung der Kategorie der *Zeit*; S.H.] Und nach dem letzten Feldzug schrieb er: ‹Nicht eine der kriegerischen Unternehmungen, die Alexander in Angriff nahm, überstieg seine Kräfte› (*aporon*). Als Militärführer hat ihn niemand übertroffen. [Kategorie des *Habens;* S.H.] Nach Arrian war Alexander ‹in höchstem Grade befähigt, das Notwendige, das noch im Dunkel lag, zu erkennen.‹«[85]

Die *Zeit:* Zehn Jahre währten die Feldzüge, von 334–323 vor Christus. Alexander hatte einen untrüglichen Sinn für den rechten Zeitpunkt – für den Kairos. Wie kämpften die Makedonen unter seiner Führung? Sie kämpften *mit* der Zeitdynamik. Alexander nutzte Überraschungsmomente; große Schnelligkeit und die Überwindung von (scheinbaren) Zeitgrenzen zeichnen ihn aus. Zugleich konnte er vor einer Schlacht tief und ruhig schlafen und erst im rechten Moment erwachen, eben wenn es an der Zeit war.

85 Ebenda, S. 284.

Alexander war bereit, alle *Lagen* der Kriegsführung selber einzunehmen. Meistens ritt er in der Schlachtenordnung vorneweg, dem Feind entgegen. Am ganzen Körper trug er Wunden (sein *Leiden*). Immer wieder nahm er tollkühne Lagen ein oder gebot sie seinen Mitstreitern, um den Feind zu überwinden. Vor Indien zwang ihn allerdings das eigene Heer zur Umkehr. Da kam er in eine für ihn ungewohnte und kaum zu ertragende Lage – er musste nachgeben, sich dem Schicksal fügen.

Nicholas Hammond berichtet: «Alexander war wütend. Am nächsten Tag berief er noch einmal eine Versammlung ein und verkündete seine Absicht, mit denjenigen weiterzuziehen, die bereit waren, ihm zu folgen. Die andern könnten heimkehren und sagen, sie hätten ihren König im Stich gelassen. Drei Tage lang blieb er in seinem Zelt und war für niemanden zu sprechen. Er hoffte, die Stimmung der Armee würde umschlagen. Als nichts geschah, verließ er sein Zelt und brachte Opfer für eine Flussüberquerung. Die Zeichen waren ungünstig, und so ließ er durch seine Freunde verkünden, er habe beschlossen umzukehren. Die Soldaten jubelten, und einige gingen zu seinem Zelt und segneten ihn. Alexander war es nicht gelungen, seinen Willen durchzusetzen. [Sein *Tun* stößt auf unüberwindbaren Widerstand, vielleicht sein größtes *Leiden*; S.H.] Der Zug nach Osten war zu Ende.»[86]

Das *Tun* von Alexander – seine spezifische Wesens-Aktivität – zeigte sich vielleicht am klarsten und tiefsten als er den gordischen Knoten zerhieb. Zielführend und mutig, geistesgegenwärtig und entschieden handelte er in dieser Situation. Sein Wesen kam durch diesen Akt zur Erscheinung. Ernst Jünger schreibt in seiner genialen Studie *Der gordische Knoten*: «Wer den gordischen Knoten zu lösen wusste, dem war nach alter Weissagung die Weltherrschaft bestimmt. Wie ha-

86 Ebenda, S. 239.

ben wir den Schwertstreich zu deuten, mit dem Alexander den Knoten zerhieb? Die Tat hat etwas Zwingendes und Starkes; es scheint sich mehr in ihr zu äußern als die paradoxe Antwort an ein Orakel und seine Priesterschaft. Sie ist das Sinnbild aller großen Begegnungen zwischen Europa und Asien. In ihr erscheint ein geistiges Prinzip, das eine neue und kürzere Verfügung über Zeit und Raum zu treffen weiß. Das so geführte Schwert ist geistig; es ist das Mittel freier, trennender Entscheidung, aber auch herrschender Macht. Im Knoten ruht der Schicksalszwang, die dunkle Verknüpfung von Geheimnissen, die Ohnmacht des Menschen vor dem Orakelspruch. […] Auf diesen Einfall Alexanders konnte kein asiatischer König kommen, keiner konnte seinen Entschluss fassen. […] In diesem Schwertstreich leuchtet ein neues Bewusstsein von Zeit und Raum.»[87]

Alexanders Tun impulsierte das Tun von Tausenden, ja von ganzen Völkern und Zeiten. Auch die Kampfesspiele zum Training des Heeres und zur Unterhaltung sowie die großen Feste und Massenhochzeiten, die er durchführen ließ, waren ein schöpferisches Tun und regten viele andere Menschen zum Tun an. In seinem Tun lebte ein höherer Wille; anthroposophisch betrachtet können wir von dem damaligen Zeitgeist Michael sprechen, der Alexanders Tun impulsierte. Dieser göttliche Wille in seinem Wollen war ein temporär verliehenes *Haben,* das Alexanders Tun durchdrang.

Jedes Tun bringt auch ein *Leiden* mit sich. Das zeigt sich urbildhaft darin, dass Alexander nach dem Lösen des gordischen Knotens über drei Monate schwer krank war. Da erlitt er die Gebrechlichkeit des Menschseins. Das Schicksal zwang ihn zu einem Innehalten. «In Tarsos brach Alexander zusammen, entweder aus Erschöpfung oder nach einem Sprung in den eisigen

87 Ernst Jünger, *Der gordische Knoten,* Frankfurt a.M. 1953, S. 10f.

Kydnos. Die Ärzte gaben ihn auf, ausgenommen der Akarnanier Philippos …»[88]

Dass er im Streit seinen Freund Kleitos ermordet hat, ist ein großes, selbst verschuldetes Leid für ihn gewesen. Auch hier erlitt er die Folgen seines Tuns. Der Tod von Hephaistion hingegen ereilte ihn überraschend, mehr von außen; der Verlust dieses Freundes nimmt ihm den Schicksalsboden; auch seine eigenen Lebenskräfte schwanden daraufhin langsam.

Dem *Wesen* Alexanders – seinem ureigenen *Sein* – war der Zusammenhang mit Göttern und Halbgöttern eingeschrieben. Er wurde von den Zeitgenossen als überragend und von göttlichen Kräften durchdrungen erlebt, daher auch der Name, der sich der Geschichte eingeprägt hat: Alexander der Große. Nicholas Hammond beschreibt sein Wesen, indem er auch die verschiedenen Herkunftsströme desselben aufweist: «Von Kindheit an hatte er Herakles Patroos, den Sohn des Zeus und einer Sterblichen, verehrt, und über seine Mutter stammte er von Achilles, dem Sohn der Göttin Thetis und des Sterblichen Peleus, ab. In den Adern seiner Mutter floss auch das Blut eines Sohnes und einer Tochter des Priamos, des Königs von Troja. Für Alexander waren Herakles und Achill keine Schöpfungen poetischer Phantasie, sondern wirkliche Menschen, die von ihren Nachfahren erwarteten, dass sie sich als Krieger und Wohltäter auszeichneten. Er hoffte, es ihnen gleichzutun oder sie sogar noch zu übertreffen.»[89]

Hier lag auch eine Gefahr – für Alexander selbst und seine Zeitgenossen. Das Göttliche in seinem Wesen war tiefer besehen ein geschenktes und auch zeitlich begrenztes *Haben,* kein eigenes (persönliches) Sein. Wenn diese beiden Ebenen verwechselt werden, droht eine Tyrannis, die sich zum Beispiel in

88 Nicholas Hammond, *Alexander der Große*, S. 132.
89 Ebenda, S. 22.

der Einführung der Proskynese (das Küssen der Füße des Königs bei der Begrüßung) durch Alexander in Persien zeigte.

Das äußere *Haben* in Alexanders Leben ergibt sich eigentlich erst nachtodlich: die Bilanz seines Wirkens. Das riesige Weltreich zerbrach recht bald, *äußerlich* schien wenig Dauerhaftes erreicht. Doch die kulturellen *inneren* Früchte der Alexanderzüge wirkten weiter über die Jahrhunderte und Jahrtausende. Das Bleibende und Impulsierende seines Wesens wurde ein Haben für die ganze Menschheit. Denn der Hellenismus breitete sich über weite Teile Asiens fortwirkend aus.

James Romm hat der Kategorie des Habens (in diesem Sinne) eine umfangreiche Studie gewidmet: *Der Geist auf dem Thron. Der Tod Alexanders des Großen und der mörderische Kampf um sein Erbe* (München 2016). Romm schreibt: «Das Makedonische Reich war eines der größten, die es weltweit und durch die Zeiten je gab, aber es war zweifellos auch das kurzlebigste. Es erreichte seine größte Ausdehnung im Jahr 325 v. Chr., als Alexander der Große nach einem zehnjährigen Eroberungszug durch Europa, Asien und Nordafrika im Industal (im Osten des heutigen Pakistan) einmarschierte, und es begann zu zerfallen, als er im Sommer 323 plötzlich und unerwartet starb. [...] Für die Epoche nach seinem Tod war kennzeichnend, dass es keine alle andere überragende Persönlichkeit gab, während in der vorhergehenden Epoche gerade seine Präsenz prägend gewesen war. Es war, als habe sich die Sonne plötzlich aus dem Sonnensystem verabschiedet, so dass Planeten und Monde in ein konfuses Trudeln gerieten und immer wieder mit schrecklicher Wucht aufeinanderprallten.»[90]

Nach meinem Verständnis gehört diese äußere Signatur des Zerfallens des Alexanderreiches direkt nach seinem Tod zu der Signatur seines Wesens. Als kosmopolitischer Michael-Diener,

90 James Romm, *Der Geist auf dem Thron,* München 2016, S. 14.

wie ich ihn hier einmal nennen will, wehte er «wie ein Wind» durch Asien, Kultur und spirituelle Völkerverständigung impulsierend. Das Weltreich selbst war gar nicht auf Dauer – auf ein äußeres Haben – angelegt. Ganz im Sinne des Christuswortes «Mein Reich ist nicht von dieser Welt» (Joh 18,36) ging es um das geistig Fortwirkende, mithin um ein inneres Haben – für ihn und die Menschheit.

Die geistige Freundschaft zwischen Aristoteles und Alexander – bei aller Wesensverschiedenheit der beiden – wird durch diesen skizzenhaften Exkurs vertieft deutlich. Die den Alexanderzügen zugrundeliegende Essenz war eben nicht Ehrgeiz, Eroberungslust oder Machtgehabe, sondern die Willensverwirklichung der zehn Kategorien. 1833 – im Todesjahr von Kaspar Hauser – erschien ein bahnbrechendes Werk der Alexander-Forschung von Johann Gustav Droysen. Droysen hat, wie nur wenige, den gemeinsamen geistigen Quellpunkt im Wirken von Aristoteles und Alexander freigelegt. Er schreibt, ganz im Sinne der vorliegenden Karma-Studie: «Der die Welt dem Gedanken erobert hat, erzog den, der sie mit dem Schwerte erobern sollte; ihm gebührt der Ruhm, dem leidenschaftlichen Knaben die Weihe und Größe der Gedanken, den Gedanken der Größe gegeben zu haben, der ihn den Genuß verachten und die Wollust fliehen lehrte, der seine Leidenschaft adelte und seiner Kraft Maß und Tiefe gab. Alexander bewahrte für seinen Lehrer allezeit die innigste Verehrung: seinem Vater danke er nur sein Leben, seinem Lehrer, dass er würdig lebe.»[91]

Johann Gustav Droysen hat in der Tiefe erkannt und auch ausformuliert, dass Alexander die Pole Ost und West, alte asiatische Mysterienweisheit und neue aristotelische Philosophie des Westens (Griechenland), zusammenführen wollte, zu ver-

91 Johann Gustav Droysen, *Alexander der Große,* Frankfurt a.M. & Leipzig 2004, S. 108f.

schmelzen gedachte, um den Westen – das werdende Europa – an seine Herkunft und seine Wurzeln anzuschließen und dem Osten ein erneuertes Gedankenlicht, gleichsam die Auferstehung des in seiner Geburtsnacht niedergebrannten Artemistempels zu Ephesus zu bringen. Droysen schreibt: «Es ist wie ein Gleichnis, dass sich so in diesem König die Gedankenwelt des Abendlandes, wie sie sein Lehrer Aristoteles vollendet hatte, mit der, die im Gangeslande erwachsen war, begegnete, – die Pole von Entwicklungen, die er in der ganzen Weite und Mannigfaltigkeit dessen, was sie an praktischen Formen und Zuständen hinter sich hatten und ideell in sich trugen, zusammenzufassen und zu verschmelzen gedachte.»[92]

Wie stand Aristoteles zu Alexanders weltumspannenden Plänen? Wie beurteilte er den großen Feldzug gegen die Perser und das Streben Alexanders nach Indien? Erkannte auch Aristoteles die Notwendigkeit dieser gewaltigen Unternehmung?

Der Alexander-Forscher Peter Bamm schreibt zu diesen Fragen: «Ganz bewusst auch hat Aristoteles in seinen Schüler die Überzeugung eingepflanzt, dass, wenn Hellas einmal staatlich geeinigt sein werde, die Spannkraft des griechischen Geistes sich als mächtig genug erweisen werde, die Welt zu beherrschen. Auch wenn Alexander später in der Weite seiner Ideen sogar diesen Lehrer noch übertraf, bleibt bestehen, dass es Aristoteles war, von dem der zum Herrschen bestimmte und für diese Kunst so begabte Prinz politisch denken lernte. Wie modern Aristoteles war, ersieht man daraus, dass schon er die Dreiteilung der Gewalten in eine gesetzgebende, eine richterliche und eine ausübende gefordert hat.»[93]

Die Schriften des Aristoteles sind alle verschollen. Was als

92 Ebenda S. 626f.

93 Peter Bamm, *Alexander oder Die Verwandlung der Welt,* Zürich 1965, S. 82f.

Werk überliefert und weiter tradiert wurde, sind Nachschriften von Vorträgen. Vieles ist auch erst über den arabischen Raum nach Europa gekommen. Es gab eine Schrift *Über das Königtum,* welche leider nur in Fragmenten erhalten ist. Aus dieser könnte man im Einzelnen ersehen, was Aristoteles über das Königtum seines Zöglings dachte. Ein Fragment zu dieser Schrift lautet: «Damit Alexander Wohltäter für alle Menschen werde, schrieb Aristoteles für Alexander ein kleines Buch *Über das Königtum,* worin er Lehren erteilt, wie man als König regieren soll. Das machte auf die Seele des Alexander einen solchen Eindruck, dass er sagte, wenn er einmal niemandem eine Wohltat erwiesen habe: ‹Heute war ich nicht König, denn ich habe niemandem wohl getan.›»[94]

## Der Sinn der Alexanderzüge

> «Denn die Alexanderzüge waren nicht bloß gemacht, um Eroberungen zu vollziehen oder, gar gegen den Rat des Aristoteles, um die Barbaren mit den Hellenen zu versöhnen, sondern die Alexanderzüge waren durchsetzt von einem wirklichen hohen geistigen Ziel, und sie waren impulsiert aus dem Geiste heraus.»
>
> Rudolf Steiner am 27. Dezember 1923 (GA 233)

Was war der eigentliche Sinn der Alexanderzüge nach Osten gewesen? Wie kann man es überhaupt verstehen, dass in zehn

94 Aristoteles, *Fragmente zu Philosophie, Rhetorik, Poetik, Dichtung,* Berlin 2006, S. 91.

Jahren das größte Weltreich erobert wurde, das die Menschheit bis dahin gesehen hatte – und dieses riesige Reich dann nach dem Tod Alexanders in Babylon zugleich wieder zerfiel? Von seinem 23. bis zu seinem 33. Lebensjahr hatte Alexander mit ungeheurer Begeisterung und Feuerkraft seine Makedonen siegreich durch zahllose Schlachten geführt. Vor Indien zwang ihn das eigene Heer schließlich zur Umkehr. Es war genug; die Kräfte waren erschöpft; die Sehnsucht nach der Heimat zu groß.

Alexander war auf der Suche nach der Unsterblichkeit und einem Zugang zum Paradies, den er in Indien vermutete (so zumindest die Legende). Gleichzeitig verbreitete er über ganz Asien den erdbezogenen klaren Geist des Aristotelismus, wir können auch sagen: das willensdurchdrungene Erfassen der zehn Kategorien, damit Kultur stiftend und Völker verbindend. In seiner Maßlosigkeit und unbändigen Willenskraft erinnert er an Gilgamesch. Gilgameschs Reise verlief von Ost nach West, von Uruk bis ins Burgenland, und war ein einsames Einweihungsgeschehen gewesen. Alexanders großer Zug führte von West nach Ost – gleichsam Gilgamesch entgegen –, und tausende von Soldaten und ein halber Hofstaat zogen mit ihm.

Es gibt zwei interessante Romane über Alexander, die beide in der Lebenszeit von Ita Wegman (1876–1943) erschienen sind. Mir ist nicht bekannt, ob sie diese Romane gekannt hat. Einmal *Alexander in Babylon,* erschienen 1905 – fünf Jahre vor der *Okkulten Geschichte* –, geschrieben von Jakob Wassermann (1873–1934). Und dann *Alexander. Roman der Utopie*, erschienen 1929 – fünf Jahre nach der Weihnachtstagung –, von Klaus Mann (1906–1949).

Diese beiden Romane ergänzen sich in einer gewissen Weise sehr gut: Jakob Wassermann konzentriert sich auf das Ende der Alexanderzüge, Alexander in Babylon, der nahende Tod, der

Wahnsinn der letzten Monate und Wochen, seine Einsamkeit und das abrupte Ende dieses großen Königs – im Fieberwahn (ähnlich wie einst Enkidu).

Klaus Mann dagegen zeichnet die ganze Entwicklung von der Jugend bis zu den Höhepunkten des Asienfeldzuges nach. Bei Jakob Wassermann steht die Freundschaft von Alexander und Hephaistion im Zentrum, bei Klaus Mann die Freundschaft von Alexander und Kleitos.

Existenziell rang der 23jährige Klaus Mann mit seinem Stoff. Er schrieb: «Ich lebte mit Alexander; sein Schmerz um Kleitos, den spröden Freund, war auch der meine; ich mischte mich in sein Gespräch mit Aristoteles. So gab es stets Gesellschaft, auch wenn ich mich alleine unterwegs befand.»[95]

## Die Ermordung von Kleitos

Es ist unwahrscheinlich, dass Klaus Mann die internen Darstellungen Rudolf Steiners über Gilgamesch und Alexander kannte. Umso erstaunlicher ist Folgendes: Ein Kernstück seines Romans ist die Ermordung von Kleitos. Alexander tötete seinen älteren Freund Kleitos – der ihm sogar in einer Schlacht einmal das Leben rettete – im rauschhaften Streit. Ein tragischer Tiefpunkt des Alexanderlebens. Doch was ging dieser Ermordung voraus?

Klaus Mann stellt es so dar – aus einer tiefen dichterischen Intuition, anders kann man es nicht nennen –, dass Kleitos bei einem Festgelage, um Alexander dessen Sterblichkeit zu demonstrieren, leicht spöttisch und herablassend das Gilgamesch-Epos erzählt! Alexander begegnet Gilgamesch im Spiegel der

95 Klaus Mann, *Alexander, Roman der Utopie*, Hamburg 2006, S. 236f.

Worte seines Freundes Kleitos. Dass es historisch sich so zugetragen hat, ist sehr unwahrscheinlich, aber die Darstellung von Klaus Mann ist einer der seltenen Fälle, bei denen man sagen muss: Hier ist die Dichtung wahrer als das wirkliche Leben.

In der Darstellung von Klaus Mann hält Kleitos Alexander einen Spiegel vor: das Gilgamesch-Leben und dessen vergebliches Ringen um Unsterblichkeit. Was Gilgamesch durch Enkidu erlebte – eine Rückschau in frühere Erdenleben, die ihn unzufrieden machte –, das erlebt nun Alexander gewissermaßen durch Kleitos. Unwillig wird Alexander durch die Geschichte, aber auch die Art seines Erzählens, leicht ironisch und spöttisch, erregt ihn zutiefst. Als Kleitos sich schließlich weigert, Alexander unterwürfig Ehre zu bezeugen, kommt es zum Eklat. Alexander tötet ihn. Es wird überliefert, dass er schon im nächsten Moment so verzweifelt war über seine Tat, dass er sich selbst umbringen wollte. Nur das Eingreifen seiner Freunde konnte den Selbstmord verhindern.

Im Folgenden bringen wir einen Auszug aus dem Roman *Alexander* von Klaus Mann:

«Nach einem großen Festmahl, das der König seinen Offizieren gegeben hatte, wurde Kleitos aufgefordert, eine seiner verwunschenen Geschichten zu erzählen; vor allem Hephaistion war es, der in ihn drang. ‹Wir möchten es alle!› rief er warm; und plötzlich, etwas verwirrt, zu Alexander: ‹Er erzählt nämlich so hübsch. Er weiß immer lauter Geschichten, die niemand weiß; die verwebt er dann wieder mit anderen Geschichten –› Kleitos lächelte unerklärlich.

Alexander, im persischen Prunkkleid an der Spitze der Tafel winkte kurz, ohne einen von den beiden anzusehen: ‹Er soll erzählen. – Aber was Hübsches›, fügte er mit einem drohenden Lachen hinzu.

‹Wahrscheinlich kennt ihr das Märchen schon, an das ich in

letzter Zeit soviel denke›, sagte Kleitos, ohne auf Alexander zu achten, mit einer spöttischen Versonnenheit, die beunruhigend war. ‹Es wird euch trotzdem gefallen – passt auf. Ihr seid in Uruk, der großen und glänzenden Stadt, ihr mächtiger Fürst nennt sich Gilgamesch, er ist zu zwei Dritteln Gott, zu einem Drittel aber nur Mensch. Das muß unangenehm sein – › Er lachte, grausam belustigt beim Gedanken an die Leiden des Halbgottes; dem Alexander schien es, er sähe ihn an, während er lachte.

‹Er war ehrgeizig, angeblich für Uruk, in Wirklichkeit aber für sich. Uruks Pracht soll strahlen in allen Städten, proklamiert er schallend. Eigentlich aber wollte nur er strahlend sein.

Die Menschen, die er zu grausam ausnutzte und verwendete, damit sein eigener Ruhm wachse, wandten sich in ihrer Not und Hilflosigkeit an den Himmelsgott Anu. Dieser wieder setzte sich mit Aruru in Verbindung, die des Formens kundig war. Sie beschloß, einen Gesellen zu schaffen, Enkidu mit Namen, der ebenso stark sein sollte wie der übermütige Gilgamesch, damit Uruks König einen Gegner habe und sein Übermut abnehme, der Göttern zum Ärgernis und Menschen zur Beängstigung wurde.›

Kleitos lächelte und schwieg. Er sah auf seine bräunlich zarten, aber festen Hände, die unruhig waren …»[96]

Kleitos demonstriert seinem Freund Alexander anhand des Gilgamesch-Epos seine Schwächen und Grenzen. Das ist in dieser Situation sicherlich zum Teil berechtigt. Kleitos sagt Alexander im Grunde: Du bist auch nur ein Mensch. Und all die Schlachten hast du nur gewonnen, weil wir bereit waren, unser Leben für dich zu lassen. Wach auf aus deiner verstiegenen Selbstherrlichkeit!

«Wie Kleitos verstummte, lag auch auf der Runde bedrück-

96 Ebenda, S. 128ff.

tes Schweigen. Seine Trauer hatte alle im Bann. Nur Alexander lehnte sich auf, er lachte plötzlich, während alle anderen bedrückt in die Becher schauten. Dieses Lachen, das rauh, aber unbekümmert begonnen hatte, verstummte unter dem Blick des Kleitos, der grausam-ruhig dem finster erregten des Alexander begegnete.»[97]

Soweit einmal Klaus Mann. Da es sich bei dieser Geschichte um einen bedeutsamen Schicksals-Knotenpunkt handelt, haben sich verschiedene Dichter bemüht, zu erfassen, was in jener Nacht geschah. Es gibt ein eindrückliches Gedicht von Conrad Ferdinand Meyer über die Ermordung des Kleitos. Alexander – der trunkene Gott – spricht hier kein Wort, aber am Ende handelt er: elementarisch gewaltig. Hören wir einmal den Dichter Conrad Ferdinand Meyer und schauen wir innerlich seine Bilder:

*Der trunkene Gott*

Weiße Marmorstufen steigen
durch der Gärten laub'ge Nacht,
schlanke Palmenfächer neigen
in des Himmels blaue Pracht.
Über Tempeln, Hainen, Grüften
zecht in abendweichen Lüften
Alexanders Lieblingsschar;
kniend bietet ihm ein Knabe,
daß der Erde Herr sich labe
Wein in edler Schale dar.

97 Ebenda, S. 135.

Herrlich ist's, den Wein zu schlürfen,
lagernd in der Götter Rat,
zwischen schwelgenden Entwürfen
und der wundergleichen Tat!
Goldne Becher überquellen,
Ruhmesgeister mit den hellen
Helmen tauchen aus der Flut –
goldne Schalen überschäumen,
Geister, die gebunden träumen,
steigen auf in Zornesglut.

Kleitos neben Philipps Sohne
furcht die Stirne kummervoll,
der benarbte Mazedone
schlürft im Weine Gram und Groll:
Er gedenkt der Heergenossen,
die die erste Phalanx schlossen
in den Bergen kühl und fern –
seinen dunklen Mut zu kränken,
lüstet es den schönen Schenken,
lagernd an dem Knie des Herrn.

Die erhabne Stirn und Braue
träumt den Zug ins Inderland,
lauschend liest den Traum das schlaue
Kind, den Blick emporgewandt:
»Bacchus bist du, der belaubte,
mit dem schwärmerischen Haupte,
der ins Land der Sonne zieht!
Ohne Heer kannst du bezwingen,
nur den Thyrsus darfst du schwingen,
winke nur, und Indien kniet!»

Finster grollt der alte Streiter:
«Durch der Wüste heißen Sand?
Immer ferner, immer weiter?
Nach des Indus Fabelstrand?
Kann ein Wink dir Sieg erwerben,
warum bluten, warum sterben,
wir für dich? Zu deinem Spott?
Lebende kannst du belohnen,
deine toten Mazedonen
wecke sie, bist du ein Gott!
– «Welchen dampfenden Altares
freust du auf der Erde dich?
Bist du die Gewalt des Ares,
helmumflattert, fürchterlich?
Herr, bevor den niedern Talen
du dich nahtest ohne Strahlen,
welches war dein himmlisch Amt?
Bist du Zeus? Bist du ein andrer?
Bist du Helios, der Wandrer,
dessen Stirne sonnig flammt?«

Grimmig neigt der graue Fechter
sich zum Ohr des Gottes hin,
mit unseligem Gelächter
rührt er an der Schulter hin:
»Gast des Himmels, warum sinken
Haupt und Schulter dir zur Linken?
Lastet dir der Erde Raub?
Mit den Göttern willst du zechen?
Spotten hör' ich dein Gebrechen:
Alexander, du bist Staub!»

Eine zürnende Gebärde!
Blitz und Sturz! Ein Gott in Wut!
Ein Erdolchter an der Erde
windet sich in seinem Blut …
In den Abendlüften Schauer,
ein verhülltes Haupt in Trauer,
ausgerast und ausgegrollt!
Marmorgleich versteinte Zecher,
und ein herrenloser Becher,
der hinab die Stufen rollt.

Für unseren Zusammenhang ist es wesentlich, sich zu verdeutlichen, dass Kleitos zum engsten Kreis um Alexander gehörte. Er war etwa zehn Jahre älter und sicherlich auch ein Schüler des Aristoteles gewesen. Als Leibwächter schützte er das Leben seines Königs; in der Schlacht am Granikos hatte er ihm sogar einmal das Leben gerettet.[98] Als älterer Freund wollte er ihn vor königlicher Hybris und maßloser Vergötterung bewahren. Sein Spott und Hohn bei diesem Festgelage trafen Alexander zutiefst. Das Willensfeuer Alexanders brauste auf, und er ermordete den Freund. – Das erschafft karmische Bande, die weiterwirken im Zeitenstrom.

98 Johann Gustav Droysen schreibt über diese Situation: «In demselben Augenblick jagte des Gefallenen Bruder, Rhoisakes, auf Alexander los, zerschmetterte mit einem Hiebe dessen Helm, so daß der Säbel noch die Stirnhaut ritzte; Alexander bohrte ihm den Speer durch den Harnisch bis tief in die Brust, und Rhoisakes stürzte rücklings vom Pferde. Zugleich war der lydische Satrap Spithridates an Alexander herangesprengt; schon hatte er über des Königs Nacken seinen Säbel zum tödlichen Schlage erhoben, da kam ihm der schwarze Kleitos zuvor, mit einem Hieb trennte er des Barbaren Arm vom Rumpfe, gab ihm dann den Todesstoß. Immer wilder wurde der Kampf; die Perser fochten mit höchster Tapferkeit, den Tod ihrer Fürsten zu rächen …» J.G. Droysen, *Alexander der Große,* Frankfurt am Main & Leipzig 2004, S. 199f.

## Edith Maryon und Ita Wegman

Wir wollen nun den Versuch wagen, einen Schicksalsknoten zu betrachten, über den sich Rudolf Steiner nur in Andeutungen geäußert hat. Ein Schicksalsknoten, der zwei seiner wichtigsten Mitarbeiterinnen betrifft: die Bildhauerin Edith Maryon (1872–1924) und die Ärztin Ita Wegman (1876–1943). Die Schicksalsdramatik zwischen diesen beiden Frauen wirkte untergründig auf die anthroposophische Bewegung und äußerte sich, zunehmend seit dem Brand des Goetheanums, vor allem in der Signatur der Weihnachtstagung, wo Ita Wegman geistig-karmisch gesehen in den Mittelpunkt rückte und Edith Maryon – tragischerweise – auf dem Krankenbett lag und physisch nicht anwesend sein konnte, was auch für die Karmavorträge und die Klassenstunden gilt, mithin das geistige Vermächtnis Rudolf Steiners und die Zukunftssubstanz der Anthroposophie. Was liegt hier vor?

Beide Frauen waren menschlich, spirituell und karmisch gesehen für Rudolf Steiner existenziell bedeutsam, so wie natürlich auf ihre Weise auch Marie Steiner (1867–1948). Mit Edith Maryon schuf er die Skulptur des Menschheitsrepräsentanten, mit Ita Wegman begründete er die anthroposophische Heilkunst als erneuerte Mysterienmedizin. Beide Frauen wollte er in den Urvorstand integrieren; doch Edith Maryon fiel aufgrund ihrer Lungenschwäche und schweren Erkrankung aus.[99] Edith Maryon hatte Rudolf Steiner sogar einmal bei der Arbeit auf dem Gerüst vor dem Menschheitsrepräsentanten das Leben gerettet, als er gerade drohte, in die Tiefe zu stürzen. Rudolf Steiner hat über diesen Vorfall bei den Gedenkvorträgen für Edith Maryon nach ihrem Tode selbst gesprochen.

99 «Miss Maryon wurde krank im Januar in 1923, während Dr. Steiner verreist war. Ich habe sie im Atelier besucht, sie hatte eine Lungenblutung. Das war 4 Wochen nach dem Brand.» Notiz von Ita Wegman, zitiert nach Peter Selg, *Edith Maryon,* Dornach 2006, S. 179.

Edith Maryon hätte im Urvorstand – vor allem nach Steiners Tod – ganz anders zwischen Marie Steiner und Ita Wegman harmonisierend und ausgleichend wirken können als alle anderen Mitglieder des Vorstands, die von dieser Rolle im Grunde überfordert waren. Weder Albert Steffen und Guenther Wachsmuth noch Elisabeth Vreede waren dieser Aufgabe wirklich gewachsen.

Am 11. Juni 1924 schrieb Rudolf Steiner einen langen, intimen Brief an Ita Wegman aus Koberwitz, in dem auch der Schicksalsknoten mit Edith Maryon an einer Stelle aufleuchtet. Wir bringen einen Auszug aus diesem bedeutsamen Brief, der erstmals 1990 von Emanuel Zeylmans veröffentlicht wurde:

Meine liebste Mysa-Ita,
habe allerherzlichsten Dank für Deinen zweiten lieben Brief vom Pfingstsonntag. Ich finde darin meine liebe Mysa, wie ich wollen muß, daß sie zu mir spricht, um in der physischen Welt den Ton zu finden, der nachklingen muß dem ‹Schüler Michaels›, der an meiner Seite gehen muß für ‹Zeit und Ewigkeit› in den Gebieten der geistigen Welt. Es ist so in unserem Karma, daß ich an Dir einen echten, unerschütterlichen *Freund* finden muß, wenn die Schülerschaft den ganz rechten Weg gehen soll. So will es unser Karma. Wenn dies Karma zunächst einen tragischen Zug haben muß, so wird das nach keiner Richtung in der Zukunft mehr hemmend sein können. Es ist ja auch gewiß traurig, daß Du nicht schon früher mit mir zusammenkamest. Aber, liebe Mysa, Deine Erlebnisse sind doch auch karmisch bedingt. Und was *vorher* karmisch zu lösen war, das mußte eben gelöst werden. Du schiedest einstmals von mir zu einem umfassenden Tatenleben. Wir hatten vorher in der weittragendsten Art große Impulse vor dem Bewußtsein aufge-

rollt. Du gingest an eine Verwirklichung in deiner Art. An eine Verwirklichung, die gar nicht anders stattfinden konnte als so, daß Du manchem Menschen Unrecht tatest. Das ist schon nun einmal die notwendige Consequenz manches Großen. Als Du damals von mir giengst, war viel von mir genommen. Die Jugend, die in Dir an meiner Seite stand, ward von mir genommen. Ich war in keiner Incarnation so alt als damals. ‹Mit ihm ist mein Herz über den Pontus gegangen›. Das war meine Stimmung. Ein Mann trat Dir entgegen. Er hatte zunächst Unrecht, in der Art, wie er sich zu Dir verhielt. Dann aber tatest Du ihm Unrecht. Das war ein ungelöstes Karma. Jetzt ist es gelöst.[100]

Rudolf Steiner tröstet im weiteren Verlauf dieses Briefes Ita Wegman im Hinblick auf die Schicksalstragik, die zwischen ihr und ihm waltete, er bringt zum Ausdruck, wie bedeutsam ihm ihr Brief vom Pfingstsonntag 1924 sei (dieser Brief ist nicht erhalten), und betont, wie er ihre eigenen Worte in Bezug auf die früheren Inkarnationen erwartet hat, weil er dadurch noch mal ganz anders für ihren spirituelle Fortschritt sorgen könne.

Emanuel Zeylmans äußert die Vermutung, dass mit der Wendung «Ein Mann trat Dir entgegen …» der Feldherr Kleitos gemeint sein könne. Im Anhang seines Buchs fügt er dann weitere Materialien an, die den heilsamen Schicksalsausgleich, der zwischen Ita Wegman und Edith Maryon stattgefunden hat, in den Worten Rudolf Steiners beschreibt. Ich selbst bin aufgrund meiner Forschungen davon überzeugt, dass derselbe Menschengeist in Kleitos und in Edith Maryon inkarniert war,

100 Emanuel Zeylmans van Emmichoven, *Wer war Ita Wegman, Eine Dokumentation, Band 1, 1876 bis 1925*, S. 206f. Siehe auch Rudolf Steiner, *Briefe und Meditationen für Ita Wegman. Zur Rehabilitierung Ita Wegmans. Band 1,* 2018. Schreibweise des Originals beibehalten.

was den folgenden Worten eine tiefe Schicksalsdimension und Sinnhaftigkeit gibt. Rudolf Steiner sagte am 3. Mai 1924 vor den Mitgliedern der Anthroposophischen Gesellschaft:

«Der Keim zu der Erkrankung von Miss Maryon ist gelegt worden während der Brandnacht des Goetheanums. Und von dem, was durch diesen Keim gelegt worden ist während der Brandnacht des Goetheanums, konnte sie wirklich durch die sorgfältigste Pflege nicht geheilt werden. Das sind eben karmische Zusammenhänge. Und gegen diese karmischen Zusammenhänge kann zwar selbstverständlich und muß sehr viel durch die Heilkunst getan werden, aber das Karma wirkt doch eisern, und man muß dann, wenn auch die sorgfältigste Pflege nicht zum Ziele führen konnte, dann erst eigentlich an das Karma denken. Während ein Mensch noch auf dem physischen Plane ist, darf nur daran gedacht werden, wie er geheilt werden kann. Und nach dieser Richtung hin ist wirklich durch die ganz aufopferungsvollen Bemühungen von Frau Dr. Wegman alles geschehen, was nur geschehen konnte. Edith Maryon hat auch an der Seite von Frau Dr. Wegman – ich selbst konnte ja abgehalten durch andere Verpflichtungen nicht zugegen sein –, den physischen Plan verlassen.»

Und drei Tage später, am 6. Mai hieß es dann: «Es war mir dann nicht gegönnt durch andere Verpflichtungen, die ich hatte, in der Todesstunde selbst anwesend zu sein. Edith Maryon hat dann an der Seite ihrer treu befreundeten Ärztin, unserer lieben Dr. Ita Wegman, die Seele aus dem Leibe herausgeführt, um sie hinaufzuführen in die geistige Welt.»[101]

Emanuel Zeylmans vermutet, dass Rudolf Steiner mit Ita Wegman am 8. Mai 1924 über die karmischen Hintergründe der Todessignatur von Edith Maryon gesprochen hat. Ita Wegman

101 Rudolf Steiner, *Unsere Toten,* GA 261, Ansprachen vom 3. Mai 1924 und vom 6. Mai 1924.

wusste wohl um vergangene Erdenleben von Edith Maryon und um ihr gemeinsames Karma; sie hat darüber aber nach meinem Kenntnisstand mit niemanden gesprochen.

Es kann uns berühren, zu begreifen, wie konkret und präzise das Karma «arbeitet». Alexander durchbohrte Kleitos die Brust. In einem späteren Leben «darf» und «muss» Ita Wegman medizinisch heilend den Brust- und Lungenbereich von Edith Maryon pflegen. An derselben physischen Stelle, wo einstmals das Unrecht geschah, wird der karmische Ausgleich vollzogen.[102] In den Jahren vor ihrer Erkrankung stand Edith Maryon in einer gewissen, durchaus auch notwendigen Weise zwischen Rudolf Steiner und Ita Wegman. Für das Karma von Wegman stand sie quasi «im Weg». Das sprach Rudolf Steiner in dem zitierten Brief als karmische Notwendigkeit an. Dem entspricht, dass Alexander sich von Aristoteles trennte und den großen Feldzug gen Osten begann. Kleitos hat – so wird auch vermutet – vor seiner Ermordung für ein Innehalten und den Rückzug in die Heimat plädiert, damit stand er gleichsam vermittelnd zwischen Alexander und Aristoteles, der ja in Griechenland weilte. Und

102 Hier liegt eine mögliche Erklärung dafür, warum viele Ärzte in früheren Leben im Militär beziehungsweise im Krieg waren. Man will später dasjenige heilen, was man einstmals zerstört hat. An dieser Stelle möchte ich auf das Drama von Albert Steffen *Alexanders Wandlung* hinweisen. 1953 veröffentlicht – also zehn Jahre nach dem Tod von Ita Wegman –, spürt es solchen karmischen Wandlungsprozessen nach. Es gibt dort eine Stelle, wo der im nachtodlichen Geistbereich weilende Alexander spricht: «Seit mein Ich zur Erde niederschaut / auf die Lebenden, die schon verwesen, / eh sie noch den Leibestod erlitten, / kleidet es sich in die Körperform / seines künftigen Daseins, und es schlägt / einen Trauermantel um die Schulter.» Der ebenfalls im Geistbereich weilende, sich wandelnde Aristoteles antwortet sodann: «Schaut Dein Du hinein in die Geschicke / derer, die den Seelentod erleiden, / nicht die Schuld erkennen, nicht die Sühne, / nicht die Wiederkehr zu Helfertaten, / zu dem Dienste an der Auferstehung, / und es wählt die weiße Heilertracht.» – Albert Steffen, *Alexanders Wandlung,* Dornach 1953, S. 164.

dann stand er tragischerweise bei jenem Festgelage Alexander direkt provozierend im Weg. –

Bevor wir der Qualität der Schicksalsheilung, die hier – auch mit Hilfe des lebendigen Christus, wie ich meine – stattgefunden hat, weiter nachspüren, möchte ich den Blick noch auf ein vorangegangenes Zentralereignis der Geschichte der anthroposophische Bewegung werfen: der Brand des ersten Goetheanums. Das Schicksalsverständnis, nach dem wir hier tastend suchen, ließe sich vielleicht in die Worte kleiden: Edith Maryon brachte im Angesicht des brennenden Goetheanums ein Opfer, aus Mitleid mit Rudolf Steiner und vor allem im Hinblick auf seine angegriffene ätherische Organisation. Dadurch kam der Keim der Krankheit in sie selbst hinein, wie Rudolf Steiner sagte. Durch dieses hingabevolle und freie Sich-Hinstellen für das Goetheanum-Wesen und Rudolf Steiners Bildekräfteleib wurde das Schicksalserwachen Ita Wegmans in derselben Nacht vielleicht mit ermöglicht. Das Opfer auf der Lebensebene von Edith Maryon ermöglichte ein Erwachen auf der seelischen Tiefenebene des Karmas bei Ita Wegman. Wir können ahnen, dass die Konstellation von Rudolf Steiner und den drei Frauen Marie Steiner, Edith Maryon und Ita Wegman eine Art Schicksalsorganismus ist, wo mannigfache Kräfte und Wirkungen hin- und herweben.

## Was geschah in der Brandnacht als das erste Goetheanum in Flammen aufging?

Der Brand des ersten Goetheanums ist das Urtrauma der anthroposophischen Bewegung. Jeder, der diese Nacht miterlebt hat, trägt auf dem Grunde seiner Seele einen tiefen Schmerz und zugleich eine verborgene Türe zu dem Walten der Mysterien in alter und zukünftiger Zeit. Neben all dem, was schon über diese Brandnacht geschrieben und geforscht wurde, möchte ich einen bestimmten karmischen und strukturellen Gesichtspunkt aufzeigen, der mit der Individualität Rudolf Steiners und vier ihm verbundenen Menschen zusammenhängt.[103]

Ich möchte nun auf ein verborgenes Geschehen aufmerksam machen, das sich in vier Ebenen gliedert: physisch, ätherisch, astralisch und ichhaft.[104]

Rudolf Steiner war als Baumeister bis in seine leibliche Organisation hinein mit dem ersten Goetheanum verwoben, er und der Bau bildeten eine Art Wesensgemeinschaft. Und wir können vier Menschen erkennen, die jeder jeweils auf einer Ebene existenziell mit der Brandnacht und den Geschehnissen um Rudolf Steiner zusammenhingen. Es waren dies Marie Steiner, Edith Maryon, Ita Wegman und Ehrenfried Pfeiffer.

Marie Steiner repräsentierte den *physischen* Bau: In ihrer Gegenwart entstand das Modell des ersten Goetheanums. Durch sie war auch die physische Existenz der Anthroposophischen Gesellschaft von den Anfängen her gewährleistet. So ist es ein sprechendes Bild, dass Marie Steiner in der Brandnacht *physisch nicht* dabei sein konnte. Aufgrund einer Lähmung ihrer Beine konnte sie den Hügel in dieser Schicksalsstunde nicht hinaufkommen. In dieser Tatsache kommt deutlich zum Ausdruck, dass das erste Goetheanum *physisch* nicht mehr zu retten war.

103 Die überzeugendste und vielleicht umfangreichste Darstellung des Brandes des ersten Goetheanums findet sich in dem Buch von Michael Birnthaler *Weltenwandler Rudolf Steiner – 1. Der Bau des Goetheanums*, Freiburg i.Br. 2018. Auf dieses Werk sei an dieser Stelle nachdrücklich hingewiesen.

104 Das Folgende wurde skizzenhaft auch schon unter dem Titel *Was geschah in der Brandnacht, als das erste Goetheanum in Flammen aufging, Silvester 1922 auf 1923?* in der Zeitschrift *Gegenwart* 1/2016 veröffentlicht.

Edith Maryon hängt mit der Lebensebene dieses Geschehens zusammen (dem *Ätherleib*). In der Brandnacht stand sie neben Rudolf Steiner; sie ging mit ihm um den brennenden Bau; sie gewahrte, dass der Brand ein Angriff auch auf Rudolf Steiner selbst war, dass er bis in seinen Lebensleib existenziell verwundet wurde. Ich habe den Eindruck: Sie beschloss in diesem Moment, ihren eigenen Lebensleib, der auch mit dem Bau verwoben war, insbesondere natürlich mit der Zentralgestalt des Menschheitsrepräsentanten, für Rudolf Steiner zu opfern. Das ist aus meiner Sicht der tiefere Grund für ihre dann einsetzende Krankheit und den baldigen Tod (am 2. Mai 1924). Edith Maryon opferte sich auf der *ätherischen* Ebene.

Ita Wegman ergriff in jener Nacht den Seelenraum. Sie gewahrte, wie einsam Rudolf Steiner dastand! Sie beschloss mit ihrer ganzen Seele, ab jetzt rückhaltlos für ihn da zu sein. Sie umhüllte von nun an Rudolf Steiner mit ihrem *Astralleib*. Daher auch seine tiefe Liebe zu ihr auf der seelischen Ebene. Im Seelischen opferte Ita Wegman ihr Eigensein, um für Rudolf Steiner da zu sein. Diese Seelenhaltung sollte dann in den sechs Monaten seines Krankenlagers kulminieren.

Am verborgensten ist der vierte Vorgang: Ein Gespräch zwischen Ehrenfried Pfeiffer und Rudolf Steiner in der Brandnacht – am tiefsten Punkt, als Rudolf Steiner drohte zu verzweifeln. Da sprach dieser junge Mann aus seinem *Ich* heraus ermutigend zu dem Ich des Eingeweihten. Ehrenfried Pfeiffer gab einen not-wendenden *Ich*-Impuls. Er stellte sich geistesgegenwärtig herein in das: «Du musst es sagen». Er brachte *ichhaft* bestärkend zum Ausdruck, dass der anthroposophische Arbeitsstrom auf jeden Fall weiter gehen muss![105]

105 Von Ehrenfried Pfeiffer wird über die Brandnacht überliefert, «dass er einen Raum betrat, in welchem Rudolf Steiner sich befand. Ich weiss nicht, ob Rudolf Steiner stand oder saß. Pfeiffer berichtete jedoch, dass er einen Menschen vorfand, der völlig in sich zusam-

So haben vier Menschen – auf vier verschiedenen Ebenen – mitgeholfen, dass dieses abgründige und tragische Ereignis für die anthroposophische Bewegung positiv überwunden werden konnte. Nur so war es möglich, dass ein Jahr später die Weihnachtstagung stattfinden konnte. Diese bedeutete eine Auferstehung. Das erste Goetheanum war Bau gewordenes Wort gewesen. Wir können auch sagen: Wort gewordener Bau. Dieses Bauwerk wurde unwiederbringlich zerstört. Aber bei der Weihnachtstagung war es Rudolf Steiner möglich, im Grundstein-Spruch den Bau im Wort zurückzuholen. Dieser geistige Pentagon-Dodekaeder, dieser Liebesstein, wurde in die Herzen derjenigen Anwesenden versenkt, die diesen Vorgang aktiv wollend bejahten.

Der Grundstein-Spruch und der übersinnliche Grundstein sind heute für jeden Menschen, der den guten Willen aufbringt, eine Zugangsmöglichkeit zum Goetheanum im Ätherischen. Durch ein gedankenklares, herzenswarmes und willenshaftes Meditieren des Grundsteins ist es möglich, zum geistigen Tempel auf ätherischen Wegen zu gelangen.[106]

---

mengesunken und absolut verlassen war. Er fühlte, wie sein Herz sich öffnete, um seinen verehrten Lehrer zu umfassen und wie er in diesem Augenblick die Beziehung erkannte, die zwischen ihnen bestand. Rudolf Steiner sagte ihm, dass er nicht weitermachen könne. Diese Mitteilung erschütterte Pfeiffer bis ins Innerste. Er erzählte, dass er allen Mut zusammennahm und Rudolf Steiner anredete und ihm sagte, dass er weitermachen müsse und dass er, Pfeiffer, alles unternehmen werde, was in seiner Macht stand, um dafür zu sorgen, dass keine Unterbrechung im Gang der Dinge und in der weiteren Entfaltung der Gesellschaft und der Hochschule eintreten würde.» – Thomas Meyer (Hrsg.), *Ein Leben für den Geist. Ehrenfried Pfeiffer (1899–1961),* Basel 2003, S. 231.

106 Siehe bei Interesse folgende Literatur zu diesem Kapitel:
Peter Selg, *Marie Steiner-von Sivers*, Dornach 2006, S. 184f.
Peter Selg, *Edith Maryon*, Dornach 2006, S. 175ff.
Emanuel Zeylmans van Emmichoven, *Wer war Ita Wegman, Eine Dokumentation, Band 1, 1876 bis 1925*, S. 123ff.

## Schicksalskonstellation und Schicksalsheilung

Blicken wir noch einmal auf die menschlich-karmische Konstellation von Rudolf Steiner und den drei Frauen, seinen engsten Mitarbeiterinnen, Marie von Sivers-Steiner, Edith Maryon und Ita Wegman. Ein großer Eingeweihter, wie Rudolf Steiner es war, wirkt auch in und durch andere Menschen. Wenn diese den nötigen spirituellen Reifegrad und vor allem die entsprechende Selbstlosigkeit ausgebildet haben, kann so etwas wie ein *auf Freiheit gebauter* Gemeinschaftsorganismus entstehen, dem sich die guten Götter helfend und inspirierend zuneigen.

Der Seelenorganismus und die karmische Konstellation

| | |
|---|---|
| | Marie Steiner |
| Rudolf Steiner | Edith Maryon |
| | Ita Wegman |

hätte, voll und harmonisch ausgebildet, die anthroposophische Bewegung und das Wagnis der Weihnachtstagung 1923/24 tragen, schützen und lebendig entfalten können. Man kann sich fragen, ob das die menschliche Ur-Vierheit war, von der es insgesamt zwölf «Arten» gebraucht hätte, um den Michaelimpulsen nach der Weihnachtstagung zum vollen Durchbruch zu verhelfen. In seiner letzten vermächtnishaften Ansprache, die er aufgrund von Erschöpfung und Kräftemangel vorzeitig beenden musste, sprach Rudolf Steiner am 28. September 1924 von vier mal zwölf Menschen (48), die es bräuchte, um in der nächsten Zeit die Michaelsgedanken auf der Erde zu verwirklichen. «Wenn in vier mal zwölf Menschen wenigstens innerhalb der nächsten Zeit der

---

Thomas Meyer (Hrsg.), *Ein Leben für den Geist. Ehrenfried Pfeiffer (1899–1961)*, S. 227ff.

Steffen Hartmann, *Die Michael-Prophetie Rudolf Steiners und die Jahre 2012 bis 2033,* insbesondere das Kapitel *Das geistige Goetheanum heute*, Hamburg [2]2018.

Michael-Gedanke voll lebendig wird, in vier mal zwölf Menschen, die aber nicht durch sich selbst, sondern durch die Leitung des Goetheanum in Dornach als solche erkannt werden können, wenn in solchen vier mal zwölf Menschen Führer erstehen für Michael-Festesstimmung, dann können wir hinschauen auf das Licht, das durch Michael-Strömung und Michael-Taten über der Menschheit in der Zukunft sich ausbreiten wird.»[107]

In der hier betrachteten Vierheit steht Rudolf Steiner für das voll ausgebildete und ergriffene *Ich bin,* und Marie Steiner für ein *Denken* und *Fühlen*, das nur sie mit Rudolf Steiner auf diese Weise teilen konnte. An seinem letzten Erdengeburtstag, am 27. Februar 1925, schrieb Rudolf Steiner in einem vermächtnishaften Brief an seine Ehefrau: «Im Urteil zusammenfühlen und -denken kann ich ja doch *nur* mit Dir.»[108] Ein Zusammenstimmen im Urteilen ist die tragende Qualität dieser Zusammenarbeit.

Bei Edith Maryon kann man sehen, wie sie im *Fühlen* und *Wollen* mit Rudolf Steiner zusammenschwang. Bei der Arbeit an der Holzplastik des Menschheitsrepräsentanten ging das soweit, dass das künstlerische und spirituelle Empfinden und Tun der beiden im Zuge eines längeren Prozesses schließlich eins wurde. «Was sie macht, habe ich gemacht»,[109] äußerte Rudolf Steiner über dieses Zusammenwirken.

Ita Wegman schwang ebenfalls im *Wollen* mit Rudolf Steiner zusammen und wiederum im *Denken* (womit sich ein Kreis schließt), wobei dieses ihr Denken Rudolf Steiners Denken nicht reflektierend und mitunter kritisch gegenübersteht wie bei Marie Steiner (die diese Fähigkeit als Herausgeberin des

107 Rudolf Steiner, *Esoterische Betrachtungen karmischer Zusammenhänge, Band IV*, GA 238, Vortrag vom 28. September 1924.

108 Rudolf Steiner und Marie Steiner-von Sivers, *Briefwechsel und Dokumente 1901 – 1925,* GA 262, Dornach 2002, S. 450.

109 Peter Selg, *Edith Maryon,* Dornach 2006, S. 63.

schriftlichen Werkes brauchte), sondern sich auf eine neue Art, sich steigernd, mit seinem Denken verband, was die Tatsache bezeugt, dass Ita Wegman der einzige Mensch war, mit dem Rudolf Steiner ein Buch *gemeinsam* geschrieben hat: *Grundlegendes für eine Erweiterung der Heilkunst* (GA 27). Dieses Buch wird oft so aufgefasst, als ob Rudolf Steiner der Autor wäre und Ita Wegman als Ärztin lediglich ihr Fachwissen beigesteuert hätte. Das wird der neuen Qualität dieses Werkes sicherlich nicht gerecht. Hier schwingt das Denken und Wollen zweier Menschen zusammen und es entsteht ein Drittes zwischen ihnen, das neu und zukunftsweisend ist. Ist es nicht ein sprechendes Bild, dass gerade dieses Buch als Gemeinschaftswerk den Reigen der schriftlichen Werke Rudolf Steiners beschließt? Weist das nicht darauf hin, dass in Zukunft auch der Eingeweihte nur zusammen mit anderen geisteswissenschaftliche Werke schaffen kann? Und schließlich, dieses Buch ist Fragment geblieben – auch ein Bild dafür, dass diese neue Art, gemeinsam etwas zu schreiben, ein Anfang, eine spirituelle Keimlegung war.

Um die Schicksalsheilung zwischen Edith Maryon und Ita Wegman zu verstehen, muss man ihr persönliches Karma vom Gemeinschaftskarma, das die anthroposophische Bewegung durch den Brand des ersten Goetheanums erlitt, unterscheiden. Im Angesicht des Brandes und in Erkenntnis der existenziellen Notlage Rudolf Steiners auf der Lebensebene brachte Edith Maryon in der Brandnacht ein okkultes Opfer. Dieses ermöglichte Rudolf Steiner, weiter zu leben, obwohl seine Lebensorganisation mit dem zerstörten Bauwerk existenziell verwoben war. Gleichzeitig erwachte Ita Wegmans Seele in dieser Nacht aufgrund der tiefen Erschütterung für die Tiefenschichten des Karmas, welches sie mit Rudolf Steiner verband. Daraus entstand der Impuls, ihm von nun an rückhaltlos beiseitezustehen.

Dadurch übernahm sie auf ihre Art eine Aufgabe, die bis dahin Edith Maryon im Stillen ausgeführt hatte. Das bis dahin ungelöste Karma zwischen den beiden Frauen konnte nun in der Sphäre ihrer jeweiligen freien Entschlüsse geheilt werden, und zwar durch den Prozess der intensiven und hingabevollen Pflege, die Ita Wegman, zusammen mit Rudolf Steiner, Edith Maryon zukommen ließ. In dem Tod von Edith Maryon waltete zwar Notwendigkeit, diese wurde aber zugleich überwunden und aufgehoben durch die freien Taten von Edith Maryon, Ita Wegman und Rudolf Steiner. Vor dem Hintergrund dieser Schicksalslösung konnten nun auch Ita Wegman und Rudolf Steiner fortan freier und intensiver zusammenarbeiten, wobei man sich fragen kann, ob Edith Maryon nachtodlich nicht als helfende Geist-Seele – zum Beispiel im Gang der Klassenstunden – sie begleitete.

## Marie Steiner und die Gilgamesch-Zeit

«Enkidu,
Freund des Gilgamesch,
ein Kind du und
ein Ich-bin Gottes!

Er hieß auch: Ea-bani,
verbunden mit der Göttin Ea,
das ist der Name des Erden-Sternes.
Du bahnst den Weg der Christus-Erde
mit der Geisteskraft des M-ich-ael.

Eine Mysterien-Priesterin
hatte die Mission
Ea-bani zu wecken
zur Erden-Liebe.
Vorher weste er mit den Tieren gemeinsam,
verstand ihre Sprache
und war ganz übersät von Haaren.
Die Priesterin wurde Lehrerin des Ea-bani,
als er war Thomas von Aquin.
Da wirkte ihr kosmisches Ich
Durch Albertus Magnus.»

Heinz Frankfurt[110]

Das Jahr 1900 trägt eine eigenartige Signatur. Es war ein Schwellenjahr. Drei Menschen starben in diesem Jahr, die mit dem Schicksalsweg Rudolf Steiners und damit auch der Anthroposophie tief verbunden sind. Und eine Frau traf mit 33 Jahren auf Rudolf Steiner, die ihn und seine Lebensaufgabe intim erkennen sollte – mit weitreichenden geistesgeschichtlichen Folgen.

Am 25. August 1900 starb Friedrich Nietzsche, der letzte große *Philosoph* vor Rudolf Steiner – «ein Kämpfer gegen seine Zeit». Am 2. Dezember 1900 starb Ludwig Jacobowski, Gründer der Kommenden und ein guter *Freund* Rudolf Steiners. Und am 16. Dezember 1900 starb Karl Julius Schröer, der idealistische Goetheforscher und *Lehrer* Rudolf Steiners.

Das Jahr 1900 war für Rudolf Steiner durch den Tod dieser drei Menschen gezeichnet, was im Falle von Nietzsche direkte Folgen hatte: Am 22. September hielt Steiner einen Gedenkvor-

110 Aus *Heilendes Wirken*, Heft 34, Winter 2017/18. Die Zeitschrift kann bezogen werden über den Wege-Verlag in der Scheffelstr. 53, 79102 Freiburg i.Br.

trag über Nietzsche in der Theosophischen Bibliothek in Berlin. Er bemerkte bei dieser Gelegenheit, dass unter den Zuhörern Menschen waren, die ein großes Interesse an der Geistwelt hatten.[111] Auf die begeisterte Aufforderung hin, einen weiteren Vortrag zu halten, sprach Rudolf Steiner dann am 29. September 1900, wieder vor den Theosophen, über Goethes *Märchen von der grünen Schlange und der schönen Lilie*. In *Mein Lebensgang* schreibt er über dieses Ereignis: «Und in *diesem* Vortrag wurde ich in Anknüpfung an das Märchen ganz esoterisch. Es war ein wichtiges Erlebnis für mich, in Worten, die aus der Geistwelt heraus geprägt waren, sprechen zu können, nachdem ich bisher in meiner Berliner Zeit durch die Verhältnisse gezwungen war, das Geistige nur durch meine Darstellungen durchleuchten zu lassen.»[112]

Wir verdanken es – zumindest indirekt – dem Tod Nietzsches, dass die Anthroposophie am Michaelstag 1900 die Erde betreten konnte! Zum ersten Mal hatte Rudolf Steiner Zuhörer vor sich, die empfänglich waren für Darstellungen, die unmittelbar aus der Geistwelt herausgeholt waren. In dieser Atmosphäre kam es kurz darauf zu einer weiteren folgenschweren Begegnung. Die junge Frau, die Rudolf Steiner nun traf und alsbald in seinem tieferen Wesen erkannte und bejahte, war Marie von Sivers, seine spätere Ehefrau.

Gerhard Wehr schreibt in seiner Rudolf Steiner-Biografie: «Nun tauchte aber eines Tages – im Spätherbst 1900 – unter den Zuhörern auch eine junge Frau auf, die baltendeutsche, in Russland lebende Marie von Sivers, eine Schauspielerin. Ein Jahr später, anlässlich eines Teeabends kamen Rudolf Steiner und Marie von Sivers miteinander ins Gespräch. Es sollte eine lebensentscheidende Bedeutung bekommen. Fräulein von Si-

111 Vgl. Rudolf Steiner, *Mein Lebensgang*, GA 28, Dornach 1990, S. 392.
112 Ebenda.

vers fragte, ob es nicht notwendig sei, in Europa eine geistige Bewegung ins Leben zu rufen.»[113]

Diese befruchtende Initialfrage erfolgte am 17. November 1901. Nach den geistigen Gesetzen, denen Rudolf Steiner als Eingeweihter unterstand, war nun der Moment gegeben, zu antworten und zu handeln. Er sagte später einmal hierzu: «Im Verlauf dieses Gesprächs sagte ich klar die Worte: ‹Gewiß, notwendig ist es, eine geisteswissenschaftliche Bewegung ins Leben zu rufen; ich werde mich aber nur finden lassen für eine solche Bewegung, die an den abendländischen Okkultismus und ausschließlich an diesen anknüpft und diesen fortentwickelt.› Und ich sagte in dieser Beziehung, daß angeknüpft werden müsse an Plato, an Goethe und so weiter. Ich wies auf das ganze Programm, daß dann auch ausgeführt worden ist.»[114]

Verdichten wir das Ganze in seiner inneren Dramatik: Um 1899 und 1900 stand Rudolf Steiner immer wieder vor der Frage: *Muss man verstummen?*[115] Er drang nicht durch mit seinen Impulsen, sein bisheriger Lebens- und Wirkensweg drohte, keine Früchte zu tragen. Bis ins Finanzielle hinein war seine Situation äußerst prekär. Marie von Sivers holte Rudolf Steiner gewissermaßen in die «Stadt«: zu den Theosophen, den späteren Anthroposophen. Er machte seine Tätigkeit innerhalb der Theosophischen Gesellschaft ausdrücklich davon abhängig, dass Marie von Sivers ihm zur Seite gestellt wurde. Sie erkannte ihn – «sieben Tage und sieben Nächte lang» – von 1902 bis 1923 in einzigartiger Weise. Erst über 21 Jahre später – nach dem Goetheanumbrand – begann die intensive Mysterien-Zusammenarbeit von Ita Wegman und Rudolf Steiner.

113 Gerhard Wehr, *Rudolf Steiner,* Zürich 1993, S. 164.

114 Rudolf Steiner, *Die okkulte Bewegung im neunzehnten Jahrhundert und ihre Beziehung zur Weltkultur*, GA 254, Vortrag vom 11. Oktober 1915.

115 «Und *die* Frage wurde Erlebnis: *muss man verstummen?*» Rudolf Steiner, *Mein Lebensgang,* GA 28, S. 253, Anfang des XXIV. Kapitels.

Vor 1900 war er ein «Wilder» gewesen, ein Freier, ein Philosoph der Freiheit, unter Künstlern und Anarchisten lebend. Durch sie kam er zum geistigen Bauen. In Marie von Sivers wirkte ein hohes kosmisches Wesen, der Sternen-Weisheits-Strom der erneuerten Ischtar-Mysterien. Rudolf Steiner schrieb am 8. April 1904 an Marie von Sivers: «Ich denke in Liebe an Dich und alle Arten des Nahekommens sind bei uns nur Bestätigung unseres tiefen *geistigen* Zusammenhangs. Du bist mir die Priesterin, als die Du mir entgegenblicktest, als ich Deine Individualität erkannt hatte. Ich schätze Dich in der Reinheit Deiner Seele, und nur deshalb darf ich Dir zugetan sein. Wir leben miteinander, weil wir innerlich zueinander gehören, und wir werden immer ein Recht haben, so zueinander zu sein, wie wir sind, wenn wir uns klar sind, daß unser persönliches Verhältnis eingetaucht ist in den heiligen Dienst der Geistesevolution. Ich weiß, daß der Augenblick nicht kommen darf, wo diese Heiligkeit auch nur im geringsten gestört würde.»[116]

Das zu Beginn dieses Kapitels wiedergegebene Gedicht von Heinz Frankfurt deutet einen karmischen Zusammenhang zwischen der Ischtar-Priesterin, die Enkidu zum Menschen machte und ihn in die Stadt Uruk führte, und Albertus Magnus an, dem Lehrer von Thomas von Aquin. Dies verweist uns wiederum auf den karmischen Zusammenhang von Albertus Magnus mit Marie Steiner, so wie die Individualität Rudolf Steiners vormals als Thomas von Aquin inkarniert war.[117] Marie von Sivers erkannte in eigenem Geisterleben, dass Rudolf Steiner der wiederverkörperte Thomas von Aquin war, worauf wir weiter unten weiter eingehen werden, und sie legte ein eindrückliches

116 Rudolf Steiner – Marie Steiner-von Sivers, *Briefwechsel und Dokumente 1901 – 1925,* GA 262, Dornach 2002, S. 65.

117 Siehe zu diesen karmischen Zusammenhängen Wilhelm Rath, *Rudolf Steiner und Thomas von Aquino,* Basel 2010 ², sowie Thomas Meyer, *Rudolf Steiners «eigenste Mission»,* Basel ²2009.

Zeugnis davon in einem Brief an Edouard Schurè vom 18. August 1907 ab, der erst im Jahre 2002 veröffentlicht wurde (in GA 262). Auch ihr eigener reinkarnatorischer Zusammenhang mit Albertus Magnus ist durch viele Zeugnisse belegt.[118]

Der angedeutete karmische Zusammenhang zwischen der Ischtar-Priesterin von Uruk und Marie Steiner ist hingegen nicht durch Rudolf Steiner verbürgt. Er wird hier als eigene Forschungshypothese vorgelegt und den Lesern zu weiterem Nachsinnen ans Herz gelegt.

## Marie Steiner und Ita Wegman

Es gehört zu der Tragik der anthroposophischen Gesellschaft und Bewegung: Unversöhnlich standen sich zeitweise der Sternenstrom Marie Steiners und der Erden-Eroberungsstrom Ita Wegmans gegenüber. Selbst Rudolf Steiner konnte den Zwiespalt nicht wirklich überbrücken, und nach seinem Tode kamen aus diesem Abgrund Dämonen hervor, welche die Anthroposophia auf Erden bekämpften. Das war eine furchtbare Situation und Erfahrung, auch für Schamasch-Michael. Selbst er – der führende Zeitgeist – erlitt die Folgen alten Karmas seiner Schüler in den Jahren 1925 bis 1943 und darüber hinaus.

Michael hatte nach der Weihnachtstagung 1924 neun Monate lang Karma-Offenbarungen durch Rudolf Steiner freigegeben, wie das nie zuvor und auch nicht danach möglich war. In keiner anderen spirituellen Strömung, in keiner anderen geistigen Schule ist jemals solch ein Reichtum und solch eine differenzierte Fülle von karmischen und reinkarnatorischen Erkenntnis-

118 Siehe hierzu Wilfried Hammacher, *Marie Steiner. Lebensspuren einer Individualität,* Stuttgart 1998.

sen ausgebreitet worden wie von der Weihnachtstagung bis zur letzten Ansprache (am 28. September 1924) in der Anthroposophischen Gesellschaft. Doch was ist daraus geworden?

Gerade um die konkreten karmischen Zusammenhänge Ita Wegmans – die in den Gang der Weihnachtstagung durch die Abendvorträge hineinverwoben wurden – entbrannten nach Steiners Tod die heftigsten und schmutzigsten Auseinandersetzungen. In der Folge davon wurden sicherlich auf allen Seiten Fehler gemacht. Aber es waren auch Anti-Michael-Dämonen am Werk, die rücksichtslos das Feld des freien Karma-Erkennens und Karma-Ordnens zerstörten – mit tragischen und hemmenden Folgen bis heute.

Ich denke, dass selbst der Zeitgeist Michael – in dessen Zeichen ja das Karma der Anthroposophischen Gesellschaft offenbart wurde – von der Heftigkeit des Streits und der Wucht der Zerstörung «erschrocken» war. Eine Konsequenz dieser Geschehnisse ist sicherlich, dass das Tor zur Karmaerkenntnis wieder ein Stück weit geschlossen wurde, das heißt, dass niemand bis heute in der Lage ist, Rudolf Steiners Karmaforschungen adäquat fortzuführen, und dass Michael spätestens seit 1935 immer mehr darauf schaut, ob wir fähig sind, in Liebe Karma zu ordnen und Schicksalswunden zu heilen. Der Weg zur Erkenntnis geht seither nur noch über einen Liebes- und Heilungsimpuls. Alles andere muss in die Irre führen. –

Kurz vor ihrem Tod kam Ita Wegman innerlich zu einer gänzlichen Aussöhnung mit Marie Steiner. Sie schrieb ihr einen persönlichen Brief, den man als Versöhnung zwischen den beiden Frauen lesen kann. Mit dieser Geste ist sie dann – überraschend für alle – recht plötzlich gestorben.

Marie Steiner hatte im internen Nachrichtenblatt der Anthroposophischen Gesellschaft zur Weihnachtszeit 1942 einen Verständigungs- und Versöhnungsappell veröffentlicht. Darin heißt es unter anderem: «Was ist nun zu tun, wenn eine Gemeinschaft, die eine vor der Weltgeschichte übernommene heilige Verpflichtung in sich trägt, die ein Werk zu hüten und zu fördern hat, ohne welches die Menschheit verkommen muß, in für sie unlösbare Probleme sich verwickelt? [...] Wir stehen als Gesellschaft vor der Frage von Sein und Nichtsein. Die durch den Weltkrieg über uns hereingebrochenen Katastrophen, die Absperrung der Länder, die Verarmung usw. lassen es kaum möglich erscheinen, daß wir uns als äußere Körperschaft hinüberretten. Doch es geschehen noch Wunder. Sie geschehen, wenn die moralische Substanz eine so starke ist, daß sie das Wunder rechtfertigt. Was können wir tun, um unsere moralische Substanz zu retten?

Wir können verzeihen! Jeder kann dasjenige verzeihen, was ihm zu verzeihen obliegt. Wir können das Vergessenswerte vergessen, nicht im alten, uns zugefügten Unrecht kramen. [...] Wir müssen wieder zusammenarbeiten können, in Eintracht und ohne Ausschluss der uns antipathischen Menschen, – keinem, welcher der Sache und Rudolf Steiner treu ist, die Mitarbeit verwehrend; nicht uns abschließen und verrammeln vor denen, die geistige Erkenntnis suchen, wie nur Rudolf Steiner sie geben kann; nicht die suchenden Seelen zurückstoßen, deretwegen er den Weg des Martyriums bewußt gewählt hat: aus Liebe zur Menschheit, zur ganzen irrenden Menschheit. Liebe wurde in ihm Erkenntnis, – und kann es einst in uns werden, wenn wir diesen Weg betreten.

Wir stehen vor der zwanzigjähigen Gedenkfeier jenes Brandunglücks, das ihm das irdische Leben genommen hat, trotzdem es noch, fast zwei Jahre hindurch, als helles Opferfeuer glühte und uns mit seiner Flamme nie erahnte Geistesschätze zuführte. Können wir nicht im Anblick dieses Opfers und dieses Todes, an dem wir gewiß als Einzelne und als Gesellschaft alle miteinander schuld sind – denn *unser* Karma nahm er auf sich –, können wir nicht vergessen, versöhnen, und unsere Tore den Suchenden weit auftun?»[119]

Diese Worte wurden auf dem Höhepunkt des zweiten Vorstandskonflikts geschrieben, waren also wohl zunächst vor allem im Hinblick auf Albert Steffen und Guenther Wachsmuth sowie deren Anhänger formuliert worden. Da aber Elisabeth Vreede und Ita Wegman sich weiterhin als Teil der anthroposophischen Gesellschaft und Bewegung betrachteten, war es nur folgerichtig und tiefer besehen sicherlich auch im Sinne Marie Steiners, diese Worte *außerdem* auf die Ausschlüsse des Jahres 1935 zu beziehen.

In diesem Sinne antwortete Ita Wegman am 15. Februar 1943 Marie Steiner; ihr Brief war die einzige Reaktion auf das öffentliche Schreiben von Marie Steiner:

Sehr geehrte Frau Dr. Steiner,
Bitte, Verzeihen Sie, daß ich Sie schreibe. Ich habe Ihren Artikel an die Mitglieder, den Sie kurz vor Weihnachten 1942 geschrieben haben, im Beiblatt des Goetheanums gelesen.

Ihr Artikel wird so verschieden gedeutet. Ich erlaube es mir nicht einen Urteil darüber zu haben. Ich wünsche nur so sehr mit diesen Zeilen zum Ausdrucke zu bringen, daß Ihre Worte einen tiefen Eindruck auf mich gemacht haben, sie sind groß und zukunftsvoll.

Seien Sie, geehrte Frau Dr. Steiner, hierfür gedankt.
Mit vorzüglicher Hochachtung
ergebenst Ita Wegman[120]

119 Marie Steiner, *Briefe und Dokumente,* Dornach 1981, S. 149ff.

120 Zitiert nach Peter Selg, *Die letzten drei Jahre. Ita Wegman in Ascona 1940–1943,* Dornach 2006, S. 128. Dieser Brief wird hier in dem originalen «Holländisch-Deutsch» von Ita Wegman wiedergegeben, in dem etwas von ihrem Wesen mitschwingt.

Seither, seit dem Jahre 1943 ist alles anders geworden, in der geistigen Welt und auch auf Erden. Ich denke, vor allem durch die Katastrophe des Zweiten Weltkriegs, den Holocaust und die beiden Atombomben, die auf Japan abgeworfen wurden, unterliegt das ganze Weltgeschehen seither anderen Voraussetzungen und Bedingungen.

Das Jahr 1943 markiert einen tiefen Einschnitt in der Weltgeschichte, menschheitlich gesehen sowie für die anthroposophische Bewegung. 1943 brachte die Wende im Verlauf des Zweiten Weltkriegs, die deutsche Wehrmacht wurde in Stalingrad vernichtend geschlagen und die Rote Armee rückte in der Folge gegen Westen vor. Gleichzeitig ging das grauenvolle Morden und Foltern in den Konzentrationslagern der Nationalsozialisten seinem traurigen Höhepunkt entgegen. Hans und Sophie Scholl sowie Christoph Probst von der Widerstandsgruppe *Die Weiße Rose*, die für ein anderes, ein besseres Deutschland einstanden, wurden am 22. Februar 1943 hingerichtet. Das war zugleich der letzte Erdengeburtstag von Ita Wegman.

Am 4. März 1943 starb Ita Wegman überraschend für alle – nach kurzer schwerer Krankheit – in Arlesheim, mit gerade einmal 67 Jahren. Elisabeth Vreede sagte am 6. März 1943 bei einer Trauerfeier in der Arlesheimer Klinik: «Jetzt liegt das Schwergewicht unserer Bewegung in der geistigen Welt.»[121] Dieses gewichtige Wort fand gleichsam seine Bestätigung durch den ebenfalls unerwarteten Tod von Elisabeth Vreede selbst am 31. August 1943 in Ascona, mit nur 64 Jahren. Man kann den Eindruck gewinnen, als ob diese beiden Frauen – beide Mitglieder des Gründungsvorstandes der Weihnachtstagung – geradezu in andere, nachtodliche Wirkenssphären abberufen wurden.

Hinzu kommt noch Folgendes, was mir hoch bedeutsam erscheint: Fred Poeppig (1900–1974), ein wichtiger und sehr

121 Ebenda, S. 189.

eigenständiger Geistesschüler Rudolf Steiners, hatte an Ostern 1943 auf Java das Erlebnis: «Rudolf Steiner löst sich jetzt von der Anthroposophischen Gesellschaft, da er anderen Aufgaben sich zu widmen hat. Er verbindet sich mit kosmischen Aufgaben des Zeit- und Weltgeschehens. Und dieser Erkenntnis folgte unmittelbar eine innere Verpflichtung. ‹Es wird von jetzt an eine neue Form gefunden werden müssen zur Weiterführung des esoterisch-michaelischen Stromes dieser Bewegung›.»[122] Diesem Zeugnis sowie der angedeuteten Signatur des Jahres 1943 gilt es weiter nachzusinnen, um die umwälzenden Veränderungen in der Mitte des 20. Jahrhunderts besser zu verstehen.[123]

Anton Kimpfler hat in seiner kleinen Schrift *In der Weltenwende* 1987 diesen Weltenumschwung ebenfalls bezeugt. Unter der Überschrift *Die Gegenwehr der dreißiger Jahre* schreibt er:

«Mit dem drohenden Verlust des Christus erfolgt seine Wiederkehr. Erst wurde verleugnet, was uns irgendwie mit ihm verband. Deshalb erhoben sich sämtliche abführenden Kräfte und Wesen. Wohl geschah das von allen Weltgegenden aus, doch schlug das Schicksal am meisten in Mitteleuropa zu. Das Aufbäumen der ganzen Welt fiel hier in den dreißiger Jahren zusammen.

Ein beinahe unfassbares Verderben kam über uns. Es läßt sich nur begreifen aus einer Auflehnung gegen den Weltenfortgang selbst. Was bislang versteckt wirkte, brach los und mußte sich

122 Fred Poeppig, *Abenteuer meines Lebens,* Schaffhausen 1975, S. 374.

123 Was mit der Anthroposophia als Wesen und Michael verbundene Geist-Seelen in den Jahren 1943 bis 1945 in der geistigen Welt durchzumachen hatten, habe ich in meinem Büchlein *Benjamin oder Das Kind über den Wolken* (Hamburg 2019) angedeutet. Dort wird beschrieben, wie der Atombombenabwurf auf Hiroshima, am 6. August 1945, von der geistigen Welt aus durch eine Gemeinschaft helfender Geist-Seelen im Zusammenwirken mit dem Christus begleitet wurde. Vgl. auch Steffen Hartmann & Anton Kimpfler, *Einstehen für die Zukunft – mit Michael und Widar,* Hamburg 2020, S. 122-125.

enthüllen. Seitdem kann jeder wissen, in welch entscheidender Zeit er lebt.

Dies hört nie mehr auf. Da hat sich das Schicksal endgültig gewendet. Alles von uns zu Vollbringende trägt ein apokalyptisches Bild in sich. Sobald wir einiges anstreben, das uns von Christus entfernt, schießt etwas hervor, mit dem wir nicht fertig werden – es sei denn, wir wachsen desto enger zu ihm heran.

Ein Kampf um ihn ist alle weitere Geschichte. Die gewaltigste Lehre darüber bieten die Jahre von 1933 bis 1945 an. Das Abgelebte stieg empor. Es stellt sich zwischen uns und Christus. Losgelassen hiervon können wir nur sein, indem wir die Verbindung zu ihm stärken.»[124]

Rudolf Steiner hatte diese Weltenzäsur schon 1919 in dem Vortragszyklus *Die Sendung Michaels* prophetisch vorhergesagt. Da heißt es am 14. Dezember 1919: «Lassen Sie drei Jahrzehnte noch so gelehrt werden, wie an unseren Hochschulen gelehrt wird, lassen sie noch durch dreißig Jahre so über soziale Angelegenheiten gedacht werden, wie heute gedacht wird, dann haben Sie nach diesen dreißig Jahren ein verwüstetes Europa.»[125]

Dreißig Jahre später, 1949, war Europa in Folge des Zweiten Weltkriegs physisch und moralisch verwüstet. Die Prophezeiung Steiners war (leider) eingetreten. Die tieferen Hintergründe deutete er folgendermaßen an: «Diejenigen Kräfte der Menschheitsentwickelung, die den Menschen unbewußt geleitet haben, so daß er hat vorwärtskommen können, sie sind erschöpft und erschöpfen sich ganz bis zur Mitte des Jahrhunderts, approximativ gesprochen. Aus den Tiefen der Seelen müssen die neuen Kräfte heraufgeholt werden.»[126]

124 Anton Kimpfler, *In der Weltenwende,* Dortmund 1987, S. 4. Neuauflage in der Edition Widar, Hamburg 2020.
125 Rudolf Steiner, *Die Sendung Michaels,* GA 194, Dornach 1983, S. 197.
126 Ebenda, S. 199.

Für mich heißt das, dass die Kräfte der guten, fortschreitenden Hierarchien um das Jahr 1950 erschöpft waren. 1950 markiert eine Achse im Weltgeschehen. Seither geht es nur noch *mit* den Zukunftskräften freier schöpferischer Menschen weiter. – Das hat auch mit dem Heiligen Gral zu tun, seinem Wesen und seiner Wirksamkeit. Darum soll es nun im Hinblick auf die erste nachchristliche Inkarnation von Gilgamesch und Enkidu gehen.

## Die Gralszeit – Sigune und Schionatulander

Zum Abschluss des zweiten Teils dieses Buchs zeichne ich noch mit einigen Strichen die nachchristlichen Inkarnationen des hier im Zentrum stehenden Freundespaares nach, bevor wir uns dann im dritten Teil mit der Frage der Zukunft der Anthroposophie beschäftigen werden.

Mit dem Tod von Alexander und Aristoteles endete ein ganzes Zeitalter. Der Hellenismus hatte seine größte geistesgeschichtliche Ausbreitung gefunden. Nachtodlich erlebten die beiden den Gang des Logos auf die Erde mit, die Menschwerdung Christi – aus der Sonnensphäre Michaels. Sie nahmen wahr, wie die geistige Wesenswelt durch den Weggang des alles überstrahlenden Sonnenwesens ärmer wurde, ja leerer wurde. Das weckte in diesen Individualitäten die tiefe Sehnsucht, in der nächsten Inkarnation dem Christuswirken auf der Erde zu begegnen.

Rudolf Steiner beschreibt in einem Karmavortrag am 14. August 1924 in Torquay:

«Das Mysterium von Golgatha fand statt. Es fand statt in einer Zeit, als die Individualitäten, die Seelen Alexanders und Aristoteles' nicht auf der Erde waren, sondern in der geistigen

Welt und dort im innigen Verein waren mit dem, was man die Herrschaft des Michael nennt, dessen Herrschaft auf der Erde damals abgelaufen war, denn der herrschende Zeitgeist war dazumal Oriphiel. Und weitere Jahrhunderte waren vergangen seit dem Mysterium von Golgatha. Dasjenige, was Alexander und Aristoteles auf Erden begründet hatten, wofür sie mit ihrem ganzen Sein sich eingesetzt hatten, der eine denkerisch, der andere mit umfassenden intensiven Herrscherkräften, das alles hatte unten auf der Erde gewirkt. Das alles sahen die beiden in der geistigen Welt durch die Jahrhunderte hindurch, die da folgten, in denen ja das Mysterium von Golgatha stattfand; und sie sahen auf alles hin, was dann zur Ausbreitung der Lehre des Mysteriums von Golgatha weiter geschah.»[127]

Eine Vorstellung von dem, was Michael treu ergebene Seelen während des Mysteriums von Golgatha im Geistbereich erlebten, kann vielleicht eine russische Legende geben, die Ita Wegman in dem Buch *Aus Michaels Wirken* abdrucken lies, unter dem Titel *Michael und das Mysterium von Golgatha*. Da heißt es über das Kreuzigungsgeschehen, dass die himmlischen Heerscharen sich freuten über das Christusopfer, das Christus aus freier Liebe der darbenden Menschheit brachte. Sie stiegen lobpreisend in die Himmel auf, von oben auf den sterbenden Christus blickend. Nur ein Engel blieb in tiefster Treue bei Christus:

«Und einer der Engel im heiligen Kreis / am meisten schauend / herrlich von Angesicht / stand vor dem Kreuz – unbeweglich – er allein sah schweigend auf Christus. – Wie! Gottes Sohn / der geliebte Sohn / der Bruder / Christus der König am Himmel / der Schöpfer der Erde und des Himmels ist verkauft für dreißig Silberlinge / hängt am Kreuz! – Leidet / von Blut überströmt vom

127 Rudolf Steiner, *Esoterische Betrachtungen karmischer Zusammenhänge. Band VI*, GA 240, Vortrag vom 14. August 1924.

Haupt bis zu den Füßen / niemand gibt Hilfe / verlassen ist Er / nirgends ist Schutz / unschuldig hängt Er am Kreuz!»[128]

Nun wurde dieser Engel – es war der Erzengel Michael – mehrfach aufgefordert, auch aus himmlischen Höhen den Kreuzestod zu preisen, aber er widersetzte sich dem göttlichen Befehl, er verweigerte den Gehorsam und blieb aus tiefstem Mitleid und inniger Liebe direkt bei Christus:

«Allein / unbeweglich / unerschütterlich fest / schweigend / flammte vor dem Kreuz / der grimmige Rächer / der höchste Engel / der Sieger über die Feinde / Erzengel Michael. … Und Christus befahl dem Engel, zum Himmel emporzusteigen / das Kreuz zu verlassen. – Erfülle das Gesetz! Aber treu dem Kreuz stand der Engel davor / konnte nicht weggehen …»[129]

Hier tönt etwas an von der absoluten Treue Michaels zu Christus – aus Liebe. Eine Liebe, die sich sogar über das Gebot des Herrn selbst hinwegsetzt. Michael ist dasjenige Engelwesen, welches am unmittelbarsten in der Christusnachfolge steht. Er sollte in den nachfolgenden Jahrhunderten auch einen Opferweg antreten, nachfolgend dem zur Erde gegangenen Christus: Michael übergab als Verwalter der kosmischen Intelligenz diese kosmische Intelligenz nach und nach den Menschen. Er opferte sie zugunsten eines freien, selbstbestimmten Menschendenkens. Innig und geistig intim erlebten Aristoteles und Alexander im Geistbereich diese Wandlung Michaels in seiner Verbundenheit mit Christus mit. Und auch sie wollten sich wandeln, auch sie wollten dem Christus auf Erden nachfolgen.

Diese erste nachchristliche Inkarnation erfolgte im 9. Jahrhundert im Gralsgeschlecht. Rudolf Steiner erwähnt diese Verkörperung in dem schon zitierten Vortrag: «Da sie dann ihr Karma heruntertrug in das Erdenleben, noch bevor dieses Ereignis

128 Nora von Baditz (Hrsg.), *Aus Michaels Wirken,* Stuttgart 1988, S. 57.
129 Ebenda, S. 58.

der Begegnung mit Harun al Raschid stattgefunden hatte,[130] lebten sie eigentlich als unbeachtete, unbekannte, früh hinsterbende Persönlichkeiten in einem allerdings für die Anthroposophie wichtigen Winkel Europas, aber eben, ich möchte sagen, nur wie kurze Zeit durch ein Fenster hereinschauend in die abendländische Zivilisation, Eindrücke, Impulse mitnehmend, aber nicht irgendwie bedeutsame Impulse gebend. Das mußten sie sich aufsparen für später.»[131]

Äußere Wirksamkeit war ihnen diesmal nicht vergönnt, innere Wandlung und spirituelle Wirksamkeit dafür umso mehr. Alexander verkörperte sich als Frau, Sigune genannt, und Aristoteles als Mann, als der Ritter Schionatulander. Sigune und Schionatulander lernten sich schon als Kinder kennen und lieben. Sie gehörten beide in den Umraum des Gralsgeschlechts und des Gralsmysteriums, wie es am umfassendsten und schönsten Wolfram von Eschenbach besungen hat. Eine keusche Jugendliebe wurde den beiden geschenkt. Es war ein gemeinsames Lebensalter, in dem sie sich ineinander verliebten, das sie in den früheren, bisher betrachteten Inkarnationen noch nicht teilen konnten. Man kann an dieser Entwicklung sehen, wie Karma wirkt: Wir lernen die mit uns verbundenen Menschen in verschiedenen Erdenleben nicht immer im gleichen Alter kennen. Die Lebensphasen der karmisch miteinander verbundenen Menschen wandeln sich im Hinblick auf das (Wieder-) Begegnen von Leben zu Leben. Dadurch können wir immer wieder andere und neue Seiten des anderen Menschen erfahren und mit ihm teilen.

Doch das zentrale Geschehen und Bild dieser ersten nachchristlichen Inkarnation von Aristoteles und Alexander ist von einer tiefen Schicksalstragik bestimmt. Wir sehen Sigune

130 Zu dieser folgenschweren Begegnung im Geistbereich siehe das folgende Kapitel *Die übersinnliche Begegnung mit Harun al Raschid*.

131 Rudolf Steiner, *Esoterische Betrachtungen karmischer Zusammenhänge. Band VI*, GA 240, Vortrag vom 14. August 1924.

im Wald sitzen, den toten Schionatulander im Schoß, in tiefe Trauer versunken, wehklagend. Schon in jungen Jahren wird Schionatulander im Kampf getötet; Sigune wird ihm in andauernder Klage und Selbstanklage und mit gebrochenem Herzen «nachsterben». Bernd Lampe schreibt in seinem Buch *Parzival. Gralssuche und Schicksalserkenntnis:* «Schionatulander hatte das Amt übernommen, Parzivals Reich zu verteidigen. Aber nicht im Vollzug dieser Aufgabe starb er, sondern weil Sigune ihn immer wieder abgewiesen hatte und ihn letztlich in einem Augenblick, in dem er glauben musste, ihr auch in der sinnlichen Welt nahe sein zu können, einem gerade vorbeijagenden Hund nachschickt. Sie begehrte das Brackenseil.»[132]

Dieser vorbeijagende Hund trug ein Brackenseil, auf dem eine geheimnisvolle Sternenschrift zu sehen war. Schionatulander konnte darin lesen. Das weckte die Sehnsucht in Sigune, mehr von der im Brackenseil verborgenen Sternenweisheit zu erfahren. Doch in diesem Moment verschwand der Hund mit dem Brackenseil. Hier leuchtet etwas von dem gemeinsamen vorchristlichen Karma des Freundespaares auf. Enkidu konnte aus «Hell-Erkenntnis» Gilgamesch seine Träume deuten. Kratylos hatte das Vermögen, Mysa Geheimnisse der Sternenwelt zu entschlüsseln. Und Aristoteles konnte das auf Samothrake mit Alexander gemeinsam Erlebte in die klaren Begriffe der zehn Kategorien übersetzen.

Nun waren sie in ihrer ersten nachchristlichen Inkarnation fast noch Kinder, und eine zarte Liebe lebte zwischen ihnen. Ich verstehe das so, dass durch Christus alles, was Menschen karmisch miteinander verbindet, einmal ganz menschlich werden darf und soll. In den vorchristlichen Lebens- und vor allem Mysterienzusammenhängen waltete viel Hierarchisches, Vor-

132 Bernd Lampe, *Parzival. Gralssuche und Schicksalserkenntnis,* Dürnau 2000, S. 177.

gegebenes, zum Teil auch Zwanghaftes. Mit Christus will das alles einmal «aufgehoben» und verwandelt werden.

Die Problematik zwischen Sigune und Schionatulander scheint zu sein, dass Sigune zu heftig und zu persönlich das Brackenseil begehrte und deshalb Schionatulander fortschickte, ja tragischerweise in den Tod schickte. Denn auf der Suche nach dem Brackenseil fiel Schionatulander im Kampfe mit dem Ritter Orelus. Dieser wiederum war eigentlich auf der Suche nach Parzival, den er töten wollte. Parzival hatte als reiner, völlig unbedarfter Tor die Geliebte des Orelus, Jeschute, in deren Zelt überrascht und sich recht ungeschickt und unziemlich ihr gegenüber verhalten. Sigune sollte Parzival später über den toten Schionatulander sagen:

> Dieser Fürst wurde um deinetwillen getötet.
> Während er dein Land verteidigte,
> hat er dir die Treue nie gebrochen,
> du junger, schöner, innerlich offener Mensch.
> Dir haben zwei Brüder viel Unheil zugefügt.
> Zwei Länder nahm dir Lähelin,
> diesen Ritter aber, deinen Vetter,
> tötete Orilus in der Tjoste.[133]

Schionatulander war also verwandt mit Parzival, sie waren Vettern. Er hat sich gewissermaßen geopfert für Parzival, allerdings ohne es zu wissen, dem Liebesauftrag von Sigune folgend. Dadurch kam Schionatulander nachtodlich in eine innige Verbindung zum werdenden, zukünftigen Gralskönig Parzival. Ich habe den Eindruck, Schionatulander wurde nachtodlich zu einer Art Grals-Wächter für den Einweihungsweg Parzivals; in der Geste verwandt zu der Art, wie Enkidu seinen Freund Gilgamesch aus dem Jenseits begleitete.

133 Ebenda, S. 184.

Sigune wiederum war es, die Parzival – dem reinen Tor, der nicht einmal weiß, wie er heißt – als erster Mensch seinen Namen sagte. Sie erkannte ihn bei ihrer ersten Begegnung:

> Ihr roter Mund sprach da ganz bewußt:
> *Das ist wahr, du heißt Parzival.*
> *Dieser Name bedeutet ‹So-recht-im-Herzen-getroffen›.*
> Weil sie eine so tiefe Liebe empfand, hat diese eine Furche in das Herz
> deiner treuen Mutter gepflügt,
> als dein Vater sie in Leid allein ließ.[134]

Wilhelm Stapel übersetzt diese Stelle in Prosa: «Ihr roter Mund sprach alsbald: ‹Wahrlich, Du heißest Parzival. Der Name ist recht mitten durch. Die große Liebe pflügte mit dem Pflug der Treue eine tiefe Furche mitten durch Deiner Mutter Herz. Dein Vater ließ sie im Leide zurück. Ich sage es Dir, nicht um mich zu rühmen: Deine Mutter ist meiner Mutter Schwester, und ich sage Dir die rechte und sichere Wahrheit, wer Du bist.›»[135]

Also auch Sigune war mit Parzival verwandt. Sie war der eigentliche Namensgeber und damit auch Wegweiser für Parzival, denn in seinem Namen lag seine Aufgabe und sein Wesensauftrag: Recht mitten hindurch – durchdringe das Tal (Perce-val). Während Schionatulander von der anderen Seite, fast wie ein Schutzengel, Parzival auf seinen langen Irrfahrten zum Gral begleiten und beschützen konnte. Die beiden Geistesfreunde wirkten in dieser Inkarnation also indirekt zusammen und halfen einem der größten Eingeweihten, Mani, auf seinem neuen Weg in der Zeit nach dem Mysterium von Golgatha. Denn auch die großen Eingeweihten und Menschheitsführer mussten nach

134 Ebenda, S. 181.
135 Wolfram von Eschenbach, *Parzival*, Wien 1992, S. 73f.

der Zeitenwende «umlernen» und jeder auf seine Weise die Metamorphose durch das Mysterium von Golgatha finden. Nach Rudolf Steiners Forschungen kam der große Weisheitslehrer Mani oder Manes, der im dritten nachchristlichen Jahrhundert lebte, der Begründer des Manichäismus, im neunten Jahrhundert als Parzival wieder. [136]

Vor diesem Hintergrund ist es nicht so sehr überraschend, sondern eine tiefe Bestätigung geheimer Schicksalsbezüge und verborgener Entwicklungslinien, wenn Rudolf Steiner in seiner *Geheimwissenschaft im Umriss* schreibt: «Man kann das ‹verborgene Wissen›, welches von dieser Seite die Menschheit ergreift und immer mehr ergreifen wird, nach einem Symbol die Erkenntnis vom ‹Gral› nennen. Wer dieses Symbol, wie es in Erzählung und Sage gegeben ist, seiner tieferen Bedeutung nach verstehen lernt, wird nämlich finden, daß es bedeutungsvoll das Wesen dessen versinnlicht, was oben die Erkenntnis der neuen Einweihung, mit dem Christus-Geheimnis in der Mitte, genannt worden ist. Die neuzeitlichen Eingeweihten können deshalb auch die ‹Eingeweihten des Grales› genannt werden. Zu der ‹Wissenschaft vom Gral› führt der Weg in die übersinnlichen Welten, welcher in diesem Buch in seinen ersten Stufen beschrieben worden ist.»[137]

136 Siehe hierzu die glänzende Untersuchung von Klaus J. Bracker, in der der Reinkarnationszusammenhang von Mani und Parzival entwickelt wird: *Manichäismus und moderne Geisteswissenschaft,* Stuttgart 2019. Bemerkenswert scheint mir zu sein, dass Parzival als reinkarnierter Weisheitslehrer *ohne Wissen* wiederkommt – als reiner Tor –, und Sigune als der reinkarnierte Alexander *ohne Macht*, lebend im Schmerz der Ohnmacht. Beide leisten einen Verzicht. Und Schionatulander opfert sogar sein Leben. Er verzichtet auf das *Leben.*

137 Rudolf Steiner, *Die Geheimwissenschaft im Umriß,* GA 13, das Kapitel *Gegenwart und Zukunft der Welt- und Menschheits-Entwickelung.*

## Die übersinnliche Begegnung mit Harun al Raschid

Nachtodlich kam es für Schionatulander und Sigune zu einem wichtigen Ereignis, über das Rudolf Steiner aus seiner Geistesforschung Bedeutungsvolles mitgeteilt hat. Es kam im Übersinnlichen zu einer Begegnung zwischen den Individualitäten von Aristoteles-Schionatulander und Alexander-Sigune auf der einen Seite und den Individualitäten von Harun al Raschid (der von 766–809 n. Chr. im arabischen Raum lebte und wirkte) und seines «weisen Ratgebers» (so nennt ihn Rudolf Steiner) auf der anderen Seite.

«Wollen wir uns nun das, was da geschah, in möglichster Ruhe und in möglichstem Ernst vor die Seele stellen. Wir sehen also von Asien ausgehend zwei Individualitäten: den weisen Ratgeber und Harun al Raschid, seinen Herrscher. Sie gehen eine Weile miteinander. Sie haben das, was sie in ihre Seele aufgenommen haben, dem Alexandrinismus, dem Aristotelismus zu verdanken. Aber sie haben auch alles dasjenige in sich aufgenommen, was in der späteren Zeit in der Umformung des Aristotelismus, des Alexandrinismus geschehen war. Man versteht die Welt wirklich nur zum kleinsten Teil, wenn man nicht ins Auge fassen kann, was in der geistigen Welt geschieht, während hier unten im Erdenleben die gewöhnlichen Ereignisse der physischen Welt vor sich gehen.»[138]

Rudolf Steiner beschreibt dann, wie diese zwei – auch ein karmisches Freundespaar – den Impuls im Nachtodlichen entwickelten, einmal wirklich die Geist-Seelen von Aristoteles und Alexander zu treffen. Und so kam es zu einer realen Begegnung in der geistigen Welt. Diese fand ungefähr zur Zeit des achten ökumenischen Konzils in Konstantinopel im Jahre 869 statt.

138 Rudolf Steiner, *Esoterische Betrachtungen karmischer Zusammenhänge. Band VI*, GA 240, Dornach 1996, S. 223f.

Über dieses Konzil hat Rudolf Steiner oft gesprochen, er maß ihm eine große Bedeutung bei. Damals kam es auf Erden zu einer folgenschweren Weichenstellung: Es wurde die Trichotomie, also die Anschauung, dass der Mensch aus Leib, Seele und Geist besteht, gewissermaßen abgeschafft. Es wurde festgelegt, dass mit dem Christentum nur diejenige Anschauung vereinbar sei, dass der Mensch aus Leib und Seele bestehe und dass die Seele einige Geistanteile in sich trage. Damit war auch die Möglichkeit, eine Wiederverkörperung des menschlichen Geistes zu denken und zu erkennen, verbaut worden.

Zur gleichen Zeit kam es nun im Übersinnlichen zu dem Aufeinandertreffen der erwähnten vier Individualitäten. Nur waren die Vorzeichen für diese beiden Freundespaare denkbar verschieden. Aristoteles und Alexander suchten eine Umwandlung aller Werte und Begriffe, im Grunde eine Verchristlichung ihres ganzen Strebens. «Aber für das, was diese beiden Individualitäten – Alexander und Aristoteles – selber waren, für das war durchaus die Forderung nach etwas Neuem da, die Forderung, in einer ganz neuen Weise anzufangen, nicht das fortzusetzen, was auf der Erde war, sondern in einer neuen Weise anzufangen. Dadurch ergibt sich natürlich auch eine Art von Fortsetzung. Es wird nicht das Alte aus der Welt geschafft, aber ein mächtiger neuer Impuls, das Christentum auf eine besondere Weise in die Erdenzivilisation einzuführen, das war es, womit sich Alexander und Aristoteles durchsetzt hatten.»[139]

Die Vorzeichen, unter denen Harun al Raschid und sein weiser Ratgeber in das übersinnliche «Gespräch» eintraten, waren andere: Sie suchten keine Verchristlichung, sie wollten Impulse des «Mohammedanismus», wie Steiner sagt, weiterführen und verstärken. So kam es zu einer welthistorischen Auseinandersetzung:

«Es war eine Auseinandersetzung von großer überragender

139 Ebenda, S. 227.

Bedeutung in den übersinnlichen Welten, denn man muss sich vorstellen, daß Auseinandersetzungen in der übersinnlichen Welt nicht nur Diskussionen in Worten sind. Wenn man so die Menschen auf der Erde zusammensitzen und diskutieren sieht, wenn Worte hin- und herschießen, ohne daß sie einander sehr weh tun, so ist das nicht einmal ein schattenhaftes Abbild dessen, was geschieht, wenn in übersinnlichen Welten die großen Entscheidungen auch im geistigen Leben getroffen werden.»[140]

Es war ein Ringen um die Verchristlichung der europäischen Kultur, natürlich nicht in einem konfessionellen (im Himmel gibt es keine Konfessionen), sondern in einem wesenhaften Sinne gemeint. Es war auch ein Ringen um die rechte Vorbereitung der nächsten Michael-Zeit, die 1879 anbrechen sollte, nachdem die Alexanderzeit in der letzten vorchristlichen Michael-Epoche stattgefunden hatte. Es gelang Aristoteles und Alexander nicht, Harun al Raschid und seinen weisen Ratgeber von der Verchristlichung des Aristotelismus zu überzeugen.

«Und gerade aus jenem Widerstand, den Harun al Raschid und sein weiser Ratgeber dazumal gegenüber Aristoteles und Alexander geleistet haben, verstärkte sich in einer gewissen Weise der Impuls, so daß gerade von jener Begegnung ausging das Wirken zweier Strömungen: einer, die im Arabismus verläuft, und einer, die den Aristotelismus und das Alexandertum ins Christentum durch die Impulse der Michael-Herrschaft herüberführt.»[141]

Harun al Raschid wurde dann wiedergeboren als Francis Bacon (1561–1616) und sein weiser Ratgeber als Amos Comenius (1592–1670). Natürlich trugen die beiden nicht inhaltlich den Islam weiter. Aber ihre Geisteshaltung – und um die geht es Rudolf Steiner in dem zitierten Vortrag – wirkte weiter, und

140 Ebenda, S. 228.
141 Ebenda, S. 229f.

zwar als «arabistischer» Impuls in Denken, Fühlen und Wollen, eine abstrakte Naturwissenschaft impulsierend. Durch Francis Bacon sind Erkennen und technische Praxis, Wissenschaft und Technologie auf eine Art und Weise zusammengerückt, wie es das vorher in der Menschheitsgeschichte nicht gab. Der Philosoph Gernot Böhme schreibt in seinem Buch *Am Ende des Baconschen Zeitalters* eindrücklich: «Worin besteht das Baconsche Programm? Es besteht kurz gesagt darin, die Wissenschaft zu einem Unternehmen der Erfindungen zu organisieren und sie so gesellschaftlich zu institutionalisieren, daß ihre Erfindungen zum Nutzen der Menschen umgesetzt werden.»[142]

Gernot Böhme stellt das Baconsche Programm und seine wirkmächtige Fortsetzung bis in unsere Zeit engagiert in Frage, sind doch die negativen Folgen eines solchen verengten Wissenschaftsverständnisses augenfällig. «Allgemein geht es hier darum, die enge Verbindung von Wissen und Macht bzw. von wissenschaftlichem Wissen und Herstellung, die in Bacons drittem Aphorismus des Novum Organon behauptet wurde, zu lösen. Viele Ansätze zu Wissenschaften, wie etwa die Goethische Farbenlehre, sind in unserer Kultur nicht weiterentwickelt worden, weil sie nicht in Technik umgesetzt werden konnten. Die Ambivalenz der Nutzenorientierung wissenschaftlichen Wissens könnte hier zu einer neuen Offenheit gegenüber anderen Wissenschaftsformen führen.»[143]

Aristoteles und Alexander waren zu dem Zeitpunkt, als Francis Bacon auf Erden lebte und die Weichen für die neuzeitliche Wissenschaft stellte, schon in ihrer zweiten nachchristlichen Inkarnation auf Erden wirksam gewesen, als Thomas von Aquin

142 Gernot Böhme, *Am Ende des Baconschen Zeitalters,* Frankfurt a.M. 1993, S. 10.

143 Ebenda, S. 30.

und Reginald von Piperno (siehe das nächste Kapitel), so dass im Thomismus bereits ein verchristlichter Aristotelismus vorlag. Doch Francis Bacon betonte scharf eine anti-aristotelische Weltauffassung, so dass sein *Novum Organon* richtiggehend als Anti-Aristoteles-Programm aufgefasst wurde.

Um zu belegen und zu unterstreichen, dass Rudolf Steiner 1924 recht hatte, als er der geschilderten Begegnung im Übersinnlichen zur Zeit des 9. Jahrhunderts weltgeschichtliche Bedeutung beimaß, möchte ich noch weitere Ausführungen von Gernot Böhme zu Francis Bacon anfügen:

«Für neuzeitliche Wissenschaft gelten andere normative Orientierungen. Sie wurden von Francis Bacon, dem großen Ideologen der neuen Wissenschaft, formuliert. Wissenschaftler sollten die Gabe ihrer Vernunft ‹zum Nutzen und Segen der Menschheit› verwenden. Gesellschaftlicher Fortschritt, Verbesserung der Lebensbedingungen, Bekämpfung von Krankheiten war ihre Aufgabe. Wissenschaft sollte nützlich sein. Nur: für Bacon war eine Wissenschaft, die das Schießpulver zu verbessern erlaubte, in gleicher Weise nützlich wie eine solche, die die Konservierung von Lebensmitteln möglich machte. Diesem Verständnis gesellschaftlicher Nützlichkeit folgend hat Galilei seinem Fürsten das Fernrohr als Kriegsgerät angepriesen, Haber die Ammoniaksynthese und Kampfgas entwickelt, Wernher von Braun die V2. Gesellschaftlicher Fortschritt hieß eben auch immer Verbesserung, Modernisierung der Waffen.»[144]

Diese Verquickung von Wissenschaft und Technik, von Erkenntnis mit Machbarkeit, ja Machtausübung, gelangte an einen absoluten Endpunkt im 20. Jahrhundert, wie Gernot Böhme glasklar diagnostiziert: durch die Atombombe.

«In diese Auffassung von gesellschaftlicher Nützlichkeit hat

144 Ebenda, S. 422.

die Entwicklung der Atombombe eine fundamentale Veränderung hineingebracht. Gesellschaftlich nützlich sein hieß vorher: den Freunden nützen, den Feinden schaden. Die Entwicklung der Atombombe war ein Prozeß, der noch in dieser Auffassung betrieben wurde, nachher aber verwünscht wurde, weil er diese Differenzierung – daß etwas den Feinden schaden, den Freunden aber nützen könne – obsolet machte.»[145]

Schließlich bringt Böhme das Problem des Baconschen Programms und der «Verwissenschaftlichung des Krieges» auf den Punkt: «Nach der Atombombe ist also zu fragen, ob irgendeine wissenschaftliche Tätigkeit für den Krieg noch als gesellschaftlich nützlich bezeichnet werden kann. In diesem Sinne bedeutet sie das Ende des Baconschen Programms. Die Normen der Wissenschaft müssen neu konzipiert werden.»

Wenn Anthroposophen vom «Arabismus» sprechen, dann ist damit keine Volks- und auch keine Religionszugehörigkeit gemeint, sondern in der letzten Konsequenz eben diese von Gernot Böhme hier charakterisierte Geisteshaltung, die auf Francis Bacon zurückgeht, und mit der Atombombe sich selbst ab absurdum geführt hat. Man kann Gernot Böhme nur zustimmen: *Die Normen der Wissenschaft müssen neu konzipiert werden.* – Wenden wir uns von hier aus einer ganz anderen Art von Wissenschaftspflege und Erkenntnisausrichtung zu, dem die physische und geistige Welt im Lichte des Christus-Impulses gleichermaßen umspannenden Weltverständnis des Thomas von Aquin.

145 Dieses und das folgende Zitat ebenda.

# Die Scholastik – Thomas von Aquin und Reginald von Piperno

«Wir glauben: wenn Aristoteles wieder auf die Welt käme, würde er sicherlich nicht alles unterschreiben, was Thomas gesagt hat; aber weit entfernt, ihn des Plagiats anzuklagen, empfände er jene tiefste Freude des Geistes, die es gibt: die nämlich, verstanden worden zu sein und sich selbst übertroffen zu sehen in dem Geist eines solchen Schülers.»

A. D. Sertillanges, *Der heilige Thomas von Aquin*, Köln und Olten 1954

«Von Thomas sagte man, dass er der Wiederhersteller aller Philosophie gewesen sei; es war, als habe in ihm die Philosophie, die Liebe zur Weisheit, selber Gestalt angenommen. Diese Liebe führte ihn zu den goldenen Höhen der Erkenntnis, von deren Dächern er bis in das Reich der Engel schaute und mit den Engeln demütig Zwiesprache führte. Jene Zwiesprache hatte ihre Quelle im Herzen des Thomas.»

Berthold Wulf, *Thomas von Aquin – Doctor Angelicus,* Stuttgart 1982

«Und es blieb von der Hochscholastik die Frage zurück: Wie entwickelt sich das menschliche Denken hinauf zu einer Anschauung der geistige Welt? Selbst das wichtigste Ergebnis der Hochscholastik ist eine Frage, ist nicht dasjenige, was als Inhalt von der Hochscholastik existiert. Es ist die Frage: Wie trägt man die Christologie in das Denken hinein? Wie wird das Denken christlich gemacht? – Diese Frage steht welthistorisch da in dem Augenblicke, als Thomas von Aquino 1274 stirbt.»

Rudolf Steiner, *Die Philosophie des Thomas von Aquino* (GA 74)

Im Jahre 1260 begegneten sich Thomas von Aquin und Reginald von Piperno im Dominikaner-Kloster Santa Sabina in Rom. Thomas war damals etwa 35 Jahre alt, Reginald war wohl jünger, über seine Lebensdaten herrscht allerdings Unklarheit. Für unseren Zusammenhang ist es sehr interessant, dass die Kirche Santa Sabina – eine der ersten römischen Basiliken, erbaut im 5. Jahrhundert – an einer Stelle errichtet wurde, wo in der Antike ein Heiligtum der ephesischen Diana (so nannten die Römer die Göttin Artemis) stand. Giancarlo Roggero vermutet, dass die vierundzwanzig korinthischen Säulen, die das Kirchengebäude tragen, dem ehemaligen Diana-Tempel entnommen wurden.[146]

In dieser geistigen Atmosphäre, wo sich alte ephesische Geistigkeit mit römischem Christentum durchdringt, trafen sich die beiden karmischen Freunde in ihrer zweiten nachchristlichen Inkarnation wieder. Es entstand eine enge Zusammenarbeit und eine herzensinnige Verbundenheit zwischen den beiden, die bis zu dem plötzlichen Tod von Thomas von Aquin im Jahre 1274 andauern sollte. Vierzehn gemeinsame Wirkensjahre waren den beiden vom Schicksal vergönnt.

Reginald teilte mit Thomas bald alle Lebensbereiche, vom Sekretär bis zum Koch, vom Schüler bis zum Beichtvater:

«Er diente ihm nicht nur wie ein Lehrling seinem Lehrer und ein Sohn seinem Vater, sondern auch wie ein einem Heiligen Ergebener. Thomas gegenüber spielte er beinahe die Rolle einer Amme in dessen fast ununterbrochenem Vertieftsein und der öfteren Entrückung seines Geistes in Betrachtung himmlischer Dinge. Wenn Thomas so abwesend war von der äußeren Realität, musste man sogar auf die für seinen Körper notwendigen Nahrungsmittel achten und ihm zubereiten, was ihm bekömm-

146 Siehe in Wilhelm Rath, *Rudolf Steiner und Thomas von Aquino,* Basel ²2010, S. 81.

lich war, dass er nicht irrtümlicherweise schädliche Speise zu sich nahm.»[147]

Unter karmischen Gesichtspunkten ist es berührend, zu sehen, wie all das, was Sigune Schionatulander nicht geben konnte (oder zunächst nicht geben wollte), Reginald nun in größter Demut und Selbstlosigkeit Thomas zukommen ließ. Hier fand ein karmischer Ausgleich zwischen den beiden Freunden statt, wohl nicht zufällig hinter Klostermauern, in einem ganz dem Christus hingegebenen stillen Mönchsleben.

Man kann es vielleicht auch so ausdrücken: Das Sigune-Leben stand noch ganz unter den karmischen Folgewirkungen des Alexander-Lebens, freilich mit umgekehrten Vorzeichen. Wo Alexander die ganze damals bekannte Welt eroberte, war Sigune wie festgebannt auf eine einzige Stelle im Wald, sitzend, den toten Schionatulander im Schoß. Wo Alexander an Abertausenden von Leichen vorbeizog, war Sigune ganz hingegeben an einen Verstorbenen. Wo Alexander tausenden Menschen Befehle gab und auf seinen Wink hin ganz Städte, ja Länder gestürmt wurden, da war Sigune einsam, alleine, *in sich* versunken im Schmerz. Einzig mit *einem* Menschen sprach sie, ihm Wesentliches aus ihrer weiblichen Seele offenbarend: mit Parzival, dem zukünftigen Gralskönig.

Die ungebremste Feuerenergie Alexanders musste einmal ganz nach innen genommen werden, die Schicksalswaage forderte einen intensiven Ausgleich. So stehen zwei, für sich genommen, jeweils extreme Leben vor uns: Alexander der Große, expandierend wie vielleicht kein anderer Mensch vor ihm, und Sigune, gänzlich introvertiert, im Schmerz ganz auf sich zurückgeworfen. In dieser karmischen Dynamik war noch kein Raum für ein freies, selbstloses Sich-Hingeben an ein Du. Diesen freien Raum gewahren wir jetzt auf eine wundersame

147 G. de Tocco, ebenda, S. 89.

Weise bei Reginald von Piperno. Der Alexander-Sigune-Geist reinkarnierte sich in Reginald von Piperno. Dieser konnte ganz für Thomas da sein – vierzehn Jahre lang. Sieben Jahre war Alexander ein Schüler von Aristoteles gewesen. Damals war er der Empfangende, der geistig Beschenkte. Dann kam die Trennung von Aristoteles und der zehn Jahre andauernde Feldzug nach Osten. Alexander und Aristoteles sahen sich auf Erden nicht wieder. Das Karma ermöglichte aber einen «Rückfluss» in späterer Zeit – die vierzehn Jahre, in denen Reginald sorgend und helfend mit und um Thomas von Aquin sein durfte. Da konnte er dem geliebten Lehrer zurückschenken, was er ihm einstmals vorenthalten hatte.

Denn der Aristoteles-Schionatulander-Geist reinkarnierte sich in Thomas von Aquin. Es stellt sich die Frage: Was war die Quintessenz der Erkenntnisbemühungen des Thomas von Aquin?

Zum einen war es sicherlich die intensive denkerische Verbindung von Begriffsrealismus und Christentum, oder mit anderen Worten, die Verchristlichung des Aristoteles, der ja für die Kirche zunächst als ungläubiger Heide galt. Diese Aufgabe hat Thomas von Aquin in einer ungeheuren, bewundernswerten Denkanstrengung gelöst, zumindest soweit wie das im 13. Jahrhundert möglich war. Trotzdem blieb ein Rest bestehen, auf den Rudolf Steiner aufmerksam gemacht hat. Die welthistorische Frage: *Wie wird das Denken christlich gemacht?*

Das bezieht sich nicht nur auf die Inhalte des Denkens, zum Beispiel das Durchdenken der Evangelien und der Apokalypse, sondern eben auch auf die *Art und Weise des Denkens*. Wie kann der Vorgang des Denkens selbst christlich werden beziehungsweise vom Christuswesen durchdrungen sein?

Die andere große Errungenschaft des Thomas ist sicherlich, dass er gegen die Arabisten und insbesondere die Averroisten die Unsterblichkeit des individuellen Menschengeistes spirituell durchgefochten hat. Auch da ging es nicht nur um inhaltliche Argumente, sondern um reale geistige Entwicklungsschritte, die selbst Aristoteles noch nicht vollzogen hatte, weil er eben *vor* dem Mysterium von Golgatha auf der Erde lebte und dachte. Insofern war die Auslegung des Aristoteles im Mittelalter tatsächlich und berechtigterweise mehrdeutig. Averroës (arabisch: Ibn Rushd, 1126–1198) – im Mittelalter schlicht «der Kommentator» genannt, da er jeden Satz des Aristoteles auf arabisch kommentiert hatte – vertrat die Ansicht, dass Aristoteles von *einem* umfassenden Allgeist ausgegangen sei, in den alle denkenden Wesen gleichsam eintauchen, *wenn sie denken*, dass es aber keine individuelle Geistigkeit und damit auch keine individuelle Unsterblichkeit geben könne.[148] Hier tauchen die existenziellen Fragen und das Ringen von Gilgamesch um Unsterblichkeit im Gewande der mittelalterlichen Aristoteles-Rezeption wieder auf.

Hinter diesen dramatischen Geisteskämpfen der Scholastiker stand die spirituelle Frage nach dem inneren Verhältnis zu dem Sonnenerzengel Michael. Rudolf Steiner schreibt dazu im ersten sogenannten Michaelbrief: «Die Realisten – deren Führer Thomas von Aquino und die ihm Nahestehenden waren –

148 Siehe Thomas von Aquin, *Über die Einheit des Geistes,* Stuttgart 1987; außerdem Wolf-Ulrich Klünker und Bruno Sandkühler, *Menschliche Seele und kosmischer Geist. Siger von Brabant in der Auseinandersetzung mit Thomas von Aquin,* Stuttgart 1988; sowie Wolf-Ulrich Klünker, *Selbsterkenntnis der Seele. Zur Anthropologie des Thomas von Aquin,* Stuttgart 1990. Ich selbst habe in dem Buch *Von der Philosophie zur Anthroposophie. Gesammelte Aufsätze zu Grundfragen einer modernen Wissenschaft des Geistes,* Hamburg ²2016, den geisteswissenschaftlichen Zusammenhang von Aristoteles, Thomas von Aquin und Rudolf Steiner bearbeitet. Sehr anregend ist auch Peter Selg, *Mysterium Cordis: Von der Mysterienstätte des Menschenherzens,* Dornach 2003, wo der innere Zusammenhang der Herzanschauung bei Aristoteles, Thomas von Aquin und Rudolf Steiner behandelt wird.

fühlten noch die alte Zusammengehörigkeit von Gedanke und Ding. Sie sahen daher in den Gedanken ein Wirkliches, das in den Dingen lebt.»[149] Sie wurden durch dieses Erleben Begriffsrealisten, für welche die Begriffe nicht nur etwas Subjektives waren, nicht bloße Namen für sinnlich Wirkliches. Nein, für Thomas trugen die Begriffe und Ideen selbst geistige Realität, kosmische Intelligenz in sich.

«Die Nominalisten fühlten stark den Tatbestand, daß die Seele ihre Gedanken bildet. Sie empfanden die Gedanken nur als Subjektives, das in der Seele lebt und das mit den Dingen nichts zu tun hat.» Die Nominalisten betonten durchaus eine (Teil-) Wahrheit, nämlich das Selberdenken! Aber sie vereinseitigten diese Wahrheit. Ihnen wurden die Begriffe zu bloßen von Menschen gemachten Namen, abstrakt, ohne Wirklichkeitsgehalt.

«Die Realisten wollten Michael die Treue bewahren; auch da die Gedanken aus *seinem* Bereich in den der Menschen gefallen waren, wollten sie als Denker dem Michael dienen als dem Fürsten der Intelligenz des Kosmos. – Die Nominalisten vollzogen in ihrem unbewussten Seelenteil den Abfall von Michael.» Was das heißt, *im Unbewussten* von Michael abzufallen, sich gegen ihn zu stellen, scheint mir auf ein rätselhaftes und auch tragisches Moment in der Menschheitsentwicklung hinzuweisen.[150]

Es ergibt sich hieraus ein Kampf um die Spiritualisierung und Verchristlichung der Intelligenz, in dem wir immer noch, wenn auch im 21. Jahrhundert in völlig anderer Dynamik als zur Zeit

149 Dieses und die folgenden Zitate Rudolf Steiner, *Anthroposophische Leitsätze*, GA 26, Dornach 1989, S. 60ff.

150 Es sei hier ausdrücklich hingewiesen auf die bedeutsame Arbeit von Wilhelm Rath, *Rudolf Steiner und Thomas von Aquino*, welche in der zweiten Auflage einen interessanten Aufsatz von Giancarlo Roggero über Reginald von Piperno enthält. Am 27. Februar 2011 hielt ich zum 150. Geburtstag von Rudolf Steiner im Stadthaus in Basel einen Vortrag über *Rudolf Steiner und Michael*, der ebenfalls die hier angesprochenen Fragen weiter behandelt, abgedruckt in *Der Europäer*, April/Mai 2011.

der Scholastiker, stehen. So erhebt sich die große Frage: Wie können wir mit Michael weiterschreiten in die Zukunft? Oder anders herum formuliert: Wie können wir dem Kommenden entgegenschreiten?

# DRITTER TEIL

# WEITERSCHREITEN IN DIE ZUKUNFT

«Karma ist die Art und Weise, wie alles in der Welt zusammenhängt. Letztlich sind schicksalhafte Bezüge das Tiefste, was existiert. Bestimmte Lebensformen erscheinen so und nicht anders, weil vielfältige Weltgebiete darauf ihre Wirksamkeiten ausüben.

Auf dem ‹Umweg› über das Schicksal sind naheste und fernste Angelegenheiten eng verbunden. Das hat ganz eigene Gesetzmäßigkeiten, die tiefer wirken wie jeglicher Naturprozess. Insofern ist die karmische Relation am allerbedeutendsten.

Aus dem Griechentum wird als Aussage überliefert: Das Schicksal ist stärker als Götter und Menschen. Nicht nur wir unterliegen also den entsprechenden Kräften, sondern auch höhere Wesenheiten.»

Anton Kimpfler, *Schicksalsprobleme bewältigen,* Heidenheim 2007

«Die alten Mysterien fanden in der Abgeschlossenheit des Tempels statt. Neue Mysterien sind nicht mehr an einen bestimmten Ort oder an eine Zeit der Meditation gebunden. Sie spielen sich im vollen Leben ab, in ‹sozial-ätherischen Tempeln›, wo das Geistige überall und in jedem Moment des Tages praktisch erfahren werden kann.»

Harrie Salman, *Die soziale Welt als Mysterienstätte,* Hamburg 2020

«COVID-19 zeigt uns, dass ein unglaublich schneller Wandel möglich ist, wenn die Menschheit in einer gemeinsamen Sache vereint ist. Keines der Probleme unserer Welt ist technisch schwer zu lösen; sie rühren von der Uneinigkeit der Menschen her. Wenn die Menschheit kohärent handelt, sind ihre kreativen Kräfte grenzenlos. Vor wenigen Monaten wäre eine weltweite Unterbrechung der kommerziellen Luftfahrt undenkbar gewesen, ebenso die radikalen Veränderungen in unserem gesellschaftlichen Verhalten, in der Wirtschaft und in der Rolle, die die Regierung in unserem Leben spielt. COVID-19 demonstriert die Macht unseres kollektiven Willens, wenn wir uns darauf einigen können, was wichtig ist. Was könnten wir mit einer solchen Kohärenz noch alles erreichen? Was möchten wir erreichen, und welche Welt wollen wir erschaffen? Das ist immer die erste Frage, die auftaucht, nachdem man sich der eigenen Macht bewusst geworden ist.»

Charles Eisenstein, *Die Krönung*, in *Corona und die Überwindung der Getrenntheit,* Stuttgart 2020

Dieser dritte Teil entwickelt zum einen wesentliche Lebenssignaturen von Rudolf Steiner und Ita Wegman, zum anderen geht es um Zukunftsperspektiven der Anthroposophie. Es kann sich hier nicht darum handeln, biografische Skizzen oder ähnliches zu geben, solches liegt in der umfangreichen Literatur zu Wegman und Steiner bereits vor. Mein Anliegen ist es, bestimmte, zum Teil verborgene Entwicklungsspuren freizulegen. Bei Ita Wegman führt das zu einem Hinblicken auf vier Repräsentanten karmischer Strömungen, mit denen sie sich im Laufe ihres Lebens immer tiefer verbunden hat: Richard Wagner, Alanus ab Insulis, Brunetto Latini und Christian Rosenkreutz. Bei Rudolf Steiner arbeite ich den Zentralimpuls seines Wirkens heraus. Dabei kommen blickweisend sowohl der platonisch-mystische Valentin Tomberg zu Wort als auch der scharfe, mitunter genialische Denker Karl Ballmer. Die nüchtern-ausgewogene Steiner-Studie von Kaj Skagen aus neuester Zeit *Anarchist, Individualist, Mystiker* ist ebenfalls wesentlich für meine Darstellung.[151]

Was die Zukunft der Anthroposophie anbelangt, vermeide ich Prophetien und Visionen, zu denen ich mich nicht berufen fühle. Auch wird kein Arbeitsprogramm «Hundert Jahre Weihnachtstagung» oder ähnliches vorgelegt. Was bleibt und zur Sprache kommt, sind durchaus persönliche, aphoristische Skizzen zu Zukunftsqualitäten und -fähigkeiten, deren Entwicklung ich konkret mitvollziehen und anregen kann. Ich werde vom Mysterium des menschlichen Ich im Zusammenhang mit dem

151 Vgl. Kaj Skagen: *Anarchist, Individualist, Mystiker: Rudolf Steiners frühe Berliner Jahre 1897–1902*, Dornach 2020.

Mysterium der Gemeinschaft schreiben. Tragender Grund für das ganze Buch ist dann das abschließende Kapitel *Christus und die Freundschaft.*

Ich möchte mit einer persönlichen Erfahrung in Bezug auf die Anthroposophische Gesellschaft beginnen. Am 11. März und am 14. März 2020 hielt ich in Hamburg im Zweig am Rudolf Steiner Haus die letzten öffentlichen Vorträge vor der ersten Corona-Zwangspause (Lockdown), und zwar zu dem Thema dieses Buchs: «Gilgamesch und Enkidu – die erste Freundschaft der Menschheitsgeschichte». Dann folgten neun Wochen, in denen das Rudolf Steiner Haus Hamburg praktisch geschlossen war, alle öffentlichen Veranstaltungen mussten aufgrund der staatlichen Corona-Maßnahmen abgesagt werden. Am 13. Mai konnten wir uns als Zweiggemeinschaft erstmals wieder treffen, allerdings nicht zu einer öffentlichen Veranstaltung, sondern als ein Treffen einer «Weltanschauungsgemeinschaft in Kulträumen», so die offizielle Sprachregelung der Stadt Hamburg.

Es war eine sehr interessante und berührende Erfahrung für mich, wahrzunehmen, wie auf eine subtile Weise die hinter uns liegenden Corona-Wochen jeden der Anwesenden verändert hatten. Es wurde lauschend und achtsam miteinander gesprochen. Die meisten Menschen saßen mit einem Abstand von etwa 1,50 Meter zueinander. Dabei hatte ich spontan das Bild: «Nun haben wir alle Platz für unsere Aura.»

Alle spürten: Es ist in der Zwischenzeit etwas geschehen, menschheitlich und individuell, was sich erst anfänglich in Worte fassen lässt. Wir hatten unsere rosa Mitgliedskarten mitgebracht, die zwar nicht kontrolliert wurden, aber doch dokumentieren sollten, dass wir uns als «Weltanschauungsgemeinschaft» trafen, wie es der Gesetzgeber im Grunde treffend formuliert und ermöglicht hatte.

Meine innere Erfahrung an diesem Abend, neben all den Inhalten im Gespräch über die aktuelle Menschheitslage, war, dass unser Zweigwesen und auch das Wesen der Anthroposophischen Gesellschaft *lebt*. Es war mir, als ob dieses Wesen nun neun Wochen geschlummert hätte und jetzt freudig aus seinem Halbschlaf erwachte und sich unter die anwesenden Menschen mischte. Dabei hatte dieses Wesen nichts Ideologisches oder von der Vergangenheit der Gesellschaft belastetes (wie ich das früher so oft wahrgenommen habe) – nein, es war eher etwas Junges, Erfrischendes und Aufbauendes zu erleben. Ich sagte mir, diese Erfahrung anfänglich in Worte fassend: Die Anthroposophische Gesellschaft lebt *real* in dem, was Menschen in ihrem Namen und Geist konkret tun und sagen und lassen.

Könnte es sein, dass das Schicksalsjahr 2020 uns individuell und kollektiv Erneuerungserlebnisse, Verjüngungsmöglichkeiten und Auferstehungskräfte gebracht hat?

Wenn dem so wäre, und wir gerade eine Menschheitszäsur erleben, wie es sie vielleicht noch nie gab, dann müssen wir auch die Geschicke der anthroposophischen Bewegung und Gesellschaft in diesem Lichte betrachten. In den Corona-Wochen schrieb ich folgendes Gedicht, das etwas zum Ausdruck bringt von dem Gefühl, das viele Menschen ergriffen hatte: «Nichts wird mehr so sein wie vorher».

Im wunderlichen Jahre 2020 war's,
die Schatten fielen dichter,
da öffnete sich der Abgrund der Angst:
Ich sah's – und wurde lichter.

Im Schreckensjahre 2020 war's,
die Menschen wurden fahler,
da stieg aus dem Abgrund eine Bestie hervor:
Ich spürt's – und wurde klarer.

Im sonnigen Jahre 2020 war's,
keine Gewohnheitszeit mehr in Sicht,
da raffte eine Lungenschwäche Menschen hinweg:
Ich hörte, wie das Schicksal spricht.

Im ruhenden Jahre 2020 war's,
ein Vorhauch von Apokalypse,
da war die große Entscheidungszeit:
Ich erkannte – der Christus ist einzig die Stütze.

Es werden kommen die Jahre 21 und 22
auf dem Wege bis 2033,
da kann ein jeder wählen die Türe:
Ich will und werde das Geist-Ich.[152]

Seit 2013 veranstalten Johannes Greiner, Anton Kimpfler und ich jedes Jahr am Himmelfahrtswochenende eine Tagung zur Zukunft der anthroposophischen Bewegung und Gesellschaft (Torben Maiwald wirkte in den ersten Jahren auch maßgeblich mit). Diese Tagungen haben den Impuls, Zukunftskeime der Anthroposophie in den Menschen zu wecken, anzuregen und zu pflegen. Dabei versuchen wir, einen Begegnungsraum für verschiedene Strömungen und Ansätze zu schaffen. Wir stellen uns bewusst in das Spannungsfeld von Institution und Bewegung, von geronnener Form und freien Aktivitäten, Kontinuität und Spontaneität. Diese Tagungen werden wir bis 2033 durchführen – ein Jahr, das eine Menschheitswende ermöglichen kann, liegt es doch 2.000 Jahre nach dem Kreuzestod Christi, dem Mysterium von Golgatha.

2033 werden es auch hundert Jahre sein, seit der Christus

152 Erstveröffentlichung in *Gegenwart* 2/2020.

im Ätherischen auf eine neue Art begonnen hat, zu wirken.[153] Gleichzeitig werden es hundert Jahre nach der Machtergreifung Adolf Hitlers und dem Beginn der zwölf Jahre Schreckensherrschaft in Deutschland (1933 bis 1945) sein. Schon jetzt kann man spüren, dass wir uns da auf ein Schwellenjahr der Menschheitsentwicklung zubewegen. Licht- und Schattenkräfte liegen hier eng beieinander. In meinem Buch *Die Michael-Prophetie Rudolf Steiners und die Jahre 2012 bis 2033* (Hamburg 2018) habe ich diese Zusammenhänge grundlegend dargestellt. Auf dem Weg bis zum Jahre 2033 liegt auch der Markstein «hundert Jahre Weihnachtstagung». Diesem Thema möchte ich mich nun zuwenden.

## 2023/24 – hundert Jahre Weihnachtstagung

Wir gehen auf hundert Jahre Weihnachtstagung zu. Viele Anthroposophen weltweit blicken erwartungsvoll auf die Weihnachtszeit 2023 und gleichzeitig hundert Jahre zurück auf das Ereignis der Grundsteinlegung und die Neubegründung der Anthroposophischen Gesellschaft durch Rudolf Steiner. Was sind die Erwartungen, die uns dabei erfüllen, die Fragen und Sorgen, die Impulse und Keimgedanken?

Ich möchte an dieser Stelle nicht auf all das eingehen, was gescheitert ist. Das unendlich Tragische und Schmerzvolle, das

153 Zur Wiederkunft Christi im 20. Jahrhundert siehe Rudolf Steiner, *Das Ereignis der Christus-Erscheinung in der ätherischen Welt,* GA 118, *Das esoterische Christentum und die geistige Führung der Menschheit,* GA 130, sowie die Veröffentlichungen: *Sie erlebten Christus,* Basel 1979; Anton Kimpfler, *Ankunft und Wiederkehr des Christus,* Dornach 2001; Johannes Greiner (Hrsg.), *Mit dem Menschheitsrepräsentanten unterwegs,* Steinbergkirche 2018.

mit dem Weihnachtstagungsimpuls verbunden ist, wurde oft zum Ausdruck gebracht. Auch die Problematik der Konstitution der Gesellschaft liegt für jeden, der sehen will, zumindest in Umrissen klar vor Augen.[154]

Da es in diesem Buch um die Individualitäten von Gilgamesch und Enkidu geht und ihr Weiterschreiten in die Zukunft – natürlich im Verein mit vielen anderen Geist-Seelen –, blicke ich auf die weiterführenden Impulse und Keimgedanken dieser Individualitäten und nicht so sehr auf das Zerbrechen eines Gesellschaftsorganismus und seiner äußeren Formen. Institutionen können zugrundegehen, geistige Individualitäten jedoch nicht. Gesellschaften können scheitern, strebende freie Geister nicht. Diese Aussage mag überraschen. – Ich dachte früher auch anders. – Aber ich habe diesbezüglich etwas gelernt von einem Menschen, den ich wirklich für einen wahrhaft großen, mutigen und vorbildlichen Michaeliten halte: von Ute Craemer. Wer einmal die Favela Monte Azul in São Paulo besucht und mit Ute Craemer am Ort ihres jahrzehntelangen Wirkens für die Ärmsten der Armen gesprochen hat, der wird nachvollziehen können, was ich meine. Ich war in den Jahren 2017, 2018 und 2019 jeweils in der Michaelizeit dort und hatte das Glück, mit Ute Craemer und ihren Mitarbeiterinnen zusammenwirken zu dürfen.

Zur Frage des Scheiterns sagt diese besondere Frau, die auch Generalsekretärin der anthroposophischen Gesellschaft in Brasilien ist: «Auf die Frage nach dem Umgang mit dem Scheitern hält Ute einen Moment lang inne und gibt dann eine dieser Antworten, die hängen bleiben: ‹Wenn man das «Scheitern» nennt, dann geht man ja davon aus, dass es einen Endpunkt gibt. Einen Zeitpunkt, zu dem man weiß, ob eine Sache richtig oder falsch

154 Siehe Gerhard von Beckerath, *Der Leidensweg Rudolf Steiners,* Dornach 2011; Harrie Salman, *Die soziale Welt als Mysterienstätte,* Hamburg 2020; Johannes Kiersch, *In okkulter Gefangenschaft?,* Frankfurt a.M. 2015; Thomas Meyer, *Wegmarken,* Basel 2012.

war. Ich glaube nicht, dass es diesen Punkt gibt, selbst im Tod nicht. Man muss etwas tun, darin liegt der Wert – was dabei herauskommt, weiß man nicht.‹«[155]

*Man muss etwas tun, darin liegt der Wert*. In dieser Haltung findet man heute die Individualitäten von Gilgamesch und Enkidu, davon bin ich überzeugt. Letztlich vereint diese zukunftsgerichtete Haltung alle gegenwärtigen Michaeliten; es wäre gar nicht sinnvoll, dabei nur auf einzelne Persönlichkeiten zu blicken. Michael wartet gerade auf diesen freien Handlungs- und Gestaltungsmut. Dieses positive Schaffen aus dem Nichts, dem Nullpunkt, der Ohnmacht, durchaus im Angesicht der Möglichkeit des Scheiterns, das ist es, woran Michael substanziell anknüpfen kann. Darauf kann er bauen.

Ich möchte noch einen anderen michaelischen Zukunftswegbereiter anführen, bei dem ich wertvolle Keimgedanken finde: Wilhelm Rath (1897–1973), der so Wesentliches über Rudolf Steiner und Thomas von Aquin ausgearbeitet hat (siehe Fußnote 150). Benjamin Schmidt hat eine eindrückliche Biografie über ihn verfasst, in der Notizen zur Weihnachtstagung und zum «Mysterium von Dornach», wie Wilhelm Rath es nennt, von 1949 abgedruckt sind, die ich hier wiedergebe. Das genannte «Farrach» ist ein landwirtschaftliches Gut gewesen, auf dem Wilhelm Rath vor allem nach dem Zweiten Weltkrieg eine beachtliche geistige Wirksamkeit entfaltete.

«Der Impuls von Farrach ist ein Streben der Verwirklichung der Anthroposophie. Ein Ringen um das Verstehen des Mysteriums der Weihnachtstagung, des Mysteriums von Dornach als das Mysterium Michaels.

Ein Ringen um die Erkenntnis des Zusammenhangs des Mysteriums von Dornach mit dem Mysterium von Golgatha.

155 Dunja Batarilo, *Die Brückenbauerin. Wie Ute Craemer die Favela Monte Azul verwandelte,* Bad Vilbel 2014, S. 170.

Das Erkennen der Christus-Wirksamkeit in der anthroposophischen Bewegung: Anthroposophie als das Geschenk des ätherischen Christus an die Menschheit und das Verstehen der Gegenwart aus dem Verhalten der Menschheit zu diesem Geschenk und diesem in ihr stehenden Mysterium.

Aus der Erkenntnis, dass das Mysterium der Weihnachtstagung die Vereinigung und Versöhnung divergierender Menschheitsströmungen brachte, ist der Impuls von Farrach ein Ringen um Menschengemeinschaftsbildung aus dem Geiste.

Diese ist nur möglich durch das Erleben-Wollen (und sich Unterstellen-Wollen) der geistigen Menschheitsführung. Das Hinhören-Wollen auf die geistige Menschheitsführung ist der Grundimpuls in dem Impuls von Farrach. Das Zurückstellen-Wollen der persönlichen Wünsche.

Dies gilt für die Gegenwart [d.h. 1949; S.H.]. So wie er im Rückblick auf die Vergangenheit ein Ringen um die Erkenntnis des Mysteriums von Dornach in seinem Zusammenhange mit dem Mysterium von Golgatha ist, so ist er im Hinblick auf die Zukunft ein bewusstes Vorbereiten-Wollen der großen Entscheidungen am Ende dieses Jahrhunderts.

Die Träger dieser geistigen Entscheidungen sind heute entweder schon als junge Menschen inkarniert oder inkarnieren sich. Diese Kinder und Jugend richtig aufzunehmen und zu erziehen und sie davor zu bewahren, dass ihre Seelen und Ätherleiber durch die gegenwärtige Erziehung, Weltanschauung und Bildung ungeeignet gemacht werden, die geistigen Impulse des Michael-Zeitalters richtig aufzunehmen.

Dieser vorbereitende Impuls führte zu dem Streben nach Verwirklichung einer Jugendschule. Im Sinne der Vorbereitung auf die Zukunft liegt es, dass ein Verständnis für die sich inkarnierenden Lehrer von Chartres geweckt werden soll …»[156]

156 Benjamin Schmidt, *Wilhelm Rath*, Stuttgart 2018, S. 419f.

Es lohnt sich, diese leitsatzartigen Formulierungen Wilhelm Raths meditativ zu lesen und zu besinnen. Wilhelm Rath war mit 26 Jahren Teilnehmer an der Weihnachtstagung gewesen, dem «Mysterium von Dornach», wie er eindrücklich schreibt, sowie einer der Gründer des Jugendkreises.

*Mysterium von Dornach* – auf diese starke wie einleuchtende Formulierung bin ich erst bei Wilhelm Rath gestoßen. Es macht einen tiefen Sinn, das Mysterium von Golgatha mit dem Mysterium von Dornach zusammenzuschauen. Beides sind Orte, Hügel vor der Stadt: Golgatha in Jerusalem, Dornach bei Basel. Das Golgatha-Geschehen markiert *die* Zeitenwende, bis in den Kalender der weltweiten Christenheit, ja der Menschheit hinein. Und Rudolf Steiner sprach bei der Weihnachtstagung – wir wiesen schon zu Beginn dieser Betrachtungen darauf hin (S. 21) – von einem «Welten-Zeitenwende-Anfang».

Ein Rätselwort – allemal! Und, so möchte ich einmal grundlegend fragen, kann ein Welten-Zeitenwende-Anfang scheitern?

Wohl kaum; denn es ist der Anfang einer Entwicklung, der Beginn neuer Mysterien. Diese neuen Mysterien wollen sich in der Menschheit entfalten, es sind Quellkräfte des geistig-ätherischen Grundsteins in der Erdenatmosphäre. Die Frage scheint mir zu sein, ob wir so wach, so beweglich und geistesgegenwärtig sind, dass wir sie in ihrem realen Sich-Ereignen nicht verpassen und verschlafen.

Eine weitere Feinheit in der Schilderung von Wilhelm Rath: So wie das Mysterium von Golgatha das Mysterium des Todes und der Auferstehung eines Mensch gewordenen Gottes ist, die alles erneuernde Christus-Tat, so ist das Mysterium von Dornach das Mysterium des freien Menschen und der freien Menschengemeinschaft – eine Michaels-Tat. Rath schreibt auch vom «Mysterium Michaels». Dieses Mysterium Michaels hat aus meiner Sicht einen dreifachen Sinn und Inhalt:

- die freie Tat Rudolf Steiners, sich mit der neubegründeten Gesellschaft bis in den ersten Vorsitz hinein zu verbinden;
- die freie Tathandlung der Anwesenden, den Grundstein ätherisch-spirituell im eigenen Herzen zu versenken;
- die freie Tat Michaels, das ganze Geschehen zu unterstützen und kosmisch weiterwirkend zu bejahen.

Ita Wegman war bei diesem «Wagnis» Rudolf Steiners von ausschlaggebender Bedeutung. Im Jahre 1923, noch im Vorfeld der Weihnachtstagung, hatte Rudolf Steiner ernsthaft erwogen, sich von der Anthroposophischen Gesellschaft gänzlich zurückzuziehen und einen kleinen, streng organisierten Orden zu gründen, mit ein paar wenigen, auserwählten Schülern. Das stand durchaus als Möglichkeit vor seinem inneren Auge in diesem Krisenjahr 1923! Warum ist es dazu nicht gekommen? Es war am 17. November 1923 in Den Haag, im Zusammenhang mit der Gründung der niederländischen Landesgesellschaft, als Rudolf Steiner diese Ordens-Option im kleinen Kreis aussprach. Da ging von Ita Wegman der entscheidende weiterführende Impuls aus. Daniel von Bemmelen überliefert folgende Situation:

«Frau Wegman sagte dann: ‹Aber Herr Doktor, Sie können doch die Gesellschaft nicht im Stich lassen. Sie haben mir diesen Sommer erzählt, wie Sie die neue Gesellschaft aufzubauen gedenken unter ihrer Führung.› Darauf stand Dr. Steiner auf, ging auf sie zu, nahm ihre Hände und sagte warm und innig: ‹Ja, Frau Doktor, wenn Sie mir helfen, dann werde ich es wagen!›»[157]

Eine ähnliche Initialfrage wie sie Marie von Sivers am 17. November 1901 – am selben Tag 22 Jahre zuvor – getan hatte (vgl. S. 143 f.). Man kann an dieser Situation studieren, wie

157 Emanuel Zeylmans van Emmichoven, *Wer war Ita Wegman, Eine Dokumentation, Band 1, 1876 bis 1925*, S. 264.

Karma wirkt. Mit beiden Frauen war Rudolf Steiner karmisch tief verbunden. In beiden Fällen handelte es sich um eine markante Situation, gleichsam um eine Entwicklungswegscheide von weltgeschichtlicher Bedeutung. Marie von Sivers brachte Rudolf Steiner dazu, sich mit den Theosophen und der Theosophischen Gesellschaft zu verbinden; Ita Wegman brachte Rudolf Steiner dazu, sich (erneut) mit den Anthroposophen und der Anthroposophischen Gesellschaft zu verbinden.

Liegen nicht die Wurzeln – die karmischen Kraftlinien – zu diesen Vorgängen im alten Uruk? Die Ischtar-Priesterin Schamchat brachte Enkidu zu den Menschen in die Stadt. Und Gilgamesch nahm Enkidu wie einen Bruder und Mitherrscher auf. Natürlich liegen Jahrtausende dazwischen und eine große Metamorphose des Karma und der Entwicklung der betreffenden Individualitäten. Und doch: Ist es nicht mit Händen zu greifen, dass im Karmawirken nicht nur der Inhalt einer Frage entscheidend ist, sondern eben auch, *wer fragt?* Und was zwischen den Menschen schicksalsmäßig webt. Denn: *Das Schicksal ist stärker als Menschen und Götter*.

## Vier Individualitäten, mit denen Ita Wegman sich verbunden hat

Im Sinne des Weiterschreitens in die Zukunft möchte ich nun auf verborgene Wegspuren in der Zusammenarbeit von Rudolf Steiner und Ita Wegman hinweisen. Es handelt sich um Keime der Entwicklung, ja Entwicklungsrichtungen, die mit bestimmten Individualitäten zusammenhängen, auf die Rudolf Steiner Ita Wegman – direkt oder indirekt – hingewiesen hat, wohl wissend um karmische Verbindungen, Aufgaben und Zukunftsmöglichkeiten. Es sind vier Persönlichkeiten beziehungsweise Individualitäten, die auch als Repräsentanten verschiedener karmischer Strömungen verstanden werden können. Es handelt sich um Richard Wagner, Alanus ab Insulis, Brunetto Latini und Christian Rosenkreutz. Mit allen vier Individualitäten hat sich Ita Wegman innerlich auseinandergesetzt und auf je verschiedene Weise nach neuen zukunftsweisenden Anknüpfungspunkten gesucht.

### *Richard Wagner*

«Daß wir uns fremd werden mußten, ist das Gesetz *über* uns: eben dadurch sollen wir uns auch ehrwürdiger werden! Eben dadurch soll der Gedanke an unsre ehemalige Freundschaft heiliger werden! Es gibt wahrscheinlich eine ungeheure und unsichtbare Kurve und Sternenbahn, in der unsere so verschiedenen Straßen und Ziele als kleine Wegstrecken *einbegriffen* sein mögen. [...] Und so wollen wir an unsre Sternen-Freundschaft glauben, selbst wenn wir einander Erdenfeinde sein müssten.»

Friedrich Nietzsche über seine Freundschaft mit Richard Wagner, in *Die fröhliche Wissenschaft*

«Die Zuhörer empfangen durch die eigentümliche Wagnerische Musik in ihrem Ätherleib ganz besondere Schwingungen. Darin liegt das Geheimnis der Wagnerschen Musik. Man braucht die Dinge gar nicht wirklich zu verstehen, aber man bekommt ihre wohltätigen Wirkungen durch den Ätherleib. Der Ätherleib hängt mit allen Wallungen des Blutes zusammen. Richard Wagner hat das Geheimnis des gereinigten Blutes verstanden. In seinen Melodien liegen die Schwingungen, die im Ätherleibe des Menschen sein müssen, wenn er sich so läutert, wie es nötig ist, um das Geheimnis des Heiligen Gral zu empfangen.»

Rudolf Steiner, *Das christliche Mysterium*, GA 97, Vortrag vom 29. Juli 1906

«Wagner sprach von der Religion des Mitleids, die sich ihm, je älter er werde, immer stärker herauskristallisiere und die er nun in seiner Altersdichtung ‹Parsifal› zu verkünden gedenke. Ehe er noch zum ersten Male an dem Stoff arbeitete, hatte er Mathilde Wesendonck geschrieben: ‹Das Mitleid erkenne ich in mir als den stärksten Zug meines moralischen Wesens, und vermutlich ist dieser auch der Quell meiner Kunst.›»

Dietrich Fischer-Dieskau, *Wagner und Nietzsche,* München 1979

Rudolf Steiner hatte ein viel umfassenderes und intensiveres Musikverständnis als man lange Zeit dachte. Es ist das große Verdienst von Michael Kurtz, Rudolf Steiners Verhältnis zur Musik in dem monumentalen Werk *Rudolf Steiner und die Musik* gründlich aufgearbeitet zu haben.[158] In diesem Buch spielt auch Richard Wagner (1813–1883) eine große Rolle. Über Jahrzehnte erstreckte sich die Beschäftigung Steiners mit Richard Wagner, und natürlich auch mit Friedrich Nietzsche. In unserem Zusammenhang ist es interessant, wie Rudolf Steiner schon früh Ita Wegman auf Richard Wagner hinwies, als ob er sie für ihre Schicksalsbezüge zu dieser Individualität aufwecken wollte.

Im Frühjahr 1905, mit 29 Jahren, zog Ita Wegman nach Zürich, um dort Medizin zu studieren. In den ersten Jahren besuchte Rudolf Steiner sie dort ab und zu. In einem Notizbuch

158 Siehe Michael Kurtz, *Rudolf Steiner und die Musik,* Dornach 2015.

hielt Ita Wegman später folgende Begebenheit fest: «Es würde zu weit führen, wollte ich jedes Gespräch, jede wichtige Begebenheit erwähnen. Rudolf Steiner interessierte sich für alles und viele [...] werden sich nicht vorstellen können, dass er damals Zeit hatte, große Spaziergänge zu machen, um die Umgebung auf sich wirken zu lassen; so wurde auch die Villa Wesendonck in der Nähe von Zürich besucht und das Gartenhäuschen, in dem Richard Wagner den Anfang seines Parsifal dichtete, in Augenschein genommen. Es machte auf mich einen großen Einruck, wie vorgegangen wurde: es war hauptsächlich die Umgebung, die ihn in diesem Fall am meisten interessierte. Die Nüchternheit, aber zugleich auch die Reinheit der Umgebung waren wohl notwendig, um – als Gegensatz – bei Wagner den inneren Reichtum seiner Seele zur Entfaltung zu bringen. In diesem Sinne sprach Rudolf Steiner.»[159]

Hier leuchtet schon 1905 das Motiv des gemeinsamen Hinblickens auf den *Parsifal* von Richard Wagner auf, was 1924 in Torquay beim Abschluss des Vortragzyklus *Das Initiaten-Bewusstsein* – ein Zyklus, der ganz auf die Zusammenarbeit von Rudolf Steiner und Ita Wegman gebaut ist – im Eingehen auf die Zukunftsaufgaben der Musik zu einem geistigen Höhepunkt geführt werden sollte. Rudolf Steiner hat verschiedentlich auf den karmischen Zusammenhang von Richard Wagner mit dem alten Magier Merlin, dem Lehrer der Artusrunde, hingewiesen. So zum Beispiel einmal 1921 bei einer Eurythmieprobe unter der Leitung von Marie Steiner. Ilona Schubert berichtet: «Nach einer Weile wiederholte Marie Steiner: ‹Merlin – Wagner› und nochmals, wie erkennend, ‹ach, Merlin – Wagner!› und dann fragend: ‹Ist Richard Wagner – Merlin?› ‹Ja›, sagte er, ‹so ist es. In seiner Musik kann man das herausfühlen‹. Lange Zeit waren

159 Emanuel Zeylmans van Emmichoven, *Wer war Ita Wegman, Eine Dokumentation, Band 1, 1876 bis 1925*, S. 50.

wir daraufhin alle ganz still. Ergriffen sannen wir dem eben Gehörten nach.»[160]

In den Karmavorträgen spricht Rudolf Steiner dann 1924 eindrücklich von der Artusströmung und ihren historischen Aufgaben in Europa. «Es war ja die Aufgabe dieses Artus-Ordens, der auf den Unterricht Merlins hin dort begründet worden ist, Europa zu kultivieren, als Europa noch überall in seinem Geistesleben unter dem Einflusse der merkwürdigsten Elementarwesenheiten stand. Und mehr als man heute glaubt, muß das alte Leben Europas begriffen werden so, daß man überall sieht das Hineinspielen von elementargeistigen Wesenheiten in das unmittelbare menschliche Leben.»[161] Hier ging es also um ein Bezähmen und Kultivieren wilder Naturkräfte und -wesenheiten.

Steiner führt dann eine überraschende Parallele von Artusrittern und -kämpfern mit den Alexanderzügen und -kämpfen seinen Zuhörern vor Augen. «Und in dem, was die Ritter von Artus' Tafelrunde taten, lebte dieser selbe kosmische Christus, der – nur nicht unter dem Namen des Christus – auch enthalten war in dem Impetus, mit dem Alexander der Große nach Asien hinüber die griechische Kultur mit ihrem spirituellen Leben trug. Es gab sozusagen spätere Alexanderzüge, die von den Rittern von Artus' Tafelrunde so nach Europa ausgeführt wurden wie der Alexanderzug von Mazedonien nach Asien hinüber.»[162]

Beide Strömungen kämpfen für den kosmischen Christus, wenn auch nicht dem Namen, so aber der inneren Haltung nach. Spiritualisierung von Natur- und Kulturräumen, verbunden mit dem kosmischen Sonnenimpuls, und durchaus auch mit kämpferischen Mitteln, wenn es sein musste – das ist das verbindende

160 Siehe Michael Kurtz, *Rudolf Steiner und die Musik,* S. 108.

161 Rudolf Steiner, *Esoterische Betrachtungen karmischer Zusammenhänge. Band IV*, GA 238, Vortrag vom 10. September 1924.

162 Ebenda.

Motiv von Alexandrinismus und Artus-Strömung. Durch diese zuletzt zitierten Worte von Steiner kann auch deutlich werden, dass Ita Wegman als Repräsentant des Alexandrinismus eine innere Verbindung zur Artusströmung hat. Und wenn Rudolf Steiner so über diese Dinge sprach, war es ja immer auch eine Aufforderung, diesen Zusammenhängen selbstständig weiter nachzugehen.

Es kommt aber noch etwas hinzu, was bisher wenig beachtet wurde. Über die übersinnliche Auseinandersetzung zwischen Harun al Raschid und seinem weisen Ratgeber mit Aristoteles und Alexander im 9. Jahrhundert haben wir bereits gesprochen. Bei diesem geistigen Ringen kam es zu keiner Verständigung zwischen dem arabistischen Aristoteles-Strom und dem die Verchristlichung anstrebenden Aristoteles-Strom. Aber es gab einen anderen unerwarteten und durchaus sehr positiven «Nebeneffekt», wenn man das so ausdrücken kann. Eine Auseinandersetzung im Geistigen findet ja nicht in einem abgeschlossenen Raum statt, das heißt, es nehmen bei solch einem wegentscheidenden Gespräch noch viele andere Geist-Seelen mehr oder weniger bewusst teil. Rudolf Steiner weist nun darauf hin, dass namentlich Vertreter der Artus-Strömung bei diesem Zusammentreffen im Übersinnlichen im 9. Jahrhundert mit dabei waren. Da er kurz zuvor so eindringlich von Merlin spricht, liegt es auf der Hand, dass die Individualität Merlin-Wagner damals auch teilgenommen hat, und zwar helfend und unterstützend auf der Seite von Alexander und Aristoteles!

«Da war von den im christlichen Sinne wirken wollenden Aristoteles und Alexander viel Mühe aufgewandt, den Arabismus, der in den Individualitäten von Harun al Raschid und den anderen lebte, zu besiegen. Es ging nicht. Die Individualitäten waren nicht dazu geeignet. Aber das andere ergab sich: daß noch tiefer durchdrungen, als es eben in den rauheren Attitüden der Artusritter war, das alte kosmische Christentum in den von Artus' Tafelrunde herkommenden Menschen lebte. Und da war es, bei diesem überirdischen Konzil, daß gegenüber dem, was nun wohl in der Zukunft geschehen werde und was man voraussah, unter der Mitwirkung der Michaelmacht sozusagen von Alexander und Aristoteles die Entschlüsse gefaßt wurden, wie in Europa das geistige Leben neue Impulse im Sinne eines verchristlichten Alexandrinismus, eines verchristlichten Aristotelismus erhalten solle.»[163]

In diesen wenigen Worten liegt viel verborgen. Erinnern wir uns daran, dass Aristoteles und Alexander kurz vor diesem übersinnlichen Konzil ihre ersten nachchristlichen Inkarnationen durchgemacht hatten, als Schionatulander und Sigune im Gralszusammenhang. Sie brachten also schon eine verinnerlichte Christusbeziehung und Gralsverbundenheit mit zu diesem übersinnlichen Treffen. Harun al Raschid und sein weiser Ratgeber waren daran nicht interessiert, die ebenfalls im Übersinnlichen weilenden Artusritter und Merlin dafür aber umso mehr. Ja, es begegneten sich hier nun im Übersinnlichen in einigen wesentlichen Repräsentanten Gralsströmung und Artusströmung. Ich verstehe die Worte von Rudolf Steiner so, dass die Artusritter und Merlin eine anfängliche Verinnerlichung ihres kosmischen Christentums durch Aristoteles und Alexander empfingen, etwas von ihrer «rauheren Attitüde» ablegen konnten, und dass sie sich aus Dankbarkeit dafür energisch an die Seite der beiden gegen die arabistische Strömung stellten.

Und das war auch bitter nötig; denn es sollte in den Folgewirkungen dieses missglückten Gesprächs – in späteren Zeiten – zu einem furchtbaren Dämonenwirken in der geistigen Welt

163 Ebenda.

und einer dadurch notwendig gewordenen Dämonenbekämpfung kommen.[164] Thomas Meyer hat in seinem Nachwort zu dem zweiten Band der von ihm herausgegebenen Klassenstunden *Der Meditationsweg der Michaelschule* die Dämonenbekämpfung in der übersinnlichen Michaelschule durch die Individualität Alexanders schön herausgearbeitet.[165] Rudolf Steiner beschreibt diese Vorgänge am 16. September 1924 in Dornach mit den Worten:

«Ich habe ja auch hier aufmerksam darauf gemacht, wie Baco von Verulam, Lord Bacon, der wiedererstandene Harun al Raschid ist. Und das Merkwürdige ist dieses, daß im Zusammenhang mit Lord Bacons Anschauungen, die einen so intensiven, maßgebenden Einfluss auf die ganze folgende Geistesentwickelung gerade in feineren geistigen Bestrebungen gehabt haben, in Lord Bacon etwas geschah, was man bezeichnen könnte wie ein krankhaftes Heraustreiben alter Spiritualität, die er schon immerhin als Harun al Raschid gehabt hat. Und so sehen wir denn, daß von dem Impuls dieses Lord Bacon ausgeht eine ganze Welt dämonischer Wesenheiten. Es wird die Welt geradezu davon erfüllt, übersinnlich und sinnlich erfüllt – sinnlich, natürlich nicht anschaulich – ich meine, die sinnliche Welt wird erfüllt von dämonischen Wesenheiten. Der Individualität Alexanders fällt es zu, hauptsächlich den

164 Weiteres zu Harun al Raschid und seinem karmischen Zusammenhang mit Francis Bacon findet sich in Wolfgang Schuchhardt, *Schicksal in wiederholten Erdenleben,* Band 1, Dornach 2007. Vgl.: «Als Baco von Verulam durch die Pforte des Todes ging, zeigte sich, wie von seinem ätherischen Leibe durch die besondere Denkungsart, die er in der Bacon-Inkarnation angenommen hatte, eine ganze Welt von Idolen, dämonischen Idolen ausging, welche die geistige Welt erfüllten.» – Rudolf Steiner, *Esoterische Betrachtungen karmischer Zusammenhänge. Band VI,* GA 240, Vortrag vom 27. August 1924.

165 Siehe *Der Meditationsweg der Michaelschule. Ergänzungsband,* hrsg. von Thomas Meyer, Basel 2011.

Kampf zu führen gegen diese Dämonen-Idole des Lord Bacon, des Baco von Verulam.»[166]

Die Freisetzung dieser Dämonen – die den Materialismus in Wissenschaft und Kultur impulsierten – ereignete sich nach dem Tod von Francis Bacon im Jahre 1616. Die Alexander-Individualität war nun wieder der Kämpfer – trotz der beiden zurückliegenden christlichen Inkarnationen als Sigune und Reginald von Piperno. Aristoteles-Schionatulander-Thomas war in dieser Situation und Lage mehr der Denker und der michaelisch in eine weite Zukunft Schauende. Aus diesem Grunde konnte er nicht in der gleichen Art wie Alexander die Dämonen bekämpfen. Es kam so zu einer Art Arbeitsteilung zwischen den beiden Freunden. Man kann sich fragen, ob die Keime für die Francis Bacon-Dämonen nicht schon im 9. Jahrhundert in jenem missglückten Verständigungsversuch liegen. Das würde heißen, dass Merlin und einige Artusritter diese kritische Entwicklung auch mit begleitet haben. Ich habe den Eindruck gewonnen, dass in der äußerst prekären Situation nach dem Tode von Francis Bacon sich einige der Artusritter und die Individualität Merlins helfend und unterstützend an die Seite von Alexander gestellt haben. Um es mit anderen Worten auszudrücken: Es entstand ein freundschaftliches Himmelsband zwischen Alexander und Merlin im Zeichen Michaels. Ein karmisches Sich-Verbinden im Übersinnlichen, das in späteren Zeiten Früchte tragen sollte, auch auf der Erde. Das ist der spirituelle Hintergrund der Verbindung von Ita Wegman zu Richard Wagner.

Die Karma-Vorträge von 1924 gehören zum geistigen Vermächtnis Rudolf Steiners, ebenso die 19 Klassenstunden der Freien Hochschule für Geisteswissenschaft. Nun gibt es ein offenbares Geheimnis im Aufbau der Klassenstunden und dem Weg der Karmavorträge, die ja in den neun Monaten nach der

166 Rudolf Steiner, GA 238, Vortrag vom 16. September 1924.

Weihnachtstagung parallel zueinander verlaufen, auf das ich hier hinweisen möchte. In der neunzehnten Klassenstunde am 2. August 1924 kündigte Rudolf Steiner eine Fortsetzung dieses michaelischen Einweihungsweges für den September 1924 an. Dann reiste er nach England ab. Im September kam es dann aber nicht zu der angekündigten Fortsetzung der Michaelschule, stattdessen zu einer Reihe von sogenannten Wiederholungsstunden. Zwischen diesen und den ursprünglichen 19 Klassenstunden liegt der Vortragszyklus *Das Initiaten-Bewusstsein. Die wahren und die falschen Wege der geistige Forschung* (GA 243), gehalten in Torquay vom 11. bis zum 22. August. Dieser Zyklus ist in seiner ganzen Darstellung so neuartig und reich, so anregend wie gewaltig, dass er wie eine Brücke in diejenigen Bereiche und Sphären erscheinen kann, die Rudolf Steiner nach seiner Rückkehr nach Dornach mit den Klassenmitgliedern betreten wollte, aber nicht mehr betreten konnte.

Malte Diekmann hat dem Initiaten-Bewusstseins-Zyklus ein ganzes Buch gewidmet: *Der Weg der Initiation. Anthroposophie und die Neuen Mysterien* (Sammatz 2010). Er entwickelt darin ausführlich Steiners Darstellungen zur Organerkenntnis und Planetenerkenntnis im Zusammenhang mit den Metallen und vielem mehr. Auch der sogenannte Mondenweg und der neuartige Saturnweg werden von Malte Diekmann behandelt. Beim Saturnweg geht es kurz gesagt darum, dass zwei oder mehrere Menschen in einer Forschungsgemeinschaft *gemeinsam* geistig forschen, während beim Mondenweg mehr das persönliche Studium und die *individuelle* Meditation im Vordergrund stehen. Beide Wege ergänzen sich, wie ich meine, letztlich. Trotzdem ist deutlich, dass Rudolf Steiner in Torquay ganz in die Qualitäten des Saturnweges eintauchte und dabei immer wieder seine geistesforscherische Zusammenarbeit mit Ita Wegman betonte. Ein Merkmal des Saturnweges ist es, dass zum Festhalten und Bewusstmachen der äußerst flüchtigen geistigen Wahrnehmungseindrücke das verbindende Karma zwischen zwei Menschen als Kraftquelle dient.

Am Ende dieses Zyklus' kam Rudolf Steiner unvermittelt und überraschenderweise auf die Musik und die Zukunftsaufgaben der Musik in Bezug auf eine vertiefte Christuserkenntnis zu sprechen. Und da knüpfte er wieder, unter anderem, an Richard Wagner und dessen *Parsifal* an. Man kann sich fragen, ob die entkörperte Individualität Richard Wagners an diesem Vortragszyklus nicht «von oben» teilgenommen hat, damit Impulse aufnehmend für ihre nächste Inkarnation im 20. oder 21. Jahrhundert, die wohl im Zeichen Michaels und Christus stehen dürfte.

Die zentrale Stelle lautet:

«Aber gerade das, was ich angedeutet habe, was für die Menschheitsentwickelung ein Höchstes ist, das Herankommen der Gestalt des Christus, ja, der lebensvollen, geist-lebensvollen Gestalt des Christus, das ist etwas, was in gewissem Sinne ja wunderbar der Malerei durch die Renaissancemalerei und das, was ihr vorangegangen ist, gelungen ist, was aber künftig durch das Musikalische wird gefunden werden müssen. Sehen sie, der Drang war da. Es war der Drang da in *Richard Wagner*. Und dieser Drang hat Richard Wagner zuletzt zu seinem *Parsifal* gebracht. Aber der *Parsifal* ist in bezug auf das Hereinzaubern des Christus-Impulses in die physisch-sinnliche Welt, wo er am christlichsten sein will, doch sozusagen nur in eine symbolistische Andeutung verschwebt: die Taube erscheint und dergleichen. Die Kommunion ist symbolisch da. Es ist nicht im Elemente des Musikalischen dasjenige erreicht, was im Kosmos und im Irdischen den Christus-Impuls eigentlich ausmacht. Das Musikalische ist aber befähigt, diesen Christus-Impuls in Tönen, in gestalteten Tönen, in durchseelten Tönen, in durchgeistigten Tönen einmal vor die Welt hinzustellen. Lässt sich die

Musik inspirieren von anthroposophischer Geisteswissenschaft, wird sie die Wege dazu finden, denn sie wird rein künstlerisch, artistisch, gefühlsmäßig enträtseln, wie in Tönen symphonisch belebt werden kann dasjenige, was im Kosmisch-Tellurischen als der Christus-Impuls lebt.»[167]

Damit wurde von Rudolf Steiner an die Musiker und die Musik eine Aufgabe gestellt, vor der wir bis heute stehen, wobei allererste Anfänge und Lösungsversuche vielfältigster Art schon vorliegen, auf die hiermit verwiesen sei.[168] Die Anregungen Steiners, in Intervallen aufsteigender und absteigender Art zu meditieren, in mystischer Vertiefung, um im Musikalischen zu einem neuen Christus-Erleben zu kommen, haben sicherlich im August 1924 Keime in Seelen gelegt, die in der Zukunft noch weitere Früchte tragen werden.

167 Rudolf Steiner, *Das Initiaten-Bewusstsein,* GA 243, Dornach 1993, S. 233f.

168 Hermann Beckh, *Das Christus-Erlebnis im Dramatisch-Musikalischen von Richard Wagners ‹Parsifal›,* Stuttgart 1930. In ihrem Buch *Aus Liebe zur Musik* (Steinbergkirche 2012) legt Gunhild von Kries einen Durchgang durch die musikalischen Elemente bis hin zur Christus-Meditation in Tönen, die Rudolf Steiner im *Initiaten-Bewusstsein* anregt, vor. In ihrem Buch *Zeit heilt. Begegnungen mit dem Klang der Zeit* (Schaffhausen 2003) leistet sie etwas Ähnliches für das Wesen der Zeit. Siehe außerdem Steffen Hartmann, *Vom Schicksal der Töne in unserer Zeit. Musikalische Betrachtungen zur Anthroposophie,* Hamburg 2018; sowie meinen Aufsatz *Wege von Mond und Saturn*, in *Wege* 3/2018.

## *Alanus ab Insulis*

«Das *Erkenne Dich selbst* ist vom Himmel herabgestiegen.»[169]

«Es ist überliefert, dass der Glaube in Zukunft überflüssig sein und seine Nachfolge die Wissenschaft sein wird, also die sichere Erkenntnis. So wird das Verständnis ein anderes sein als das heutige rätselhafte …»[170]

«Christus war Mensch, indem er geboren wurde; Opferkalb indem er starb; Löwe indem er auferstand und Adler, indem er in den Himmel fuhr.»[171]

Alanus ab Insulis

Alanus ab Insulis lebte von ungefähr 1114 bis 1203 nach Christus. Seine Lebenszeit umfasst somit fast das ganze 12. Jahrhundert. Er war einer der führenden Platoniker seiner Zeit und nach Rudolf Steiner der größte und bedeutendste Lehrer der Schule von Chartres. Sein Hauptwerk ist der *Anticlaudian,* ein Werk, das in einem großen Wurf die Erschaffung eines neuen, idealen und reinen Menschen unter der Anleitung der Göttin Natura beschreibt. Den mittelalterlichen Platonikern war diese Göttin Natura dasjenige Wesen, welches die Römer einst als Proserpina und die Griechen als die Tochter der Demeter, die von Hades geraubte und in die Unterwelt entführte Persephoneia, verehrt hatten.

Alanus ist der große Sänger und Dichter der Göttin Natura. Seine Werke wurden damals viel gelesen und das bilder-

169 Alanus ab Insulis in einer Palmsonntag-Predigt, zitiert nach Wolf-Ulrich Klünker, *Alanus an Insulis,* Stuttgart 1993, S. 25.

170 Ebenda, S. 7.

171 Zitiert nach Mario Betti, *Platonismus-Aristotelismus und die Zukunft der Anthroposophie,* Stuttgart 2003, S. 70.

reich beschriebene Schicksal der Natura hat Generationen von Menschen tief bewegt. Seine Göttin Natura weist auch Ähnlichkeiten mit der ephesischen Göttin Artemis auf, die im II. Teil dieses Buchs von verschiedenen Seiten aus beschrieben wurde. So ist das Gewand der Natura in dem Jugendwerk des Alanus *De planctu naturae (Die Klage der Natur)* ähnlich der Erscheinungsweise der Artemis von Ephesus: mit Lebewesen des Wassers und der Erde darauf, mit Bäumen, Kräutern und Blumen, und ihr Diadem ist der Tierkreis. So ist auch die Natura ein großes, die Naturreiche umfassendes Wesen, das ganz im Ätherischen urständet, wie wir das von der ephesischen Artemis schon kennen.

Es ist ein großartiger Gesang, sprachlich sowie inhaltlich, wenn es in *De planctu naturae* heißt:

O Kind Gottes, Mutter der Dinge,
Band und stabile Verknüpfung der Welt,
Edelstein der Irdischen, Spiegel der Sterblichen,
Lichtträger des Erdkreises,

Frieden, Liebe, Tugend, Leitung, Kraft,
Ordnung, Gesetz, Ende, Weg, Führer, Ursprung,
Leben, Licht, Glanz, Schönheit, Gestalt,
Gesetz der Welt,

Du, der du die Welt mit deinen Zügeln mäßigst,
Alles in einer stabilen und harmonischen Verbindung verknüpfst
und den Himmel der Erde in friedvoller
Einheit vermählst,

der du mit den reinen Ideen der Noys arbeitend,
die Gattungen aller geschaffenen Dinge formst,
den Stoff mit Form bekleidest, und die Form dieses Mantels
mit machtvoller Hand gestaltest,

Du, der der Himmel geneigt ist, dem der Luftkreis dient,
der die Erde huldigt, die die Welle verehrt,
der, als Herrin der Welt, jedes einzelne Ding
seinen Tribut zollt,

Du, die Tag und Nacht in ihrem Wechsel verbindet,
die dem Tag das Licht der Sonne gibt,
die Wolken der Nacht im Spiegelglanz des Mondes
schlafen lässt,

Du, die das Firmament mit wandelnden Sternen schmückt,
welche den thronenden Äther erleuchten,
die den Himmel mit dem Geschmeide des Tierkreises
und wandelnden Streitern erfüllt,

Du, der du wie ein Proteus das Antlitz des Himmels
stets mit neuen Gestalten veränderst, die Schar der Vögel
unserem Luftraum schenkst und mit deinem Gesetz
im Zaume hältst,

Du, auf deren Wink sich der Erdkreis verjüngt,
der Wald sich in lockigen Blättern kräuselt,
die Erde, in das Prachtkleid ihrer Blumen gehüllt,
sich stolz erhebt,

Du, der du das drohende Meer beruhigst und erregst,
indem du den Lauf der zürnende See zurückhältst,
so dass die Wellen des Ozeans nicht das Antlitz der
Sonne verhüllen …[172]

An dieses so gepriesene und verehrte Wesen stellt Alanus nun zwei ernste Fragen:

172 Alanus ab Insulis, *De planctu naturae,* zitiert nach Roland Halfen, *Chartres. Schöpfungsbau und Ideenwelt im Herzen Europas, Band 4: Die Kathedralschule und ihr Umkreis*, Stuttgart & Berlin 2011, S. 478f.

Wirst du meinem Flehen den Grund deiner Reise eröffnen?
Warum schlugst du Himmelspilgerin den Weg zur Erde ein?
Warum bietest du das Geschenk deiner Göttlichkeit
unserem Lande dar?

Warum ist dein Antlitz betaut vom herabregnenden Weinen?
Was sagen die Tränen auf deinem Gesicht voraus?
Genug des Weinens, der treuen Sprache
inneren Leidens![173]

Man spürt die tiefe Liebe von Alanus zu der Göttin Natura in diesen Worten. Seiner platonischen Seele, die das Himmlische verehrt, wird es zur Frage, warum sie den *Weg zur Erde* einschlug? Und er leidet mit ihr mit unter den Lastern der Erdenmenschen, die in *De planctu naturae* auch geschildert werden.

Wenden wir uns nun der zweiten großen Dichtung des Alanus, dem *Anticlaudian,* zu, der die Fragen und Geschehnisse von *De planctu naturae* aufgreift und weiterführt. Das Erstaunliche am *Anticlaudian* ist, dass es für diese «Geschichte» keine historischen Vorbilder gibt und dass Alanus in diesem Werk auch (zumindest vordergründig) keine Anleihen beim Christusleben und -wirken macht, was ja bei der Frage nach dem idealen Menschen zu erwarten wäre. Stattdessen wird ein Vorgang beschrieben, wo die Göttin Natura alle Tugenden zu einem Konzil einberuft, mit der eindringlichen Bitte, mit vereinten Kräften einen neuen und idealen Menschen zu schaffen. Angesichts der alt gewordenen und missratenen Schöpfung sieht sie hierin den einzigen Ausweg. Fünfzehn herrliche, leuchtende Frauengestalten schweben daraufhin heran, welche die Tugenden – wie Eintracht, Bescheidenheit und Anstand, aber auch Vernunft und Klugheit etc. – repräsentieren. Natura spricht zu ihnen:

173 Ebenda.

Oft und lange und viel betrachte ich wieder und wieder
All die Gebilde, die unsere Hand mit Fertigkeit formte
Aber ich finde nichts, was in jeglicher Hinsicht so glücklich
Lebte, dass es nicht mancherlei Klagen zu führen vermöchte
Hier vor uns, wenn es unsre Weisheit anklagen wollte.[174]

Zu Beginn des *Anticlaudian* steht also eine Unzufriedenheit der Göttin Natura mit den gewordenen Geschöpfen. Und das tiefe Bedürfnis, mit vereinten Götterkräften, einen neuen, ja einen göttlichen Menschen zu schaffen.

Nur ein einziges Mittel eracht' ich bei solch einem Übel ...
Dass wir uns ganz und alle zugleich mit Geschick
und behutsam
Widmen nur einem Werk: auf welches so viele Geschenke
Jede von euch ergieße, dass nachher verarmt sie sich fühle,
Dass unsrer Werke Fehler in einem werde gebessert,
Und die Güte des einen aufwiege die Mängel der vielen,
Und eine einzige Welle die vielen Flecken entferne
Nicht mehr materiebehaftet und riechend
nach irdischer Schlacke,
Sondern ein göttlicher Mensch bewohne
durch unsre Bemühung
Dann die Erde, und schenke das Heilmittel unseren Fehlern.[175]

Man sieht, wie die ganze Hoffnung auf eine bessere Zukunft auf dem zu schaffenden Menschen ruht, freilich einem im platonischen Sinne idealen und göttlichen Menschen, der die Fehler und Mängel der bisher gewordenen Schöpfung ausgleichen, ja

174 Alanus ab Insulis, *Anticlaudianus,* zitiert nach Roland Halfen, *Chartres. Schöpfungsbau und Ideenwelt im Herzen Europas, Band 4: Die Kathedralschule und ihr Umkreis*, Stuttgart & Berlin 2011, S. 489.

175 Ebenda.

überwinden soll. Hier leuchtet das Motiv auf, dass tatsächlich das Urbild des Menschen die Religion der guten Götter ist, dasjenige, woran sie glauben, und wofür sie sich einsetzen, damit es einstmals in der Zukunft Realität werde. Man kann also auch die Empfindung haben, dass Alanus im *Anticlaudian* im Gewande einer bildreichen, zum Teil fast etwas bizarren Dichtung als ein Prophet auftritt, welcher der Menschheit ein neues zukünftiges Sein vorhersagt.

> Er bewohne die Himmel im Geist, mit dem Körper die Erde,
> Menschlich sei er auf Erden, göttlich bei den Gestirnen,
> So werde Gott er und Mensch, und eines ergänze das andre,
> und auf dem mittleren Weg wird er am sichersten gehen.
> Reden sollen in ihm unsre schaffende Hand, unsre Gaben,
> Er sei ein Spiegel für uns, in dem wir, uns spiegelnd, erfahren,
> Wie unser Glaube sei, unsre Macht und wie groß
> unsere Tugend,
> Und zu welch höherem Grad sich entwickelnd
> sie fortschreiten könne.[176]

Was Alanus ab Insulis hier im 12. Jahrhundert formulierte, verstehe ich vor dem Hintergrund des Mysteriums von Golgatha folgendermaßen: Natura-Persephoneia – oder eben ephesisch ausgedrückt die Göttin Artemis – erlebte in vorchristlichen Zeiten das langsame Näherkommen des großen Sonnenwesens, des Logos, zur Erde mit. Mit der Geburt Jesu, der Taufe und dann der Kreuzigung, Höllenfahrt und Auferstehung Christi geschah ein stufenweises Sich-Verbinden des Christus mit den Menschen, der Menschheit und der ganzen Erde. Damit tauchte Christus aber auch ganz ein in die Welt des schaffenden und quellenden Lebens, dem Natura (bezie-

176 Ebenda.

hungsweise Artemis) ihrem Wesen nach zur Geburt verhilft. Durch Christus wurde auch für sie alles anders. Die Natura-Persephoneia nahm den Christus wahr und in sich auf und verchristlichte sich damit auch selbst.

Nun musste dieses Wesen in den nachchristlichen Jahrhunderten schmerzlich erleben, dass Christus zwar *real* zum Geist der Erde geworden war, dass die Naturwesen und Elementarwesen Ihn auch zunehmend als ihren neuen Herren anerkannten und sich dementsprechend wandelten, dass aber die Menschen mit dieser Entwicklung nicht mitgingen. Zu wenige Menschen wurden wirklich zu «Kindern Gottes», wie es im Prolog des Johannes formuliert ist. Selbst die sogenannten Christen ahnten und ahnen oft bis heute nichts oder wenig von der Christus-Realität in allen Dingen, in den Mineralien, den Pflanzen, den Tieren, den Wolken, in der Atmosphäre und hunderterlei Erscheinungen und Wesen. Diese Diskrepanz oder auch Ignoranz bringt einen Missklang in die gesamte Schöpfung. Das Nicht-Aufnehmen des Christus durch die Menschen verdirbt die Schöpfung, und zwar zunehmend, umso länger die eigentliche Seins-Realität schon längst in dem alles durchdringenden Christus west. Denn Christus (und mit ihm die Naturwesen) wartet auf die Menschen; aber er achtet ihre Freiheit.

Wenn Alanus wie eingangs zitiert sagt: «Das *Erkenne Dich selbst* ist vom Himmel herabgestiegen», so weiß er natürlich um die alles rettende Inkarnation des Logos. Aber im *Anticlaudian* geht es ihm gerade um die Antwort des neuen, des in die Zukunft weisenden Menschen auf die Christustat – das ist zumindest meine Interpretation.

An dieser Stelle kommen wir zu Ita Wegman und ihrem Verhältnis zu Alanus ab Insulis. Angeregt durch Rudolf Steiner hat Ita Wegman in den Jahren nach seinem Tod versucht, zusammen mit Walter Johannes Stein, den Persephoneia-Mythos neu zu dichten, und zwar ganz aus dem Geiste von Ephesus heraus. Das war insofern gewagt, als ja mit dem *Heiligen Drama von Eleusis* von Edouard Schuré ein Werk vorlag, das Marie Steiner übersetzt und dem Rudolf Steiner den letzten Schliff gegeben hatte, und das beim Münchner Kongress 1907 für die Mitglieder der Theosophischen Gesellschaft aufgeführt worden war. Johannes Greiner hat in seinem Buch *Persephone. Die Frage nach der neuen Gemeinschaft*[177] das Spannungsfeld zwischen dem *Heiligen Drama von Eleusis* und dem *Persephoneia-Spiel* von Wegman und Stein ausgelotet. In diesem Buch sind auch erstmals beide Spiele komplett abgedruckt. Es wird dadurch deutlich, dass Ita Wegman auch an Alanus ab Insulis – im Zeichen unserer Gegenwart – angeknüpft hat:

«Alanus steht ehrfürchtig vor der allmächtigen Natura. Ita Wegman zeigt mit der Natura ein Wesen, das auf Hilfe der Menschen und die Begegnung mit dem sich weiter entwickelnden Dionysos angewiesen ist. Dadurch wird man mit seiner Persönlichkeit viel mehr in das Geschehen hineingezogen. Man kann sich mit Ita Wegmans Persephoneia-Natura leichter identifizieren. Die Natura des Alanus steht vor uns als zu verehrendes allumfassendes Götterwesen.»[178]

Dieses Anknüpfen Ita Wegmans an die Natura-Darstellungen von Alanus ab Insulis und ihr gleichzeitiges Weiterführen des Schicksals dieser Göttin in unsere Zeit hinein hängt auch mit ihrer karmischen Beziehung zur Individualität des Alanus zusammen. In den Karmavorträgen des Jahres 1924 kommt Rudolf Steiner, nach und nach sich steigernd, auf die Michael-Prophetie zu sprechen, die besagt, dass alle Pioniere der An-

177 Hamburg 2020.
178 Johannes Greiner, *Persephone. Die Frage nach der neuen Gemeinschaft,* Hamburg 2020, S. 78f.

thropsophie vom Anfang des 20. Jahrhunderts dazu berufen sind, sich am Ende des 20. Jahrhunderts wieder zu inkarnieren, um dann mit den Platonikern der Schule von Chartres, die sich ebenfalls zum Ende des 20. Jahrhunderts inkarnieren werden – nachdem sie im Unterschied zu den mehr aristotelischen Seelen lange in der geistigen Welt weilten – zusammenzuwirken. Das Ganze hat den Sinn, die Anthroposophie zu einer Kulmination zu führen und die Menschheitsentwicklung vor dem Fall in die totale Dekadenz zu bewahren.[179]

Rudolf Steiner spricht von einer «unverbrüchlichen Abmachung«[180] zwischen Aristotelikern und Platonikern, in diesem Sinne gut zusammenzuarbeiten. In den Arnheimer Vorträgen von 1924 schildert er ein Geschehen, das sich zwischen Alanus ab Insulis, Thomas von Aquin und Reginald von Piperno abgespielt hat, und das für die großen Linien dieses Buchs wesentlich ist. Obwohl Steiner in den Vorträgen keine Namen nennt, ist bei Durchsicht aller in Betracht kommenden Stellen und Hinweise deutlich, dass es sich um diese drei Individualitäten handelt.[181]

Rudolf Steiner beschreibt Folgendes: «Dann kamen sie herunter, die großen Scholastiker, und führten dasjenige aus, was sie mit den letzten großen Platonikern der Schule von Chartres ausgemacht hatten. [Das war zu Beginn des 13. Jahrhunderts; S.H.] Manches Bedeutende trug sich da zu. Einer, der als einer der früheren heruntergekommen war [Thomas von Aquin;

179 Ich habe diese Thematik in ihrer gegenwärtigen Dramatik ausgearbeitet in dem Buch *Die Michael-Prophetie Rudolf Steiners und die Jahre 2012 bis 2033*, Hamburg 2018.

180 Rudolf Steiner, *Esoterische Betrachtungen karmischer Zusammenhänge. Band VI*, GA 240, Vortrag vom 18. Juli 1924.

181 Siehe hierzu auch Margarete und Erich Kirchner Bockholt, *Die Menschheitsaufgabe Rudolf Steiners und Ita Wegman*, Dornach 1981, sowie die Ausführungen von Johannes Greiner in *Persephone. Die Frage nach der neuen Gemeinschaft*.

S.H.], bekam zum Beispiel eine Botschaft durch einen anderen, der noch länger als er in der geistigen Welt bei Alanus ab Insulis geblieben war [Reginald von Piperno; S.H.], das heißt bei derjenigen geistigen Individualität, die früher Alanus ab Insulis war. Der später Herunterkommende brachte diese Botschaft, das heißt, er wirkte zusammen mit dem Älteren, und es begann so auf der Erde die Vorbereitung für das intellektualistische Zeitalter, das ja im Dominikaner-Orden seinen Anfang genommen hat. Gerade der, welcher etwas länger bei Alanus ab Insulis in der geistigen Welt geblieben war, zog zuerst das Zisterzienser-Ordenskleid an und wechselte es erst später mit dem Dominikaner-Kleid.»[182]

Man staunt welche Einzelheiten Rudolf Steiner erwähnt, um geistige und karmische Verbindungslinien kenntlich zu machen! Gerade dieses Detail ist aber entscheidend. In dem Buch *Rudolf Steiner und Thomas von Aquino* von Wilhelm Rath findet sich in der zweiten Auflage von 2010 im Anhang der Hinweis von Giancarlo Roggero: «Da nur sieben Kilometer südlich von Piperno das Zisterzienserkloster Fossanova lag [...] ist es denkbar, dass Reginald nicht nur von der dort gepflegten Spiritualität angezogen wurde und unter ihrem Einfluss aufwuchs, sondern zeitweise sogar als Mönch in Fossanova aufgenommen worden ist.»[183]

In dem zuvor zitierten Vortrag vom 18. Juli 1924 spricht Steiner dann von einem geistigen Händereichen zwischen den in der geistigen Welt wirkenden Platonikern und den nun auf

182 Rudolf Steiner, *Esoterische Betrachtungen karmischer Zusammenhänge. Band VI,* Vortrag vom 18. Juli 1924.

183 In Wilhelm Rath, *Rudolf Steiner und Thomas von Aquino,* Basel 2010, S. 87. Am 13. Juli 1924 bezeichnet Rudolf Steiner diesen Abgesandten und Botschafter des Alanus sogar als dessen «Schüler» (in GA 237). Das weist darauf hin, dass es eine nähere Beziehung zwischen der Alanus-Individualität und der Wegman-Individualität gab und gibt.

der Erde lebenden Aristotelikern, wobei Reginald von Piperno wie eine lebendige Brücke zwischen beiden Strömungen, beziehungsweise zwischen Alanus ab Insulis und Thomas von Aquin erscheint. Dazu passt auch, dass die Platoniker ihrem Wesen nach alte Seelen sind, die Aristoteliker jedoch junge Seelen. Die Enkidu-Aristoteles-Seele ist dafür das deutlichste Beispiel, eine junge Seele, die kosmische Hell-Erkenntnis mitbrachte, aber wenig Erdenerfahrung. Ita Wegman ist so gesehen kein typischer Aristoteliker, da sie eine alte Seele ist und *in dieser Hinsicht* mehr dem Alanus ab Insulis verwandt erscheint. Ich habe auch den Eindruck, dass Ita Wegman innerhalb des Gründungsvorstandes der Weihnachtstagung die Aufgabe hatte, ein Verbindungsglied zwischen der aristotelischen und der platonischen Strömung mehr und mehr auszubilden; auch ihre Offenheit zur Ketzerströmung (reinkarnierte Templer etc.), was sich in ihrem Verhältnis zu Elisabeth Vreede und D.N. Dunlop zeigt, sei hier erwähnt.

Was war die Botschaft gewesen, die Alanus ab Insulis in der geistigen Welt dem zukünftigen Reginald kurz vor dessen Inkarnation mit auf den Weg gab, um sie Thomas von Aquin zu überbringen?

Am 19. Juli 1924 gab Rudolf Steiner, nachdem er noch einmal diesen Vorgang des Botschaft-Überbringens erwähnt, mehr indirekt einen Teil der Antwort: «Da lebte im europäischen Geistesleben jener intensive Wille, die Gedanken stark zu erfassen. [Das bezieht sich auf die aristotelischen Dominikaner; S.H.] Und über dem irdischen Leben ging aus alledem dann auch dasjenige hervor, was dann im Beginne des 19. Jahrhunderts zu einer großen, umfassenden Veranstaltung in der geistigen Welt führte, wo sich das, was später auf der Erde Anthroposophie werden sollte, in mächtigen Imaginationen abspielte. [Das heißt Alanus ab Insulis und die Seinen bereiten schon die weitere Zukunft vor; S.H.] In der ersten Hälfte des 19. Jahrhunderts, schon ein wenig am Ende des 18., waren alle die, welche Platoniker waren unter der Führung der Lehrer von Chartres, die ja jetzt zwischen dem Tode und einer neuen Geburt waren, und auch die, welche den Aristotelismus in Europa begründet haben und mittlerweile auch längst durch die Pforte des Todes gegangen waren, in himmlischen Regionen vereinigt, um einen überirdischen Kultus zu vollziehen, in welchem in mächtigen realen Imaginationen das hineingestellt wurde, was im neuen Christentum im 20. Jahrhundert auf spirituelle Art wieder begründet werden soll, nachdem das neue Michael-Zeitalter im letzten Drittel des 19. Jahrhunderts begonnen hat.»[184]

Alanus hat wohl nachtodlich die Arbeit am reinen Gedanken, den *intensiven Willen, die Gedanken stark zu erfassen,* noch stärker bejaht als zu Lebzeiten. Er muss erkannt haben, dass die Bilder und Bildzusammenhänge, in denen er in seinem kurz zurückliegenden Leben so stark gelebt hatte, nicht ausreichten, um in der Geistesgeschichte der Menschheit die nötigen Zukunftsimpulse zu verankern. Das war wohl Teil seiner positiven Botschaft an Thomas von Aquin: dass er aus dem Geistgebiet alle Kräfte zu Verfügung stellen werde, dass auf Erden das Ergreifen und Spiritualisieren der aristotelischen Gedanken im christlichen Sinne gelingen möge. Auch wird er dem zukünftigen Reginald von Piperno gezeigt haben, dass seine Hoffnung auf einen neuen und idealen Menschen durch ein Zusammenwirken von der Göttin Natura mit den Tugenden bis hin zum Vatergott selbst, nun im Sinne einer neuen Zeit *als Gedankenimpuls ganz in das Innere des denkenden Menschen einziehen muss*. Das gab dem thomistischen Ausspruch, den wir schon weiter oben anführten: *Dieser einzelne Mensch*

184 Rudolf Steiner, *Esoterische Betrachtungen karmischer Zusammenhänge. Band VI*, GA 240, Vortrag vom 19. Juli 1924.

*denkt,* ein weiteres Gewicht, gleichsam den platonischen Segen von oben.

Mario Betti schreibt in seinem Buch *Platonismus-Aristotelismus und die Zukunft der Anthroposophie* über Alanus und das Ende seines *Anticlaudian:* «Hier war Alanus' Geist auf die Zukunft gerichtet. Sein *prophetischer* Blick, wovon auch Rudolf Steiner spricht, ließ ihn auch wissen, dass eine intellektualistische Verödung der Weltanschauung eine Zeit-Notwendigkeit war auf dem Wege zu einem freieren Selbstbewusstsein. Eine nicht allzu ferne Zukunft sollte wieder – und neu – den Weg nach ‹oben› weisen, damit nach und nach auch die gesamte Erde, wie uns der Schluss des *Anticlaudian* bildhaft-konkret vor Augen führt, spiritualisiert werden kann, oder, anders formuliert, damit sie sich ‹in ätherischen Glanz› einkleiden kann. Ein apokalyptisches Zukunftsbild, das an den neuen Himmel und an die neue Erde der Offenbarung Johanni gemahnt: ein *zentrales Anliegen* eines wirklich christlichen Platonismus ...»[185]

Hier leuchtet noch ein weiterer Aspekt der Botschaft des Alanus an Thomas von Aquin auf: Alanus hatte nachtodlich noch tiefer die Bedeutung der Erde für alle weitere Menschheitsentwicklung erkannt und damit auch, dass der neue und «ideale» Mensch nicht im Himmel gefunden, sondern nur langsam und mühsam auf der Erde entwickelt werden kann. Genau an dieser Stelle knüpft dann Ita Wegman, zusammen mit Walter Johannes Stein, an mit ihrem neuartigen Persephoneia-Spiel. Das Schlussgespräch dieses Spiels zwischen Dionysos und Persephoneia möge dieses Kapitel abrunden und zu Brunetto Latini überleiten.

185 Mario Betti, *Platonismus-Aristotelismus und die Zukunft der Anthroposophie,* Stuttgart 2003, S. 65.

DIONYSOS: Ich erkannte, dass der höchste Menschenwert im einzelnen Menschen liegt, denn das «Ich bin» im Menschen ist göttlich. Dieses Geistige im Menschen wollte ich pflegen. Während ich mich dieser Pflege hingab, erkannte ich, dass die Kräfte und Wesen, welche die Menschen zu Gemeinschaften zusammenfassen, der Natur angehören und ich musste sie, die mein Gefolge bildeten, der Natur zurückgeben. Wer wird sie der Natur wieder abringen und woraus sollen in Zukunft Gemeinschaften sich bilden?

PERSEPHONEIA: Aus der Liebe, die in jedem Menschen-Ich auftreten kann. Siehe, ich habe lange gesucht nach den Heilkräften. Heute aber erkenne ich, wo ich sie zu suchen habe. Nie tönten mir Blumen und Bäume so deutlich entgegen, was ihr Wesen ist, was ihre Verwandtschaft mit den Menschen ausmacht und wogegen sie Heilmittel sind. Heute aber erkenne ich: Was sich vom Menschen losgelöst hat, das ist in die Natur hineingeschlüpft und der Arzt heilt den Menschen und erlöst, was in der Natur verzaubert ist, zugleich, wenn er Mensch und Natur wieder vermählt.

DIONYSOS: Ja gewiss, aber das kann nur geschehen, wenn eine Naturanschauung ersteht, in der das Menschen-Ich Platz hat, wenn ein soziales Leben entsteht, welches Naturgewalten erlöst, weil es nicht mehr aus Naturkräften seinen sozialen Leib aufbaut, aus Blut- und Stammesverwandtschaften, sondern aus der individuellen Liebe. So lasse uns den Bund schließen, durch welchen Menschen und Götterwelt ihr Ziel erreichen können. Du Persephoneia-Natura füge dem Menschenwesen die Naturkräfte ein als ein wahrer Arzt, der im Verabreichen seiner Medikamente den kranken Menschen heilt und die verzauberte Natur erlöst. Ich aber, der ich aus den Kräften der selbstbewussten Persönlichkeit die soziale Gemeinschaft bilden muss, verspreche dir dafür, dass in unserer Weltenzeit in die soziale Gemeinschaft nichts hereindringen soll, was der Natur angehört, sondern nur das, was der vollbewussten Menschenseele entspringt.[186]

186 Siehe Johannes Greiner, *Persephone. Die Frage nach der neuen Gemeinschaft*, Hamburg 2020, S. 204f.

«Ach, […] wie sehr wünschte ich mir, dass Ihr noch am Leben wärt! Euer Bild steht mir immer vor Augen. Mir geht das Herz über, wenn ich mir die väterliche Liebe und Güte vergegenwärtige, mit der Ihr mich unermüdlich darin unterwiesen habt, wie der Mensch sich zur Unsterblichkeit erheben kann. Mein Leben lang werde ich mit großer Dankbarkeit an Euch denken und von Euch erzählen.»[187]

Dante Alighieri, *Die Göttliche Komödie*

«Denn Brunetto Latini, der Lehrer Dantes, er ist ja da. Er ist gestorben dazumal, durch die Pforte des Todes gegangen. Aber das ist ja eine Lebensverwandlung. Er ist ja da. Er wirkt ja weiter, und man findet ihn, wenn man ihn geistig sucht.»[188]

Rudolf Steiner

«Wir finden immer wieder bei den verschiedensten Initiierten diesen Weg beschrieben und als Führerin in die geistige Welt eine Frau, die so wie auch bei Brunetto Latini als die Göttin Natura bezeichnet wird. Mit demjenigen, der heilen will, steht es nun so, dass er niemals zum Wissen einer Heilkunst kommen kann, ohne dass er sich wiederum verbindet mit dieser Initiationswissenschaft, sich in ihr unterrichten lässt oder selber den Weg in die geistigen Welten sucht.»[189]

Ita Wegman

187 Dante Alighieri, *Die göttliche Komödie,* in Prosa nacherzählt von Kilian Nauhaus, Köln 2014, S. 74f.

188 Rudolf Steiner, GA 238, Vortrag vom 12.9.1924.

189 Ita Wegman, in *Natura. Eine Zeitschrift zur Erweiterung der Heilkunst,* Heft 1, Juli 1926, S. 8.

Brunetto Latini (1220/22–1294) war der Lehrer von Dante. Er begegnet uns in der *Göttlichen Komödie* im 15. Gesang der Hölle als dessen geliebter Lehrer, der ihn lehrte, wie der Mensch ein ewiges Leben erlangen kann. *Come l'uom s'eterna …* – wie wir unsere ewige Entelechie entfalten können. Das weist darauf hin, dass Dante durch Brunetto Latini auf einen inneren Einweihungsweg geleitet wurde.

Brunetto Latini geriet in der Michaeli-Zeit des Jahres 1260 in einen Ausnahmezustand.[190] Damals tobte ein Kampf in Florenz zwischen Guelfen und Ghibellinen, das heißt zwischen Anhängern des Papstes und denen des Kaisers. Brunetto Latini befand sich wegen dieser Auseinandersetzungen auf einer Reise, in diplomatischen Angelegenheiten, für seine geliebte Vaterstadt Florenz. Da erreichte ihn – schon auf der Rückfahrt befindlich – die Schreckensnachricht, dass alle führenden Guelfen, zu denen auch er selbst gehörte, aus der Stadt Florenz vertrieben worden waren, und dass er auf der Liste der Verbannten stand. Nun war er auf einen Schlag heimatlos geworden. In dieser Situation geriet er so «außer sich», wohl auch noch verbunden mit einem leichten Sonnenstich, dass er mitten in der freien Natur eine Art Selbsteinweihung erlebte.

Rudolf Steiner beschrieb, dass diese Einweihung des Brunetto Latini durch die geistige Aura der Schule von Chartres inspiriert war. So kam Bunetto Latini – auf den Spuren von Alanus ab Insulis – in den Erlebniskreis der Göttin Natura. Diese führte ihn auf den ersten Stufen seines Einweihungsweges. Er hörte von ihr vom Urbild alles Geschaffenen, wie aus dem Ebenbild Gottes alles Gewordene hervorging; wie sodann eine gestaltlose, formlose Materie als Grundlage für alle Werke Gottes entstand; wie der Schöpfungsakt über sieben Tage

190 Das ist dasselbe Jahr, in dem sich Thomas von Aquin und Reginald von Piperno in Rom zum ersten Mal treffen!

sich erstreckte; und dann kam die vierte Seinsart im Schöpfungsgang, an der die Göttin Natura selbst Anteil hatte, «die jedem Geschöpf Lebenslauf und Art zuordnet nach entsprechendem Maß«[191].

Brunetto Latini beschreibt dies alles in seiner – Fragment gebliebenen[192] – Einweihungsschrift *Tesoretto,* was soviel heißt wie «Schatzkästchen», die auch Keime zu dem enthält, was dann Dante in seiner *Göttlichen Komödie* weiter entfaltet hat. Die Göttin Natura stellt sich Brunetto mit den Worten vor:

Sieh, ich bin die Natur,
doch eine Schöpfung nur
der höchsten Schöpfermacht.
Sie hat mich wohlbedacht
ins Dasein einberufen
durch viele Lebensstufen.
Der Gott, der alles schafft,
hat unbegrenzte Kraft;
sie wirkt ohne Beginnen
und kann niemals zerrinnen.
Doch meine eignen Werke
vergehn, trotz meiner Stärke.

191 Brunetto Latini, *Tesoretto,* übersetzt von Dora Baker, Stuttgart 1979, S. 101.

192 Man kann sich fragen, ob der *Tesoretto* wirklich «unvollendet» ist, denn auch die *Chymische Hochzeit des Christian Rosenkreutz* von Johann Valentin Andreae und die *Kunst der Fuge* von Johann Sebastian Bach, um nur zwei herausragende Beispiele zu nennen, enden abrupt, mit einem offenen Ende. Ähnliches ließe sich über *Wie erlangt man Erkenntnisse der höheren Welten?* und die neunzehn Klassenstunden von Rudolf Steiner sagen. Aber gehört nicht gerade dies – das Offenbleibende, das nicht zu Ende Gesagte – zu den Charakteristika großer, inspirierter Einweihungsschriften?

Es ist nur Gott allmächtig,
ich aber bin ohnmächtig
wo Er mich nicht geleitet.
Von Ihm wird vorbereitet
allüberall das Leben.
Ihm ist zu schau'n gegeben
was ist und wird und war;
doch ich bin nur gewahr
dessen, was Er mir zeigt.
Ihm bin ich zugeneigt
in allem Tun auf Erden,
im Werden und Entwerden.
Ihm folg' ich ganz und bin
seine Arbeiterin.
Ich stellvertrete Ihn
als Seine Werkmeisterin.
In Luft und Erdbereichen,
dort les' ich seine Zeichen.
Er ordnete die Welt,
von Ihm bin ich bestellt,
zu hüten Weltgesetze,
die niemals ich verletze.[193]

Die Leser werden bemerken, dass diese Göttin Natura-Persephoneia, wie Brunetto Latini sie schildert, ebenfalls verwandte Züge zu der ephesischen Artemis aufweist, wie wir sie im II. Teil dieses Buchs behandelt haben. Die Platoniker der Schule von Chartres hatten sich innig mit dieser Göttin Natura verbunden. Sie war ihnen die Führerin ins Geistgebiet gewesen. Sehr interessant ist nun, dass diese antike Gottheit, die schon

193 Brunetto Latini, *Tesoretto,* übersetzt von Dora Baker, Stuttgart 1979, S. 42f.

von Griechen und Römern verehrt wurde, selbst eine Verchristlichung durchgemacht hat. Man muss sich klar machen, dass durch die Inkarnation Christi und seinen Opfertod auf Golgatha *alles* anders wurde, auf Erden und in den Himmeln. Das heißt, nicht nur die Menschen – wie beispielsweise Aristoteles, Alexander, Harun al Raschid und sein weiser Ratgeber – mussten eine Wandlung der Verchristlichung suchen oder zumindest zu verstehen suchen, um nicht die Orientierung in der Zeit nach Christus zu verlieren, auch die ganzen vorchristlichen Götter waren vor diese Aufgabe gestellt. Die Göttin Natura ist nun ganz innig mit der Christustat verbunden, nahm Christus doch die Erde selbst zu seiner neuen Wohnstätte. Sie weiß davon Brunetto Latini ganz selbstverständlich zu berichten. Zum Mysterium von Golgatha heißt es im *Tesoretto:*

> Dann beschloß Gott zu sterben,
> um euch Menschen zu heilen
> und euch zu helfen.
> Damals änderte sich
> der Lauf der ganzen Welt,
> vom hohen Himmel
> bis zu den Tiefen.
> Denn die Sonne verdunkelte sich,
> und die Erde bebte,
> all dies geschah
> als mein Herr Seine Passion erlitt.[194]

Doch nun zu Ita Wegman und ihrem Verhältnis zu Brunetto Latini. Es spricht einiges dafür, dass Ita Wegman im Angesicht des Krankenlagers und des Todes Rudolf Steiners (zunächst) ein dreifaches Scheitern empfand: als *Einweihungsschülerin*

194 Brunetto Latini, *Tesoretto,* S. 103.

hatte sie eine bestimmte angestrebte Entwicklungsstufe nicht erreicht, wie sie Albert Steffen ein paar Tage nach Rudolf Steiners Tod in erschütternder Weise mitteilte.[195] Als *Ärztin* war es ihr nicht gelungen – trotz sechsmonatiger ununterbrochener Bemühung, zusammen mit dem von ihr zu Hilfe gerufenen Arzt Ludwig Noll – ihren «wichtigsten» Patienten zu heilen. Rudolf Steiner starb trotz aller pflegenden und heilenden Zuwendung. Und als *Freundin*, als menschlicher Helfer in der Not, waren die geistigen Angriffe und das Dämonenwirken während der Zeit des Krankenlagers immer wieder über ihr Fassungsvermögen gegangen.

In dieser Situation und in den darauf folgenden Monaten suchte sie geistige Stützen und spirituelle Hilfe – durch Meditationen und Gebete, aber auch in der Hinwendung zu ungeborenen Seelen aus der Sphäre der Michaelschule, die anteilnehmend und helfend sich der Not und dem Schicksal Rudolf Steiners und damit auch Ita Wegmans zuwendeten. Zu diesen ungeborenen Helfer-Seelen gehörte Brunetto Latini. *Er ist ja da. Er wirkt ja weiter, und man findet ihn, wenn man ihn geistig sucht.*

195 «Albert Steffen vermerkt in seinem Tagebuch unter dem 1. April 1925 – am zweiten Tag nach des Geisteslehrers Tod – folgendes Ereignis: Ita Wegman hatte ihn zu einem Gespräch in das Atelier Rudolf Steiners gebeten. Dieses Gespräch war eine Art Beichte, die sie vor ihm, dem acht Jahre Jüngeren, ablegen wollte. Sie berichtete Folgendes (nicht wörtliche, aber sinngemäße Wiedergabe): Rudolf Steiner habe sie zur Einweihung führen wollen, aber sie habe versagt. Der Meister habe ihr aufgetragen, bis Pfingsten 1924 eine bestimmte Stufe der esoterischen Entwicklung zu erreichen. Wenn ihr das misslinge, komme *Klingsor* und Hass-Dämonen würden wirken. Bis Michaeli 1924 müsse für Michaels Wirken der Durchbruch erfolgt sein. Wenn dies nicht geschehe, würde Rudolf Steiner krank werden. Vor der Türe des Ateliers hörte man Schritte, und Steffen bat Wegman, leiser zu sprechen. Es bedrückte ihn, dass Marie Steiner von dieser Beichte nichts wissen durfte.» – Erdmuth Johannes Grosse, *Das Rätsel des Urvorstandes*, Dornach 2007, S. 118.

Dass Ita Wegman sich intensiv mit dieser Geist-Seele verbunden hat, kann man der Tatsache entnehmen, dass bei der Eröffnung der Zeitschrift *Natura* im Juli 1926 der erste und einleitende Artikel von ihr ganz der Geistgestalt und der besonderen Einweihung Brunetto Latinis gewidmet ist. Es ist, als ob die Medizinische Sektion der Freien Hochschule für Geisteswissenschaft und die Ärzte, die sich damals um Ita Wegman esoterisch zusammengeschlossen hatten, den Geist Brunetto Latinis als helfenden und weiterführenden Stern bei der Begründung der Zeitschrift *Natura. Eine Zeitschrift zur Erweiterung der Heilkunst nach geisteswissenschaftlicher Menschenkunde* angerufen haben.

Emanuel Zeylmans van Emmichoven schreibt in *Die Erkraftung des Herzens:* «Studiert man Ita Wegmans Lebensgang in den Jahren 1924 bis 1943, also bis zu ihrem Tod, so kann man den Eindruck haben, dass sie mit dem Geistwesen Latinis persönlich verbunden war. Vornehmlich zwei Gründe dafür sind sichtbar: Dass Rudolf Steiner Brunetto als Initiat so besonders hervorgehoben hatte (*Man kann ihn fragen*), liegt wohl daran, dass Ita Wegman nach Steiners Tod Schutz und Rat brauchte. Und dann wegen der Art von Latinis Einweihung. Er wurde nämlich nicht in einer Mysterienstätte initiiert – die gab es im christlichen Europa des dreizehnten Jahrhunderts nicht –, er wurde auch nicht vorbereitet, sondern durch einen großen seelischen Schock war er ‹außer sich› geraten und hatte eine spontane Einweihung durch die Göttin Natura erfahren! Durch Rudolf Steiners Darstellungen über Brunetto Latini kann man den Eindruck haben, dass dieser ein Schutzgeist der anthroposophischen Heilkunst ist und zwar in dem Sinne: Diese Heilkunst hängt davon ab, inwieweit diejenigen, welche sie ausüben wollen, die Initiation suchen. Da ist Latini ein großes Vorbild. Obwohl er kein Arzt war, wurde er in die Natur und in die Geheimnisse des Menschenwesens eingeweiht. Ita Wegman fasst dies in ihrem Natura-Aufsatz wunderbar zusammen.»[196]

In dem Kapitel über Richard Wagner haben wir schon auf die herausragende Bedeutung des Vortragszyklus *Das Initiaten-Bewusstsein* (GA 243) hingewiesen. Wie Steiner hier in neuer Weise über die wahren und die falschen Wege geistiger Forschung sprach, angeregt übrigens durch D.N. Dunlop, der ein bedeutsamer Geistesschüler und eigenständiger Okkultist, sowie ein Freund Rudolf Steiners und gleichzeitig der Organisator der Sommerschule von Torquay 1924 war. Ist es Zufall, dass Brunetto Latini fast in jedem Vortrag – mal kurz, mal ausführlich – genannt und besprochen wird?

So wie man annehmen kann, dass die entkörperte Entelechie Wagner-Merlin diesen Vortragsdarstellungen Steiners aus dem Geistgebiet folgte, so waren wohl auch die Individualitäten von Brunetto Latini, Dante und Alanus ab Insulis übersinnlich anwesend. Rudolf Steiner sprach an manchen Stellen fast mehr zu diesen Geistern als zu den vor ihm sitzenden Menschen, darunter der schon genannte D.N. Dunlop, aber auch Marie Steiner, Ita Wegman, Elisabeth Vreede und Guenther Wachsmuth.[197] Ein wahres Geistesfest muss das gewesen sein, ganz im Geiste der Weihnachtstagung, Lebende und Verstorbene gleichermaßen umfassend und verbindend – im Hinblick auf die großen zukünftigen Aufgaben des 20. und 21. Jahrhunderts.

Rudolf Steiner entwickelte am 16. August 1924, dass be-

196 Emanuel Zeylmans van Emmichoven, *Die Erkraftung des Herzens,* Arlesheim 2009, S. 416.

197 «Ich habe Ihnen als Beispiel dafür angeführt, wie man so allmählich in Zusammenhang kommt mit solchen Erdenwesen, die heute nicht auf der Erde verkörpert sind [d.h. 1924; S.H.], *Brunetto Latini, Dante, Alanus ab Insulis* und anderen Persönlichkeiten, dadurch, dass man in diesem Bewusstseinszustande weiter vorgeht.» – Rudolf Steiner, *Das Initiaten-Bewusstsein,* GA 243, Vortrag vom 20. August 1924.

stimmte Lebensalter für den Initiaten Auffassungsorgane für bestimmte Geistessphären sein können. Was wir heute Biografiearbeit und biografische Therapien nennen, hat also nicht nur eine seelische Verarbeitungsseite von traumatischen und anderen Erlebnissen, sondern gleichsam «dahinter» eine geistige Bedeutung für den Geistesschüler, der nach der Erkenntnisstufe der Inspiration strebt. Erstaunlich persönlich und unmittelbar hat Rudolf Steiner im Folgenden seine Beziehung, sein über Jahrzehnte sich erstreckendes Beziehungsleben mit dem im Geistigen weilenden Brunetto Latini geschildert:

«Also man ist ja in einem gewissen Sinne von seinem Alter heute abhängig. Man kann ganz gut mit 37 Jahren aus der Initiation heraus sprechen, aber man kann anders mit 63 Jahren aus der Initiation heraus sprechen, weil man da andere Organe ausgebildet hat. [Rudolf Steiner war zu diesem Zeitpunkt 63 Jahre alt; S.H.] Die Lebensalter sind Organe. – Und nehmen Sie an man will schildern nicht aus den Büchern, sondern aus der inspirierten Erkenntnis heraus Persönlichkeiten wie Brunetto Latini, wie Alanus ab Insulis [...]. Versucht man sie zu schildern, wenn man 37 Jahre alt geworden ist, dann hat man von ihnen folgendes erfahren: Sie stehen da in der Geisteswelt. In dem belebten Schlafbewußtsein stehen sie da. Man kann mit ihnen reden [...] wie man mit physischen Menschen redet. – Das ist gewiss richtig, aber das Eigentümliche ist, sie können einem nur klarmachen, wenn sie mit einem in der Sprache des geistigen Lebens verkehren, was sie jetzt gerade in diesem Augenblicke an Weisheit, an innerer Geistigkeit erlangt haben. Und dann kommt man wohl darauf, daß man von ihnen viel, viel erfahren kann. Aber man muß es dann von diesen Geistern auf Treu und Glauben hinnehmen. Man muß es von ihnen hören. Nun, meine sehr verehrten Anwesenden, man glaubt schon daran, denn es ist ja schließlich keine Kleinigkeit, sagen wir, einem Brunetto Latini in der geistige Welt gegenüberzustehen.»[198]

Rudolf Steiner sprach nun kaum noch verhüllt von sich selbst, von seinen eigenen intimen Geist-Erlebnissen mit Brunetto Latini, ganz gemäß den Qualitäten des Saturnweges, der auf die Beziehungen, auf die Relationen von forschenden Menschen gegründet ist: «Aber nehmen Sie an, man würde mit Brunetto Latini in der geistigen Welt sprechen, wenn ich mich wieder cum grano salis ausdrücke. Sie müssen sich das ja nicht so vorstellen, wie wenn wir da im Saale reden würden, aber man kann es schon so nennen. Nehmen sie also an, man würde so mit 37 Jahren mit dem Brunetto Latini sprechen. Er würde einem allerlei sagen. Aber dann bekommt man den Drang, man möchte manches genauer wissen, richtiger wissen. Und siehe da, da sagt er einem: Ja, da müßte ich mit dir zurückgehen – wir stehen jetzt im 20. Jahrhundert – ich müßte mit dir zurückgehen durch das 19., 18. Jahrhundert bis in mein Jahrhundert. Wir müßten den Weg zurückmachen. Wir müßten uns da hinstellen, wo ich gestanden habe, als ich der Lehrer Dantes war.»

Hier entwickelte Rudolf Steiner meiner Ansicht nach auch die *Erkenntnismethode,* die es für die Fortsetzung der Klassenstunden gebraucht hätte, wo es ja in einem zweiten Abschnitt um einen *Rückblick* im geistigen Erleben, ein Geist-Erinnern, gegangen wäre, zunächst auf den übersinnlichen Erkenntniskultus unter Michael am Beginne des 19. Jahrhunderts und dann um die übersinnlichen Belehrungen durch Michael im 15., 16., und 17. Jahrhundert.[199] Wollte Rudolf Steiner hier seine Schüler

198 Dieses und die folgenden beiden Zitate siehe *Das Initiaten-Bewusstsein,* GA 243, Vortrag vom 16. August 1924.

199 Am Ende der neunzehnten Klassenstunde sagte Rudolf Steiner am 2. August 1924: «Wenn wir […] im September wiederum uns finden zu diesen Klassenstunden, dann wird es der Wille der Michael-Macht sein, zunächst zu schildern die imaginativen Kultus-Offenbarungen vom Begin-

dafür aufwecken, selbsttätig forschend mitzuhelfen, dass dieses lebendige Rückblicken – eben auch mit der Hilfe von Individualitäten wie Brunetto Latini und Alanus ab Insulis – im September 1924 gelingen möge?

---

ne des 19. Jahrhunderts. Das wird der zweite Abschnitt sein. Dasjenige, was an mantrischen Worten jetzt an unsere Seele gedrungen ist, es wird weiter in Bildern vor unserer Seele stehen, die – soweit dies möglich ist – die heruntergestellten Bilder des übersinnlichen imaginativen Kultus vom Beginne des 19. Jahrhunderts sein werden.» Hier bringt Steiner für meine Begriffe zum Ausdruck, dass die bis zur neunzehnten Stunde vorliegenden Mantren *in den Seelen der Geistesschüler* Früchte tragen können und sollen – *dann* werden im September «soweit dies möglich ist» die Bilder des übersinnlichen Kultus vom Anfang des 19. Jahrhunderts vor den Geistesschülern aufleuchten können. Rudolf Steiner und auch Michael waren also konkret auf die Mitwirkung aller Klassenmitglieder für diesen Fortgang angewiesen, wobei die Formulierung Steiners denkbar freilassend, ja unscheinbar ist. Zum dritten Abschnitt der ersten Klasse der Michaelsschule heißt es dann: «Das dritte Kapitel dieser Schule wird bilden dasjenige, was uns unmittelbar hinführen wird zu jenen Interpretationen, die da gegeben wurden zu den mantrischen Worten in der übersinnlichen Michaelschule des 15., 16., 17. Jahrhunderts.» – Zitiert nach *Der Meditationsweg der Michaelschule in neunzehn Stufen,* Basel 2011. Ich möchte noch einen Gedanken zu diesem Nicht-Weiterführen der Klassenstunden aus heutiger Sicht anfügen. Neben dem Gesichtspunkt, dass man sagen kann, es liegt mehr als genug spirituelle Substanz zum Üben von Geist-Erinnern, Geist-Besinnen und Geist-Erschauen vor als auch nur ein Mensch in einer Inkarnation erschöpfend durcharbeiten kann, könnte man noch folgende Frage stellen. Ist es nicht im Grunde ein Glück, dass nicht noch mehr michaelische Substanz 1924 offenbart wurde? Heute kann man tatsächlich mit ein, zwei Klicks die Klassenstunden und Mantren im Internet finden, am Bildschirm lesen, herauskopieren, in andere Texte und Bildinhalte hineinsetzen und so weiter. Das Heiligste ist profaniert durch die moderne Technik und vollständig digitalisiert, in einem Ausmaß, wie selbst Rudolf Steiner das wohl nicht vorhergesehen hat. Das damals *nicht* durch Michael Geoffenbarte, das Zurückgehaltene, dasjenige an spiritueller Substanz, das wir uns heute so mühsam auf Saturnwegen, in guter Zusammenarbeit, erringen müssen: das ist dadurch auch geschützt. Es ist dem Zugriff Ahrimans entzogen und dadurch auf einer freieren und heilsameren Ebene durchaus wirksam und auch erreichbar.

Rudolf Steiner setzte dann noch mit der Rede des Brunetto Latini an ihn fort: «Ja, dann sagt er einem: Da mußt du noch ein wenig älter werden, wenn du mit mir diesen Weg machen willst, da mußt du noch etwas über das jetzige Lebensalter hinauskommen. Ich kann dir alles sagen. Du kannst alles wissen. Du kannst ein tief Initiierter werden, aber mitkommen kannst du nicht mit mir. Du kannst nicht in Realität durch deinen geistigen Willen den Weg wirklich zurückmachen. Sehen Sie, da muß man älter geworden sein. Da muß man über das 42. Jahr vor allen Dingen herausgekommen sein, eigentlich in das 60. Jahr hineingekommen sein, wenn man ganz ungehindert nun in der geistigen Welt mit dem Betreffenden zurückgehen will.» Rudolf Steiner wies Ita Wegman damit auch auf eine Arbeitsperspektive für die folgenden Lebensjahre, in denen sie Rudolf Steiner 18 Jahre überleben sollte. –

Zum Abschluss dieses Kapitels möchte ich noch auf einen möglichen karmischen Zusammenhang zwischen Brunetto Latini und Carl Gustav Carus (1789–1869) eingehen. Im Schicksalsjahr der Französischen Revolution wurde Carl Gustav Carus in Leipzig geboren. Er war Arzt, Naturforscher, Naturphilosoph, Psychologe und Künstler. Als ein Zeitgenosse von Goethe – die beiden Geistesgrößen sind sich allerdings nur ein einziges Mal begegnet – arbeitete er ein Leben lang intensiv an den Perspektiven und dem weiteren Ausbau des Goetheanismus. Er war ein führender Goetheanist des 19. Jahrhunderts, im Dienste der Natur wirkend, gleichsam hingegeben an die Göttin Natura.

Im Jahre 1833 hatte Carl Gustav Carus bei der Rückfahrt nach seinem Wohnort Dresden – dem Florenz des Nordens! – ein geistiges Natur-Erlebnis, welches sich durchaus mit der Einweihung von Brunetto Latini vergleichen lässt. Es war am 20. Juni 1833 – Goethe war gerade im zurückliegenden Jahr verstorben. «Seltsam unvergesslich war mir indes der Morgen dieser Fahrt des letzten Tages! Gibt es doch so eigene halb prophetische, halb träumerisch-hellsehende Stimmungen, die den Menschen in einzelnen stillen Augenblicken heimsuchen und dann mehr oder weniger klar für immer ein gewisses phosphorisches Leuchten in der Seele zurücklassen.»[200] Carus spricht hier von dem Leuchten im Erkenntnisblick des eingeweihten Menschen.

Es heißt dann weiter: «Dieser Morgen war ein solcher! Es war auf dem Wege hinter Annaberg, da, wo die schön begrünten Hügel von Wolkenstein sich erheben, als mich die sonderbarste Regung befiel! Wie ich so ruhig in schöner Morgensonne auf die blühenden Wiesenblumen und schwärmenden Insekten blickte, so klar den Gesang der Vögel und das Rauschen der Luft in den jungen Blättern vernahm, da kam es mir vor, als sei jetzt mit einem Male die Natur mir ganz durchsichtig geworden, ich dachte der Geheimnisse der Metamorphose der Pflanzen und ihrer Spiraltendenz; die bewundernswerte, nie ganz zu ergründende Eigentümlichkeit ihrer inneren Struktur und all ihre wunderbaren Zahlenverhältnisse traten mir vor das Bewusstsein; die bedeutungsvollen Bildungsverhältnisse ihrer Blätter und Blüten, die unzähligen merkwürdigen Organisationen der von ihnen genährten Insekten, die feinen Gebilde, welche das Luftleben und die Stimme der Vögel bedingen. Alles vereinigte sich zu einem heiligen Chor der Gedanken, welche diesen einzigen, in das Gewand der Schönheit gekleideten Moment des auf dem Einklang göttlicher Ideen gegründeten Naturlebens, gleichsam nur durch einen Akt geistigen Hellsehens mit solcher Klarheit aufzufassen vermochte. Es war ein eigentümlicher, durchaus seliger Zustand!»

200 Dieses und das folgende Zitat ist entnommen Ekkehard Meffert, *Carl Gustav Carus,* Basel 1999, S. 95f.

Man muss bedenken, dass eine Einweihung im 19. Jahrhundert anderen Bedingungen unterlag als im 13. Jahrhundert. Carus war geschult durch Goethe, das heißt sein «Akt geistigen Hellsehens» war durch die Metamorphose der Pflanze und die Gesetze von Polarität und Steigerung, die Goethe entdeckt und entwickelt hatte, natürlich geführt. Ihm erschien weniger eine Göttin – Natura-Persephoneia – als vielmehr das webende Wesen der Natur in ihren Gesetzmäßigkeiten, im Blick einer geschulten Selbstbewusstseins-Seele. Die *Idee der Entwicklung* war weder in der Schule von Chartres noch bei Brunetto Latini und Dante schon wirklich erfasst worden. Sie ist eine Errungenschaft der Neuzeit, der Zeit der Bewusstseinsseele. So wandelt sich vor diesem Hintergrund auch das Einweihungserleben. Man kann aber den Eindruck haben: So wie Alanus ab Insulis inspirierend hinter der Einweihung des Brunetto Latini stand, so stand jetzt die Entelechie Goethes inspirierend hinter dem Einweihungsgeschehen von Carl Gustav Carus.

Ekkehard Meffert schreibt hierzu: «Carus spricht ganz deutlich von einer ‹Hellsichtigkeit› in bezug auf die innersten Naturzusammenhänge, von einem Durchschauen ihrer innersten Triebkräfte. Das aber ist die Strömung, die von Ephesus ausgeht und mit der Göttin Artemis / Persephone / Natura zusammenhängt. Es wäre also eine Einweihung in die Naturmysterien gewesen. Sucht man nach einem literarisch gesicherten Beispiel für eine solche Natureinweihung, so stößt man im hohen Mittelalter in Italien auf Brunetto Latini (um 1220 bis 1294), den Lehrer und Inspirator Dantes; eine Gestalt, die Carus durch seine Beschäftigung mit Dante wohl vertraut ist.»[201]

Durch dieses letzte Zitat wird einmal mehr deutlich, welche Geistigkeit Ita Wegman, die ja ganz zentral mit der Mysteri-

201 Ebenda, S. 98f.

enstätte von Ephesus und der Göttin Artemis verbunden war, eben auch mit einem Geist wie Latini-Carus verband, sowohl hinsichtlich ihrer karmischen Vergangenheit als auch ihrer zu gehenden Zukunftswege. Denn: *Durch Rudolf Steiners Darstellungen über Brunetto Latini kann man den Eindruck haben, dass dieser ein Schutzgeist der anthroposophischen Heilkunst ist* (Emanuel Zeylmans, s.o.).[202]

Das 19. Jahrhundert stellt bezüglich einer Einweihung, die der Bewusstseinsseele entspricht, noch eine Übergangssituation dar. Um die Wege zu finden für eine wahrhaft zeitgemäße Einweihung im Zeitalter der modernen Naturwissenschaft, müssen wir uns einem der größten Eingeweihten und Menschheitsführer zuwenden: Christian Rosenkreutz.

202 Volker Fintelmann, der zwanzig Jahre lang in Hamburg eine Carus-Akademie geleitet hat, hat im 20. und 21. Jahrhundert für die Medizin beispielhaft in dieser Richtung weitergewirkt. Siehe u.a. seine Bücher: *Intuitive Medizin,* Stuttgart, [6]2016; *Das Herz als Sinnesorgan,* Berlin 2017; *Die Wiedergewinnung des Heilens. Wege zu einer christlichen Medizin*, Frankfurt a.M. 2017; zusammen mit Markus Treichler, *Seele & Leib in Gesundheit und Krankheit,* Frankfurt a.M. 2019.; und als Herausgeber, *Carl Gustav Carus. Begründer einer spirituellen Medizin und ihre Bedeutung für das 21. Jahrhundert*, Stuttgart 2007.

*Christian Rosenkreutz*

«Im Anfange war das Wort,
und das Wort war bei Gott
und ein Gott war das Wort.
Dieses war im Anfang bei Gott.
Durch es sind alle Dinge geworden
und nichts von allem Entstandenen
ist anders als durch das Wort geworden.
In ihm war das Leben
und das Leben war das Licht der Menschen.
Und das Licht scheint in der Finsternis,
aber die Finsternis hat es nicht begriffen.»

*Prolog des Johannes-Evangeliums*

«Die höchste Weisheit ist nichts wissen.
Bruder Christian Rosenkreutz,
Ritter vom Goldenen Stein:
Im Jahre 1459»

*Die Chymische Hochzeit*
*des Christian Rosenkreutz*

«Rosenkreuzer-Weisheit muss nicht nur in den Kopf gehen, auch nicht bloß in das Herz, sondern in die Hand, in unsere manuellen Fähigkeiten, in das, was der Mensch täglich tut.»[203]

Rudolf Steiner

203 Rudolf Steiner, *Die Theosophie des Rosenkreuzers,* Dornach 1989, S. 17f.

Christian Rosenkreutz ist eine schwer zu erfassende Gestalt. Zu Beginn des 17. Jahrhunderts erschienen in kurzer Folge drei Schriften, durch welche die interessierte Öffentlichkeit von einem Bruder Rosenkreutz sowie von einer bis dahin geheimen Bruderschaft vom Rosenkreuz erfuhr: die *Fama Fraternitatis* (1614), die *Confessio Fraternitatis* (1615) und die *Chymische Hochzeit des Christian Rosenkreutz* (1616). Der Verfasser dieser anonym erschienenen Schriften, die viel Aufsehen erregten, war ein junger Mann namens Johann Valentin Andreae (1586–1654). Es war am Vorabend des Dreißigjährigen Krieges, der von 1618 bis 1648 wütete, in ganz Europa zerstörte Städte und Landschaften sowie gefolterte und traumatisierte Menschen zurückließ und einen tiefen Einschnitt in der Menschheitsgeschichte markiert.

Es kann deutlich werden, dass es den Versuch gab, *vor* diesem Unheil bringenden Ereignis in die Kultur Europas neue spirituelle und soziale Impulse einfließen zu lassen. Inwieweit der jugendliche Autor selbst die Inhalte und Impulse dieser Schriften voll verstanden hat, oder ob er mehr williges Gefäß für Inspirationen war, die der Menschheit bekanntgegeben werden sollten, mag offenbleiben. Unzweifelhaft wirken diese Schriften und der durch sie hindurch tönende Rosenkreuzer-Impuls seither in der europäischen Menschheit. In der *Fama Fraternitatis* wird das Leben von Christian Rosenkreutz erzählt. Es heißt da: «Das dem Herzen Jesu eingepflanzte Samenkorn, Christian Rosenkreutz stammte aus vornehmer und erleuchteter deutscher Familie. Er war für sein Jahrhundert der Mann, der durch göttliche Offenbarung, durch erhabenste Imaginationen, durch unermüdliches Bestreben den Zugang fand zu den himmlischen und menschlichen Mysterien und Geheimnissen. Er behütete seinen mehr als königlichen Schatz, den er auf seinen Reisen durch Arabien und Afrika gesammelt hatte, der aber seinem Jahrhundert noch unangemessen war, vor den späteren Generationen, bis er wieder ausgegraben würde, setzte treue und engverbundene Erben ein über seine Künste und seinen Namen, erbaute eine ‹Kleine Welt›, die in allen Bewegungen der ‹Großen Welt› entsprach und schuf schließlich ein Kompendium aller vergangenen, gegenwärtigen und zukünftigen Geschehnisse. Dann gab er, von niemand gedrängt, einzig vom Geiste Gottes gerufen, seine erleuchtete Seele dem Schöpfer zurück, unter den Umarmungen und Abschiedsküssen seiner Brüder. Obwohl er mehr als hundert Jahre alt geworden war, hatte er dennoch nie Krankheit an seinem Leibe erfahren, noch an anderen geduldet. Er war unser geliebtester Vater, sanftester Bruder, treuester Meister und lauterster Freund. Hier ist er von den Seinen für 120 Jahr den Augen der Welt entzogen worden.»[204] Dann folgen die drei Rosenkreuzersprüche:

Ex deo nascimur,
In Jesu morimur,
Per spiritum reviviscimus.

Aus Gott sind wir geboren,
In Jesu sterben wir,
Durch den Geist werden wir wiedergeboren.[205]

In diesen drei Sprüchen beziehungsweise neun (lateinischen) Worten liegen ganze Welten verborgen. *Ex deo nascimur* weist auf die Schöpfung des Menschen durch das Vatergöttliche hin. Wir alle sind aus dem Vatergrund hervorgegangen. Diese Worte gemahnen uns auch an den Beginn des Johannes-Evangeliums: «Im Anfange war das Wort ...»

204 *Die Bruderschaft der Rosenkreuzer,* hrsg. von Gerhard Wehr, München 1990, S. 70f. Das Alter von Christian Rosenkreutz in dieser Inkarnation ergibt sich aus der *Confessio Fraternitatis:* geboren 1378, eingeweiht 1459 mit 81 Jahren, gestorben 1484 mit 106 Jahren.

205 Ebenda.

Mit den Worten *In Jesu morimur* verbinden wir uns mit dem Mensch gewordenen Logos, von dem Johannes spricht. Gleichzeitig tauchen wir damit in einen geschichtlichen Vorgang ein. Das historische Jesus Christus-Leben als *die* Zeitenwende in der Menschheitsentwicklung – als die Offenbarwerdung der alten Mysterien – und der Beginn einer neuen Zeit stehen vor uns. Durch Christus wurde alle neu. *Siehe, ich mache alles neu.* (Offb 21,5) Dafür musste aber Jesus sterben; und wir alle sind sterblich und sterben ihm nach.

Rudolf Steiner überträgt diese Worte leicht verändert mit: *In Christo morimur.* «In Christus wird Leben der Tod.»[206] Hier liegt auch ein Freiheitsmoment verborgen. Der Mensch kann selbst entscheiden, ob er sich im Sterben bewusst mit Christus verbindet. Das Wesen aus dem Urgöttlichen ist allen Wesen gegeben, dem kann sich kein Geschöpf entziehen. Das Sterben in Christus ist eine freie individuelle Entscheidung. Und das Wiedergeborenwerden durch den Geist ist eine Gnade: *Per spiritim reviviscimus.* Auch hier hat Rudolf Steiner eine leichte, aber entscheidende Veränderung gebracht: *Per spiritum sanctum reviviscimus.* «In des Geistes Welt-Gedanken erwachet die Seele.»

Die *Chymische Hochzeit des Christian Rosenkreutz* schildert ein Einweihungsgeschehen, das sich über sieben Tage und Nächte erstreckt.[207] Wer das Interesse und die Geduld aufbringt,

206 Siehe Rudolf Steiner, *Die Grundsteinlegung der Allgemeinen Anthroposophischen Gesellschaft 1923/24,* Dornach 1986 sowie auch ders., *Die Weihnachtstagung zur Begründung der Allgemeinen Anthroposophischen Gesellschaft 1923/24*, GA 260.

207 Sehr zu empfehlen ist Johann Valentin Andreae, *Die Chymische Hochzeit des Christian Rosenkreutz,* übertragen von Walter Weber, Dornach 2004. Dieser Band enthält außerdem wertvolle Kommentare von Rudolf Steiner und Walter Weber Alle drei Rosenkreuzerschriften hat Gerhard Wehr herausgegeben in: *Die Bruderschaft der Rosenkreuzer,* München 1990. Günther Heuschkel hat in seinem Buch *Alchimia* die ganze *Chy-*

sich in dieses Werk meditativ zu versenken, findet darin die tiefsten Geheimnisse des Menschseins, des spirituellen Entwicklungsweges und der Natur in Bildern dargestellt. Gleichzeitig ist das Ganze unterhaltsam, teilweise humorvoll geschrieben; man kann es auch bloß als unterhaltsame Geschichte auffassen. Dadurch sind höchste rosenkreuzerische Weisheiten veröffentlicht und zugleich geschützt worden. Die *Chymische Hochzeit* ist ein «offenbares Geheimnis». Jeder kann darin lesen; man wird aber nur soviel herauslesen können als dem eigenen geistigen Entwicklungsstand entspricht. Darin ist dieses Werk vergleichbar anderen großen Einweihungsschriften wie der *Bhagavad Gita,* der *Apokalypse* des Johannes, der *Göttlichen Komödie* von Dante und Goethes *Faust*.

Ich möchte hier nur ein Motiv aufgreifen im Hinblick auf Christian Rosenkreutz, das mich immer sehr berührt hat. Ganz am Ende der Geschichte, als der alte Christian Rosenkreutz schon alle Prüfungen und Herausforderungen auf dem Einweihungsweg bestanden hat, kommt es dazu, dass er doch *eine* Schuld, ein Vergehen eingestehen muss. Am frühen Morgen des fünften Tages war Christian Rosenkreutz nämlich verbotenerweise in die Tiefen des Schlosses, auf dem die Gäste der Chymischen Hochzeit untergebracht waren, gedrungen, und zwar aus Neugier (sein Erkenntnistrieb). Dort gelangt er, geführt durch einen Knaben, zu den Gemächern der Venus. Man kann es auch so ausdrücken: Auf der fünften Stufe des rosenkreuzerischen Einweihungsweges kommt es zu einer Krisis, zu einer Konfrontation mit den Venuskräften, also mit den Liebes- und Sexualkräften im «unteren» Menschen (im Keller des Schlos-

*mische Hochzeit* nacherzählt und kenntnisreich interpretiert, Hamburg 2010. Siehe außerdem Steffen Hartmann, *Die Chymische Hochzeit des Christian Rosenkreutz: Das Geschehen in sieben Tagen und Nächten*, in *Stufen der Wandlung,* Birnbach 2013.

ses). Im Gilgamesch-Epos ist dies die Auseinandersetzung von Gilgamesch mit den Ischtar-Mysterien, und seine schroffe Zurückweisung der Göttin Ischtar, wodurch Gilgamesch und Enkidu auch Schuld auf sich laden.

In der *Chymischen Hochzeit* heißt es: «Nun erblickte ich ein zubereitetes, köstliches Bett, von schönen Vorhängen umzogen. Er [der Knabe; S.H.] öffnete einen davon, und da sah ich Frau Venus ganz bloß (denn auch die Decken hatte er hochgehoben) in solcher Zier und Schönheit da liegen, dass ich schier erstarrte; und ich weiß heute noch nicht, ob es nur ein geschnitztes Ebenbild oder eine tote Jungfrau war, die dalag; denn sie war ganz reglos, auch durfte ich sie nicht berühren.»[208]

Auf dem Rückweg werden sie von Cupido entdeckt, der sie zur Rede stellt. Da flunkert Christian Rosenkreutz sogar (zum ersten Mal) und verschweigt, dass er im Gemach der Venus war. Cupido, der ahnt, dass etwas nicht ganz stimmt, stupst Christian Rosenkreutz mit einem seiner Pfeile auf die Hand. Das Ganze scheint ein Spiel zu sein, aber Bruder Rosenkreutz kommt nicht unversehrt aus den Tiefen des Schlosses. «Da war noch ein Tröpflein Blutes zu sehen.»[209]

Dieses Ereignis wird Christian Rosenkreutz nun ganz am Ende seines Weges zum Verhängnis. Dem König liegt nämlich die Meldung vor, dass jemand verbotenerweise bei der Venus war. Der Schuldige ist verpflichtet, den Hüter des Schlosses, einen Hüter der Schwelle, auszulösen, das heißt, von nun an dessen Aufgabe zu übernehmen. Erst hält Christian Rosenkreuz sich noch verlegen zurück, doch dann offenbart er sich: «Ich dachte aber, es gäbe nichts Edleres als eine edle Tugend meinem Orden zulieb zu üben; auch schien mir damals keine

208 Johann Valentin Andreae, *Die Chymische Hochzeit des Christian Rosenkreutz,* übertragen von Walter Weber, Dornach 2004, S. 85.

209 Ebenda, S. 87.

so rühmlich und so sauer wie die Dankbarkeit. Deshalb überwand ich mich, trotzdem ich mir wirklich etwas Lieberes hätte wünschen können, und beschloss, ungeachtet aller Gefahr, die mir drohte, den Hüter, meinen Wohltäter, zu befreien.»[210]

Und so muss er an die Stelle des Hüters des Schlosses treten. «Dieses Urteil brachte mich beinahe ums Leben. Erst war ich mir und meinem Schwätzermaul gram, dass ich nicht schweigen konnte; dann aber fasste ich schließlich ein Herz, und, weil ich dachte, es müsse nun einmal sein, berichtete ich, wie mich dieser Hüter mit einem Zeichen beschenkt und bei den anderen besonders empfohlen hatte. Durch ihre Hilfe hätte ich auf der Waage bestanden und sei so aller erwiesenen Ehre und Freude teilhaftig geworden. So sei es wohl auch gebührlich, dass ich mich an meinem Wohltäter wiederum dankbar erweise. Weil es darum nicht anders sein könne, nehme ich das Urteil willig hin, wolle auch gerne ihm zuliebe, der mir zu solcher Würde verholfen habe, etwas Ungelegenes tun.»[211]

Die *Chymische Hochzeit* endet damit, dass Christian Rosenkreutz *Torhüter* wird. Das heißt, er wird in Zukunft alle, die sich aufmachen zum Schloss – diejenigen, die sich auf den rosenkreuzerischen Einweihungsweg begeben – begrüßen, prüfen und gegebenenfalls weiter geleiten. «Ich bin die Türe» (Joh 10,9), sagt der Christus im Johannes-Evangelium. Der große Eingeweihte Christian Rosenkreutz ist der Hüter der Christus-Türe. Er ist der Diener des Christus, *das dem Herzen Jesu eingepflanzte Samenkorn,* der für alle Christussucher, die Einlass begehren, helfend an der Pforte steht.

Dieses Ende erinnert deutlich an das Ende der Einweihungsschrift Rudolf Steiners *Wie erlangt man Erkenntnisse der höheren Welten?* Dort wird beschrieben, wie der Eingeweihte vor die

210 Ebenda, S. 115.
211 Ebenda, S. 116.

Wahl gestellt wird, entweder das Seelenheil nur für sich alleine zu suchen, was aber ein Sich-Separieren von der Menschheit bedeuten würde, ja letztlich eine Art Selbstheit-Tod, oder aber das große Opfer zu bringen, mitzuhelfen, dass alle anderen Menschen auch den Weg ins Licht und die geistige Welt finden können. Rudolf Steiner schreibt über diese Prüfung: «Er bringt seine Gaben dar auf dem Opferaltar der Menschheit. Zieht er seine eigene vorzeitige Erhöhung in die übersinnliche Welt vor, dann schreitet die Menschheitsströmung über ihn hinweg. Für sich selbst kann er nach seiner Befreiung aus der Sinnenwelt keine neuen Kräfte mehr gewinnen. Stellt er ihr seine Arbeit doch zur Verfügung, so geschieht es mit dem Verzicht, aus der Stätte seines ferneren Wirkens selbst für sich noch etwas zu holen. Man kann nun nicht sagen, es sei selbstverständlich, dass der Mensch den weißen Pfad wählen werde, wenn er vor die Entscheidung gestellt wird. [...] Was der Mensch in den höheren Regionen des Übersinnlichen erhalten wird, ist nichts, was zu ihm kommt, sondern lediglich etwas, das von ihm ausgeht: die Liebe zu seiner Mitwelt. [...] Es darf daher niemand von den Okkultisten des weißen Pfades erwarten, dass sie ihm eine Anweisung zur Entwickelung des eigenen egoistischen Ich geben werden. Für die Seligkeit des einzelnen haben sie nicht das allergeringste Interesse.»[212]

Christian Rosenkreutz besteht auch diese letzte Prüfung. Dadurch wird er der größte Märtyrer der Menschheit. Er wartet sozusagen an der Pforte der Wahrheit auf jeden einzelnen Menschen. Der edle Märtyrer, «der durch seine Art des Wirkens mehr erduldet hat und in die Zukunft hinein zu erdulden haben wird als je ein Mensch. Ich sage: ein Mensch –, denn was der Christus litt, das hat ein Gott gelitten. Das hängt zusammen mit den großen Gefahren, welche die Wahrheit in der Zukunft

212 Rudolf Steiner, *Wie erlangt man Erkenntnisse der höheren Welten?*, GA 10, Dornach 1990, S. 213f.

durchzumachen haben wird.»[213] «Ich bin der Weg, die Wahrheit und das Leben.» (Joh 14,6)

Rudolf Steiner sprach aus unmittelbarer Erfahrung über Christian Rosenkreutz beziehungsweise dessen in jedem Jahrhundert sich wieder inkarnierende Entelechie. Denn Christian Rosenkreutz war einer der beiden Meister gewesen, die bei Rudolf Steiners eigenem Einweihungsweg Pate standen – der andere war Meister Jesus.[214]

Bernard Lievegoed veröffentlichte 1993 das Buch *Über die Rettung der Seele,* das damals großes Aufsehen erregte. Er schilderte darin das Zusammenwirken dreier großer Menschheitsführer, so wie er es am Ende des 20. Jahrhunderts sah: Rudolf Steiner, Christian Rosenkreutz und Manu. Dieses Buch hatte allerdings auch seine Schwächen, weil Bernard Lievegoed zum Beispiel kurzerhand Manu und Mani gleichsetzte, und das ganze Manuskript unter Zeitdruck im Angesicht seines Todes diktiert worden war. Trotzdem ist es hier hervorzuheben, zum einen, weil es das Zusammenwirken von Rudolf Steiner und Christian Rosenkreutz in Gegenwart und Zukunft mutig befragt, und zum anderen, weil es die Entwicklungslinien des karmischen Freundespaares, welche wir in diesem Buch behandeln, erstmals vor aller Öffentlichkeit durch sechs Inkarnationen hindurch konzentriert darstellte.[215]

213 Rudolf Steiner, *Das esoterische Christentum,* GA 130, S. 311.

214 Siehe hierzu Peter Selg, *Rudolf Steiner und Christian Rosenkreutz,* Arlesheim 2010, S. 13ff.

215 Verweisen möchte ich auch noch auf die Zusammenstellung von Paul Regenstreif, *Christian Rosenkreutz und seine Mission* (Dornach 1980), sowie auf Hella Krause-Zimmer, *Christian Rosenkreutz. Sich kreuzende Lebenswege*, (Dornach 2001), wo sie der karmischen Durchkreuzung der Entwicklungslinien der beiden Johannese, Johannes der Täufer und Johannes der Evangelist, durch deren verschiedene Inkarnationen nachgeht. In noch mal anderer Gewichtung findet man wertvolle Ergänzungen zu dem vorliegenden Buch bei Thomas Meyer, *Rudolf Steiners «eigenste Mission». Ursprung und Aktualität geisteswissenschaftlicher Karma-*

In den Meditationen, die Rudolf Steiner Ita Wegman gab, spielte das Rosenkreuz – das schwarze Kreuz mit den sieben Rosen, kreisförmig um den Schnittpunkt angeordnet – immer wieder eine zentrale Rolle. Emanuel Zeylmans hat 2009 eine große Rosenkreuz-Meditation öffentlich dokumentiert, mit Handschriften von Rudolf Steiner und Ita Wegman, die den Charakter einer Kulthandlung hat.[216] Peter Selg konnte dann 2010 nachweisen, dass tatsächlich eine solche Kulthandlung zwischen Rudolf Steiner und Ita Wegman stattgefunden hat, und zwar nach der Rückkehr aus England 1924 und dem dortigen Verrat von Klassenmantren. Es war dies eine besondere Schutzmaßnahme für die Michaelschule auf Erden und es erfolgte eine deutlich stärkere Einbeziehung Ita Wegmans ab diesem Zeitpunkt in die Verantwortung für die 1. Klasse der Freien Hochschule für Geisteswissenschaft.[217]

Ita Wegman schrieb am 21. August 1925 in einem Brief an Albert Steffen: «Ein kleines Kreuz mit kleinen in Rosen gefassten Rubinen, das der Doktor an einem roten Band um den Hals trug, übergab er noch vor seiner Krankheit mir und hing dasselbe eigenhändig mir um den Hals, nachdem wir vorher eine Kulthandlung verrichteten.»[218] Am 25. April 1930 bei einer Sitzung des Vorstands mit den Generalsekretären und Delegierten der Allgemeinen Anthroposophischen Gesellschaft – schon inmitten der heftigen Konflikte, die nach Steiners Tod ausgebrochen waren – sagte sie zu diesem Vorgang: «Und ich bekam auch direkt sein Kreuz, das er von seinem Hals wegnahm und es mir eigenhändig um meinen Hals herumgab, und sagte: *Von diesem Moment an sind wir zusammen für die Michael-Schule da.*»[219]

---

*forschung,* Basel [2]2009.

216 Emanuel Zeylmans, *Die Erkraftung des Herzens,* S. 167ff.

217 Peter Selg, *Rudolf Steiner und Christian Rosenkreutz,* S. 113ff.

218 Ebenda, S. 113.

219 Ebenda.

Hier wurde geistig Intimstes, ja Heiliges, das sich zwischen Rudolf Steiner und Ita Wegman im Hinblick auf Christian Rosenkreutz abgespielt hatte, einer zum Teil durchaus nicht wohlwollenden Umwelt anvertraut, da Ita Wegman zwischenzeitlich, was ihre mitleitende Rolle für die 1. Klasse anbelangte, so in die Enge getrieben worden war, dass sie meinte, es offenbaren zu müssen, um sich für ihr Verhalten zu rechtfertigen.

***

Betrachten wir nun näher die große Rosenkreuz-Meditation, die in dem esoterischen Unterricht Rudolf Steiners für Ita Wegman eine so zentrale Rolle spielte. Wir stützen uns dabei auf die handschriftlichen Aufzeichnungen von Rudolf Steiner und Ita Wegman, wobei die Notizen Wegmans die Darstellung Steiners ergänzen und wahrscheinlich auf mündliche Erläuterungen zurückgehen.[220] Es beginnt mit einer abendlichen Rückschauübung: «Erst ein Tageserlebnis rückwärts vorstellen.» (Steiner) Dann heißt es bei Wegman: «Einen tiefen Atemzug holen, diesen Atem dann gehen lassen vom Nasenwurzel über das Haupt bis zum hinteren Teil des Nackens (I). Den Atem halten, dann gehen lassen vom Nacken durch die Arme in die Handpalme (A). Rechter Handpalm auf das linke (O), dann den Atemzug durch den Solar Plexus gehen lassen. (7 Male wiederholen).» [«Handpalme» heißt auf Deutsch eigentlich Handfläche; S.H.]

Diese Atemübung besteht aus drei Teilen: Das Einatmen ist mit dem I verbunden, das Atemhalten mit dem A, das Ausatmen mit dem O. Diese Vokale sollen wohl innerlich gehört werden. Jeder Teil hat noch mal in sich zwei Phasen, eine physische und eine ätherische. Auf das Einatmen folgt das innerliche «Gehen

220 Alle folgenden Zitate sind entnommen Emanuel Zeylmans, *Die Erkraftung des Herzens*, S. 167-177. Das originale Holländisch-Deutsch von Ita Wegman wurde weitgehend beibehalten, kleine Korrekturen allerdings vorgenommen.

lassen» einer Bewegungsströmung von der «Nasenwurzel über das Haupt bis zum hinteren Teil des Nackens». Dazu erklingt als drittes Element das I. Zum physischen Atemzug und der ätherischen Bewegung kommt somit noch ein astrales Element hinzu. Dieses kennen wir schon von unserer Betrachtung des Einweihungsvorgangs in Ephesus: das I A O. Im zweiten Teil der Übung wird der Atem gehalten; die ätherische Bewegung geht vom Nacken über die Arme bis in die Handteller. Dazu erklingt innerlich das A. Man kann diesen Teil in Zusammenhang mit den offenen Armen der Artemis zu Ephesus empfinden, schenkend und empfangend zugleich. Im dritten Teil werden die Hände ineinandergelegt, der rechte Handteller liegt auf dem linken, dazu erklingt das O, und das Ausatmen erfolgt in der Empfindung durch den Solarplexus. Das Ganze wird siebenmal wiederholt.

Diese differenzierte Atemübung ist äußerst wirksam. Durch sie werden die drei Leibesglieder – physischer Leib, Ätherleib und Astralleib – durchgearbeitet und für das Folgende empfänglich gemacht. Es wird nun das Rosenkreuz vorgestellt: ein schwarzes Kreuz mit sieben roten Rosen, die kreisförmig um den Schnittpunkt angeordnet sind, wobei drei Rosen über dem Querbalken ein Dreieck bilden und vier Rosen unterhalb desselben ein Viereck. Rudolf Steiner notiert dazu folgendes Mantram:

> Urkräfte haltet mich
> Geister des Feuers befreiet mich
> Geister des Lichtes erleuchtet mich
> Dass ich greife nach Geistessein
> Dass ich fühle die Seelenwesen
> Dass ich schreite über Ungewissheiten
> Dass ich stehe über Abgründen.

Ita Wegman hat diese sieben Zeilen mit Ziffern den sieben Rosen zugeordnet. In Rudolf Steiners Aufzeichnung folgen die Worte:

Dann versuchen ganz sich vertiefen in:

> In mir lebe der Christus
> Und wandle meinen Atem
> Und wärme meines Blutes Lauf
> Und leuchte meinem Seelenwesen.

Ita Wegman notierte sich im Anschluss an diese Worte: «Nach dieser Meditation das Rosenkreuz aus dem Herzen, in dem man es vorher gelegen hat, heraus holen. Daraufhin muss man die Imagination haben, dass man Schritt für Schritt einen Berg hinaufsteigt den Rosenkreuz tragend. Auf der Bergspitze begegnet man eine Person in einem weissen Gewand mit roter Stola, rotem Gurt und rotem Band um den Hals. An diese Person gibt man den Rosenkreuz und sagt zu ihm ‹Ave frater‹. Man fühlt, dass der andere antwortet ‹Roseae et aureae›, man antwortet mit Devotion zurück ‹Crucis‹. Der andere sagt: ‹Benedictus Deus qui dedit nobis signum.› Dann die weitere Imagination, dass man diesen anderen verlässt. Daraufhin Ruhe eintreten lassen in der Seele. Leer machen das Bewusstsein.»

Man kann den lateinischen Satz, der als Dialog gesprochen wird, übersetzen mit den Worten: «Sei gegrüßt, Bruder, des rosenfarbenen und goldenen Kreuzes. Gesegnet sei Gott, der uns das Zeichen gab.»

Auf diese nächtliche Begegnung auf des Berges Spitze mit Christian Rosenkreutz und der Kreuzübergabe an ihn folgt die Nacht. Der erste große Teil der Rosenkreuz-Meditation ist beendet. Am nächsten Morgen setzt sich der meditative Vorgang allerdings fort. Ita Wegman notierte sich:

«Morgens imaginieren: dass man wieder den Berg aufgestiegen ist, dass man die gleiche Person mit der gleichen Gewandung begegnet und dass diese das Rosenkreuz wieder zurückgibt, das man ihm den vorigen Abend gegeben hat. Imaginieren, dass man knieend das folgende meditiert.

Mein Haupt erhärte Weltengeist
Befreie mir daraus Gedankenlichtesleben

Meine Kehle verdorre Lüfteseele
Ergiesse in sie Geisteswortessinn

Mein Herz bewohne du mein Geistesführer
Da Eine du mich mit Dir
Dass ich schwebe lebe webe im Geistesseelensein

1) Fühlen das Haupt (das Denken) wie ein Stein
2) Die Kehle wie eine verdorrte Pflanze
3) Concentration auf das Herz bei der Meditation des vorangegangenen

Nun ist zu meditieren, dass diese Person den Rosenkreuz zurückgibt, dass er der rechte Hand auf den linken legt, dann beide Hände auf den Stirn legt und die folgenden Worte spricht: *Benedictus Deus qui dedit nobis signum*. Wieder leeres Bewusstsein machen.»

In dieser großangelegten Meditation geht der meditative Vollzug in eine geistige Kulthandlung über. Zentral ist dabei die Begegnung mit der Gestalt des Christian Rosenkreutz auf dem Berg.[221] Peter Selg hat herausgearbeitet, dass wohl im Rah-

221 In der *Chymischen Hochzeit* wird Christian Rosenkreutz folgendermaßen geschildert: «Dann rüstete ich mich auf den Weg, zog meinen weißen Leinenrock an, umgürtete meine Lenden mit einem blutroten Band, kreuzweise über die Achseln gebunden. Auf meinen Hut steckte ich vier rote Rosen, damit ich unter der Menge durch solche Zeichen desto

men dieser kultischen Arbeit Rudolf Steiner Ita Wegman wirklich sein eigenes Rosenkreuz, dass er bisher getragen hatte, mit den Worten umgehängt hat: «Von diesem Moment an sind wir zusammen für die Michael-Schule da.»[222]

Man kann aus dem Ganzen ersehen, *wie* Rudolf Steiner Ita Wegman geistig zu Christian Rosenkreutz führte. Auf dem Einweihungsweg Wegmans, den Rudolf Steiner in den Jahren 1923 und 1924 – vom Brand des Goetheanums bis zum Beginn seines Krankenlagers – intensiv begleitete, ist das eine entscheidende Wendung. Sie sollte nicht nur in ihm ihren großen geistigen Lehrer verehren und suchen, sondern sich auch mit dem führenden Eingeweihten des esoterischen Christentums neu und tiefer verbinden. Rudolf Steiner ahnte sicherlich, dass das für ihre innere Entwicklung in den folgenden Jahren von großer Bedeutung sein würde.

In den Klassenstunden tauchen dann in den sogenannten Wiederholungsstunden im September 1924 erstmals die

---

eher könnte erkannt werden.» – *Die Chymische Hochzeit des Christian Rosenkreutz,* S. 24. Margarete und Erich Kirchner-Bockholt überliefern allerdings noch eine andere Zuordnung der Farben: Rudolf Steiner hatte gesagt, «man solle sich auf den Altar zuschreitend denken, selbst in weißem Gewande, vor dem Altar links Christian Rosenkreuz mit der blauen Stola stehend, rechts Rudolf Steiner mit der roten Stola. Diesen Altar muß man sich in der geistigen Welt denken. Ein anderes Mal sagte Rudolf Steiner, in der geistigen Welt stehen beide nebeneinander, mit diesen Stolen bekleidet.» – *Die Menschheitsaufgabe Rudolf Steiners und Ita Wegman,* S. 98. Dass Rudolf Steiner hier in der roten Stola und Christian Rosenkreutz in der blauen Stola erscheint, könnte verwirren. Das Bild vor dem Altar zeigt diese beiden Menschheitsführer in ihrem Zusammenwirken, der eine kommt aktiv in der Welt zur Erscheinung (Rudolf Steiner in rot), der andere bleibt helfend im Hintergrund (Christian Rosenkreutz in blau). Bei der Meditation für Ita Wegman handelt es sich jedoch um einen Prozess, der sie inniger mit Christian Rosenkreutz und seinem Wirken verbinden sollte.

222 Peter Selg, *Die Freie Hochschule für Geisteswissenschaft und die Michael-Schule*, Arlesheim 2014, S. 107ff.

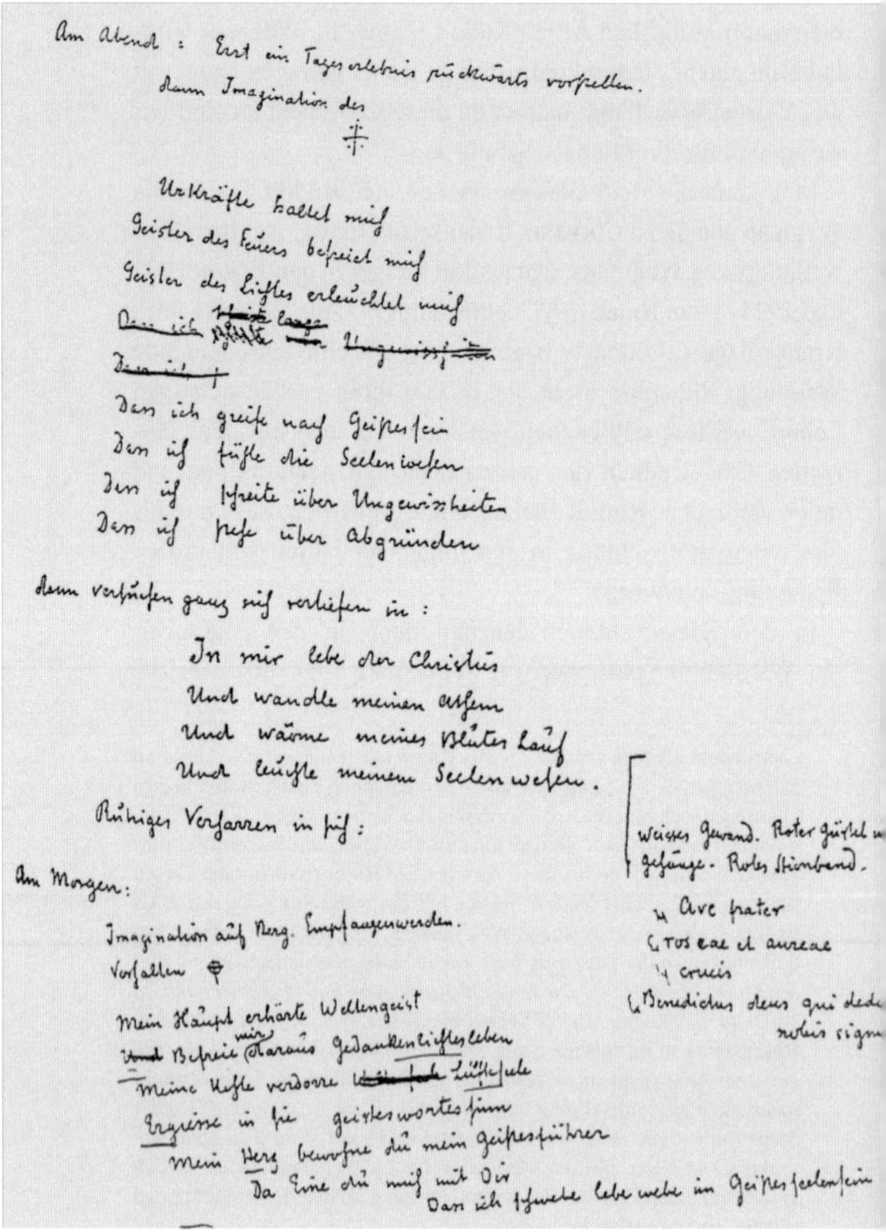

Am Abend: Erst ein Tageserlebnis rückwärts vorstellen.
dann Imagination des

Urkräfte haltet mich
Geister des Feuers befreiet mich
Geister des Lichtes erleuchtet mich

Dass ich greife nach Geistessein
Dass ich fühle die Seelenwesen
Dass ich schreite über Ungewissheiten
Dass ich stehe über Abgründen

dann verstummen ganz sich vertiefen in:

In mir lebe der Christus
Und wandle meinen Athem
Und wärme meines Blutes Lauf
Und leuchte meinem Seelenwesen.

Ruhiges Verharren in sich:

Am Morgen:

Imagination auf Herz. Empfangenwerden.
Verfallen

Mein Haupt erhärte Wellengeist
Befreie mir daraus Gedankenlichtesleben
Meine Kehle verdorre Lüftesfluten
Ergiesse in sie Geisteswortessinn
Mein Herz bewohne du mein Geistesführer
Da Eine du mich mit Dir
Dass ich schwebe lebe webe im Geistesseelensein

Weisses Gewand. Roter Gürtel u.
Gehänge. Rotes Stirnband.

Ave frater
Roseae et aureae
crucis
Benedictus deus qui dedit
nobis signum

Abb. 3: Die Rosenkreuz-Meditation

Rosenkreuzersprüche auf, verbunden mit ausgeführten Siegel-Gesten, sowie das Michael-Zeichen, auch dieses an die Tafel gezeichnet und von Steiner selbst ausgeführt. Dieses Michael-Zeichen hatte Rudolf Steiner Ita Wegman schon 1907 beim Münchner Kongress anvertraut. Vielleicht war sie der erste Mensch, der es von ihm gezeigt bekam. 1933 notierte sie in einem Notizbuch rückblickend auf den Münchner Kongress: «Rudolf Steiner empfing mich ernst, sein Blick war fragend. Es wurde nicht viel gesprochen zwischen uns, wir verstanden uns sehr gut. Ich sagte einfach, weil ich fühlte, dass er von den Dingen wusste: *Ich bleibe bei Ihnen*. Dann wurde sein Blick strahlend, er nahm meine Hand, gab mir das Michaels Zeichen und sagte wichtige Dinge zu mir, die ich nicht wiederholen darf. Ein uraltes Karma, das zwischen ihm und mir bestand, wurde erneut.»[223]

## Etwas zum christlichen Martyrium von Rudolf Steiner

Valentin Tomberg (1900–1973) hat in einem Vortrag am 22. August 1938 in Rotterdam den Lebensgang Rudolf Steiners als Weg eines christlich Initiierten beschrieben. Dabei zeigte er auf, wie die Leidens- und Passionsstufen Christi im Lebens-

223 Peter Selg, *Ich bleibe bei Ihnen. Rudolf Steiner und Ita Wegman,* Stuttgart 2007. Ich möchte an dieser Stelle noch auf weitere Studien von Peter Selg hinweisen, aus denen sich verschiedene Aspekte der Intentionen Ita Wegmans nach dem Tode Steiners erhellen: *Briefe und Meditationen für Ita Wegman. Zur Rehabilitierung Ita Wegmans. Band 1*, Arlesheim 2018; *Die Intentionen Ita Wegmans 1925–1943. Zur Rehabilitierung Ita Wegmans. Band 2,* Arlesheim 2019; *Die letzten Jahre. Ita Wegman in Ascona 1940–1943,* Dornach 2006; *Geistiger Widerstand und Überwindung. Ita Wegman 1933–1935,* Dornach 2005.

gang Rudolf Steiners gefunden werden können: Fußwaschung, Geißelung, Dornenkrönung, Kreuztragung, Kreuzigung, Grablegung und Auferstehung. Dieser Blick Valentin Tombergs auf Rudolf Steiner soll im Folgenden nachgezeichnet werden, da er anregen kann, *einem* Aspekt des Wesens und Wirkens Rudolf Steiners näherzukommen.

Die Fußwaschung hat damit zu tun, dass Rudolf Steiner ein Leben lang sich anderen Menschen – ihren Fragen, Sorgen und Problemen – zu Verfügung stellte. «Diese Grundeinstellung Rudolf Steiners war die *Fußwaschung,* welche er während seines gesamten Lebens immer wieder vornahm.»[224]

Die Geißelung bestand nach Tomberg darin, dass Rudolf Steiner immer wieder «zwischen allen Stühlen saß», auch in der Anthroposophischen Gesellschaft. Im Grunde blieb er überall heimatlos. Rudolf Steiner schrieb beispielsweise einmal an Edith Maryon am 25. März 1923: «Für die Gesellschaft habe ich eigentlich nur zu sagen, daß ich am liebsten nichts mehr mit ihr zu tun haben möchte. Alles, was deren Vorstände tun, widert mich an.»[225] Ein herbes Urteil – und das im Vorfeld der Weihnachtstagung! «So stand Rudolf Steiner im Leben als ein beständig Gegeißelter, der Anstürme von religiösen, künstlerischen und auch von wissenschaftlichen Bestrebungen zu ertragen hatte, als ein Mensch, der die Kraft hatte, in der Welt das Dritte zu vertreten [das Christliche; S.H.], das sonst nirgends Platz hat.»[226]

Die Dornenkrönung hat damit zu tun, dass Rudolf Steiner überhaupt den mutigen Entschluss fasste, in einer durch und

224 Valentin Tomberg, *Sieben Vorträge über die innere Entwicklung des Menschen,* Schönach 1993, S. 135.

225 Rudolf Steiner / Edith Maryon, *Briefwechsel,* GA 263/1, Dornach 1990, S. 117.

226 Valentin Tomberg, *Sieben Vorträge über die innere Entwicklung des Menschen,* S. 137.

durch materialistischen Welt für eine Wissenschaft vom Geist einzustehen und – im Gegensatz zu konservativen okkultistischen Kreisen – das geistige Einweihungswissen schrittweise zu veröffentlichen.

Als er sich nach 1900 mit der Theosophischen Gesellschaft verband, begann seine Kreuztragung. «Er fasste den Entschluss ‹seines Bruders Hüter zu sein› […]. Dieses *Kreuztragen* begann damit, dass er sich mit dieser Gruppe verband.»[227] Ein Eingeweihter, der sich mit einer Menschengemeinschaft verbindet, beginnt auch, deren persönliches und kollektives Karma mitzutragen. Eindrücklich und aufweckend, sowie aktuell bis heute, beschreibt Valentin Tomberg die Kreuzigung Rudolf Steiners: «Dies fand Ausdruck in der Formel, die noch weiter lebt: ‹Der Doktor hat gesagt‹. Damit war alles selbständige Streben aus. Mit dieser Formel war jedes eigenständige Fragen und Bestreben abgeblockt. Rudolf Steiner, der immer sagte: es sei von Übel, wenn Autorität bestimmend wäre, er wurde in dieser Gemeinschaft zur Autorität, aber nicht als großes impulsierendes, moralisches Beispiel von innerer Tiefe, das man nachahmen sollte, sondern eine Autorität in den Erkenntnisfrüchten, in seinen Aussagen. So wurden alle seine Aussagen *gekreuzigt,* angenagelt mit den Worten: ‹Der Doktor hat gesagt‹.»[228] Man könnte noch hinzufügen: Heute ist fast jedes Wort und jede Notiz von Rudolf Steiner gedruckt und im Internet digital abrufbar. Da ist die Kreuzigung seines Wortes sogar ins Untersinnliche eingedrungen. Die tiefste Essenz der Kreuzigung Rudolf Steiners – und so haben es ja auch Marie Steiner und Ita Wegman auf ihre Art empfunden – war die Weihnachtstagung gewesen: «Dieses ist der innere Sinn der Weihnachtstagung, dass er bleibt bei der Menschenströmung,

227 Ebenda, S. 141.
228 Ebenda, S. 141f.

die er vorher getragen hatte wie ein Kreuz, in welche er jetzt eintritt. Das ist die *Kreuzigung*.»[229]

Interessant und berührend ist nun, wie Tomberg 1938 auf das Krankenlager Rudolf Steiners blickt und die Rolle Ita Wegmans dabei. «Hier muss ich etwas aussprechen, was auszusprechen menschliche Pflicht ist. Obwohl Rudolf Steiner in seinen Beinen und Armen unbeweglich sein sollte, konnte er doch bis zum Ende schreiben und die Hand drücken. Das verdanken wir einem Menschen, der ihm liebend beistand und der Krankheit die Kraft seiner Hände abrang. Es war *eine* Frau, die das erreicht hat [gemeint ist Ita Wegman; S.H.]. Sie war der Mensch, der ihm treu zur Seite stand bis zum Augenblick des Todes und die verhinderte, dass, was geschehen sollte, ganz zur Erfüllung kam: dass er nämlich ganz unbeweglich würde in allen seinen Gliedern. Die Kreuzigung sollte in Erfüllung gehen; dass es nicht so weit kam, verdanken wir *menschlicher* Hilfe.»[230]

Erschütternd beschreibt Valentin Tomberg sodann die Grablegung Steiners nach seinem Tode durch seine Schüler. Es ist damit schon 1938 das Problem der «Versteinerung» angesprochen – der dogmatische und ideologische Umgang mit dem Werk Steiners und der Verlust der lebendigen Beziehung zu seiner fortschreitenden Individualität. «Was aber innerlich, in Wirklichkeit geschieht, ist, dass Rudolf Steiner immer mehr in die Vergangenheit versetzt wird. Man spricht davon, wie er *war,* man spricht von dem, was er gesagt und dass er dieses und jenes verfügt hat; alle Rechte, die man innehat und besitzt, gehen auf ihn zurück.»[231]

Ita Wegman hat recht bald nach Rudolf Steiners Tod – aus dem Erleben unmittelbarer Verbundenheit mit seiner Indi-

229 Ebenda, S. 145.
230 Ebenda, S. 146.
231 Ebenda, S. 147

vidualität, was man aus dem in diesem Buch dargestellten Gang durch die gemeinsamen Inkarnationen gut verstehen kann – angefangen, Leitsätze an die Mitglieder der Anthroposophischen Gesellschaft zu veröffentlichen, die Albert Steffen bereitwillig im Nachrichtenblatt abdruckte.[232] Dafür wurde sie von einzelnen und später in den Gesellschaftskonflikten heftig und sehr destruktiv kritisiert. Man empfand ihr Verhalten als anmaßend. Valentin Tomberg hat die hier zu Grunde liegende Problematik 1938 erstaunlich offen und ehrlich angesprochen, betraf sie doch auch sein eigenes Forschen und Schreiben: «Eine menschliche Stimme, die sich in der Gegenwart anmaßen würde, Lebendiges von ihm zum Ausdruck zu bringen, wäre die überflüssigste und schädlichste. Rudolf Steiner hat zu schweigen in der Gegenwart. Alles Wesentliche ist gesagt. Mehr braucht man nicht zu wissen, seine Stimme ist überflüssig geworden. Was aber notwendig und bedeutungsvoll ist, das ist das Gebäude, das sind die Bücher, die Asche in der Urne und die Erinnerung an die Rechte, die er verschiedenen Menschen gegeben hat.»[233]

Klassisch ist diese Geisteshaltung beschrieben worden von Dostojewski in seinen *Brüder Karamasow*. In diesem Roman spricht der alte Großinquisitor anklagend zu dem wiedergekommenen Christus: «Du hast ja auch nicht das Recht, dem etwas hinzuzufügen, was Du bereits früher gesagt hast. Warum bist Du gekommen, uns zu stören?«[234]

Die Worte Tombergs wiegen schwer, auch unabhängig von seiner eigenen weiteren Entwicklung, die durchaus sehr problematische Züge aufweist, und durch die er sich nach 1945 immer weiter von der Anthroposophie als Geisteswissenschaft entfern-

232 Siehe Ita Wegman, *An die Freunde,* Arlesheim 1968.
233 Valentin Tomberg, S. 147.
234 Fjodor Dostojewski, *Die Brüder Karamasow,* Frankfurt 2019, S. 403.

te. Aber was er hier 1938 anmahnt, ist das Damoklesschwert, welches vielleicht als erste Ita Wegman, direkt nach Steiners Tod durch das Abfassen ihrer Leitsätze mit dem Duktus eines Weiterführens der Weihnachtstagungsimpulse, zu spüren bekam. Valentin Tomberg und seine Forschungsarbeiten wurden ebenfalls zurückgewiesen: «Man brauchte keinen neuen Eingeweihten.»[235] Und so kann es bis heute hellsichtigen und eigenständig geistig forschenden Menschen in der Anthroposophischen Gesellschaft ergehen.

Wie würde es einem heute wiedergekommenen Rudolf Steiner ergehen? Anders als bei Dostojewski? Würde er Ohren vorfinden, die ihn hören können und wollen? Würde seine michaelische und christliche Geisteshaltung von seinen Geistesschülern erkannt und vor allem ertragen werden?

Valentin Tomberg steht in den 30er Jahren des 20. Jahrhunderts als einer der originellsten und eigenständigsten Geistesschüler Rudolf Steiners vor uns. Sicherlich war er auch spirituell

235 So Harrie Salman in seinem neuen Buch *Valentin Tomberg und das Schicksal der platonischen Strömung in der Anthroposophie,* Steinbergkirche 2021, S. 110. Harrie Salman schreibt in dieser differenzierten und vielschichtigen, um ein ausgewogenes Urteil in Bezug auf Valentin Tomberg ringenden Studie: «Am 7. Januar 1934 veröffentlichte Roman Boos im ‹Nachrichtenblatt› der Gesellschaft eine Kritik zu Tombergs Betrachtungen zum Alten Testament. Inhaltlich ging Boos in keiner Weise auf Tombergs Forschungen ein, sondern kritisierte dessen Aussage, dass sich die Anthroposophische Gesellschaft nur erhalten könne, wenn sie durch einen beständigen Zustrom aus und in dem bewussten Verkehr mit der geistigen Welt im Herzen ergriffen werde. Die Tradition alleine könne, in Tombergs Auffassung, die anthroposophische Bewegung nicht lebendig erhalten. Sobald die Offenbarungen verstummen, verstummen, so Tomberg, auch die Herzen, was den Tod der Bewegung bedeuten würde. Die Vorstandsmitglieder Albert Steffen, Marie Steiner und Guenther Wachsmuth betrachteten sich als die Hüter von Rudolf Steiners Werk und hatten kein Bedürfnis an neuen geistigen Erkenntnissen. Man brauchte keinen neuen Eingeweihten. Dass der junge Valentin Tomberg sich als selbstständiger Forscher kundgab, stellte die geistige Autorität des Vorstandes infrage.» (S. 110)

besonders gefährdet und die (zunehmend) kritische Haltung Marie Steiners ihm gegenüber mag zum Teil berechtigt gewesen sein. Trotzdem kann man sich fragen, was geschehen wäre, wenn die geistige Potenz von Valentin Tomberg durch ein harmonisches Zusammenwirken im Urvorstand – vor allem zwischen Marie Steiner, Ita Wegman und Elisabeth Vreede, welche die Verbindung zu Tomberg bis zu ihrem Tod 1943 pflegte – einen fruchtbaren Boden *innerhalb* der Anthroposophischen Gesellschaft bekommen hätte.

«Rudolf Steiner war ein Nachfolger und Schüler des Christus Jesus. Er stellte Ihn dar in der ‹Gruppe›, weil er Ihm begegnet war. [...] Rudolf Steiner ist als Wesenheit *nicht* in ‹höhere Sphären› gegangen, er ist da und klopft an verschlossene Türen.»[236] Und so äußerte Tomberg 1938 abschließend die Hoffnung, dass die Geistesschüler – und das gilt ja für uns Heutige auch – sich eine lebendige und geistesgegenwärtige Beziehung zur Individualität Rudolf Steiners erringen und da heraus das Leben der Anthroposophie immer wieder neu befruchtet werden wird. Das wäre dann Teil einer möglichen Auferstehung seines Wesens. – Auch wenn man nicht mit allen Details der zitierten Ausführungen von Tomberg mitgehen mag, scheint es mir doch wesentlich, diesen Versuch von 1938, den Leidensweg Christi als Okular für den Lebensgang Rudolf Steiners zu nehmen, zu bedenken und zu besinnen.

Mario Betti hat in seinem Buch *Platonismus-Aristotelismus und die Zukunft der Anthroposophie* ganz verwandte Gedanken und Gedankenkeime geäußert. Seine Worte mögen hier ergänzend wiedergegeben werden und zu der Frage nach dem

236 Valentin Tomberg, *Sieben Vorträge über die innere Entwicklung des Menschen*, Schönach ²1993, S. 149. Siehe von Valentin Tomberg außerdem die beiden Schriften: *Die Grundsteinmeditation Rudolf Steiners*, Schönach 1993, und *Die vier Christusopfer und das Erscheinen des Christus im Ätherischen*, Schönach 1994.

spirituellen Zentralimpuls im Wirken Rudolf Steiners überleiten:

«Im Kern gesehen hat sich nach dem *physischen* Wirken Rudolf Steiners nach der physisch-geistigen Neugründung von Gesellschaft und Freier Hochschule zu Weihnachten 1923 ein ähnlicher Vorgang wie mit dem Leben Christi nach dem Mysterium von Golgatha abgespielt. Das hängt mit seiner tiefen Christus-Jüngerschaft zusammen. [...] Genauso, wie die Wirksamkeit des Christus zuerst vom physischen Plan aus ihren Anfang genommen hat, so auch das Wirken Rudolf Steiners. Wirkt seit dem Mysterium von Golgatha der Auferstandene vornehmlich aus der Äther-Sphäre der Erde, so auch Rudolf Steiner. Finden in diesem Bereich die Christus-Sophia-Michael Mysterien einer neuen lichten Erde statt, so ist auch ‹dort› die Quelle *vertiefter* Auferstehungsmysterien, deren wesenhafter ‹Lehrer› nach wie vor die Individualität ist, die in der Vergangenheit den Namen Rudolf Steiner getragen hat. Es handelt sich um Sonnenmysterien einer neuen Menschheit und einer neuen Erde, auf die prophetisch schon Alanus ab Insulis in seiner damaligen Inkarnation hingewiesen hat und welche im geistig-innersten Herzblut erfahren werden können, denn gerade dort entwickelt sich ihr vornehmstes Wahrnehmungsorgan. Es wurde schon darauf hingewiesen, dass diese Sphäre insbesondere mit dem neuen Aristotelismus-Platonismus der Gegenwart zusammenhängt – und infolgedessen auch *mit der Zukunft der Anthroposophie*.»[237]

237 Mario Betti, *Aristotelismus-Platonismus und die Zukunft der Anthroposophie,* Stuttgart 2003, S. 154f.

# Der Zentralimpuls im Wirken Rudolf Steiners

«Es war die Nacht vom 10. auf den 11. Januar, in der ich keinen Augenblick schlief. Ich hatte mich bis ½ 1 Uhr mitternachts mit einzelnen philosophischen Problemen beschäftigt, und da warf ich mich endlich auf mein Lager; mein Bestreben war von jeher, zu erforschen, ob es denn wahr wäre, was Schelling sagt: ‹Uns allen wohnt ein geheimes, wunderbares Vermögen bei, uns aus dem Wechsel der Zeit in unser innerstes, von allem, was von außen hinzukam, entkleidetes Selbst zurückzuziehen und da unter der Form der Unwandelbarkeit das Ewige in uns anzuschauen.› Ich glaubte und glaube nun noch, jenes innerste Vermögen ganz klar an mir entdeckt zu haben – geahnt habe ich es ja schon längst – ; die ganze idealistische Philosophie steht nun in einer wesentlich modifizierten Gestalt vor mir; was ist eine schlaflose Nacht gegen solch einen Fund!»

Rudolf Steiner an Josef Köck, 13. Januar 1881

«Ich bin in solchen Dingen nur Werkzeug von höheren Wesenheiten, die ich in *Demut* verehre. Nichts ist mein Verdienst, nichts kommt dabei auf mich an. Das einzige, was ich mir selbst zuzuschreiben habe, das ist, dass ich eine strenge Trainierung durchgemacht habe, die mich vor jeder Phantastik schützt. Dies war für mich Vorschrift. Denn, was ich erfahre auf geistigen Gebieten, ist dadurch frei von jeder Einbildung, von jeder Täuschung, von jedem Aberglaube. [...] Die Leute mögen mich für einen Phantasten halten; ich weiß Wahrheit von Trug zu unterscheiden.»

Rudolf Steiner an Eliza von Moltke, 12. August 1904

«Anthroposophie ist ein Erkenntnisweg, der das Geistige im Menschenwesen zum Geistigen im Weltenall führen möchte.»

Rudolf Steiner, *1. Anthroposophischer Leitsatz,* 17. Februar 1924

So anregend der Blick Valentin Tombergs auf Rudolf Steiners Lebensgang als Weg einer Nachfolge Christi ist, so stellt sich doch die Frage, ob damit das Wesentliche von dessen Erkenntnis- und Einweihungsweg schon erfasst ist. Rudolf Steiner hat ja immer wieder dargestellt, dass es einen christlichen Einweihungsweg gibt, der in der Nachfolge Christi gegangen werden kann, und einen rosenkreuzerischen Weg, der stärker beim modernen naturwissenschaftlichen Bewusstsein anknüpft. Und so möchte ich einmal fragen, ob es nach Rudolf Steiners Tod nicht mittlerweile drei Wege gibt, die sich unterscheiden, obwohl sie sich gleichwohl ergänzen: den christlichen Weg, für den Meister Jesus (die Zarathustra-Individualität) das Vorbild ist; den rosenkreuzerischen Weg, den Christian Rosenkreutz leitet; und den anthroposophisch-michaelischen Weg, den Rudolf Steiner als erster gegangen ist und der seither jedem Geistesschüler potenziell offensteht. Diesen dritten Weg, der zentral über die Grundwerke *Wahrheit und Wissenschaft* und *Die Philosophie der Freiheit* führt, könnte man den Ich-schöpferischen Erkenntnisweg nennen.

Rudolf Steiner schreibt in *Wahrheit und Wissenschaft:* «Das Resultat dieser Untersuchungen ist, daß die Wahrheit nicht, wie man gewöhnlich annimmt, die ideelle Abspiegelung von irgendeinem Realen ist, sondern ein *freies* Erzeugnis des Menschengeistes, das überhaupt nirgends existierte, wenn wir es nicht selbst hervorbrächten. Die Aufgabe der Erkenntnis ist nicht: etwas schon anderwärts Vorhandenes in begrifflicher Form zu *wiederholen,* sondern die: ein ganz neues Gebiet zu *schaffen,* das mit der sinnenfällig gegebenen Welt zusammen erst die volle Wirklichkeit ergibt.»[238]

Rudolf Steiner ist der erste Mensch gewesen, der die Idee und den Akt des Erkennens allseitig mit seinem Ich durch-

238 Rudolf Steiner, *Wahrheit und Wissenschaft,* GA 3, Dornach 1989, S. 11.

drungen hat. Damit ist er einen wesentlichen und entscheidenden Schritt sowohl über die großen Deutschen Idealisten – Fichte, Schelling und Hegel – hinausgegangen als auch über die großen deutschen Dichter – Goethe, Schiller und Novalis. So wie Aristoteles über 2.000 Jahre Philosophiegeschichte geprägt hat, so hat Rudolf Steiner für die nächsten Jahrtausende den anthroposophischen Erkenntnisweg geöffnet und gebahnt.

Was ist das Charakteristische dieses Weges?

Aus meiner Sicht sind es drei Elemente, die in dieser Weise zum ersten Mal in und durch Rudolf Steiner in der Menschheit aufleuchten:

- Die klarste und reinste Ich-Erkenntnis,
- das allseitige Erkennen des Erkennens,
- und das geistige Gestanden-Haben vor dem Mysterium von Golgatha.

Schon in der Zeit seines ersten Mondknotens hat Rudolf Steiner sich die schöpferische Erkenntnis-Intuition seines Wesenskerns, des Ich, errungen. Im Anschluss an Schelling forschte er nach dem innersten, «von allem, was von außen hinzukam, entkleideten Selbst», um «da unter der Form der Unwandelbarkeit das Ewige in uns anzuschauen», wie wir es am Beginn dieses Kapitels aus dem ersten erhaltenen Brief des jungen Steiners zitierten. Das ist der Grundstein oder das Nadelöhr all seines geistigen Strebens und Wirkens. Das Ich kann sich selbst im reinen Denken erfassen, zunächst als Gedanke *Ich bin Ich*, zugleich aber auch erleben als Kraft oder Wille, und in diesem Akt – Fichte nennt es die «Thathandlung» – sich selbst als selbstbewusstes Wesen hervorbringen.

In dem Aufsatz *Philosophie und Anthroposophie* von 1908 reflektiert Rudolf Steiner den Zusammenhang der Ich-Erkenntnis mit der Erkenntnismethode der Geistesforschung. Es heißt da über die Anthroposophie als Geisteswissenschaft: «Sie bleibt nicht bei den Erlebnissen des gewöhnlichen Bewusstseins stehen. Sie strebt nach einer Wirklichkeitsforschung, die mit einem verwandelten Bewußtsein arbeitet. Das gewöhnliche Bewußtsein schaltet sie mit Ausnahme des im reinen Denken erlebten Ich für die Zwecke ihrer Forschung aus. Und sie setzt an dessen Stelle ein solches Bewußtsein, das sich in seinem vollen Umfange so betätigt, wie das gewöhnliche Bewußtsein dies nur dann zustande bringt, wenn es das Ich im reinen Denken erlebt.»[239]

Hier knüpft Rudolf Steiner an die Ich-Erkenntnis bei Fichte und Schelling an. Er bleibt aber dabei nicht stehen, sondern schafft durch seine intensive Auseinandersetzung mit der Welterfahrung und Empirie Goethes sowie der Erkenntnismethode Schillers ein Fundament, das dem Deutschen Idealismus noch fehlte: die Idee des Erkennens.

In der *Philosophie der Freiheit* wird die Idee des Erkennens geradezu klassisch ausformuliert: «Die Wahrnehmung ist also nichts Fertiges, Abgeschlossenes, sondern die eine Seite der totalen Wirklichkeit. Die andere Seite ist der Begriff. Der Erkenntnisakt ist die Synthese von Wahrnehmung und Begriff. Wahrnehmung und Begriff eines Dinges machen aber erst das ganze Ding aus.»[240]

Hans Erhard Lauer (1899–1979) hat dieses Element des Erkenntnisweges Rudolf Steiners in seinem Buch *Die Wiedergeburt der Erkenntnis* (Freiburg i.Br. 1946) gründlich erforscht und beschrieben. Er zeigt dort auf, wie die Idee des Erkennens im Werk Rudolf Steiners zur vollen Blüte gelangt, einen Weg von über 2.000 Jahre Philosophiegeschichte nachzeichnend.

239 Rudolf Steiner, *Philosophie und Anthroposophie,* GA 35, Dornach 1984, S. 104.

240 Rudolf Steiner, *Die Philosophie der Freiheit,* GA 4, Dornach 1995, S. 92.

Ich halte diese Ausarbeitung Lauers für eines der bedeutsamsten Bücher des 20. Jahrhunderts. Lauer schreibt: «Innerhalb der Entwicklungsgeschichte des menschlichen Erkennens wird der Übergang vom 19. zum 20. Jahrhundert einer künftigen Zeit als einer der wichtigsten Wendepunkte erscheinen. Als dasjenige Ereignis aber, welches diesem Wendepunkt in allererster Linie die Signatur gibt, wird sie die damals erfolgte Begründung der *Anthroposophie* durch *Rudolf Steiner* erkennen. Was dieser Tat ihre überragende Bedeutung verleiht, ist dieses, daß durch sie innerhalb der neueren Zeit, deren Grundcharakter in erkenntnismäßiger Beziehung bis dahin der Agnostizismus – das Nicht-Erkennen – bildete, zum erstenmal eine echte Erkenntnistätigkeit im vollen Umfang der in der menschlichen Wesenheit liegenden Möglichkeiten entwickelt und ein umfassender Organismus von Erkenntnissen errungen worden ist. Bei dieser Leistung handelt es sich keineswegs etwa darum, daß Rudolf Steiner bestimmte Erkenntnisarten und -inhalte, die in früheren Zeiten einmal lebendig gewesen, dann aber verloren oder auch überwunden worden waren, erneuert hätte. Die von ihm entwickelte *Art* des Erkennens ist vielmehr eine völlig neue, die es früher, wenigstens in diesem Umfang der Ausgestaltung, niemals gegeben hat.»[241]

Für viele Schüler der Anthroposophie, Autoren und Geisteswissenschaftler unterschiedlichster Couleur ist es bis heute ein großes Rätsel geblieben: Wie kam Rudolf Steiner von der *Philosophie der Freiheit* zu seiner tiefen existenziellen Christus-Erfahrung und Christus-Erkenntnis? Liegt hier nicht ein Sprung, ja gar ein Bruch in seiner Entwicklung vor? Wie verträgt sich dieser Sprung mit der Aussage Rudolf Steiners, seine ganze Entwicklung sei kontinuierlich verlaufen, ohne absolute

241 Hans Erhard Lauer, *Die Wiedergeburt der Erkenntnis,* Freiburg i.Br. 1946, S. 11.

Brüche? Wie konnte es sein, dass der radikale Philosoph der Freiheit von 1893 oder auch 1899 – mitunter mit radikalen anarchistischen und atheistischen Zügen – einige Jahre später die tiefsten Geheimnisse über die Evangelien enthüllte und sogar noch ein fünftes Evangelium in die Welt stellte, für das es keinen spirituellen Vorläufer oder gar äußere Quellen gibt?

Am 23. Dezember 1894 schreibt Rudolf Steiner beispielsweise an Pauline Specht: «Ist Ihnen Nietzsches ‹Antichrist› vor Augen gekommen? Eines der bedeutsamsten Bücher, die seit Jahrhunderten geschrieben worden sind! Ich habe meine eigenen Empfindungen in jedem Satze wiedergefunden. Ich kann vorläufig kein Wort für den Grad der Befriedigung finden, die dieses Werk in mir hervorgerufen hat.»[242]

Rätselhafte Worte! Denn der *Antichrist* von Nietzsche ist ein hasserfülltes Pamphlet, voller Spott und Hohn, nicht nur gegen das kirchliche Christentum, sondern ganz zentral gegen den Jesus Christus gerichtet. Auch in dem Aufsatz *Der Egoismus in der Philosophie* von 1899 wendet sich Rudolf Steiner immer wieder scharf gegen das Göttliche und Christliche in den Denkern und Geistsuchern vergangener Zeiten. Geradezu enttäuscht heißt es zum Beispiel über Jakob Böhme: «Seine Erkenntnis ist Einkehr in das eigene Innere. Was ihm aber in diesem Innern entgegentritt, ist nicht das Ich des Menschen, sondern doch wieder nur der Christengott.»[243]

Und der ganze Aufsatz – der geradezu genial die Ich-Erkenntnis und die reale Individualisierung des einzelnen Menschen-Ich herausarbeitet – endet mit einem Loblied auf Nietzsche: «Seinen Typus Mensch als Ideal hat Nietzsche poetisch verklärt in seinem *Zarathustra*. Er nennt ihn den *Übermenschen*. Dieser ist der von allen Normen befreite Mensch, der nicht mehr Ebenbild Gottes,

242 Rudolf Steiner, *Briefe. Band II*, GA 39, Dornach 1987, S. 238.
243 Rudolf Steiner, *Moral und Christentum,* Dornach 1994, S. 89.

Gott wohlgefälliges Wesen, guter Bürger u.s.w., sondern er selber und nichts weiter sein will – der reine und absolute Egoist.»[244]

Man kann diese und andere radikalen Aussagen Steiners nicht einfach vorschnell hinwegräumen, als zeitbedingt oder «eigentlich» ganz anders gemeint umdeklarieren; denn alles, was Rudolf Steiner geschrieben hat, will ernst genommen werden. Auch die Ablehnung des Christentums und die intensive Nietzsche-Begeisterung gehören zu seinem geistigen Werdegang. Kaj Skagen hat in seiner Studie *Anarchist, Individualist, Mystiker. Rudolf Steiners frühe Berliner Jahre 1897–1902* dieses Rätsel in der Biografie Rudolf Steiners ein Stück weit gelöst. Zum einen, indem er auf den geistigen Entwicklungsprozess Steiners in seiner weiten zeitlichen Dimension hinweist: «Der entscheidende Punkt in dem langen Streit um Steiners Biografie ist der Übergang zur Mystik im Jahre 1900, zur Theosophie 1902 und zu einem esoterischen Christentum 1906. Der wichtigste Grund dafür, dass manche dies als eine ‹Zäsur› sehen – Zäsur verstanden als ein Sprung ohne innere Logik –, ist, wie gesagt, dass man diesen fast zehn Jahre andauernden Prozess zu einem einzigen Schritt zusammengefasst hat, der sich beinahe von einem Tag auf den anderen vollzogen haben soll. Dieses Missverständnis von einer abrupten Veränderung der Lebens- und Weltanschauung Steiners wird oft durch eine andere Fiktion untermauert, nämlich der, dass Steiner jäh das Milieu gewechselt habe: von der literarischen Boheme Berlins zu den Theosophen. Aber auch dieser Milieuwechsel erstreckte sich über mehrere Jahre, von 1898 bis mindestens 1902.»[245]

Des Weiteren zeigt Kaj Skagen sehr überzeugend auf, wie Rudolf Steiner bei allen seinen geistigen Anverwandlungen

244 Ebenda, S. 130.

245 Kaj Skagen, *Anarchist, Individualist, Mystiker. Rudolf Steiners frühe Berliner Jahre 1897–1902*, Basel 2020, S. 32.

an andere Geistesgrößen immer er selber blieb und daher alle, auch die radikalen Äußerungen in einer ureigenen Entwicklungsdynamik stehen und als solche begriffen werden müssen: «Steiners Radikalismus der 1890er-Jahre war zweideutig. Er vertrat Nietzsches Ideen, aber deutete ihn recht frei und eigenständig als einen Vorkämpfer für den freien Geist, fast als einen *sokratischen* Denker, das Gegenteil von dem, was Nietzsche selbst sein wollte. Er begriff Stirner als den Philosophen der Selbsterkenntnis und des *Ich,* aber er definierte das Erlebnis des Selbst als eine Mysterienerfahrung, vergleichbar jener des Neuplatonismus und der christlichen Mystik. Er trat als Vorkämpfer Darwins und Haeckels auf, aber behauptete, dass diese nur die Vorläufer seiner eigenen *Philosophie der Freiheit* waren. Er erklärte sich zum Nietzscheaner, Anarchoindividualisten und Haeckelianer, aber machte gleichzeitig Vorbehalte gegen all diese Richtungen geltend und distanzierte sich schließlich von ihnen allen, noch bevor er ein Teil des theosophischen Milieus in Berlin wurde.»[246]

An diesen klaren und nüchternen Blick auf Rudolf Steiners Entwicklungsweg kann hier gut angeknüpft werden. Ich möchte noch auf eine andere Dimension in Rudolf Steiners Werdegang weisen und damit einen Vorschlag machen für das Verständnis dieses offenkundigen Mysteriums, welcher schlicht und doch sehr tiefgreifend ist. Ist es nicht so, dass diese junge, reine Seele in Rudolf Steiner *alle* Gedankenwege der Menschheit einmal durchschritten hat? Davon legt sein umfangreichstes Buch ein gewaltiges Zeugnis ab: *Die Rätsel der Philosophie*. Rudolf Steiner konnte mit allen Denkern der Weltgeschichte mitdenken, ja denkend mit ihnen mitgehen. Rudolf Steiners Denken war immer auch ein willenhaftes Mitgestalten und Ausgestalten des Denkens anderer. So konnte er mit Goethe über Goethe hi-

246 Ebenda, S. 61.

nausdenken (in *Goethes Weltanschauung,* 1897) und mit Nietzsche über Nietzsche (in *Friedrich Nietzsche ein Kämpfer gegen seine Zeit,* 1895). Gleiches ließe sich über Platon, Aristoteles, Thomas von Aquin, Fichte, Schelling und Hegel sagen. Diese Geister lebten in ihm und er in ihnen, aber nicht nur mondenhaft durchreflektiert, sondern sonnenhaft – michaelisch – schöpferisch gestaltend. Um es noch anders zu sagen: Was Hegel von seiner Philosophie dachte und sagte, dass sie als Ganzes Ausdruck des fortschreitenden Weltgeistes sei, *das ereignete sich in Rudolf Steiner.*[247]

Solange wir diese Aussage nur denken, können wir ihre Tragweite nicht erfassen. Es handelt sich dann um eine bloße Behauptung. Erst wenn wir – anfänglich – Rudolf Steiner auf diesem Weg folgen, können wir gewahren, was das Spezifische seines Weges ist. Das ist die Grundschwierigkeit bis heute; denn nur Gleiches erkennt Gleiches. –

Bei der Betrachtung der zehn Kategorien des Aristoteles habe ich hervorgehoben, dass diese zehn Kategorien ein Geist-Organismus sind und zugleich einen Erkenntnis-Weg darstellen, der zu einer geistigen Kommunion mit dem Welten-Logos führen kann (siehe S. 99 f.) Rudolf Steiner schreibt *In mein Lebensgang*: «Auf das geistige Gestanden-Haben vor dem Mysterium von Golgatha in innerster ernstester Erkenntnis-Feier kam es

247 Am Ende der *Phänomenologie des Geistes* von Georg Wilhelm Friedrich Hegel heißt es: «Das Ziel, das absolute Wissen, oder der sich als Geist wissende Geist hat zu seinem Wege die Erinnerung der Geister, wie sie an ihnen selbst sind und die Organisation ihres Reiches vollbringen. Ihre Aufbewahrung nach der Seite ihres freien in der Form der Zufälligkeit erscheinenden Daseins ist die Geschichte, nach der Seite ihrer begriffnen Organisation aber die Wissenschaft des erscheinenden Wissens; beide zusammen, die begriffne Geschichte, bilden die Erinnerung und die Schädelstätte des absoluten Geistes, die Wirklichkeit, Wahrheit und Gewissheit seines Throns, ohne den er das leblose Einsame wäre; nur – aus dem Kelche dieses Geisterreiches schäumt ihm seine Unendlichkeit.» G.W.F. Hegel, *Die Phänomenologie des Geistes,* Hamburg 1988, S. 530.

bei meiner Seelen-Entwickelung an.»[248] Dies ist nicht nur eine merkwürdige und zugleich einzigartige Formulierung, sondern weist uns präzise auf das Erreichnis der zehnten Kategorie: das Haben. Denn Rudolf Steiner spricht vom «Gestanden-*Haben* vor dem Mysterium von Golgatha».

Dieses Haben wird mit einem «Stehen vor» verbunden. «Stehen vor» wiederum ist eine Lage, die siebte Kategorie des Aristoteles – die Schicksals-Kategorie in meinem Verständnis. Karma wirkt sich aus in mannigfachen Lebens- und Schicksalslagen. Das «*Gestanden*-Haben *vor* dem Mysterium von Golgatha» ist also Schicksal der Individualität Rudolf Steiners geworden – «in innerster ernstester Erkenntnis-Feier». Und zugleich handelt es sich um ein Haben, eine Kommunion, und damit ein Neu-Werden mit und durch den Logos. Denn das wahre Haben ist nie statisch, sondern immer dynamisch. Dieses Neu-Werden des Logos in Rudolf Steiner geschah um das Jahr 1900.

Es war ein doppeltes Neu-Werden, eine dynamische Wechselbeziehung: Rudolf Steiner kam auf seinem reinen Gedanken-Willens-Erkenntnisweg zum Christus; damit kam aber auch der Christus auf einem Erkenntnis-Willens-Gedankenweg zu einem Menschen – und damit zur ganzen Menschheit!

Durch diesen wechselseitigen Befruchtungsakt wurde Rudolf Steiner eine Art geistige Vollmacht verliehen, *aus* dem kosmischen Logos und dem Mensch gewordenen Christus heraus zu sprechen, zu denken und zu wirken. Das bekundete sich nicht nur in den Vortragszyklen zu den Evangelien, sondern auch beispielsweise im Bau des ersten Goetheanums und der Ausgestaltung des Menschheitsrepräsentanten. Aber auch in all den lebenspraktischen Hinweisen und zutiefst christlichen Hilfestellungen Rudolf Steiners für im Prinzip alle *Lagen* des Lebens und der gegenwärtigen Menschheit.

248 Rudolf Steiner, *Mein Lebensgang*, GA 28, Dornach 1990, S. 272.

Mit aller Vorsicht und Zurückhaltung möchte ich daher aussprechen: Mit Rudolf Steiner ist der von Christus den Jüngern angekündigte Paraklet, der Heilige Geist, der immer auch der Heilende Geist ist, verbunden. Rudolf Steiner ermöglichte gewissermaßen nach 1900 zunehmend ein Pfingstereignis der Menschheit.[249] Wobei es eben im Wesen des Pfingstereignisses liegt, dass es nur ein Ereignis der Gemeinschaft sein kann, Rudolf Steiner hier also immer auf andere verstehende und mitgestaltende Menschen angewiesen war, wie zum Beispiel Marie Steiner, Edith Maryon und Ita Wegman. Es kann gar nicht anders sein als dass Rudolf Steiner nach seinem Tod dieses «geistige Gestanden-Haben vor dem Mysterium von Golgatha» auf dem Opferaltar der Menschheit niedergelegt hat, so dass seither dieser Weg von jedem Menschen, der den guten Willen dazu hat, beschritten werden kann.

Ebenso wie man Rudolf Steiners Wesen nicht ganz versteht, wenn man «nur» den christlichen Einweihungsweg bei ihm sieht, so geht man auch an seiner besonderen Eigenart und Aufgabe vorbei, wenn man ihn mit dem Bodhisattva des 20. Jahrhunderts identifiziert, wie das immer wieder geschehen ist. Elisabeth Vreede hat hierzu sehr klare und tiefgehende Ausführungen vorgebracht. Bereits 1930 hat sie in zwei Vorträgen gezeigt, wie Rudolf Steiner sich geistig so durchlässig machen konnte, dass andere Individualitäten und Geistwesen durch ihn hindurch sprechen konnten, freilich ohne dass er mit diesen identisch gewesen wäre. «Es war ein unvergeßlicher Eindruck für alle, die Rudolf Steiner da gehört haben, als er die Worte sprach, in denen er sich mit dem kommenden Bodhisattva

249 Im Johannesevangelium heißt es: «Ich habe euch noch viel zu sagen; aber ihr könnt es jetzt nicht ertragen. Wenn aber jener, der Geist der Wahrheit, kommen wird, wird er euch in alle Wahrheit leiten. Denn er wird nicht aus sich selber reden; sondern was er hören wird, das wird er reden, und was zukünftig ist, wird er euch verkündigen.“«(Joh 16,12-13)

identifiziert hat. Man konnte die Empfindung haben: durch all das, was vorausgegangen war, war unser Lehrer in eine solche Beziehung unmittelbar mit der Bodhisattva-Wesenheit selber gekommen, die für ihn einer Inspiration, einer Durchdringung gleichkam.»[250]

Ähnliches konnte Elisabeth Vreede aus einer esoterischen Stunde in Bezug auf Zarathustra bezeugen: «Da begann Rudolf Steiner mit den Worten: ‹Meine lieben Schwestern und Brüder! Diese esoterische Stunde ist eine solche, die nicht steht unter der Verantwortung desjenigen, der da spricht.› Und dann schilderte er uns, wie Zarathustra von Ahura Mazdao eingeweiht worden war, wie Zarathustra dem großen Sonnenwesen gegenüberstand. Er war selber der Zarathustra in diesem Augenblicke. Es war gewaltig, das zu erleben, wie unser großer Lehrer, der uns das Ergebnis seiner Forschung mitgeteilt hatte, nun selber uns zeigte, wie ein alter Menschheitsführer und Lehrer sich inspirierend offenbaren konnte …»[251]

Ganz reines Gefäß für die Einbeziehung anderer Wesenheiten und deren Offenbarungen war Rudolf Steiner in solchen

250 Elisabeth Vreede / Thomas Meyer, *Die Bodhisattvafrage,* Basel 1989, S. 38. Siehe außerdem die interessante und anregende Studie von Andreas Neider, *Bodhisattva-Weg und Imitatio Christi im Lebensgang Rudolf Steiners,* die ebenfalls wie die Untersuchung von Kaj Skagen im Jahr 2020 erschienen ist. An dieser Stelle sei auch hingewiesen auf das posthum erschienene Buch von Sergej O. Prokofieff, *Rudolf Steiner – Fragment einer spirituellen Biographie,* Dornach 2020. Prokofieff unternimmt darin den Versuch einer geisteswissenschaftlichen Deutung des Gilgamesch-Epos und geht – im Vorhaben äußerlich vergleichbar dem vorliegenden Buch – durch die verschiedenen Inkarnationen des karmischen Freundespaares. Der Autor möchte hier betonen, dass das vorliegende Buch in seinem Kern und in seinen Grundzügen bereits ausgearbeitet war, bevor diese posthume Schrift Ende 2020 erschien. Durch die Darstellung Prokofieffs ergeben sich einige schwerwiegende Fragen und Probleme, die allerdings nicht in diesem Buch weiterbearbeitet werden sollen, sondern vielleicht einmal in einer gesonderten Publikation.

251 Ebenda, S. 41.

heiligen Augenblicken! Die Ausführungen Elisabeth Vreedes kulminieren in einer tiefen Wesenserkenntnis Rudolf Steiners, die ich hier als richtungweisend wiedergeben möchte: «Rudolf Steiner war der erste Mensch der Neuzeit, der diese Dinge mit eigenem Hellsehen erforscht hat, der die Vorbedingungen mitbrachte, daß er ein solches Schauen haben konnte und der dadurch für uns alle den Weg vorgezeichnet hat, es uns ermöglicht hat, auch so vorzugehen, um selber, wenn auch in noch so bescheidenem Maße, Geistesforscher zu werden, den Geist selbständig zu erforschen. Das scheint mir die Fortführung dessen zu sein, was uns Rudolf Steiner vorgelebt hat: der ‹in die Höhe blickende Mensch›, wie er das Wort ‹Anthropos› uns übersetzt hat, der in geistigen Höhen Weisheit suchende Mensch. Und oft hat er gesagt, daß Anthroposophie etwas ist, das man nur in der irdischen Welt entwickeln könne, das man von hier hinauftragen müsse in die geistige Welt.“[252]

Wenn wir nach dem Wesen und Wirken der Individualität Rudolf Steiners in Gegenwart und Zukunft fragen, so kann deutlich werden, vor dem Hintergrund dieser Worte, dass sein Wesen in diesen Geistesruf und geistesforscherischen Auftrag seiner Individualität an seine Schüler hineinverwoben ist. Überall dort, wo die Schüler in diesem Geiste zusammenarbeiten, kann er helfend dazukommen. Überall dort, wo im Zusammenklang strebender Seelen die Anthroposophie geistesgegenwärtig aufleuchtet, lebt auch etwas von der fortschreitenden Individualität Rudolf Steiners – zwischen uns, mit uns, für uns und die ganze Menschheit.

252 Ebenda, S. 43f.

# Das «Ereignis» Rudolf Steiner

Der Maler und Schriftsteller Karl Ballmer (1891–1958) hat «Das Ereignis Rudolf Steiner» existenziell erlebt und mit begrifflicher Schärfe ausformuliert.[253] Er kommt der von mir hier dargelegten Wesensart und Wesenswirksamkeit der Individualität Rudolf Steiners in seinen Texten immer wieder nahe – auch wenn ich seine zum Teil extremen und einseitigen Schlüsse mitunter nicht teilen kann. In seiner Schrift *A. E. Biedermann heute!* (1941) zitiert Ballmer zunächst eine Passage aus dem Steinerschen Buch *Goethes Weltanschauung* zum Wahrheitsproblem: «Dem einzelnen Menschen erscheint die Wahrheit in einem individuellen Kleide. Sie paßt sich der Eigenart seiner Persönlichkeit an. Besonders für die höchsten, dem Menschen wichtigsten Wahrheiten gilt dies. Um sie zu gewinnen, überträgt der Mensch seine geistigen, intimsten Erlebnisse auf die angeschaute Welt und mit ihnen zugleich das Eigenartigste seiner Persönlichkeit. Es gibt auch allgemeingültige Wahrheiten, die jeder Mensch aufnimmt, ohne ihnen eine individuelle Färbung zu geben. Dies sind aber die oberflächlichsten, die trivialsten. [...] Die Wahrheit spricht im Innern der einzelnen Menschen verschiedene Sprachen und Dialekte; in jedem großen Menschen spricht sie eine eigene Sprache, die nur dieser einen Persönlichkeit zukommt. Aber es ist immer die eine Wahrheit, die da spricht.»[254]

Rudolf Steiner spricht hier von einer spannungsvollen, schwer auszulotenden Polarität: *Die eine Wahrheit* gilt für alle Menschen, diese ist überindividuell und welthaltig, einerseits; aber *in jedem großen Menschen spricht sie eine eigene Sprache* – und nur solchermaßen individualisiert kann sie überhaupt erscheinen! Karl

253 Siehe Karl Ballmer, *Das Ereignis Rudolf Steiner,* Erstauflage 1928, Neuauflage Siegen & Sancey le Grand 1995.

254 Rudolf Steiner, *Goethes Weltanschauung,* GA 6, Dornach 1985, S. 65f.

Ballmer wendet nun diese letztere Einsicht auf die Individualität Rudolf Steiners selbst an. So schreibt er in dem Kapitel *Die Karma-Orientierung der Erkenntnistheorie*: «Die Frage nach dem Wesen der Erkenntnis muss heute [1941; S.H.] – von *uns* – anders gestellt werden, als sie Rudolf Steiner um 1890 gestellt hat. Es hieße die von Rudolf Steiner geschaffene Erkenntnis- und Tatsachenwelt ignorieren, wollten wir uns auf die Wiederholung der Erkenntnistheorie Rudolf Steiners beschränken.»[255] Ballmer denkt radikal anthroposophisch-existenzialistisch. Die Erkenntnistheorie Rudolf Steiners ist eine Tat, seine Erkenntnistat, Ausdruck seines Erkenntnisschaffens und damit eine fortwirkende Tatsache im Weltganzen, mit karmischen Folgen. «Das entscheidend Neue für uns ist dies, dass wir alles Wissen und alle Wissensproblematik – und damit das Erkenntnisproblem selbst unter den Gesichtswinkel des *Karma* zu rücken haben.»

Hier rücken nun interessanterweise die Erkenntniswissenschaft Rudolf Steiners – sein Frühwerk – und seine Karmaforschung – sein geistiges Vermächtnis – eng zusammen, einmal weil seine Erkenntnistheorie für jeden, der sich ernsthaft mit ihr befasst, Teil des persönlichen Erkenntnisdrama und -karma wird, und zum anderen, weil in der Karmaforschung Steiners die Wahrheit in seiner «eigenen Sprache» spricht, «die nur dieser einen Persönlichkeit zukommt». Ja, Rudolf Steiner «überträgt» – mit seinen Worten aus *Goethes Weltanschauung* – «das Eigenartigste seiner Persönlichkeit» auf die angeschaute Karma-Welt. Und das ist im wahrsten Sinne des Wortes eine Zumutung – und zwar bis heute!

Karl Ballmer formuliert diese Zumutung mit den Worten: «Es muss ernst gemacht werden mit dem, was als die Karma-

255 Dieses und die folgenden Zitate zitiert nach Karl Ballmer, *Umrisse einer Christologie der Geisteswissenschaft. Texte und Briefe,* Dornach 1999, S. 41ff.

Orientierung der Erkenntnisfrage als Menschenfrage bezeichnet werden muss. Es muss ernst gemacht werden mit dem Lehrsatz Rudolf Steiners, dass die höchsten und wichtigsten Wahrheiten das Gepräge einer menschlichen Individualität tragen *müssen*. Solche höchsten Wahrheiten sind für den Anthroposophen z.B. die Resultate der Karma-Forschung Rudolf Steiners. Gerade gegenüber diesen Resultaten tritt die ‹anthroposophische Methode›, nach der wir als Schüler Wahrheit finden, in besonders helles Licht. Die Resultate der Karmaforschung, Mitteilungen über Wiederverkörperungen historischer und zeitgenössischer Persönlichkeiten, beanspruchen Wahrheitsgeltung für ‹alle Menschen‹. Mitgeteilt werden konnten diese Wahrheiten indessen nur einem ganz kleinen Kreise von Menschen, die durch jahrzehntelange Teilnahme an der Lehrtätigkeit Rudolf Steiners in sich das Vertrauen befestigen konnten – aus Einsicht –, dass der Lehrer auch dort *objektive* Wahrheit statuiert, wo die besondere Wahrheit ihrem Wesen nach ein Verhältnis des intimsten Persönlichen des Forschers zum persönlichen Kern des Erforschten sein muss. Für Menschen, die nicht ihr allerinnerlichstes persönlichstes Vertrauen der Objektivität des Geistesforschers entgegenzuleben vermöchten, wären die Resultate der Karmaforschung schlechterdings – weil nicht mitteilbar – nicht vorhanden.» Das Kapitel gipfelt in den Worten: «Als Anthroposoph führe ich ein doppeltes Karma. In bin das Produkt meiner Vorleben, und ich bin Glied des Karma der Erkenntnisgemeinschaft der Anthroposophen.»

Soweit einmal Karl Ballmer zu dem *Ereignis Rudolf Steiner* und seinen Folgen für uns Nachfolgenden. Drei Motivstränge schälen sich dabei für mich heraus: Durch Rudolf Steiner kann jedes Individuum einen unerschütterlichen Ausgangspunkt des individuellen Erkennens finden – *Wahrheit und Wissenschaft* –, und darauf aufbauend einen freien und schöpferischen Erkenntnis- und Lebensweg gehen – *Die Philosophie der Freiheit*. Es entsteht dadurch auch eine karmische Beziehung zu dem Schöpfer der Anthroposophie – Karma so verstanden, dass etwas, eine geistige Substanz mit dem Gepräge einer bestimmten Individualität, wegweisend und schicksalsbestimmend für mich wird. Zudem sind die Erkenntniswissenschaft Rudolf Steiners und seine Karmaforschung als historische Tat-Sache Ausdruck dieser Individualität und somit eingegliedert in den weiteren Karmastrom seiner besonderen Entelechie. Es kann für die Entelechie Rudolf Steiners nicht gleichgültig sein, was die «Erkenntnisgemeinschaft der Anthroposophen», jeder einzelne, aber gerade auch die Gemeinschaft, aus dieser Tat-Sache gemacht hat und auch weiterhin macht.

So wirft sich, gerade nach dem Tod Rudolf Steiners am 30. März 1925, die Frage auf nach dem Schicksal der Anthroposophischen Gesellschaft und Bewegung als ein mit dem Fortschreiten seiner Individualität verwobenes Schicksal. Lorenzo Ravagli hat in jüngster Zeit in einem groß angelegten Projekt von drei Bänden die Geschichte der Anthroposophischen Gesellschaft und Bewegung intensiv bearbeitet. Dabei kommt er im ersten Band *Selbsterkenntnis in der Geschichte* auch auf Rudolf Steiners Karmaforschung und das Einmalige ihrer umfassenden Darstellung vor den Mitgliedern der Anthroposophischen Gesellschaft nach der Weihnachtstagung zu sprechen. Ravagli schreibt, in erhellender Diktion und tiefgehender Charakterisierung: «Nun aber begann er im Februar 1924 in einer Reihe von über achtzig Vorträgen sich ausführlich mit dem Karma geschichtlicher Einzelpersönlichkeiten, von Völkern und Zeitepochen, ja sogar dem Karma der Menschheit und der Hierarchienwelt – insbesondere jedoch mit dem Karma jener Menschen zu beschäftigen, die der Anthroposophischen Gesellschaft angehörten. In diesen Vorträgen entfaltete er eine grandiose und zugleich abgründige Geschichtserzählung, die sich an den Schicksalen von Einzelpersönlichkeiten und von miteinander verbundenen Menschengruppen entlangbewegt und diese durch die Jahrtausende begleitet, deren Ereignisfolgen sie zum Teil erheblich mitgestaltet haben. In diesen Vorträgen schilderte er komplexe okkulte Genealogien, die sich wie umfassende Versuche einer gesellschaftlichen Identitätsstiftung aus der Akasha-Chronik lesen. All diese Erzählungen mündeten aber in der Gegenwart und in den Menschen, die das Publikum Steiners bildeten. Es war *ihre eigene Geschichte,* die Geschichte seiner Zuhörer, die er vor ihnen entrollte, eine Geschichte, die bis in mythische Zeiten, bis zu Gilgamesch und Eabani, bis zu Aristoteles und Alexander zurückreichte und dic Geschehnisse in der Welt der Engel und Erzengel als kosmische Hintergrundmusik mit einbezog. Denn die Schicksale der Menschen auf der Erde waren von den Schicksalen der Götter nicht zu trennen; und die Anthroposophie, in der all dies zur Erkenntnis oder Offenbarung wurde, war der Ozean, in den die diversen Ströme von Planetenintelligenz, Menschenschuld, Widersacherwirken und erlösender Liebe am Ende mündeten. Hier, in der Anthroposophischen Gesellschaft, *in den Zuhörern, die vor ihm versammelt waren,* sollte die große Aufarbeitung der Geschichte beginnen, hier sollte der dichte Vorhang, den die Götterwelt vor den Himmel gezogen hatte, um die Menschheit ihrem eigenen Vernunftwirken und freien Handeln zu überlassen, aufgerollt werden. Hier sollte die Aufarbeitung des Karma beginnen, das die Mitglieder dieser Gesellschaft, die den unterschiedlichsten geistigen Strömungen angehörten, zusammengeführt hatte, um einer die ganzen Menschheit umfassenden neuen Inspiration, einem neuen Zeitalter des Geistes zum Durchbruch zu verhelfen. Vor allem aber stellte er den Mitgliedern dieser Gesellschaft, die nun endlich Ernst mit der Esoterik und der spirituellen Erkenntnispraxis machen sollten, die doppelte Aufgabe, nach einem Ausgleich der karmischen Schuld zu suchen, die sie im Lauf ihrer Inkarnationen zwischen einander aufgehäuft hatten, und die unterschiedlichen spirituellen Weltgegenden, aus denen sie stammten, in einer universalen Geisteswissenschaft zusammenzuführen und zu versöhnen. Ein erhebender, mitreißender, kaum zu fassender Strom geistiger Offenbarungen ergoss sich seit der Weihnachtstagung in die Mitgliedschaft, deren Quelle Rudolf Steiner war, der mit jedem Vortrag, den er hielt, ein Stück mehr zu übermenschlicher Größe heranwuchs, zu einer Gestalt, die durchlässig wurde für die Engel und Erzengel, die hinter ihm aufzuscheinen schienen, wenn er am Rednerpult stand, um als Rufer in der Wüste die Menschheit zur Umkehr zu bewegen, der Tatsache eingedenk, dass ihm nur wenig Zeit blieb.»[256]

## Nachklang und Vorklang

«ER WAR'S, DER ALLES SAH BIS AN DES LANDES GRENZEN. Wer sah? – werden sie fragen. Und welchen Landes Grenzen? – Hilft es ihnen, wenn man sagt, es ist die Vergangenheit? Es ist ein Held, der sah. Und es gibt keinen Helden mehr, wie er einer war. Und es gibt das Land nicht mehr, das er überschaute. Es gibt seinen Schmerz nicht mehr. Es gibt den ersten Tod nicht mehr. Der Tod ist inzwischen allgemein geworden. – Ich habe an Gilgamesch und Engidu gedacht, als ich den ersten Satz schrieb.»

Hans Henny Jahnn, *Fluss ohne Ufer*, Hamburg 1994

256 Lorenzo Ravagli, *Selbsterkenntnis in der Geschichte – Anthroposophische Gesellschaft und Bewegung im 20. Jahrhundert. Band 1*, Sauldorf-Roth 2020, S. 100f.

Wir sind hindurchgegangen durch Labyrinthe des Menschseins. Angefangen mit Gilgamesch. Auf der Suche nach der Unsterblichkeit. Das älteste Epos der Menschheit war unsere Grundlage. Noch klingt es in der Seele nach. Manchen ergreift dieser Sang und lässt ihn nicht mehr los, für immer. Rilke gehörte zu diesen Menschen. Wohl auch Hans Henny Jahnn. *Fluss ohne Ufer* heißt sein Roman, in dem er in Anspielung auf Gilgamesch und Enkidu ein Panorama des Lebens entfaltet. Wir sind durch Kämpfe hindurchgegangen und gestorben. Gestorben zusammen mit Enkidu. Ist es nicht wundersam? Für Jahrtausende war diese Geschichte verschwunden, vom Erdboden vertilgt. Geborgen unter der Erde, schlummernd der Zukunft entgegen. Verborgen dem Sinnen und Denken der Menschheit. Goethe kannte Gilgamesch nicht, Shakespeare kannte Enkidu nicht, auch Dante war das Epos unbekannt. Erst am Ende des 19. Jahrhunderts kamen die sumerischen Tontafeln wieder zum Vorschein – schwer zu entziffern und fragmentarisch – und mit ihnen das Leben von Uruk.[257] Auch Rudolf Steiner wurde von diesem alten Menschheitsstrom ergriffen. Er konnte tiefste Geheimnisse enthüllen und den schicksalhaften Zusammenhang von Gilgamesch und Enkidu bis in die Gegenwart aufleuchten lassen.

*Und es gibt keinen Helden mehr, wie er einer war*. Ausgestorben sind die Helden, untergegangen ihre Länder. *Es gibt seinen Schmerz nicht mehr*. *Es gibt den ersten Tod nicht mehr*. Sterbliche sind wir alle. Das Rütteln am Tor der Unsterblichkeit hat sich als vergebens erwiesen. Nun gehen wir alle den Weg der Menschwerdung.

Ein Grundgesetz der Menschheitsentwicklung scheint zu sein: Was einzelne Individualitäten vorleben und durchleiden,

257 1853 wurden die ersten Tontafeln von Hormuzd Rassam entdeckt. 1872 erschien die erste Übersetzung von George Smith.

wird in späteren Zeiten Früchte tragen für alle Menschen. Was Einzelne sich erringen, kommt der ganzen Menschheit zugute. So können wir dankbar sein, dass der Schicksalsweg dieser beiden Freundes-Geistes-Seelen durch die Anthroposophie anschaubar geworden ist und vor uns stehen kann als Anregung für unsere eigene Ich-Entwicklung.[258] Das kann uns alle zum Bauen an der Zukunft führen. Jeder Mensch ist berufen, ein Bauarbeiter am Zukunftswerk zu werden. Es gibt keine Weltretter, keine Helden mehr, die als Einzelne die Geschicke bestimmen könnten. Wir alle sind aufgerufen, täglich von Neuem, an der Zukunftswelt mitzugestalten.

258 Auch Elias Canetti hat dies eindrücklich bezeugt in Bezug auf Gilgamesch und Enkidu: «Es sind kaum hundert Jahre her, daß der mesopotamische Gilgamesch entdeckt und in seiner Bedeutung erkannt wurde. Dieses Epos beginnt mit der Verwandlung des unter den Tieren der Wildnis lebenden Naturmenschen Enkidu in einen Stadt- und Kulturmenschen, ein Thema, das uns heute, da wir Konkretes und sehr Genaues von Kindern erfahren, die unter Wölfen gelebt haben, erst recht nahe angeht. Es mündet, da Enkidu seinem Freunde Gilgamesch wegstirbt, in eine ungeheure Konfrontation mit dem Tod, die einzige, die den modernen Menschen nicht mit dem bitteren Nachgeschmack des Selbstbetrugs entläßt. Hier möchte ich mich als Zeugen für einen beinahe unglaubwürdigen Vorgang anbieten: kein Werk der Literatur, buchstäblich keines hat mein Leben so entscheidend bestimmt wie dieses Epos, das viertausend Jahre alt ist und bis vor hundert Jahren niemand bekannt war. Im Alter von siebzehn Jahren bin ich ihm begegnet, es hat mich seither nicht losgelassen, ich bin zu ihm zurückgekehrt wie zu einer Bibel, und es hat mich, abgesehen von seiner spezifischen Wirkung, mit Erwartung auf uns noch Unbekanntes erfüllt.» – Elias Canetti, *Das Gewissen der Worte*, Frankfurt a.M., 1995, S. 277f.

# Vom Bauen an der Zukunft

Was ist eine Mysterienstätte?

Ein Ort, an dem Menschen Göttern und Götter Menschen begegnen können. Ein Mysteriengeschehen ist ein «Raum» in unserer irdischen Welt für die Offenbarungen und Impulse geistiger Wesen. Das Mysterium besteht in dem Offenbarwerden des für gewöhnlich Verborgenen und in der wechselseitigen Befruchtung von Menschenwelt und Göttersphären, menschlicher Kultur und geistiger Welt. Diese wechselseitige Befruchtung findet zum Beispiel in der Kunst statt. Jedes wirkliche Kunstwerk – das kann ein Bauwerk sein, eine Plastik, ein Bild, ein Gedicht oder ein Musikstück, aber natürlich auch Eurythmie – bringt etwas vom Himmelslicht und Himmelsklang in individualisierter Gestalt auf die Erde. Gleichzeitig schreibt sich das Kunstwerk auch in das allgemeine Weltengedächtnis ein. Es vergeht nicht mit seinem irdischen «Stoff» und Erscheinen. Der Künstler, Dichter oder Musiker schafft mit an unvergänglicher Zukunftssubstanz. Ich habe immer wieder erlebt, dass das künstlerische Gestalten – zum Beispiel das Musizieren – unmittelbar aufgenommen wird von Wesen aller Art, wenn der Musiker geistdurchlässig und nachlauschend musiziert. Elementarwesen und Engelwesen können das künstlerische Tun des Menschen wie Nahrung aufnehmen. Dann erhebt der Mensch den Erdenstoff zur Geistesnahrung. Das ist allerdings verhindert und blockiert, wenn die Kunstvermittlung durch ein Medium geschieht, wie Film, Fernsehen und Computer.[259]

In alten Zeiten waren die Mysterien streng hierarchisch geordnet. Der Offenbarungsstrom ging von «oben» nach «unten». Seit der Menschwerdung Christi, ja seit seinem Sich-Verbin-

259 Siehe Johannes Greiner / Anton Kimpfler, *Elektronische Gefangenschaft?*, Hamburg 2019.

den mit dem ganzen Erdorganismus geht der Offenbarungsstrom von «unten» nach «oben». Christus ist der Geist der Erde geworden. Damit liegt der Schwerpunkt aller Entwicklung im Erdenbereich. Wir finden ihn nicht mehr im Aufblicken zu den Himmeln – wie noch in den Zeiten von Gilgamesch und Enkidu –, sondern nur in der liebevollen Verbindung mit anderen Menschen und der Erde und ihren Wesen. Die neuen Mysterien sind somit auch die sozialen Mysterien oder die Mysterien der Begegnung. Harrie Salman spricht von der «sozialen Welt als Mysterienstätte«[260].

In dem Gesagten liegt, dass die Kunst, und überhaupt das Menschsein nur zusammen mit Christus weiter in die Zukunft gehen können. Unter «Christus» verstehe ich nicht einen Glaubensinhalt oder das Bekenntnis zu einer bestimmten Konfession oder Religion. Ich begreife den Christus als das Ich der Iche und den Sinn der Erde. Da gibt es viele Zugänge; letztlich so viele wie es Menschen gibt.

Das wird wohl zunehmend das «Ereignis der Gemeinschaft«[261] werden: Mit Erstaunen und Dankbarkeit gewahren, *wie* ein anderer Mensch mit Christus verbunden ist. Denn durch Christus hat jeder Mensch den Freiheitsfunken geschenkt bekommen. «Freiheit, schöner Götterfunken!», könnte man mit Friedrich Schiller voller Freude ausrufen. Man könnte es aber auch so ausdrücken: Wir alle tragen so etwas wie einen unsichtbaren Ich-Zauberstab mit uns herum. Was wir damit berühren, das verwandelt sich. Dieser Ich-Zauberstab, das ist unsere Aufmerksamkeit. Die Aufmerksamkeit – die bewusst geschenkte Hingabe – ist ein Mysterium. Es ist das Mysterium des Ich.

Schon Paulus sprach davon, dass die natürliche Kreatur sehn-

260 Harrie Salman, *Die soziale Welt als Mysterienstätte,* Hamburg 2020.
261 So der Titel eines Buchs von Anton Kimpfler, *Das Ereignis der Gemeinschaft. Die Geisteswissenschaft und die neue Christusoffenbarung,* Freiburg i.Br. 1981.

süchtig auf das Freiheitserwachen der Menschen wartet. «Denn das ängstliche Harren der Kreatur wartet darauf, dass die Kinder Gottes offenbar werden. […] [D]enn auch die Schöpfung wird frei werden von der Knechtschaft der Vergänglichkeit zu der herrlichen Freiheit der Kinder Gottes. Denn wir wissen, dass die ganze Schöpfung bis zu diesem Augenblick mit uns seufzt und sich ängstet.» (Röm 8,19-22) Ja, eindringlich spricht Paulus davon, dass sich an uns sogar das Schicksal der Engel entscheiden wird. «Wisst ihr nicht, dass sich an uns sogar das Schicksal von Engeln entscheiden wird?» (1 Kor 6,3) Wie kann man das verstehen?

Der Götterfunke der Freiheit ist auf den Menschen übergegangen. Damit ist er aber auch von den Göttern fortgegangen! Die Götter haben etwas geopfert, auf dass wir freie Menschen werden können. Wir sind also der tiefste Religionsinhalt der Götter. Die guten Götter glauben an den Menschen. Allen voran Michael und Christus, aber auch der schweigende Ase des Nordens, Widar, der im 20. Jahrhundert begonnen hat, auf neue Art hilfreich zu wirken.[262] Das Mysterium des Ich gebiert das Mysterium der Zukunft. Denn im menschlichen Ich liegt alles Potenzial für die Zukunftsentwicklung von Mensch und Erde.

Dieses Mysterium des Ich begleitet mich auch schon seit meiner Jugendzeit, ähnlich wie die Auseinandersetzung mit dem Gilgamesch-Epos. Viele Jahre spürte ich dem Entwicklungsweg «von der Philosophie zur Anthroposophie» nach.[263] In dem Zusammenhang des vorliegenden Buchs möchte ich das Mys-

262 Siehe *Aus Widars Wirken,* hrsg. von Steffen Hartmann, Torben Maiwald und Anton Kimpfler, Hamburg ²2020, und *Mit Widar Zukunft schaffen* von Volker Fintelmann und Steffen Hartmann, Stuttgart 2019, sowie *Einstehen für die Zukunft – mit Michael und Widar,* Hrsg. Steffen Hartmann und Anton Kimpfler, Hamburg 2020.

263 Siehe Steffen Hartmann, *Von der Philosophie zur Anthroposophie,* Hamburg ²2016.

terium des Ich verdichten in drei Sätze, die meditativ bewegt ganze Welten des Ich-Geheimnisses enthüllen können. Diese drei Sätze lauten:

Ich bin Teil des Alls.

Ich bin mehr als All-es.

Ich bin All-seitig.

*Ich bin Teil des Alls*. Das ist eine Urerfahrung des Menschseins, dass ich Teil des Ganzen des Weltgeschehens bin. Ich bin nicht (absolut) abgesondert und isoliert, sondern getragen vom Weltengrund und eingebunden in die Evolution. Seelisch können eine tiefe Ruhe und Trost sowie Zuversicht aus solch einer Einsicht entspringen. Es ist ein Erleben des Urgöttlichen, was hier zum Klingen kommt. An der Weihnachtstagung erklang der erste Rosenkreuzerspruch im Grundstein: *Ex Deo nascimur* – «Aus dem Göttlichen weset die Menschheit.» Das ist dieselbe Aussage – nur vom Vatergöttlichen aus gesehen formuliert.

*Ich bin mehr als All-es*. Diese Aussage kann zunächst überraschen, gerade im Hinblick auf das bisher Ausgeführte. Der Satz ist natürlich nicht so gemeint, dass wir unser Ego aufblähen und meinen, wir seien mehr (wert) als alles andere. Es ist ganz geistig-sachlich und nüchtern gemeint: Indem das Ich sich einem anderen zuwendet – einem Stein, einer Pflanze, einem Tier, einer Wolke, dem Mond oder einem Stern –, entsteht durch die Aufmerksamkeit des Ich etwas, das ohne diesen Akt der Zuwendung im Weltganzen *nicht* vorhanden wäre. Wir haben es hier wirklich mit einer «Schöpfung aus dem Nichts» zu tun. Und es ist eben nicht gleichgültig für die Welt, ob sie von freien Ichen interessiert wahrgenommen wird oder nicht. Es verändert die Gesamtwirklichkeit, wenn ich den Duft eines vor mir stehenden Lavendelstrauchs bewusst rieche. Es bereichert das Weltgeschehen, wenn ich mich über eine blühende Rose wirklich freue. Es fügt zum Bestehenden etwas hinzu, wenn ich die Wolkenbildung am Himmel aufmerksam miterlebe. Ich bin mehr als alles Gegebene, weil ich mit jedem Ich-Akt dem Weltganzen etwas hinzufüge, was nur ich hinzufügen kann.

*Ich bin All-seitig*. Das Ich ist niemals einseitig. Wenn etwas einseitig und fest oder dogmatisch wird, dann kann man sicher sein, dass das Ich verloren gegangen ist. Das Ich ist gerade ein Wesen, das auf Allseitigkeit angelegt ist. Damit sind wir natürlich immer im Werden. Das Ich ist nie fertig. Ein fertiges oder auch vollkommenes Ich wäre ein Widerspruch in sich. Das gilt erstaunlicherweise auch für das Ich der Iche, den Christus. Eben weil Christus sich mit allen Menschen-Ichen verbunden hat, trägt er auch das Kreuz unserer Unvollkommenheiten. Also ist auch Christus nicht vollkommen. Aber Christus ist der tiefste Garant unserer All-Seitigkeit, und damit auch unserer Zukunft.

Bei dem Satz *Ich bin All-seitig s*ehe ich einen Stern vor mir. Einen leuchtenden Punkt, durch den von allen Seiten Strahlen hindurchgehen. So dass sich auch die Einsicht ergeben kann: Das Ich ist offen nach allen Seiten. Wir alle sind als Iche werdende, neue, strahlende Sterne.

Bei dem Satz *Ich bin mehr als All-es* sehe ich einen Pfeil vor mir, der sich kreismäßig in sich selbst schließt. Das imaginative Bild für diesen Vorgang ist die Schlange, die sich selbst in den Schwanz beißt. Johann Gottlieb Fichte hat diese Geste ein Leben lang als die «Thathandlung» des sich selbst setzenden und erkennenden Ich ausgeübt.

Und bei der ersten Formulierung *Ich bin Teil des Alls* kann man einen Punkt gewahren, der der Mittelpunkt eines ihn umschließenden Kreises ist. Punkt und Umkreis als Bild des im Vatergöttlichen ruhenden Ich.

Die sich auf sich selbst beziehende Kraft des Ich erlebe ich im Zusammenhang mit dem Christus-Leben und -Opfer. Sie kann auch zu einem Ende, in den Tod führen: *In Christo morimur* – «In dem Christus wird Leben der Tod» – das ist eine beständige Schöpfung aus dem Nichts und eine Überwindung des Todes, die wir Christus verdanken.

Und das Wort *Ich bin All-seitig* verweist uns auf den Heiligen Geist: *Per spiritum sanctum reviviscimus* – «In des Geistes Weltgedanken erwachet die Seele.» Damit ist das geistige Stern-Werden des Menschen angesprochen.

Salvatore Lavecchia schreibt in seinem Büchlein *Ichsamkeit*[264]*:*

Ich bin,
wahrnehmend und denkend,
kein zusammengeschrumpfter,
blinder und finsterer Punkt.
Jenseits von innen und außen,
von ich und anderem,
geistend weltend
auge Ich:
Ursprung unendlich sphärend –
Licht

***

Von hier aus stellt sich (erneut) die Frage nach der neuen Gemeinschaft, nach der Gemeinschaft der freien Geister. Denn an der Zukunft können wir nur gemeinsam bauen. Kein Ich kann alleine das Weltenziel erreichen. Das Mysterium des Ich und das Mysterium der neuen Gemeinschaft – das ist zusammengenommen der «Welten-Zeitenwende-Anfang» der Weihnachts-

264 Salvatore Lavecchia, *Ichsamkeit,* Kassel 2018, S. 13.

tagung. Wilhelm Rath sprach vom «Mysterium von Dornach». Die Substanz des Sozialen ist das Karma. In den Schicksalsbeziehungen – Relationen – der Menschen lebt die Zukunft. Die große Frage steht damit vor uns: Wie können die Keime der Zukunft in den Schicksalsbezügen geborgen und entfaltet werden?

Eine mögliche Antwort auf diese Frage war der Versuch Rudolf Steiners, mit der Weihnachtstagung eine neue Art der Karma-Offenbarung zu wagen. Beginnend mit den Abendvorträgen der Weihnachtstagung hebt die wohl umfassendste Vortragsreihe Rudolf Steiners an (sieben Bände umfassend, GA 233 sowie GA 235-240), die bis zum 28. September 1924, der letzten Ansprache, andauerte. Was ist aus diesem Versuch geworden?

Der Apokalyptiker Johannes weist uns auf das «Neue Jerusalem». Wir sollen alle Mitarbeiter und Mitgestalter des Neuen Jerusalem werden. Wenn man die Apokalypse liest, kann man zunächst den Eindruck haben: Das Ganze bezieht sich auf eine weite Zukunft, da sind wir noch lange nicht. Das ist aber nur zum Teil wahr. Genauso ließe sich sagen: Mit jedem freien Ich-Akt, mit jeder Aktivierung des Ich-Zauberstabes, durch jeden schöpferischen Liebesakt, und sei er noch so unscheinbar, entsteht ein Bau-Stein des Neuen Jerusalem. Der Grundstein der Weihnachtstagung ist dabei, wie sein Name präzise ausdrückt, ein Grund-Stein. Darauf lässt sich aufbauen. Selbst wenn an dieser Stelle im Leser die Auffassung aufsteigen sollte, «die Weihnachtstagung ist gescheitert», so kann mit Sicherheit gewusst werden: Das Neue Jerusalem ist nicht gescheitert. Es ist ja bereits im Entstehen! Die Frage ist nur, wie groß und weitläufig, wie reich und vielfarbig es sein wird, wenn einmal gänzlich seine Zeit gekommen ist. Darüber entscheidet eben jedes einzelne Menschen-Ich mit.

Dass diejenige Menschengemeinschaft, die im 20. Jahrhundert berufen war, einen Grundstein für das Neue Jerusalem in ihre Herzen zu legen, heftig umkämpft war und ist, ist eigentlich nicht weiter verwunderlich. Ich spreche bewusst von *einem* Grundstein; denn es wäre wohl anmaßend, den anthroposophischen Grundstein als den einzigen tragenden Bau-Stein des apokalyptischen Zukunftsbaues anzusehen. Da werden hoffentlich noch andere Grundsteine im Lauf der Zeiten dazu kommen.

Ich habe folgendes Bild für die nähere Zukunft, vor allem bis 2033, mit dem ich diese Betrachtungen ausklingen lassen will: Im Verlauf des 20. und 21. Jahrhunderts haben tausende von Menschen den Grundsteinspruch gesprochen, gehört und meditiert, einzeln und in Gruppen. Viele von diesen Menschen haben den Grundstein im Herzen auch in die nachtodliche Sphäre getragen. Ich habe den Eindruck, dass die gesamte Äthersphäre der Erde heute «durchimprägniert» ist von der Substanz des Grundsteins. Gerade auch die ungeborenen Seelen begegnen bei ihrem Abstieg zur Erde dem Grundstein im Ätherischen. Auch die Göttin Artemis, von der im II. Teil dieses Buchs so ausführlich die Rede war, wird in der Zwischenzeit den Grundstein «kennengelernt» haben. Ihr Begleiten des Ungeborenen auf seinem Weg zur Erdengeburt geschieht nun auch im Zeichen der Grundsteinlegung der neuen Mysterien. Das heißt, zahllose Seelen, die zur Erde kommen, «lernen» die Anthroposophie schon über den Wolken kennen. Ist das vielleicht ein Grund dafür, warum viele junge Menschen heute die Anthroposophie nicht mehr im Gewand «alter» Bücher, und seien sie auch von Rudolf Steiner, aufnehmen wollen? Was hieße das für eine zeitgemäße, sich wandelnde Verbreitung der Anthroposophie?

***

«Göttliches Licht,
Christus-Sonne«

Was für den Grundsteinspruch angedeutet wurde – dass er als Gedankenaura die gesamte Äthersphäre der Erde durchimprägniert –, scheint mir für alle Grundgedanken der Anthroposophie zu gelten. Diese sind in der Welt, wirksam und lebendig. Rudolf Steiner beschreibt, wie durch den Brand des Tempels zu Ephesus die Weisheit und das Leben, welche vorher innerhalb der Tempelwände lebten, in den Weltenäther eingeschrieben wurden. Ein ähnlicher Vorgang ereignete sich durch den Brand des ersten Goetheanums. Das heißt, der Verlust des Baus im Physischen ging mit einer Potenzierung seiner Wirksamkeit im Ätherischen einher. Das kann hoffnungsvoll stimmen. Die moderne Mysterienstätte ist nun von überall aus zu erreichen. Es gelten keine äußeren Aufnahmebedingungen oder Einlassberechtigungen. Gefragt sind innere Beweglichkeit und Geistesgegenwart. Auf der ganzen Welt können jederzeit einzelne Geistsucher oder strebende Gemeinschaften vom ätherischen Goetheanumbau inspiriert, ja geradezu umhüllt werden. Wenn wir lernen, «in Gegensätzen miteinander» (Hermann Jülich[265]) zu arbeiten, sind unsere Möglichkeiten nahezu unbegrenzt. Göttliches Licht trägt uns dann in die Zukunft – und die Christus-Sonne erstrahlt warm aus Menschenherzen.

Mit Johann Wolfgang von Goethe ließe sich zusammenfassend und zugleich Zukunft eröffnend sagen:

> Von der Gewalt, die alle Wesen bindet,
> Befreit der Mensch sich, der sich überwindet.[266]

265 Hermann Jülich, *In Gegensätzen miteinander,* Freiburg i.Br. 1994.

266 Johann Wolfgang von Goethe, *Die Geheimnisse*, in ders., *Werke. Band 2*, Hamburger Ausgabe, München 1994, S. 276.

## Christus und die Freundschaft

Das Urbild der Freundschaft leuchtet in den Abschiedsreden des Christus an seine Jünger im Johannesevangelium auf. Der Gott, der Mensch geworden ist, verbindet sich als Freund mit den Menschen. Hier offenbart sich das Mysterium der Freundschaft in seiner ganzen Tiefe: Es ist auf die Liebe gebaut. Christus spricht zu seinen Jüngern: «Liebet einander, wie ich euch geliebt habe, denn eine größere Liebe kann es nicht geben als die, in der der Sohn des Menschen hingibt sein Leben für seine Freunde. Ja, ihr seid nun meine Freunde, wenn ihr lebt und vollbringt, was ich euch zeige. Ich nenne euch nicht Knechte; der Knecht nämlich versteht nicht, was der Herr tut. Ihr seid meine Freunde, denn alles, was ich im inneren Wort vom Vater gehört habe, ist nun von mir euch kundgetan.»[267] (Joh 15,12-15)

Das ist der neue Bund. Christus verbindet sich in völliger Hingabe und bedingungsloser Liebe mit den Menschen. Jeder kann seine Liebe erfahren. Der «Sohn des Menschen», der Menschensohn, gibt sein Leben hin – für seine Freunde. Die Liebe und die Opfertat Christi sind verwoben mit dem Wesen der Freundschaft.

Die Freundschaft von Gilgamesch und Enkidu beginnt in vorchristlicher Zeit. Noch sind erst die Anfänge wahrer Freundschaft möglich; denn erst Christus wird den Samen der Freundschaft in die Menschheit einpflanzen. Was Gilgamesch und Enkidu, Kratylos und Mysa, Aristoteles und Alexander miteinander erleben und erleiden, ist wie eine Vorbereitung derjenigen Freundschaft, die Christus der Menschheit bringen wird. In diesen drei vorchristlichen Inkarnationen erblicken wir den mühsamen und auch gefahrvollen Weg hin zum Wesen der Freund-

267 *Das Evangelium nach Johannes,* übertragen von Bernd Lampe, Dürnau $^{6}$2004, S. 129.

schaft. Denn Freundschaft beruht auch auf Verschiedenheit der Charaktere (wie verschieden waren die zwölf Jünger!), auf Polarität, auf verstehendem und missverstehendem Gegenübersein. Gerade die Krisen sind die weiterführenden Proben einer Freundschaft. Insofern können wir sagen, die Freundschaft von Gilgamesch und Enkidu erscheint wie die Morgenröte des Mysteriums von Golgatha. Durch die Christus-Sonne, die zur Erde kommt, wird erst vollumfänglich sichtbar und verstehbar, was in Uruk etwa 3000 vor Christus zwischen den beiden werdenden Freunden geschah.

Freunde sind immer Anfänger; denn mit der Freundschaft stehen wir stets im Anfangen – da bauen wir anfänglich an den Fundamenten des Neuen Jerusalems. Das naturgegebene Verstehen und seelisches Mitschwingen mit dem anderen begründen noch keine wirkliche Freundschaft. Auch das Anstoßen an der Andersartigkeit des Freundes gehört dazu. Und die Überwindung von Grenzen, die Aufhebung der Dualität – ich und du – zugunsten eines Dritten: der freie Raum, ein Raum der Liebe, zwischen den Freunden.

Das vorchristliche Karma des hier betrachteten Freundespaares ist so gewaltig, dass auch in der ersten nachchristlichen Inkarnation – als Sigune und Schionatulander – die Tragik in der Beziehung überwiegt. Als Gralsdiener kommen beide in einen innigen Zusammenhang mit dem Christuswirken, aber noch ist die Beziehung selbst nicht geklärt. Schionatulander stirbt zu früh, mitverschuldet durch Sigune, die ihn fortschickte. Sigune kann ihm nur noch nachtrauern, ja gewissermaßen nachsterben. Die Freundschaftsliebe erweist sich hier im schmerzvollen Verzicht. Erst bei Thomas von Aquin und Reginald von Piperno erfüllt sich im rein menschlichen und geistig-religiösen Zusammensein eine Frucht dieses langen Freundschaftsweges. Es wird den beiden in den letzten vierzehn Lebensjahren des

Thomas ein «Haben» geschenkt, von dem sie auch als Freunde etwas haben dürfen. Die Grundsignatur dieser Freundschaft ist sicherlich das Wirken für die Welt, für die Menschheit im Zeichen von Erkenntnissuche und Freiheitsstreben. Davon «haben» die beiden in den verschiedenen Inkarnationen persönlich oft nicht allzuviel.

Christus nennt in den Abschiedsreden des Johannesevangeliums auch die innere Bedingung der Freundschaft, die er uns schenkt: «Ja, ihr seid nun meine Freunde, wenn ihr lebt und vollbringt, was ich euch zeige.» Das heißt, die Freundschaft mit Christus gründet darauf, dass wir aus Freiheit tun, was Christus uns zeigt. Dem liegt zugrunde, dass er uns die Wahrheit – «Ich bin die Wahrheit» (Joh 14,6) – enthüllt: «Ihr seid meine Freunde, denn alles, was ich im inneren Wort vom Vater gehört habe, ist nun von mir euch kundgetan.» Christus offenbart uns den Willen des Vaters. Mit und vor Christus gibt es keine Geheimnisse mehr, alles wird offenbar.

Dies scheint mir auch die Signatur der Freundschaft zwischen Ita Wegman und Rudolf Steiner zu sein. Es ging darum, dass sie ihn erkennt – als karmischen Freund, als Lehrer, als Geistesforscher, als Eingeweihten, als Menschen. Man kann sich fragen, ob Rudolf Steiner in diesem Sinne überhaupt Freunde hatte. Am ehesten wohl noch Marie von Sivers, seine spätere Ehefrau. Aber selbst der Graf Polzer-Hoditz und auch D.N. Dunlop, die beide von Rudolf Steiner als Freunde bezeichnet wurden, haben nicht in der Lebens- *und* in der Geistsphäre ein verstehendes und mitunter missverstehendes Gegenüber für ihn gebildet, wie das zumindest in seinen letzten Lebensjahren die Möglichkeit und Wirklichkeit von Ita Wegman war.

In seiner großen Rudolf Steiner-Biografie veröffentlichte Peter Selg 2012 ein erschütterndes Dokument aus den letzten Lebenstagen Rudolf Steiners. Auf dem Krankenlager, im Angesicht des Todes und eines Scheiterns vieler Bemühungen, die mit dem Weihnachtstagungsimpuls zusammenhingen, fragte Ita Wegman: «Warum ist es so gekommen? Folgte ich nicht liebend was von mir verlangt wurde?«[268] Auch die Antwort Rudolf Steiners notierte sie sich: «Ich dachte nicht genügend an ihn, zuviel an mich selbst, ich sollte das Persönliche fallen lassen. Ich musste ihn besser verstehen.»[269]

Präzise weist Rudolf Steiner hier auf den Quellpunkt wahrer Freundschaft: «Ich musste ihn besser verstehen.» Mit diesem Verstehen Rudolf Steiners war Ita Wegman zuletzt an die Grenzen ihrer Möglichkeiten gelangt, was schmerzhaft für Rudolf Steiner gewesen sein muss. Trotzdem sind sie freundschaftlich und versöhnlich auseinandergegangen. Peter Selg hat die wohl letzten Worte Rudolf Steiners zu Ita Wegman zugänglich gemacht: «Er muss ihr auch angekündigt haben, dass sie von allen, oder vielleicht sehr vielen im Stich gelassen würde, aber von ihm nicht.»[270]

Die Bedrängnis und Ohnmacht, die Ita Wegman und Rudolf Steiner in der Zeit des sechsmonatigen Krankenlagers (29. September 1924 bis 30. März 1925) immer wieder erlebten – «Wie in diesen stillen Stunden gekämpft wurde gegen den Anprall feindlicher Mächte, ist eigentlich nicht möglich zu beschreiben» und «Dämonen Kämpfe jede Nacht / zerstückeln die Gefühle, die heiligen / Gefühle» (Wegman)[271] –, kann uns zu einem anderen Christuswort führen, das den Worten zur Freundschaft unmittelbar vorangeht. Christus sagt den Jüngern in den Abschiedsreden: «Ohne mich könnt Ihr nichts tun.» (Joh 15,5,)

268 Peter Selg, *Rudolf Steiner. 1861 1925: Lebens- und Werkgeschichte. Band 3*, Arlesheim 2012, S. 2067.

269 Ebenda.

270 Peter Selg, *Die letzten drei Jahre. Ita Wegman in Ascona 1940–1943*, Dornach 2006, S. 155.

271 Siehe Peter Selg, *Rudolf Steiner*, Band 3, 2012, S. 2066.

Gerade da, wo das Böse übermächtig erscheint, kann sich ein Zugang zu Christus öffnen. In der Ohnmacht, in dem Eingeständnis, dass ich ohne jede Macht dastehe, alleine und hilflos, da kann die Öffnung zum lebendigen Christus geschehen. Solange ich noch meine, «das schaffe ich alleine», oder «ich brauche keine Hilfe», kann etwas Trennendes zwischen Christus und der bedürftigen Menschenseele stehen. Das scheint der tiefere Sinn des Bösen zu sein: Uns so zu bedrängen, dass wir uns in der Not bittend und fragend dem Christus zuwenden. Zutiefst erleben und erkennen wir dann: *Ohne ihn können wir nichts tun*.

Ungewollt helfen die Dämonen mit, dass die Menschen zu Christus gelangen. Umso drastischer der Zugriff des Bösen wird – durch Wüten der Emotionen oder auch durch kalte Kontrolle, in Hohn und Spott, durch Ausleben von Hass, der zur Verzweiflung treibt –, desto bedürftiger und offener können die Menschen um höhere Hilfe bitten. Christus will gerufen werden als Menschenbruder und Menschenfreund.

Mit Friedrich Schiller möchte ich formulieren: Alle Menschen werden Freunde. Es mag noch ein langer Menschheitsweg bis dahin vor und liegen. Doch das Urbild der Freundschaft zieht uns hinan. Freunde, die einander immer wieder neu verstehen, einander ergänzen, ja ausgleichen. Freunde, die sich die Treue halten. Der Glaube an das sich entwickelnde Ich im anderen kann ein unerschütterlicher Tragegrund werden. Darauf können wir in Zukunft sicher stehen. Ein Geist-Erbauen zwischen Freunden schafft mit an der Erdenzukunft. Helfende Geist-Wesen verbinden sich mit freien schöpferischen Freundesbanden. Sie inspirieren uns, ja wirken heilend bis in Schicksalszusammenhänge und den Lebensorganismus. So schafft Freundschaft wahre Gesundheit, Erkenntnisleben und Zukunftsräume.

***

Das vorliegende Buch möge mit einem Gedicht ausklingen, das Gabriele Kleber geschrieben hat, nach vielen intensiven gemeinsamen Gesprächen über die Inhalte und Fragen dieser karmischen Studie.

*Das Menschheitswerden begleitend*

Aus einer Sonnensphäre in Vorzeittagen,
den Anblick höchster Elohim
im Herzen tragend,
sandten Götter Enkidu
zu leidgeplagtem Volk auf Erden,
das um Erlösung rang.
Urkräftig war er.

Eine Sternenpriesterin war bereit,
in der Einöde den aufzusuchen,
der mit den Tieren sprach.
Liebende Hingabe
aus der Venus Reich
umhüllte ihn als Menschen
und sprach Weiheworte zu ihm.

Zu Gilgamesch ward er geführt,
königlich herrschend in Uruk.
Befriedet werden sollte,
was sich gegenüberstand.
Heftig rangen beide miteinander
und wurden Freunde,
um einen Sonnenweg zu beschreiten.

Auf ihrem Prüfungsgang
wollten Widermächte triumphieren.
Enkidu wurde ihr Opfer – so jung.
Tiefe Trauer wandelte den stolzen Freund,
suchend nach Unsterblichem
ward er milder.

In Ägypten hatte Echnaton
den Sonnengott Aton gepriesen.
Das Land ward ihm geweiht
und menschliche Schöpferkraft
unfreien alten Banden entgegengestellt.
Auch er wurde früh dahingerafft.

Ein Freiheitsfunke
ergriff des Aristoteles Seele.
Zu eigenem Denken rief er auf
und Philosophia trat nahe
aus dem Reiche der Isis.
Alexander, der Seelenfreund, fühlte sich angeregt,
äußere Welten zu erobern.

Weit zog der König umher,
Worte des Lehrers im Herzen tragend.
Mit seinem starken Feuerwillen
zog es ihn nach Osten.
Noch jung wurde er vom Tode eingeholt,
und Aristoteles starb bald darauf.

Nicht genug trug
das irdisch und geistig Eroberte.
Verfinsterung zog herauf.

Gottes Sohn jedoch
war auf dem Weg zu den Menschen,
wovon Zarathustra kündete
und dafür den Leib des Jesus bereitete.
Er kam mit der Taufe durch Johannes
in die Erdenwelt.

Drei Jahre wandelte das Sonnen-Ich
im Heiligen Land umher.
Um unser aller Geschick zu wenden,
opferte es sich in Liebe.
Verraten und ans Kreuz geschlagen,
überwand es den Tod,
um alle Kreatur mitzunehmen.

Seitdem leuchtet sein warmes Liebeslicht,
dessen Zeuge der Evangelist ist,
zu dem Lazarus neu erweckt wurde
aus seiner Sterbenskrankheit.

Und Parzival suchte den Sonnengral.
Aus Eifersucht sollte er getötet werden,
doch traf es Schionatulander.
Sein alter Königsfreund,
wiedergekehrt als Sigune,
wünschte von ihm neuen Sternenbeistand,
was einen Todesgang zur Folge hatte.

Durch ein Fragen
nach der Wunde im Anderen
können wir zum Liebesquell gelangen,
den der Heiland in uns legte,

auf dass der leuchtende Gral
zwischen Menschen neu erstrahle.

Danach strebte auch Thomas von Aquin,
um griechische Erkenntnissuche
mit dem Christuswesen zu befruchten.
Sein Lehrer Albertus half ihm voran
und als Seelenfreund
begleitete ihn Reginald bis zum Tod.

Im Geisteslande weilten sie sodann
in der Michael-Schule,
Muteskräfte empfangend,
um den Finsternisfürsten,
der mit toten Ideen
die Erdenwelt beherrschen will,
durch denkerisches Christusleben
zu besiegen.

So ward Anthroposophia auf Erden geboren.
Ihr Begründer konnte
über fragende Götterdienste
Himmelsgaben den Suchenden reichen.
Ein Haus des Wortes entstand.

Viele schufen mit
im freudig-heiligen Dienste
und trugen Geistesbotschaften in viele Länder.
Karma sollte sich lösen
mit dem Gottessohn inmitten.

Doch ein Hasseswüten zerstörte den Bau
und überforderte die Menschen.
Der Baumeister, tödlich erkrankt,
legte noch Zukunftsgrund
in offene Herzen.

Das Tier aus dem Abgrund stieg auf,
hinterließ unheilvolle Spaltungen
zwischen Menschen
und Millionen von Toten.

Nur noch ein Scheiterhaufen wäre geblieben,
hätte der Christus nicht ncu begonnen,
vom Ätherreich aus zu helfen.
Sein Anblick über die Schwelle hinaus
lässt Zerklüftungen wieder überwinden.
Gutzumachen gilt es, was zerbrach.

Der Schmerz des Verlorenen
kann Herzen umgestalten
und wieder zusammenführen.

Es werden im Zeiten-Menschheitslauf
immer wieder Samen gelegt,
die eine Umkehr zustandebringen.
Gehen sie verwandelnd auf,
leitet unser Bemühen
hin zur Zukunfts-Sonnenerde.

# VIERTER TEIL

# EXKURSE

Nach Abfassung der Grundzüge der vorliegenden Schrift regte mich Johannes Greiner an, verschiedene Menschen zu fragen, ob sie aus ihren Forschungen etwas zu der Thematik meines Buchs beitragen könnten. Sein Motiv war es, dass eigentlich nur eine Gemeinschaft von forschenden Menschen das Welten-Umfassende dieser Arbeit tragen und zu einer Ganzheit ausbilden kann. Diesem Anliegen folgend entstanden aus intensiven Erkenntnisgesprächen verschiedene Exkurse, die Vertiefungsmöglichkeiten und geisteswissenschaftliche Ergänzungen in der Behandlung des Stoffes bieten.

Es sind jeweils zwei Exkurse zu einem der vorhergehenden drei Teile entstanden: Zunächst folgen zwei zur Gilgamesch-Zeit und -Geschichte von Anthea Bischof und Johannes Greiner. Sie umkreisen die geschichtliche Situation von Uruk, die Bedeutung der Ischtar-Mysterien und die Begegnung von Schamchat und Enkidu.

Zwei weitere Exkurse vertiefen die Geschehnisse der Gralszeit. Cordula Zeylmans beschreibt sehr schön die Bedeutung Sigunes für den Werdegang von Parzival; und Anton Kimpfler entschlüsselt prägnant und erhellend die Bedeutung des Brackenseils.

Die beiden Exkurse zum dritten Teil, von Johannes Greiner und Corinna Gleide, verdeutlichen zwei wesentliche Entwicklungs-Momente: Einmal beschreibt Johannes Greiner die Rolle und Aufgabe von Marie von Sivers für die Entwicklung Rudolf Steiners zum Theosophen und Anthroposophen, und zum anderen stellt Corinna Gleide entscheidende esoterische Geschehnisse der Grundsteinlegung bei der Weihnachtstagung dar.

Zusammen mit dem dem Ganzen vorangestellten Geleitwort von Mario Betti und dem das Buch abschließenden Gedicht von Gabriele Kleber ist somit eine begleitende, von Freunden gewobene Tonleiter in acht Stufen entstanden, die meine Darstellungen polyphon durchdringen.

Anthea Bischof

# Ischtar oder das Licht der Sophia

## Enkidu und die Frau aus Uruk

Die Begegnung von Enkidu mit der Frau aus Uruk erzählt von einer Zeit und von Vorstellungen über das Göttliche und die Welt, die uns entschwunden sind. Für unsere Zeit ist dieses Zeugnis kaum mehr verständlich, da wir uns als Menschen sowohl im Bereich der Initiation als auch der Sexualität weit aus der Geborgenheit in den Göttern heraus entwickelt haben. Diese zwei Bereiche sind für uns heute getrennt, doch hier erscheinen sie noch als verbunden.

Die Zeit um 3000 v. Chr. war ein entscheidender Umbruch für die Menschheit, und es gibt keine Rückkehr in die Zeit davor: Diese Äonen sind ein verlorenes Paradies, das Mythen und Geschichten inspiriert, aber nicht mehr erreicht werden kann. Denn mit der Inkarnation Luzifers in China erfassten die Menschengeister die Erkenntnis der physischen Welt.[272]

Von nun an war die physische Welt nicht mehr eingebunden in Schichten von Äther und Astralität, sondern trat scharf umrissen hervor. Man konnte erstmals einen Stein ergreifen und über das Wasser schleudern, so dass er in den Fluss fiel und laut die Gischt aufspritzte, ohne auf die umhüllenden Ätherkräfte zu achten. Diese reagierten zwar auf die Tat, sie waren aber nicht mehr ausschlaggebend. Der Astralleib wurde unvergleichlich freier und die Impulse, die die Wahrnehmung der Welt in ihm

272 Vgl. Rudolf Steiner, *Der Orient im Lichte des Okzidents. Die Kinder des Luzifer und die Brüder Christi*, GA 113

auslösten, wurden schlagartig unabhängig. Ein Gefühl großer Freiheit beflügelte die Menschen, die für diese Wahrnehmung schon bereit waren. Die Augen wurden ihnen geöffnet und die Welt war ihnen ganz neu. Sie schien ihnen zu Füßen zu liegen. Das Ich senkte sich ganz anders in die Verhältnisse des Leibes und konnte sich mächtig empfinden. Das war eine gewaltige Emanzipation des Menschen und sie wirkte sich so aus, dass der begehrende Teil der Seele sich stark hervortat und sein Dasein genoss: Die Empfindungsseele verband sich mit den Sinnen und erfasste intensiv erlebend die physische Welt. Im Vergleich dazu sind wir heute verkrustet in unseren Vorstellungen. Aß man damals einen Granatapfel, Getreide oder ein Gewürz wie Wermut, so erlebte man darin die ganze Fülle der Schöpfung: Man fühlte, wie die Süße die Seele ins Licht der Sonne trug, empfand das Brot wie die nährende Liebe der Götter und die Bitternis wie die gütig raunende Tiefe der Erde. Man ließ zu, dass der Astralleib sich am Erlebnis färbte, am Granatapfel, am anderen Menschen und an der Landschaft. In der beginnenden Empfindungsseelenzeit war bekannt, dass man als Frau ganz andere Erlebnisse hatte denn als Mann. War der Leib männlich und der Ätherleib weiblich, so musste den Menschen das Interesse ergreifen, aus dem Physischen aufs Ätherische zuzugreifen, und die Seelenbewegungen folgten dem: Es entstanden Architektur, Bergbau und die Eroberung der Welt. Hingegen wollte ein Mensch, dessen Leib weiblich und dessen Ätherleib männlich war, von innen her erlebbar machen, was in der Seele regsam war: Es entstanden Innenräume, Gewebe in Form von Kleidern oder Dichtungen und Feste. Damals fühlten die Menschen sehr innig, dass sie sich gegenseitig brauchten. Ehe und Sippe waren wichtig, damit das Individuum gedieh.

Die unmittelbare, heftige Wahrnehmung der physischen Welt betraf die alten, initiierten Seelen stärker als die unreif träumenden. Mit Enkidu kamen viele Menschen zu ihrer ersten Inkarnation, die bis dahin abgewartet hatten. Diese sind seither oft philosophisch und gedanklich stark geworden und teils viel erdverbundener als die älteren Seelen. Enkidu kann als ein Anführer oder Repräsentant dieses Stromes der im Geiste Gebliebenen gesehen werden. Sie durchliefen innerhalb kürzester Zeit die Entwicklung, die die früh Inkarnierten in der Hyperboräis, der Lemuris und der Atlantis bis hin in den Zeitraum um 3000 v. Chr. erfahren hatten. Einige haben vieles vergessen und sagen, Atlantis habe es nie gegeben – denn sie haben es nicht mit Augen gesehen. An Gilgamesch, der schon damals eine alte Seele war, die viel aus Atlantis mitbrachte, ebenso wie an der Priesterin der Ischtar, dem Jäger und dessen Vater sowie der Mutter Gilgameschs, erkennen wir hingegen Lebenserfahrung. Sie alle sprechen zu den Göttern und wirken auf die Stadt. Doch dann wird Gilgamesch durch seine Inkarnation im Astralen unerträglich für seine Umwelt: Er hält die eigene Empfindungsseele kaum aus, weil er keinen Menschen erlebt, der ihm Widerstand leisten kann. Gilgamesch fühlt sich im Grunde einsam. Deshalb wird sein Handeln in Uruk intensiv und anspruchsvoll.

Da erschafft die mütterliche Göttin Aruru mit Enkidu einen Menschen, der ebenso stark sein soll wie Gilgamesch.[273] Diese Schöpfung erinnert an die Genesis, die etwa 2000 Jahre später niedergeschrieben wurde. Die Bildung des Menschen aus Lehm ist ein uraltes Bild, das bis auf Lemurien zurückgeht. Dies ist der Bogen, der mit Enkidu gezogen wird. Er lebt mit den Tieren und raubt den Jägern ihre Beute, weil er sein eigenes Menschsein nutzt, um die Tiere vor den Menschen zu beschützen. Er ist ganz ein Kind des Lebendigen.

273 *Das Gilgamesch-Epos*, hrsg. von Wolfram von Soden, Stuttgart 1988, Tafel 1, II, Vers 33.

Doch dann trifft er den Jäger, dessen Handwerk er gestört hat, und er gerät aus dem Frieden, weil er erkennt, dass dieser ein Mensch ist wie er selbst. Das ist die erste Trennung, die zwischen Enkidu und der göttlichen Welt eintritt. Alle neuzeitlichen Träume vom edlen Wilden[274] bauen eigentlich auf diesem Zustand Enkidus auf, der als lange in der Geisteswelt verbleibende Seele erst spät die Erde betritt und die Zustände Lemuriens, der Atlantis und der Zeit vor Luzifer ganz frei, ohne Schicksal, in sich trägt. Er hat aus dem großen, göttlichen Erbe der Menschheit durch seine Sündlosigkeit noch nichts verloren. Rein, reich und stark ist sein Wesen.

Der Jäger ist eine wichtige Person, denn er vermittelt zwischen der Stadt und der Wildnis. Er kennt beide Welten und ist ein Grenzgänger zwischen der Menschenwelt und der ursprünglichen, aus der jene sich speist. Dabei wird erwähnt, dass der Jäger zu töten oder würgen weiß. In vielen Andeutungen erleben wir diesen erdverbundener oder kainitischer als die anderen Figuren. Der Jäger klagt nun seinem Vater sein Leid. Der Vater weiß Rat, indem er ihn anweist, zu Enkidu eine Frau aus dem Ischtartempel zu bringen, denn durch sie werde diesem das Wild untreu. Um das zu begreifen, müssen wir uns von allen heutigen und hergebrachten Vorstellungen lösen, was die Priesterin der Ischtar denn vollbringen könnte. Alle Themen über Geschlechterrivalität, die die letzten 2700 und besonders die letzten 600 Jahre so verbittert haben, müssen davor weichen. Sonst können wir nicht erkennen, was der Vater des Jägers wusste.

274 Vgl. Jean-Jacques Rousseau, *Abhandlung über den Ursprung und die Grundlage der Ungleichheit unter den Menschen*, oder Daniel Defoe. *Robinson Crusoe*.

Damals war den Menschen bekannt, dass es verschiedene Schichten der Sexualität gab: Es gab einen Auftrag an die lebendige Schöpfung, Nachkommen zu haben. Darum kam über die Menschen, wie über die Tiere, die Ischtarkraft und brachte sie zueinander. Die Kinder und die Jungtiere, die dann gemäß ihrer Zeit geboren wurden, entsprossen dieser Wirkung der Muttergöttinnen. Wenn Menschen in diese Kraft versanken, ein fast taumelnd an die Natur hingegebener Zustand, so genossen darin die Götter Nektar und Ambrosia: Sie wirkten in das Entstehen des Lebens hinein und nahmen die Seelen der Menschen, ja ihre Leiber, in sich auf, so dass die Kinder in gesegneten Verhältnissen geboren werden konnten. Sie griffen in die Erbmasse und das Schicksal gleichermaßen ein wie in weichen Lehm und schufen das neue Leben. Heutigen materialistischen Träumen vom genetisch veredelten Erbgut liegt die Sehnsucht nach dem Getragensein von den Schöpfergöttern zugrunde. Diese Hingabe, die damals den Menschen gegeben war, müsste man heute als eine Verbindung von Religion und der Liebe zu allem Lebendigen bezeichnen. Der Sternenhimmel hüllte ihr Bewusstsein ein und umgab sie mit Geborgenheit, Lebensgenuss und Liebe. Religion und Leben waren ungetrennt. Sie griffen, je nach Jahreszeit, ineinander. Die Gewinnung der Nahrung, die Arbeiten an Haus und Hof, der Bau der Städte und die Fortpflanzung, alles war heilig und wurde zum Wohlgefallen der Götter vollführt. Denn die Geschenke der Götter waren in der Empfindungsseelenzeit voller Freude und Genuss, wie wir es aus der Kunst erkennen können.

Damals erlebten die Menschen die Götter noch viel weiter in die Hierarchien hinauf. Später entschwanden die höheren Hierarchien der Wahrnehmung. Durch das irdische Denken wurde der Himmel klein, diffus und zunehmend anthropomorph. Doch in der Zeit, als Luzifer eben erst mit der Inspiration herankam, erfassten die Menschen ihre Götter noch weit und groß. Somit erleben wir an Ischtar und den anderen viele Aspekte und auch Verbindungen untereinander. Ischtar, als lebensspendend und gütig, trägt in sich Aspekte von Venus und Merkur, aber auch von Jupiter und Hera: Denn diese Gottheit umfasst weiten Überblick, das Leben, die Gesundheit des Leibes, das Gesetz als Gesundheit der Seelen und die Zukunftsschau.[275] Als Gottheit der Weiblichkeit wurde Ischtar als beschützend wahrgenommen, weshalb sie später auch mit Schild und Helm (nicht unähnlich der Athene) dargestellt wurde. Wir können die damit verbundene Stimmung erhaschen, wenn wir am frühen Morgen noch den Mond im Westen sehen, aber die Sonne schon am Horizont steht: Dann erleben wir uns umfasst von all der Weisheit der Ischtar, die aus der Nacht durch den Tag reicht. Beschenkt von den Geschenken des Schlafs schauen wir in die aufklarende Welt, und der Mond spiegelt uns die umfassende Götterweisheit in unser kleines Köpfchen. Das Dreieck, das sich daraus ergibt, von der Sonne zum Mond und zu unserem Bewusstsein, kann als Götterraum wahrgenommen werden, speziell als Raum der Ischtar. Selbstredend wurden andere Götter ebenso umfassend und bis in die höchsten Hierarchien erlebt. Aber es entsprach dem Schicksal des einzelnen Menschen, sich im Gesetz oder im Tempel der einen oder anderen Gottheit zu inkarnieren.

Wer aus dem Tempel der Ischtar heraus wirkte, wandelte in dem beschriebenen Dreieck von Sonne – Mond – Bewusstsein. Betrachten wir in der späteren babylonischen Kunst das sanfte Lächeln, das die Götter und ihre Schutztiere tragen, so erkennen

275 Vgl. Rudolf Steiner, *Freimaurerei und Menschheitsentwickelung*, Vortrag vom 23.10.1905 in *Die Tempellegende und die Goldene Legende*, GA 93, S. 217 und S. 231.

wir darin eine Spur dieser starken Gottheit, denn sie ist in der Begegnung stets gütig und mild, auch wenn man ihr die Kraft des Löwen zusprach. Vergleichen wir die babylonische Kunst mit der Strenge Ägyptens, so empfinden wir mehr Offenheit und Willen zur Freiheit. Es gibt in der ägyptischen Kunst kaum ein Lächeln. In der babylonischen hingegen lächeln selbst die wilden Tiere. Dem entspricht eine andere Wahrnehmung der Götter, einschließlich der Möglichkeit, sich ihnen anzuvertrauen.

Ein anderer, geheimnisvoller Aspekt der Sexualität seit der Atlantis war, dass über die Verbindung der Geschlechter Erkenntnis gewonnen wurde. Wenn es in der Genesis und bei Platon heißt, dass die Menschen in die Geschlechter getrennt wurden, um sie bescheidener zu machen,[276] so trägt das eine tiefe Wahrheit in sich: Denn wenn sich die Geschlechter verbinden, werden sie gegenüber ihren Schöpfern ungeteilt. Die bewussten Chakren der Frau verbinden sich mit den unbewussten Chakren des Mannes und umgekehrt, so dass diese ganz wach und lebendig werden. Unbewusster Wille und empfindendes Bewusstsein durchdringen sich und werden vorübergehend vollkommen und ungeteilt. Die Menschen können auf diesem Wege erfahren, was die Dreifaltigkeit ist, sie können die fernsten, umfassendsten, göttlichsten Bereiche berühren, indem sie für einen Augenblick zum Wahrnehmungsorgan werden. Als Mikrokosmos erfahren sie die umfassende Gottheit im Makrokosmos, ja sogar außerhalb der Zeit: Sie erfahren die Gottheit vor der Schöpfung, in der Schöpfung und am Ende der Welt. In dieser Erkenntnis «sind sie wie Gott» und müssen, um nicht überstark zu werden, wieder in die Lebensnotwendigkeit getrennt werden. Diese Wahrnehmung war und ist initiierten Seelen vorbehalten, wäh-

276 Vgl. Platon, *Das Gastmahl*, 190b-191a und ders.: *Phaidon*. Die Kugelmenschen wurden demnach von Zeus und Apollo in die beiden Geschlechter geteilt. Ebenso Gen 1,26-28

rend die hingebend-träumerische Sexualität, die einst im Frühjahr über alle Lebewesen kam, nicht zu dieser tiefen Erkenntnis führte.

Doch wie jede andere Wahrnehmung muss man diese auch einordnen und lesen können. Das heißt, es gibt keine *Tabula rasa,* sondern eine zugrundeliegende Weisheit, in die hinein diese Erkenntnis sich einfügen kann. Ohne dieses Abbild des Logos oder diese religiöse Eingebundenheit ist die Wahrnehmung aus dem Inneren des Göttlichen nicht verständlich. Der Baum der Erkenntnis verschwindet in dem Moment hinter den Cherubim, da die Menschen die umfassende Gottheit oder Dreifaltigkeit nicht mehr in sich tragen und fühlen. So stürzen die Menschen aus dem Paradics, indem sie den Zugang zu ihrer Herkunft aus dem Göttlichen verlieren. Diese Spiegelung des Sündenfalls auf Lemurien vollzog sich mit der Inkarnation Luzifers zur Zeit Gilgameschs. Die späteren Verirrungen in den Tempeln, die in Degeneration gingen, bezeugen diesen Verlust. Doch wenn Christus zu den Menschen spricht: «Ich und der Vater sind eins» (Joh 10,30), so wendet Er für uns den Weg. Durch Christus können wir wieder in dieses verlorene Paradies heimkehren. –

In dieser umfassenden Erkenntnis, die ihm eine eingeweihte Priesterin vermittelte, erkannte sich der ihr begegnende Mann selbst im Angesicht der Schöpfung und der Entwicklung der Welt. Er wurde ganz zu seinem Ich und erkannte seinen Lebensweg, sein Schicksal und seinen vorgeburtlichen Plan. Das vermochte die Priesterin zu vermitteln, indem sie sich gleichzeitig mit Leib, Seele und Geist ganz an die Gottheit hingab. Sie erlebte die Fülle, aus der wir Menschen hervorgegangen sind, wurde zum menschlichen Abbild der vollkommenen Ischtar. In dieser Begegnung schwand der Schleier der Isis, um Schicksal und Schöpfung zu enthüllen.

Die Ischtarpriesterinnen fühlten in sich den Nachklang der Hierarchien, das Wort, das aus der Schöpfung drang. Sie waren bekleidet mit dem ganzen Sternenhimmel, hätte man damals gesagt. Denn die Weisheit, die ewige Sophia, hüllte sie ein wie ein Kleid. Sie vermittelten zwischen der Erscheinung der Gottheit im Außen und dem Inneren der Seele. Um sich darauf vorzubereiten, mussten sie sich in der Wahrnehmung der Ischtar und der Gottheit Schamasch schulen, dem alten Namen des Erzengels Michael, der diese Sophienweisheit in Menschenworte fasste.[277] Über die Wahrnehmung Schamaschs als einer Gottheit, die den Menschen immer mehr zur Entwicklung des Ichs führt, wurde das individuelle Ich angeregt. Das geschah in der damaligen Zeit aus dem Umkreis heraus: Die Reize der Sinneswelt bewegten die Menschen, so dass das Ich angeregt wurde. Wächter darüber waren die Sonnengötter und mit ihnen Schamasch. Diese Erkenntnis lebte in den Priesterinnen der Ischtar. Sie erkannten in ihrem Gegenüber das Abbild Schamaschs. Deshalb heißt es von Michael, er sei das Angesicht des Göttlichen,[278] weil er die Bündelung des Seins aufs Ich hin gestaltet. Es lag demnach für beide Seiten der Verbindung eine umfassende Wirkung auf die Seele vor. Beide entwickelten sich durch die Begegnung und wurden reifer.

Es ist wichtig zu unterscheiden, dass diese Begegnung und die Erkenntnis der Schöpfung, die darin lag, mit Promiskuität und Beliebigkeit nichts zu tun hatten. Denn die Erkenntnis wurde vor- und nachbereitet, und die Frauen und Männer, die die

277 Vgl. auch Rudolf Steiner, Vortrag vom 30.8.1909, in *Die Kinder Luzifers und die Brüder Christi*, GA 113. Schamasch hieß bei den Chaldäern Merodach oder Marduk und stand in vieler Hinsicht der Göttin der Weisheit gegenüber bzw. vermittelte deren Weisheit in jene Ebene, die Menschen begreifen können.

278 Der hebräische Name Michael bedeutet: Wer ist wie Gott? Rudolf Steiner verbindet diese Wesenheit mit Schamasch, siehe ebenda.

Tempel der Ischtar aufsuchten, waren bereit, ihrem Schicksal ganz zu begegnen. Es war eine Initiation, die die Entwicklung des Ichs in der damals gemäßen Weise voranbrachte.

Wir erkennen daran, dass es eine Sexualität gab, die dem Tempel zugeordnet war und eine andere Art der Sexualität, die die Familien hervorbrachte, die aber auch von den Weisen in den Tempeln geführt und geistig getragen wurde. Sie beide gingen aus den Göttern hervor, aber sie wurden damals unterschieden. Ebenso wurde die Liebe von Herz zu Herz, die sich eben erst entwickelte, von den Impulsen und Wirkungen der Sexualität differenziert.[279]

## *Die Begegnung*

Zur Zeit Gilgameschs fand gerade jenes Erwachen statt, das viele Menschen der Sinneswelt und ihren Genüssen erst so recht öffnete. Bis dahin war das Beieinander von Göttern und Menschen unmittelbar und vertraut. Vor diesem Hintergrund wollen wir die Begegnung zwischen Enkidu und der Frau aus dem Ischtartempel betrachten. In den meisten Übersetzungen und wird sie die «Dirne» genannt. Mit den Schimpfreden, die die hebräische Kultur gegen diese Initiationen hervorbrachte, um die eigene karge Bildlosigkeit ihr gegenüber zu behaupten, hat

279 Vgl. Rudolf Steiner, *Der irdische und der kosmische Mensch*, GA 133, S. 7, Vortrag vom 14.5.1912: «Daß unter gewissen Umständen zu der Liebe zwischen Mann und Weib die Sexualität herantreten kann, begründet nicht, daß man die beiden Begriffe so nahe als möglich aneinander heranbringt: Das Umfassende der Liebe und des Mitgefühls und das ganz spezifische der Sexualität. […] Wie man heute den Begriff der Liebe und den der Sexualität zusammenrückt, weil sie die Dinge unter gewissen Verhältnissen äußerlich beieinander finden.» Ebenso ders.: *Erfahrungen des Übersinnlichen. Die drei Wege der Seele zu Christus,* GA 143, S. 184, Vortrag vom 8.5.1912.

das aber nichts zu tun. Wie leicht wandten sich die Menschen dieser alten Bildgewalt wieder zu und wollten gar nicht darauf verzichten, um dem namenlosen, gesichtslosen, ganz innerlichen Gott zu folgen! Es brauchte Verve und Eloquenz, um sie zu halten. Diese Wortgewalt hat sich erhalten und den Dienst der Priesterinnen in den Ischtartempeln moralisch abgewertet, so wie es noch heute unsere Vorstellungen prägt. Der Name, den man aber in Enkidus Zeit einer Ischtar-Priesterin gab, wäre eher *Dienerin der Ischtar* oder *Geleiterin zu den Heiligtümern der Ischtar* gewesen.[280]

Als die Frau aus dem Ischtartempel die Stadt Uruk verlässt und mit dem Jäger zur Wasserstelle kommt, sammeln sich abends die wilden Tiere und mit ihnen Enkidu, um sich zu erfrischen. In den Worten des Epos erleben wir eine schwingende Poesie. Die Frau lenkt Enkidus Blick von seinen Gefährten auf sich selbst und zeigt – durch ihre Konzentration auf die Göttin Ischtar – mit ihren Wesensgliedern bis in den physischen Leib hinein, dass im Menschsein noch mehr liegt. Sie löst Enkidu durch ihre Anziehung, die sie ausübt, aus dem lemurischen Erbe heraus und zieht ihn über seinen Blick in die Welt der Menschen und ihrer Kultur.[281] Durch den Atemstoß gelangt er ganz in sein Ich, durch die Frau ganz in die Begegnung im Jetzt. Darin wird sein Sein und sein Tun zu Erkenntnis. Enkidu ist bei sich und bei ihr. Aus dem vollkommenen Mikrokosmos erlebt er sich neu im Makrokosmos. Er wird Mensch.

Durch die Verbindung mit der Frau vollzieht sich in ihm eine tiefe Verwandlung. Durch sie, «des Weibes Werk», erkennt er sich in der Schöpfung, wie oben ausgeführt. Er wird – gemäß

280 Die von Historikern des 19. und 20. Jahrhunderts hervorgebrachte These, dies sei das älteste Gewerbe gewesen, muss damit widerlegt werden. Gewerblicher Beischlaf gewann erst nach 2000 v. Chr. an Bedeutung.

281 *Das Gilgamesch-Epos*, hrsg. von Wolfram von Soden, Tafel 1, VI, Vers 16ff.

seiner Zeit – ganz Ich. Er erkennt, dass sein bisheriges Leben nicht alles war, und dass er weitere Aufgaben hat. Die Initiation durch die Dienerin Ischtars wird zu einer Neuorientierung, die ihn ausrichtet. Diese Initiation muss sieben Nächte und sechs Tage dauern, um vollendet zu sein. Dann hat sie vom Ich her Astralleib, Ätherleib und physischen Leib durchdrungen. Als er nun um sich blickt, erkennt ihn sein Wild nicht mehr, die Gazellen fliehen ihn,[282] denn nun ist er nicht mehr lemurisch, nicht mehr atlantisch. Er hat seine übermächtigen Kräfte verloren, doch sein Sinn wächst und wird weit. Im Grunde ist dieses Erlebnis für ihn ebenso tragisch und einschneidend wie das, das von Gilgamesch zuvor beschrieben wird. Die Einsamkeit, keinen passenden Gefährten mehr zu haben, ist durch ihrer beider Herzen gegangen. Sie beide erleben den Verlust, aus dem vollkommenen Getragensein herauszufallen. Doch der wichtige Unterschied ist, dass die Initiation Enkidus gelingt. Die Wandlung vollzieht sich ganz und harmonisch. Die Initiation, die aber Gilgamesch im Westen erfahren will, ist noch nicht ganz ausgereift, weshalb sie im Grunde scheitert. Darin liegt verborgen, was uns Menschen angeht: Die Freundschaft und die Liebe von Ich zu Ich, das sich aus der Sippschaft herauszulösen beginnt, ist noch nicht vollkommen, das unausgereifte Ich hat noch viele Prüfungen vor sich.

Nach der Initiation ist Enkidu der Sprache mächtig. Er erkennt, dass die Götter einen Plan für ihn haben, der ihn aus der Wildnis in die Stadt und die Kultur der Menschen führt. Die Frau lädt ihn ein, nach Uruk zu kommen, um Gilgamesch zu treffen und das Schicksal, das sie ihm aus dem Sternenhimmel hat vermitteln können, zu erfüllen.

Nun wird die Dienerin der Ischtar auch auf mündlichem Weg seine Lehrerin, und er setzt sich zu ihren Füßen nieder und

282 Ebenda, Tafel 1, VI, Vers 23ff.

lauscht. Vom umfassenden Logos hat er zur Sprache der Menschen gefunden. Aus diesem Menschenwort heraus lehrt sie ihn nun die Nahrung, die in der Kultur genossen wird, und führt ihn vom Jäger und Sammler hin zum Sesshaften. Sie zeigt ihm Kleidung und gebraute Getränke, lehrt ihn, den Leib zu waschen und den Gebrauch des Öls. Denn das Öl war wie die gebrauten Getränke eine besondere Errungenschaft der Kultur damals: Es wurde aus Früchten gewonnen, um als Essenz genutzt zu werden. Mit dem Öl ordnete man das kraftvoll wallende Haar der damaligen Menschen, so wie man durch das Morgengebet die Gedanken ordnete. Man kämmte und ölte den Bart, um Lust und Willen menschlich zu machen und des Animalischen zu entkleiden. All diese Bräuche und Weisheiten lehrt der Ischtartempel und vermittelt Enkidu dadurch die Kultur. Als Enkidu der Priesterin in die Stadt folgt, um Gilgamesch zu begegnen, ist er ein neuer Mensch und all dem gewachsen, was als Schicksal auf ihn wartet.

### *Die Anklage*

Auf der sechsten Tafel des Epos finden wir Schimpfreden auf Ischtar.[283] Dieser Bruch ist mit der Begegnung, die wir zu Beginn des Epos' finden, kaum zu begreifen. Denn mit einem Male beschimpft Gilgamesch diejenige, der er so vieles verdankt. Das Epos zeigt hier die Tragik des menschlichen Scheiterns auf. Deshalb muss auch die Schimpftirade Platz finden,[284] denn Gilgamesch spricht darin im Grunde mit sich selbst. Er weiß, dass er in einer früheren weiblichen Inkarnation sein Leben

283 Ebenda, Tafel VI, insbesondere I, Vers 33 bis 44.

284 Rudolf Steiner, *Die Weltgeschichte in anthroposophischer Beleuchtung*, GA 233, S. 49.

nicht zur Vollendung geführt hat, sondern hängengeblieben ist. Die diffuse Erinnerung an seine vergangene Trägheit wirkt sich als Gilgamesch in einem ausgeprägten Vorwärtsdrang aus, so wie sein Charakter zu Beginn des Epos geschildert wird. Dieser Unmut mit sich selbst lässt ihn die Worte gegen das Mysterium der Ischtar sprechen, denn die Göttin wird zur Projektionsfläche seiner Schwäche.

Deshalb nennt er die Dienerin der Ischtar «einen Ofen, der das Eis nicht schmilzt, eine unfertige Tür, die den Wind nicht abhält, einen Elefanten, der seine Decke abreißt» und vieles mehr. Erleben wir darin, dass in der alten Seele Gilgameschs noch das Empfinden seiner karmischen Vergangenheit nachschwingt – aber die Erkenntnis, diese Ahnung auf sich zu beziehen, ist abgerissen. So bekommt die Beschimpfung eine tiefe Tragik.

Johannes Greiner

# Was geschah in den sechs Tagen und sieben Nächten?

## Die Begegnung von Enkidu und Schamchat

«Eabani lernt eine Frau aus Erek[285] kennen, und er wird dadurch in die Stadt gezogen. Er wird der Freund des Gilgamesch und dadurch zieht Friede in die Stadt ein»[286] – so einfach schildert Rudolf Steiner die Ereignisse in den Vorträgen über *Okkulte Geschichte*. Doch was geschieht zwischen Enkidu (Eabani) und der Frau, die ihn aus der Wildnis zur Stadt bringt?

Der moderne Mensch tendiert dazu, das heutige Bewusstsein und die heutigen Werte und Gebräuche in vergangene Zeiten zu projizieren. Wenn er dann von Tempelprostituierten im alten Babylon oder auch in der Zeit Uruks hört, stellt er sich vor, dass es damals in den Tempelbezirken so etwas gegeben hätte wie die heutigen Bordelle. Das stellt eine völlige Verirrung dar.

Um die damalige Zeit verstehen zu können, ist es notwendig, zu begreifen, was die Empfindungsseele des Menschen ist und wie sie entwickelt und kultiviert werden kann. Denn die dritte nachatlantische Kulturepoche, an deren Schwelle die Ereignisse mit Gilgamesch und Enkidu stattgefunden haben, stand im Zeichen der Entwicklung der Empfindungsseele. Von 747 vor Christus bis 1413 nach Christus ging es vor allem um die Ver-

285 Dem damaligen Forschungsstand entsprechend sprach Rudolf Steiner von Erek statt von Uruk.

286 Rudolf Steiner, *Okkulte Geschichte,* GA 126, Dornach 1992, S. 15.

standes- oder Gemütsseele und seither um die Ausbildung der Bewusstseinsseele.

Die Empfindungsseele beschreibt Rudolf Steiner in seiner *Theosophie* so: «Man stelle sich den Menschen vor, wie er von allen Seiten Eindrücke empfängt. Man muß sich ihn zugleich nach allen Richtungen hin, woher er diese Eindrücke empfängt, als Quell der bezeichneten Tätigkeit denken. Nach allen Seiten hin antworten die Empfindungen auf die Eindrücke. Dieser Tätigkeitsquell soll *Empfindungsseele* heißen. Diese Empfindungsseele ist ebenso wirklich wie der physische Körper.»[287]– «An die Empfindungen schließen sich die Gefühle der Lust und Unlust, die Triebe, Instinkte, Leidenschaften. All das trägt denselben Charakter dcs Eigenlebens wie die Empfindungen und ist, wie sie, von der Leiblichkeit abhängig.»[288] – «Durch die Empfindungsseele ist der Mensch dem Tiere verwandt. Auch beim Tiere bemerken wir das Vorhandensein von Empfindungen, Trieben, Instinkten und Leidenschaften. Aber das Tier folgt diesen unmittelbar.»[289]

Es war vor allem Frank Teichmann, der mit vielen konkreten Beispielen herausarbeitete, wie man die Ausbildung der verschiedenen Wesensglieder in den verschiedenen Epochen verstehen kann.[290]

Vor 5.000 Jahren begann in den Menschen erstmals die Empfindungsseele zu erwachen, nachdem sie in den vorangehenden Epochen den Ätherleib und den Seelenleib (Astralleib) entwickelt hatten. Damit wurde die sinnliche Welt schlagartig interessanter. Was man durch die Sinne erleben kann, rückte ins Zentrum des Seeleninteresses. Damit konnte auch ein tier-

287 Rudolf Steiner, *Theosophie*, Dornach 2003, S. 40.

288 Ebenda, S. 42.

289 Ebenda, S. 43.

290 Zur Epoche der Empfindungsseele siehe: Frank Teichmann, *Die Kultur der Empfindungsseele*, Stuttgart 1990.

ähnliches Verhalten verbunden sein, da man nach bestimmten Empfindungen «auf der Jagd» war.

Die Eingeweihten, welche immer auch mit geistigen Wesen höherer Hierarchien verbunden waren, und die schon zukünftige Entwicklungszustände durch die Einweihungen vorweg errangen, hatten die Aufgabe, die Entwicklung der menschlichen Empfindungsseele so zu leiten, dass nicht eine Verrohung stattfand, sondern eine Veredelung, auf dass die Empfindungsseele später einmal eine helfend-empfangende Schale für die Entwicklung des nächsten Seelengliedes der Verstandes- oder Gemütsseele sei.

In den verschiedenen Kulturen geschah diese veredelnde Wirkung auf die Empfindungsseele des Volkes mit verschiedenen Schwerpunkten und auf verschiedene Weise. So wirkten die ägyptischen Eingeweihten vor allem durch klare Formen, strenge Regeln und Bilder und Symbole besänftigend und formend auf die Empfindungsseelen der Bevölkerung.

Anders geschah diese Erziehung der Empfindungsseele im Zweistromland im Einflussbereich der Göttin Ischtar-Innana. Die Empfindungsseele erlebt durch die Sinne. Man war deshalb bestrebt, die Sinneserlebnisse zu verfeinern und die zunächst tierisch-triebhaften Reaktionen der Seele auf die Eindrücke abzudämpfen zu einem ruhig erkennenden Sinneserleben. Indem man die Sinneserlebnisse kultivierte, ordnete und beruhigte man die Seele. Darin liegt der Grund, weswegen im Einflussbereich der Ischtar-Tempel mit den Sinneseindrücken der Tempelbesucher gearbeitet wurde. Da spielten Düfte, Geschmäcker, Schönheit der Körper, sorgfältige und achtsame Berührungen eine große Rolle. Die Priesterinnen waren Erzieherinnen der Empfindungsseele. Was sie taten, kann nicht verstanden werden, wenn man ihnen die viel moderneren Begriffe «Dirne», «Hure» oder «Prostituierte» überstülpt. Das Kosten besonderer Speisen und Gewürze, die Wirkung des Räucherwerks, das kultivierende Bewusstmachen des Leibes durch Berührungen und Massagen, war Erziehung der Empfindungsseele der Menschen, die im Auftrag der Göttin geschah. Welcher Zauber und welche Geistnähe damals von den Tempelbesuchern im Zusammenhang mit diesen ihnen geschenkten Sinneswahrnehmungen erlebt wurden, kann der heutige abgebrühte und durch die Entwicklung der Verstandes- und Gemütsseele seelisch abgeklärte Mensch kaum nachempfinden.

Noch deutlicher wird es, dass vom heutigen Bewusstsein aus die damaligen Ischtar-Priesterinnen kaum verstanden werden können, wenn bedacht wird, wie sie sich selber innerlich fühlten. Um in der geschilderten Weise Harmonie in die Empfindungen der Menschen bringen zu können, mussten sie ihre eigene Seele auch mit einer höheren Harmonie verbinden. Das geschah durch den Bezug zu den Sternen. Diese Frauen konnten die Sternenwelt viel unmittelbarer und wesenhafter wahrnehmen, als das heute möglich ist. Das hing damit zusammen, dass sie im Tagesbewusstsein noch nicht so wach waren wie der moderne Mensch und dafür nachts im Schlaf auch nicht so tief in Bewusstlosigkeit fielen. Ihr Schlaf war luzider. Dabei erlebten sie das Ausdehnen der Seele im Schlaf und das Einswerden mit der Sternenwelt. Wieder erwachend fühlten sie in der eigenen Aura sozusagen Abdrücke der Sternbilder. Sie fühlten den Sternenhimmel in der eigenen Aura. Dadurch strömte fortwährend harmonisierende Kraft in ihre Empfindungsseele, aus der heraus sie dann ihr seelenkultivierendes Tun vollbringen konnten.

Die Göttin Ischtar, die in solcher Weise helfend und inspirierend durch ihre Priesterinnen wirkte, ist sehr schwer zu beschreiben, da sie in sich alles vereinigt, was in der Menschenseele leben kann. Wohl hat die griechische Aphrodite viele Gemeinsamkeiten mit Ischtar. Ischtar ist aber vielseitiger, als wären in ihr auch noch Hera, Artemis – und sogar Zeus – enthalten. Das korrespondiert mit ihrer Aufgabe, nicht *eine* Seite der Empfindungsseele zu impulsieren, sondern sie möglichst umfassend anzuregen und zu kultivieren. Sie ist eigentlich alles, was die Seele umfasst: «Ursprünglich ist sie Fruchtbarkeitsgöttin, Herrin der Speicher und Ställe. Ihr heiliger Bezirk [...] fand sich in Uruk schon in vorstädtischer Epoche. Ihr Kennzeichen wurde dann ersetzt durch einen Stern unter Bezug auf den Abend- und Morgenstern, den Planeten Venus. Da sie auch Göttin des Sturmes war, nahm Inanna/Ischtar dann auch einen kriegerischen Charakter an und wurde zu einer gefürchteten Gottheit. In menschlicher Gestalt ist sie oft bewaffnet und geflügelt in Erobererpose dargestellt. Als Spenderin der Fruchtbarkeit in der Natur wird sie auch zur Herrin über die menschliche Fortpflanzung und damit zur Göttin der Liebe und der Sexualität. In ihr sind die untrennbaren Kräfte vereint, die Leben und Tod bestimmen: dies verdeutlicht ihr Symboltier, der Löwe.»[291]

Wer noch in der geschilderten Weise «nachthellsichtig» war, wie die Ischtar-Priesterinnen zur Zeit Gilgameschs, fühlte sich auch nicht derart in einer Persönlichkeit abgeschlossen, wie sich das der moderne Mensch für alle Zeiten verallgemeinernd vorstellt. Die Priesterinnen waren seelisch miteinander verbunden. Was eine erlebte, sahen auch die anderen vor ihrem inneren Auge. Als eine der Priesterinnen die Stadt verließ und in die Wildnis zu Enkidu ging, waren die anderen mit ihr fortwährend miterlebend. Man wusste im Tempel, was die eine draußen gerade erlebte. So wie Kindergartenkinder stolz zu Hause ein gebasteltes Werk vorstellen können und ehrlich sagen, sie hätten es selbst gemacht, obwohl sie der Kindergärtnerin nur zugeschaut haben, als sie es anfertigte, waren viele Priesterinnen seelisch dabei, als die eine bei Enkidu weilte. Dadurch war die

291 Annie Caubert/Patrick Pouyssegur, *Alter Orient,* Paris 1998, S. 188.

eine auch mit dem Tempel als Ganzes verbunden. Enkidu begegnete nicht nur ihr, sondern durch sie dem ganzen menschlich-göttlichen Zusammenhang des Tempels.[292]

In den sechs Tagen und sieben Nächten, in welchen die Ischtar-Priesterin bei Enkidu war, vollzog sie an ihm das, was die Ischtar-Kulte im Prinzipiellen mit der Menschheit als Erziehungsarbeit der Empfindungsseele leisteten. In dieser kurzen Zeit ging Enkidu den Weg der Menschheit vom Paradies bis zur damaligen Zeit. Er holte gewissermaßen den «Sündenfall» nach.

Rudolf Steiner beschreibt ihn so: «Die Gottheit läßt erstehen aus der Erde heraus Eabani, eine Art von menschlicher Wesenheit, welche im Verhältnis zu Gilgamesch ausschaut wie eine niedere Wesenheit, denn es wird erzählt, daß er Tierfelle hatte, daß er mit Haaren bedeckt war, daß er wie ein Wilder war; aber in seiner Wildheit lebte Gottbeseeltheit, altes Hellsehen, Hellwissen, alte Hell-Erkenntnis.»[293] Wir können an die Schilderung der *Genesis* (2,15) denken: «Und Gott der Schöpfer – Jahwe Elohim – nahm den Menschen zu sich und verlieh ihm, friedvoll zu ruhen in dem Lebensgarten, daß er ihn pflege und sein Hüter sei.»[294] Zunächst handelt Enkidu im Einklang mit den Tieren – als wäre er Freund der Tiergruppenseelen, den «Lebensgarten» pflegend und «sein Hüter» seiend.

Gilgamesch sieht Enkidu schon im Traum. Der erste Mensch, welcher Enkidu leibhaftig sieht, ist ein Jäger. Dieser klagt Gilgamesch:

292 Es ist gut möglich, dass sich eines Tages viele Menschen karmisch mit dieser Priesterin identifizieren. Denn damals «gehörten» diese Erlebnisse noch nicht so streng einem Individuum. Und doch gab es *eine* Frau, die bei Enkidu war. Und auch *eine* Frau, die als oberste Priesterin im Ischtar-Tempel von Uruk das klarste und weiteste Bewusstsein des Geschehens hatte.

293 Rudolf Steiner, *Okkulte Geschichte,* GA 126, Dornach 1992, S. 14.

294 Eberhard Klemp, *Das Schöpfungs-Wort,* Krefeld 1995, S. 54.

Die ich auswarf, die Gruben, er füllte sie an!
Die Flügelnetze, die ich spannte, riß er heraus,
Ließ entrinnen meinen Händen das Wild, der Steppe Getier![295]

Gilgamesch gibt ihm die Ischtar-Priesterin mit, auf dass sie Enkidu von seinen Träumen trenne und in die Stadt bringe,

> zu trennen Enkidu
> von seinen Träumen,
> dass er die Erde betrete wie wir
> und bleibe nicht länger
> jenseits der Tore.[296]

In dieser Nachdichtung von Hella Krause-Zimmer klingt an, dass das Betreten der Stadt auch mit dem Einzug in den eigenen physischen Leib zusammengesehen werden kann. Die Stadtmauer ist für den Organismus der Stadt dasjenige, was für den Menschen die Haut ist. Der noch paradiesisch gestimmte Enkidu – «Enkidu kennt sein irdisches Wesen noch nicht. Mit göttlichen Träumen umgibt er sich mächtig die Seele»[297] – ist bisher noch nicht mit seinem Bewusstsein im Leib erwacht. Was die Priesterin an ihm tut, ist also auch als Inkarnationshilfe zu verstehen, auf dass er seinen physischen Leib mit dem seelischen Bewusstsein ergreife.

Wenn er später die Tore Uruks durchschreitet, so durchschreitet er damit auch die Tore seines Leibes. Alles davor durch die Priesterin Erlebte kann als Vorbereitung aufgefasst werden für dieses «Einsteigen» in den Leib. Die aus der Leibeswelt entnommenen Bilder für die Vorgänge vor dem Durchschreiten

295 *Das Gilgamesch-Epos*, übersetzt und mit Anmerkungen versehen von Albert Schott, Stuttgart 1997, S. 19.

296 Hella Krause-Zimmer, *Gesammelte Dramen aus verschiedenen Kulturen*, Dürnau 2018, S. 487.

297 Ebenda, S. 486.

der Mauern von Uruk müssen vorsichtig aufgefasst werden. Es sind Bilder aus der Leibeswelt für Erlebnisse, bei denen das Wesentliche noch außerhalb der Leibeswelt geschieht und der Leib erst von «außen» kommend errungen wird. Was das Epos als sich innerhalb der Mauern abspielend schildert, ist anders aufzufassen als dasjenige, was außerhalb erlebt wird. Was außerhalb der Mauern geschieht (Enkidus Kommen, der Gang zu Chumbaba, Gilgameschs Suche nach der Unsterblichkeit) kann so aufgefasst werden, dass dabei das Wesentliche im Nichtleiblichen stattfindet.

Es wird betont, dass Enkidu sechs Tage und sieben Nächte wacht:

> Sein Liebesspiel raunte er über ihr.
> Sechs Tage und sieben Nächte war Enkidu auf.[298]

Die Einweihung, welche Gilgamesch am Ende des Epos erstrebt, beruht auch darauf, so lange zu «wachen». Er wird es nicht schaffen. Durch die Betonung dieser Zeitspanne wird aber deutlich, dass dasjenige, was Enkidu mit der Priesterin erlebt, eine Art Einweihung ist. Aus paradiesischem Seelenzustand kommend, vermag er, was dem nach Erkenntnis strebenden Gilgamesch später nicht möglich sein wird.[299]

Nach der Zweisamkeit mit der Frau fühlen die Tiere, dass Enkidu nicht mehr zu ihrer Sphäre gehört und fliehen vor ihm. Er verliert viel – das Paradies stößt ihn sozusagen ab:

298 *Das Gilgamesch-Epos*, übersetzt und mit Anmerkungen versehen von Albert Schott, Stuttgart 1997, S. 21.

299 Dazwischen werden sie aber gemeinsam sechs Tage und sieben Nächte wandern, um zu Chumbaba zu gelangen, und als Enkidu stirbt, weint Gilgamesch so lange über seiner Leiche. Das erste Mal erscheint diese Zeitspanne im Zusammenhang mit einem Liebesgeschehen, das zweite Mal als Teil einer gemeinsam vollbrachten Heldentat, das dritte Mal im Zeichen der Trauer um den Freund. Das vierte Mal, ohne Freund, gelingt es nicht mehr.

Eine Welt versank dir, Enkidu,
eine Welt hat dich verstoßen
und erkennt dich nicht mehr. […]
Hörst du das Krachen der Tore,
die dich verbannen?[300]

Wie bezüglich der Vertreibung aus dem Paradies ist auch dies nicht als Strafe aufzufassen. Seine Organisation braucht nun eine andere Umgebung. Er hat seine himmlische Reinheit verloren – dafür beginnt sich in ihm eine menschliche Wachheit zu regen:

Beschmutzt hatte Enkidu seinen ganz reinen Körper,[301]
still standen da seine Knie, die sonst gewohnt,
mit der Herde zu laufen,
Geschwächt war da Enkidu, sein Laufen war
nicht mehr so wie zuvor.
Doch (mit einem Male) besaß er Verstand,
und tief war seine Einsicht.
Er kehrte zurück und setzte sich nieder,
der Priesterin[302] zu Füßen.[303]

300 Hella Krause-Zimmer, *Gesammelte Dramen aus verschiedenen Kulturen*, S. 489.

301 An dieser Stelle fehlt etwas in der Überlieferung. Es ist der «reine Leib» genannt, es fehlen aber die Worte, die besagen, um was es geht. Albert Schott übersetzte und ergänzte so: «Anspringen ließ Enkidu seinen gereinigten Leib» (S. 21). Wolfgang Rölling übersetzte und ergänzte: «Fremd geworden war Enkidu mit seinem glänzenden Körper» (Stuttgart 2012, S. 39). Hier scheint mir aber Stefan M. Mauls Übersetzung am stimmigsten.

302 Stefan M. Maul braucht hier das Wort «Dirne». Aus den oben dargelegten Gründen tauschen wir hier und an folgenden Stellen das Wort «Dirne» mit «Priesterin», um nicht unzutreffende Assoziationen zu wecken.

303 *Das Gilgamesch-Epos,* neu übersetzt und kommentiert von Stefan M. Maul, München 2005, S. 53.

In der kurzen Zeit der Begegnung mit der Priesterin liegt eine unglaubliche Dramatik. Zwei Bewusstseinszustände lösen sich im Wesen Enkidus ab. Er entringt sich der alten Welt – sie löst sich von ihm. Die neue Welt erlebt ihren Sonnenaufgang. Die Verheißung der nachparadiesischen, neuen Bewusstseinsebene trägt er schon in sich – die Priesterin ahnt in ihm, was Zukunftspotential ist: Durch die Weisheit, die Unterscheidung zwischen Gut und Böse, wieder zum Göttlichen zurückzufinden.

> Die Priesterin sprach zu ihm, zu Enkidu:
> Weise bist du, Enkidu, bist wie ein Gott![304]

Am Ende des Oberuferer Paradeisspiels sagt Gott über den gefallenen und sich wieder aufrichtenden Adam ähnliche Worte:

> Sieh her, wie ist Adam worden so reich:
> einem Gotte ist er worden gleich,
> er weiß das Bös und auch das Gut.[305]

Das sechs Tage und sieben Nächte dauernde «Liebeswachen» bringt die alte Paradieseswelt um Enkidus Seele zum Versinken. Nun ist die alte Welt zurückgelassen. Und für die neue Welt muss Enkidu erst gerüstet werden. Auch dabei hilft ihm die Priesterin. Nachdem die Tiere von ihm zurückweichen, wendet er sich um,

> Ihr ins Antlitz schauend, der Priesterin;
> Und der Priesterin, wie sie redet, hören zu Ohren.[306]

304 Ebenda, S. 22.

305 *Die Oberuferer Weihnachtsspiele nach Karl Julius Schröer und Rudolf Steiner*, Dornach 1997, S. 40.

306 *Das Gilgamesch-Epos*, übersetzt und mit Anmerkungen versehen von Albert Schott, Stuttgart 1997, S. 21.

Sie erzählt ihm von Gilgamesch, vom Tempel, von den Menschen überhaupt. Seine Seele wird menschlich durch das, was aus ihrer Rede und ihrem Anblick in seine Seele fließt.[307] Sie gibt ihm von ihrem Eigenen und von dem, dem sie als Priesterin dient. Verbildlicht ist dies darin, dass sie ihn mit einem ihrer Kleider einhüllt:

> Er hörte ihr Wort, stimmte zu ihrer Rede,
> Des Weibes Rat fiel in sein Herz.
> Ein Gewand zog sie aus:
> Ihn bekleidete sie mit dem einen,
> Das andere Gewand behielt sie selbst an.
> Sie nahm ihn an die Hand, ihn wie ein Gott
> Zu führen zu des Hirten Tisch, zur Stätte des Hofes.[308]

Sie führt ihn nicht nur äußerlich, sondern auch innerlich durch dasjenige, was er von ihr aufgenommen hat. Die innere und äußere Kleidung, die er durch sie erhält, gibt ihm Aufrechte und Ausrichtung. Danach fordert sie ihn auf, Brot und «Rauschtrank» zu trinken. Dadurch beginnt sein neu erwachtes und noch in weißer Reinheit lebendes Ich innerlich zu erglühen. Dionysos greift nun ein:

> Brot aß Enkidu, bis er gesättigt war,
> Trank den Rauschtrank – der Krüge sieben!

307 Dabei fühle ich mich erinnert an die Schilderungen Rudolf Steiners bezüglich der Zeit der Lemuris, wo durch das Sprechen der Priesterinnen in den Zuhörenden das seelische Leben anfänglich geweckt wurde: «Langsam, in rhythmischer Folge strömen von ihren Lippen wundersame, wenige Laute, die sich immer wiederholen. In Kreisen herum sitzt eine Anzahl Männer und Frauen mit traumverlorenen Gesichtern, inneres Leben aus dem Gehörten saugend.» Rudolf Steiner, *Aus der Akasha-Chronik,* GA 11, Dornach 1990, S. 68f.

308 *Das Gilgamesch-Epos*, übersetzt und mit Anmerkungen versehen von Albert Schott, S. 26.

Frei ward sein Inneres und heiter,
Es frohlockte sein Herz, und sein Antlitz erstrahlte![309]

Nun ist es an der Zeit, die letzten Reste des alten Zustandes abzulegen: «Mit Wasser wusch er ab seinen haarigen Leib»[310]. Mit Wasser verabschiedet er sich von der alten Welt, mit dem licht- und wärmeentsprungenen Öl begrüßt er die neue Welt:

Er salbte sich mit Öl und wurde dadurch ein Mensch.[311]

Wir mögen uns an dieser Stelle erinnert fühlen an das Alte Testament, wo die Könige durch die Salbung des Hauptes mit Öl ihre Königswürde erlangten, oder an Maria Magdalena, welche dem Jesus Christus mit kostbarem Öl die Füße salbte. – Nachdem die Frau ihn bekleidet hat, kleidet er sich nun noch selbst:

Ein Gewand zog er an, wie die Männer ist er nun.
Seine Waffe nahm er, gegen die Löwen anzugehen.[312]

Nun wird er zum Wächter der Menschen, nachdem er früher Wächter der Tiere war:

Es legen sich nachts schlafen die Hirten!
Er erschlug die Wölfe, verjagte die Löwen.
Es ruhten die alten Hüter:
Enkidu ist ihr Wächter,
Der wache Mensch, der eine Mann.[313]

Prägnant fasst der Übersetzer Stefan M. Maul das bisherige Geschehen zusammen: «Der erste, leider nur sehr schlecht er-

309 Ebenda.
310 Ebenda.
311 Ebenda, S. 27.
312 Ebenda.
313 Ebenda, S. 27.

haltene Abschnitt der zweiten Tafel des Gilgamesch-Epos [...] vermittelt uns im erzählerischen Gewande die altorientalische Vorstellung von der Urgeschichte der Menschheit, deren frühe Entwicklungen Enkidu in einer schrittweisen ›Menschwerdung‹ nachvollzieht. In der Erzählung des Epos ist es Schamchat, die Priesterin und Dienerin Ischtars, der Stadtgöttin von Uruk, die den wilden Ur-Menschen Enkidu auf seinem Werdegang zum Kultur-Menschen geleitet. Sie bekleidet ihn, den Nackten, und führt ihn aus der unberührten Steppe in das Lager der Hirten, das gewissermaßen auf halber Strecke zwischen der Wildnis der Natur und der Städtischen Kultur liegt. Hier lernt der grasfressende Enkidu, so wie die Menschen Brot zu essen und Bier zu trinken. Im Hirtenlager beginnt er, seine ungezügelte Kraft zugunsten der menschlichen Kultur einzusetzen. Er, der die Natur wie niemand anders kennt, übernimmt die Aufgaben der Hirten. Wenn diese schlafen, verjagt und erschlägt er die Löwen und Wölfe und löst sich so endgültig aus der Gemeinschaft der Tiere.»[314]

Nun ist Enkidu bereit, Gilgamesch zu begegnen.

> Und er folgt der neuen Gefährtin,
> der Schönen im schönen Gewande,
> folgt ihr nach Uruk,
> zu Ischtars und Gilgameschs Stadt.[315]

Er trifft Gilgamesch bei den Mauern Uruks. Mit ihm ringend, ringt er sich ganz in den Leib. Mit ihm ringend, findet er seinen Freund.

314 *Das Gilgamesch-Epos,* neu übersetzt und kommentiert von Stefan M. Maul, München 2005, S. 25.

315 Hella Krause-Zimmer, *Gesammelte Dramen aus verschiedenen Kulturen,* Dürnau 2018, S. 490.

Cordula Zeylmans van Emmichoven

# Was für eine Aufgabe hat Sigune gegenüber Parzival?

Parzival trifft das erste Mal im Wald auf Sigune, die in großem Jammer den soeben getöteten Schionatulander, ihren geliebten Freund, auf dem Schoß hält. Durch sie erfährt Parzival seinen Namen, seine Herkunft und auch sein rechtmäßiges Erbe als zukünftiger König von Norgals, dessen Länder Schionatulander vor Orilus und dessen Brüdern noch geschützt hatte. Nun hat Orilus ihn getötet, obwohl Schionatulander diesen im Zweikampf zuerst noch überwunden und ihm Gnade erwiesen hatte.

Nachdem Parzival, zum Ritter ausgebildet, die Königin Kondwiramurs von ihren Feinden befreit und ihre Hand zur Ehe erhalten hat, gelangt er, auf der Suche nach seiner Mutter, auf die Gralsburg. Das mag mindestens ein Jahr später gewesen sein, da er von Kondwiramurs zwei Söhne bekommen hat. Nachdem Parzival nicht zur rechten Zeit nach dem Leiden von Anfortas gefragt und allein aus der Gralsburg hinausfinden musste, trifft er das zweite Mal Sigune. Hier wird es sich um einen imaginativen Eindruck handeln, wenn er sie auf der Linde mit dem einbalsamierten Leichnam erblickt, denn so lange wird sie dort oben wohl nicht gelebt haben. Alle Hoffnung, dass Parzival auf der Gralsburg durch sein Fragen Anfortas erlöst habe, schwindet ihr in den Abgrund bei dessen Geständnis. Dieser zweite Schmerz lässt sie erstarren, sodass sie Parzival verstößt. Und dieser erfährt von ihr das Ausmaß seiner Schuld.

Als Parzival danach von Kundrie, der hässlichen Botin der Gralsburg, auch aus der berühmten Runde des Artus verjagt wird, verschwindet er in der Dunkelheit des tiefen Tales, durch das er nun gehen muss, indem er sogar Gott nicht mehr dienen will.

Nach einiger Zeit trifft der immer weiter nach dem Gralsschloss Suchende auf die Einsiedlerklause, in der nun Sigune lebt mit ihrem Schionatulander im Sarg. Sie und Parzival erkennen einander zunächst nicht; sie nehmen aber die Klage voneinander auf und finden sich so wieder. Sigune weist ihn auf die Fährte zum Gralsschloss durch Kundrie, die Sigune mit Nahrung am Leben erhält. Diese Spur verliert Parzival bald wieder, erhält aber im Kampf mit einem Hüter des Bezirkes ein Gralspferd. Mit diesem findet er zur Klause von Trevrizent, dem Einsiedler und Bruder von Anfortas, und im Gespräch mit ihm zur Einsicht. «Vor fünf Jahren habe ich meine Frau Kondwiramurs verlassen», sagt er, der er ihr immer treu blieb. Sein wohl unerreichbares Ziel, dem Gralskönig die richtige Frage zu stellen, gibt er dennoch nicht auf.

Letztendlich erscheint doch Parzivals Name auf dem Gral. Von Kundrie gerufen kann er Anfortas erlösen und übernimmt sein Amt als Hüter des Grals. Mit seinem Bruder Feirefiz und Gefolge reitet er dann zu Kondwiramurs und seinen zwei Söhnen, die ihn mit ihren Leuten auf einer Wiese erwarten, auf der er einst beim Anblick einiger Blutstropfen im Schnee wie in einem Traum von seiner Frau versunken gewesen war. Auf dem Rückweg sucht Parzival Sigunes Klause auf und findet sie kniend vor dem Sarg, gerade gestorben. So bettet er sie zu Schionatulander, der noch wie lebendig aussieht. Dies weist auf eine hohe Geistesmacht zwischen Sigune und Schionatulander.

Sigune ist diejenige, die Parzivals ganzen Weg zum Gral von Anfang an begleitet hat. Das könnten annähernd sieben Jahre gewesen sein. Als Sigune einst auf dem Halsband und der Leine des Hundes in kostbarer Schrift etwas von den zwölf Tugenden entzifferte, wusste sie, dass diese ihr innerer Weg werden sollten. Sie hat Halsband und Leine nach Schionatulanders Tod von der Ritterschaft überreicht bekommen. Damit muss sie in der langen Zeit als Einsiedlerin gelebt haben. Ihren inneren Weg wird Schionatulander von jenseits der Schwelle innig begleitet haben. Ist so der Weg des irrenden und suchenden Parzivals durch jenen inneren ergänzt worden, den der strebende und sich entwickelnde Mensch, den Sigune sucht? Denn im Schlaf verbinden sich jede Nacht jene Seelen, die miteinander eine Aufgabe haben.

Der Spürsinn des Hundes, der Bracke, ist ein Bild für die «Fährte», die gesucht wird, um das Ungestüme und Irrende zurückzuhalten und durch dic Anweisungen zu verwandeln, die eben dem Halsband und der Leine als zwölf Tugenden eingeprägt sind. Versuchen wir nun, diesem inneren Weg, wie ihn Albrecht von Scharfenberg beschrieben hat, zu folgen:

Wenn du zum Ehrentanze
langsam und leise gehst,
zwölf Blumen Dir zum Kranze
du flichtst, damit du vor dir selbst bestehst
in reiner Zucht am keuschen Weiheort.
Nun hüte wohl die Fährte.
Dein Kranz strahlt licht, von keiner Sucht umflort. [316]

Wer langsam und leise zu einem Ehrentanz geht, bereitet sich auch auf ein innerliches Bewegen und Bewegt-Werden vor – frei von der Schwere des Erdenlebens. Das geschieht gemeinsam, als Paar und im Kreis. «Damit du vor dir selbst bestehst»

316 Diese Sprüche zu den zwölf Tugenden des Brackenseils zitieren wir nach Emanuel Zeylmans, *Die Erkraftung des Herzens*, Arlesheim 2009, S. 65ff.

deutet auf den einzelnen Menschen mit seinem Ich hin, das sich frei dafür entscheidet. Erhielt der Adept in den alten Mysterien innerlich die Krone, offen für die Weisheit über dem Haupt, die er empfängt, so soll er sich nun selbst einen Kranz von zwölf Blumen flechten, der das eigene Haupt umfasst. Das deutet auf einen inneren Übungsweg hin, der zugleich mit den zwölf Sternen-Seelenkräften des Tierkreises verbunden ist. Daraus kann eine neue Himmelskrone werden. Erkennen wir diesen Weg, wenn wir durch das Leben mit einer vertieften Wahrnehmung und Konzentration uns selbst erziehen lernen?

Von allen zwölf Blumen der Tugenden wird als erstes die «reine Zucht» genannt, die sich unter den göttlichen Willen stellt, ohne Eigensucht. Ebenso bildet für alle immer neu den inneren Raum am «keuschen Weiheort» die zweite der Blumen. Diesen inneren Raum der Konzentration und Meditation gilt es immer wieder– in reiner Zucht und Keuschheit – von störenden Einfällen und Gedanken aus dem Alltag frei zu machen.

So spricht die dritte Blume
(daß sie mir niemand kränke):
Sei mild! Und nicht zum Ruhme
der Welt. Nur Gotteslobs dabei gedenke.
Der Milde miß ein Maß nach steter Lehre.
Nun hüte wohl der Fährte,
daß Milde nicht in Argheit sich verkehre.

Die dritte Blume spricht: «Sei mild!» Das umfasst ein wachsendes Verständnis für das Wesen im anderen, auch gegenüber dem eigenen Bemühen, wenn es nicht so gelingt wie erhofft.

Die vierte Blume, Treue,
die ziert ob aller Zierde,

im Tau gebrochne, neue.
O daß ihr Wert niemals gewandelt würde!
Die Treue hat Sankt Petern wiederbracht.
Nun hüte wohl der Fährte,
daß du nicht fällst wie Judas in die Acht.

Die «im Tau gebrochne, neue» Blume ist die vierte, die Treue, mit der die Seele sich nach der Nacht wieder DEM zuwendet, zu dem einst auch St. Petrus wieder fand, im Gegensatz zu Judas, der IHN verriet.

Hier steht die fünfte Blume,
von Verwesung frei,
in Wohlgeruch und Ruhme
und ziert noch besser als die besten drei.
Man nennt sie auch das Maß in allen Dingen.
Nun hüte wohl der Fährte.
Dir wird dein Kranz die Himmelskrone bringen.

Da fügt sich die fünfte Blume als «das Maß in allen Dingen» hinzu. Sie kann auch als Gleichgewicht gesehen werden zwischen der Zeit für geistiges Studium und der Fürsorge für das Lebendige, das mit den Aufgaben im eigenen Umkreis verbunden ist, allein oder mit anderen Menschen gemeinsam.

Die sechste ist die Sorge;
sie führt viel Gut mit sich.
Wer Güter leiht auf Borge
und so sein Leben länget liederlich,
der führet Leib und Seel' in Ungelücke.
Nun hüte wohl der Fährte,
daß die Vermessenheit dich nicht verzücke.

Die sechste Blume betrifft nicht nur die Sorge um anvertrautes Gut, sondern hütet auch vor der Vermessenheit, sich in seinen Fähigkeiten zu überschätzen oder sich geistig zuzuschreiben, wofür man noch nicht reif ist. Mit wahrer Bescheidenheit hat dies zu tun.

Die siebte Blume schämet
sich ihrer Tugendziele,
zu welchen sie bequemet,
Erzieherin im schönsten Jugendspiele.
Wer sie verliert, ist hier und dort verlassen.
Nun hüte wohl der Fährte.
Die Scham geleitet dich durch alle Gassen.

Das zeigt sich auf der Fährte der siebten Blume, die der Wanderer verfolgt, der von Jugend auf in seiner Selbsterkenntnis bescheiden bleibt und sich schämen würde für den, der angibt.

Die achte Blume hüllet
das Herz in Rosenröte,
das die Vernunft erfüllet.
Bringt Herzensunvernunft in Nöte,
so pflücke bald und halte fest die holde.
Nun hüte wohl der Fährte.
Sie schmücket baß denn der Saphir im Golde.

Wenn es nicht nur der Kopf, sondern auch das Herz ist, das «die Vernunft erfüllet», dann geschieht das im Rosenrot zunehmender Liebefähigkeit. Die achte Blume ist die Oktave zur ersten, der reinen Zucht. Sie schützt das Herz, wenn es in Not ist. Das mag Sigune oft erfahren, wenn sie durch die Vernunft, gleich dem ruhigen Blau des Saphir, sich im Gold inneren Sonnenlichtes wiedergewinnt.

Standhaft an ihrer Stätte
die neunte Blume blüht.
Sein' Ehr' versäumt der Späte,
der sich nicht auf der Fahrt um sie bemüht.
Der fährt dir Krümme und der strauchelt leicht.
Nun hüte wohl der Fährte.
So wird beständig deine Furt dir seicht.

Die neunte Blume blüht, wenn die Einsiedlerin in allen inneren und äußeren Schwierigkeiten standhaft bleibt. Dann führt ihr Weg nicht in Untiefen, sondern durchquert den Fluss an seichten Stellen.

Die zehnte Blume, Demut,
sie darf zum Himmel steigen.
Der Hochmut, stets noch ungut,
muß tiefer nur den stolzen Nacken beugen.
Das ward an Luzifer gerecht befunden.
Nun hüte wohl der Fährte,
daß du nicht wirst mit Luzifer gebunden.

Auf der zehnten Stufe steht die Demut, durch die der Übende in sich den Hochmut Luzifers überwunden hat. Die Macht von Luzifer und Ahriman hat Parzival erfahren und auch Sigune. So versucht sie in der dritten Begegnung dem Suchenden weiterzuhelfen.

Die elfte ist Geduld,
in ihr sollst du erkraften.
Wer Welt- und Gotteshuld
vertobt im Drang der wirren Leidenschaften,
den weise die Geduld in ihre Schranken.
Nun hüte wohl der Fährte.
Zur Himmelspforte tragen dich Gedanken.

Die elfte Blume ist die Geduld, die für Parzivals Sehnsucht weiterhin eine Schwelle bleibt. In der Einsiedelei von Trevrizent empfängt er die wahren Gedanken, die ihn «zur Himmelspforte tragen» werden. Sigune – äußerlich in der Trauer wie festgebannt – lebt Parzival geduldiges Erwarten in ihrer weiblichen Seele vor.

Die zwölfte Blume süße,
    sie ist die wahre Minne.
Wenn ich sie meine, grüße
    ich jene, die enttäuscht den Trug der Sinne.
Ihr Name fand sich auch an jenem Strange.
    Nun hüte wohl der Fährte.
Sie weiset dich nach aller Engel Sange.

Die zwölfte Blume ist die wahre Minne. Diese finden wir in Verbindung mit Christus. Davon erklingt «aller Engel Sange».

Die Sonne stand mit ihrem Frühlingspunkt im Zeichen des Widders, als Jesus geboren wurde und als Christus sich mit ihm in der Jordan-Taufe verband. So steht in diesem Zeichen, nach Rudolf Steiner, «das Ereignis». Sehen wir es in Verbindung mit den ersten beiden Tugenden «in reiner Zucht am keuschen Weiheort», so ist es seit Golgatha für jeden Menschen zu seiner Zeit möglich, einen Weg der Schulung zu suchen, durch den er im inneren Werden mit Christus im Erdensein tätig sein kann.

Für die Fische als letztes Zeichen im Tierkreis, aus dem jeder Mensch geboren wird, heißt es: «Das Ereignis ist Schicksal geworden.» Das zeigt sich auch an Parzivals Schicksal. Entgegen allem überlieferten Wissen erscheint sein Name auf dem Gral. Er kann nun Anfortas erlösen und wird selbst Hüter des Grals. Kann er dieses Amt übernehmen, weil er außer seinem Suchen und seinen Fähigkeiten in wahrer Ritterschaft von der entsagungsvoll übenden Sigune begleitet wurde, in Verbindung mit der hohen Kraft von Schionatulander?

Die zwölf Tugenden des Brackenseils gehören wohl zu den Übungen, durch die seit jeher ein Mensch eine zielbewusste, auf das Wohl der menschlichen Entwicklung gerichtete Schulung anstreben kann. Sie haben nur unterschiedliche Betonungen im Verlauf der Menschheitsgeschichte. So können wir uns fragen, ob sich auch eine Beziehung zu den sechs Nebenübungen ergibt, wie Rudolf Steiner sie grundlegend neben dem Studium der Anthroposophie für unsere jetzige Zeit immer wieder dargestellt hat. Sie gehören innerhalb der sieben Chakren des Menschen zur Ausbildung der zwölfblättrigen Lotusblume des Herzens. Sechs Blätter dieses Geistorganes wurden schon in frühen Zeiten menschlicher Entwicklung ausgebildet und können durch die sechs heute zu entwickelnden aufs Neue regsam werden.

Die erste Übung ist die Gedankenkontrolle, sachgemäß an der Erscheinung und Herstellung eines einfachen Gegenstandes ausgeführt, täglich mindestens einen Monat lang oder mehr. Beim Anhören von unlogischen Gedanken kann, zumindest im Stillen, das logisch Stimmige hinzugefügt werden.

Bei den zwölf Tugenden wird als achte die Vernunft genannt, als eine rosenrote Blüte des Herzens sich entwickelnd, liebevoll auf das zu Erkennende gerichtet, getreulich gleich dem Blau des Saphirs im klaren Sonnenlicht.

Die zweite der Neben- beziehungsweise Grundübungen betrifft die Kontrolle der Handlungen. Dadurch wird alles Unbefriedigende, Haltlose im Willensleben bearbeitet. Es geht um eine unbedeutende Handlung, täglich zur selben Zeit, aus eigener Initiative heraus getan. Das begünstigt auch die täglichen Zeiten der Meditation als einer freien Willenstat.

Als erste der Tugendblumen wird die «reine Zucht» genannt am keuschen Weiheort, also verborgen im Herzen. In rhythmisch sich wiederholenden Bewegungen vollzieht sich der Ehrentanz langsam und leise. Auch die vierte Blume, die Treue gegenüber der selbst gewählten täglichen Handlung, kann einbezogen werden.

Die dritte Übung betrifft ein seelisches Gleichgewicht im Leben, indem die Seele in ihrem Miterleben doch die innere Ruhe bewahrt. Die innere Gelassenheit entwickelt sich zu einem feinen Mitgefühl. Rudolf Steiner nennt diese auch die Beharrlichkeit. Damit ist als neunte der Tugenden die Standhaftigkeit verbunden. Und als fünfte das Maß in allen Dingen, wodurch der Kranz zur Himmelskrone werden kann.

Diese Tugenden werden für Sigune, wenn sie diese übt, eine wahre Hilfe in ihrer einsamen Trauer sein. Ebenso die vierte Nebenübung der Positivität, die nicht das Fehlerhafte sucht, sondern auf das Gute blickt. Sie wird auch als Duldsamkeit bezeichnet.

Dazu fügt sich von den Tugendblumen die dritte, die Milde, die ihr Maß aus «der steten Lehre» und unserer Lernfähigkeit gewinnt. Die Geduld als elfte der Blumen, auch gegenüber der eigenen Entwicklung, verbindet sich mit Gedanken, die «zur Himmelspforte tragen» – was die Positivität beantwortet.

Die fünfte der Nebenübungen fügt die Unbefangenheit und das Vertrauen hinzu gegenüber neuen, unbekannten Eindrücken. Beurteilen wir einerseits das, was wir gegenwärtig erleben, in Bezug auf Erfahrungen in der Vergangenheit, soll andererseits auch die Bereitschaft da sein, Neues zu denken oder zu erfahren, auch wenn es dem Bisherigen nicht entspricht. Damit ist auch der Glaube angesprochen, der «Berge zu versetzen vermag». Die eigene Meinung neu zu prüfen und zu berichtigen, dazu bedarf es der zehnten Blume, die Demut, um nicht, wie

Luzifer, überheblich zu sein. Auch die Sorge, sich nicht zu überschätzen und in Vermessenheit sich mit fremden Federn zu schmücken, als sechste der Blumen, kann hier im negativen Fall hinzugefügt werden. Nahe liegt auch die siebte, die Scham, sich selbst in seiner Beschränkung anzunehmen, bescheiden zu bleiben.

Die sechste der Grundübungen ist die Harmonisierung der vorhergehenden Tugenden, wodurch der «Kontakt mit der geistigen Welt» hergestellt wird.

Die zwölfte Blume ist die wahre Minne. Sie umfasst alle in der Ausbildung der zwölfblättrigen Lotusblume im Herzen.

Sigune hat sich durch diesen inneren Weg die Fähigkeiten erworben, in ihrer folgenden Inkarnation als Reginald von Piperno geistig und seelisch Thomas von Aquin in dessen Aufgabe zu unterstützen, die christliche Anschauung mit der Philosophie des Aristoteles zu verbinden, soweit diese in Europa überliefert worden war.

Anton Kimpfler

# Gralsteine werden erblühen

Mit dem Brackenseil hat es eine Schicksalsverwicklung auf sich. Parzival kommt bei der ruhenden Jeschute vorbei. Eigentlich wartet sie auf ihren Gatten Orilus und hat etwas zum Speisen bereitgestellt. Von seiner Mutter Herzeloyde bekam Parzival den Rat mit, dass eine edle Frau ein Küsschen bei der Begegnung erhalten solle. Nicht nur das geschieht durch ihn, sondern er nascht auch von der Speise und nimmt den Ring von Jeschute.

Der zurückkehrende Gatte ist ergrimmt. Er hört nicht auf seine Gattin, welche die Harmlosigkeit des Geschehens erklären will, und jagt davon. Zur gleichen Zeit ist Sigune empört, dass eine Bracke (gefleckter Jagdhund) mit dem besonderen Seil oder Band entfleuchte. Aufgeregt schickt sie Schionatulander hinterher.

Dessen Weg und jener des Orilus kreuzen sich. Letzterer merkt gar nicht, dass er Schionatulander anstelle des gesuchten Parzival im Kampfe umbringt. So wird dessen beabsichtigte Tötung umgelenkt, er bleibt ungetroffen. Und die Hundesuche wechselt in ein Schwellengeschehen.

Es sind Ätherkräfte im Spiel, die kosmische Bezüge beinhalten. Das hat mit zwölf Zeichen auf dem Band zu tun. Zudem trägt der Hund etwas von einem Schwellenhüter im Namen: Gardevias – Achte die Fährte!

Ja es kann sogar von einem Doppelweg die Rede sein: individuell durchs räumliche Menschenwesen mitten hindurch von oben bis unten ins Tal («Parzival») – und dann wiederum von der untersten Stufe aus als zeitlich-soziales Entwickeln in emporführende Zukünfte hinein.

Zunächst fängt es mit edelster denkerischer Beziehung an. Widderkraft birgt dieser Tugendstern der *Zucht*. Dann geht es reiner voran mit dem gebändigten Stier. Eine Kraft der *Keuschheit* waltet da.

Des Weiteren wird zwillingshaft in den Menschen hineingearbeitet. Mehr *Milde* ist dabei vonnöten. Und eine *Treue* beim Weiterüben. Da sind wir beim Krebs als Sternenbeistand.

Dann ist der Löwe dran. Ihn als Begleiter zu haben, verlangt *Maß* in allem. Tiefer gelangen wir mit einer *Sorge* der Jungfrau. Schönste Achtsamkeit ist hiermit gemeint.

So kommen wir auch mit Empfindlichstem zurecht. Die Waage begleitet uns mit schützender *Scham*. In *Bescheidenheit* gilt es den Weg fortzusetzen. Dann schert der Skorpion nicht auf falsche Weise aus.

Vielmehr sollen wir in *Beharrlichkeit* weiterstreben. Die Qualität des Schützen leitet voran. Alles muss immer noch dienender werden. Sodann gestattet die *Demut,* auch Abgründiges mithilfe des Steinbocks zu überwinden.

Es bedarf trotzdem großer *Geduld*, damit schließlich das weiche Wasser den härtesten Stein besiegt (wie dies Bertolt Brecht mal passend formulierte[317]). Wassermann-Beistand ermöglicht das. Bis hin zu den Füßen kommen wir durch dienende *Liebe*. Da wird die Minne zum Tugendedelstein.

Die ersten vier führen von der Haupteshöhe uns durch den oberen Menschen: Sich-Bezähmen, keusches Reinsein, Milde und Treue. Dann durch unsere Mitte: mit dem Maß in allem, der Sorgfalt, dem schamvollen Sich-Schützen und der Bescheidenheit. Durch den unteren Menschen begleitet uns: beharrliches

317 In dem Gedicht *Legende von der Entstehung des Buches Tao Te King auf dem Weg des Laotse in die Emigration.*

Dranbleiben, Dienemut, geduldiges Erwarten und die alles umhegende Minne.

Das ist insgesamt etwas wie ein Mondentor durch uns. Ganz auf der Erde und zugleich bei einer Raumeswende ankommend! Aufwärts geht es dann mit anderen Menschen zusammen über den sozialen Saturn-Zeitenweg. Denn keiner gelangt allein zum Gral.

Hier beginnt es unten im jetzigen Fische-Zeitalter und reiner Zucht – einem Sich-Beschränken. Nun kehrt sich die Folge von den Tugendblumen um. Viel keusche Reinheit ist nötig, bis alles Materiell-Mutterhafte (die «mater») sich transformieren lässt in die bereits vorzubereitende Wassermann-Epoche hinein. Insbesondere auch die Technik ist ins Ökologische zu wandeln, sie dürfte nur etwas Dienendes haben.

Wir gelangen so auf dem zeitlich-sozialen Weg zum Steinbock. Und ist jemand nicht willig, braucht es Gewalt? Nein! Desto mehr Milde wird nötig sein, um alles Gegensätzliche zu überwinden. Ferner gilt es dem Treue zu bezeugen, was in den Beziehungen zu anderen wertvoll ist. Das Zielstrebige des Schützen steht uns zur Seite.

Ein generelles Maßhalten ist geradezu rettend in Bezug auf technische Angelegenheiten. Sonst bekommen diese gerade jenes Selbstzerstörerische, das dem Skorpionstachel nachgesagt wird. Und die Sorge ist beim Sozialweg der Waage zugeordnet. Achtsam wäre überall vorzugehen, auch auf der Hut zu sein.

Insbesondere den Empfindlicheren ist Schutz zu bieten. Das hat mit einer jungfräulichen Tugend zu tun: in Gestalt der Scham. Nur wenn wir bescheiden bleiben, lässt sich die Löwenkraft gut integrieren. Sie ist dann in den Dienst des Guten zu stellen.

Beharrliche kleine Schritte von vielen Menschen braucht es. Dadurch gelingen große Veränderungen: mittels des Dranbleibens des Krebses. Demütig sich einzureihen in das, was längst irgendwo fruchtbar läuft, bringt am besten voran. Zwillingsqualität ist dabei angesagt.

Geduldig erwartendes Weitermachen erfolgt mit der Fähigkeit des Stieres. Letztlich lassen sich im biblischen Sinne Berge versetzen. Aber dies endet nur gut, wenn alles von der Liebe als krönende Tugendblume getragen ist. Und die Minne tritt mit dem Widder oder dem Wesen des Lammes ins Miteinander ein.[318]

318 Vgl. Anton Kimpfler, *Der Gral im Herzen*, in *Heilendes Wirken*, Heft 37, Advent 2020.

Johannes Greiner

# Wie kam Rudolf Steiner in die «Stadt»?

Enkidu kommt erst spät in die Stadt. Das späte In-die-Stadt-Kommen findet sich auch bei Rudolf Steiner, und zwar in mehrfachem Sinn. Er erlebte es zuerst im 36. Lebensjahr individuell, als er – später als andere – mit seiner Seele ganz in die Sinnesorganisation des eigenen physischen Leibes untertauchte und damit in der sinnlichen Welt «ankam». Durch eine Frage von Marie von Sivers angeregt, verband er sich ab dem 40. Lebensjahr mit den Menschen der Theosophischen Gesellschaft in Deutschland und trat damit verantwortlich und gestaltend in die «Stadt» im Sinne einer Menschen-Gemeinschaft. An der Seite Marie von Sivers, der späteren Marie Steiner, lebte er sich in die Sphäre der Kunst als sinnliche Künderin des Geistigen ein und konnte mit ihr den Werdegang der Menschheit am Spiegel des künstlerischen Schaffens nacherleben

In *Mein Lebensgang* berichtete Rudolf Steiner von dem großen Seelenumschwung, welchen er in der Zeit des 36. Lebensjahres erfuhr: «Am Ende meiner weimarischen Zeit hatte ich sechsunddreißig Lebensjahre hinter mir. Schon ein Jahr vorher hatte in meiner Seele ein tiefgehender Umschwung seinen Anfang genommen. Mit meinem Weggang von Weimar wurde er einschneidendes Erlebnis. Er war ganz unabhängig von der Änderung meiner äußeren Lebensverhältnisse, die ja auch eine große war. Das Erfahren von dem, was in der geistigen Welt erlebt werden kann, war mir immer eine Selbstverständlichkeit; das wahrnehmende Erfassen der Sinneswelt bot mir die größten Schwierigkeiten. Es war, als ob ich das seelische

Erleben nicht so weit in die Sinnesorgane hätte ergießen können, um, was *diese* erlebten, auch vollinhaltlich mit der Seele zu verbinden.»[319]

Wir erinnern uns an Enkidu, welcher fern der Menschenwelt in himmelsnahem, hellsichtigem Bewusstsein in paradiesischer Einheit mit den Tieren lebte: «Enkidu kennt sein irdisches Wesen noch nicht. Mit göttlichen Träumen umgibt er sich mächtig die Seele.»[320]

Nun lernte Rudolf Steiner sein «irdisches Wesen» kennen: «Das änderte sich völlig vom Beginne des sechsunddreißigsten Lebensjahres angefangen. Mein Beobachtungsvermögen für Dinge, Wesen und Vorgänge der physischen Welt gestaltete sich nach der Richtung der Genauigkeit und Eindringlichkeit um. Das war sowohl im Wissenschaftlichen wie im äußeren Leben der Fall. Während es vorher für mich so war, daß große wissenschaftliche Zusammenhänge, die auf geistgemäße Art zu erfassen sind, ohne alle Mühe mein seelisches Eigentum wurden und das sinnliche Wahrnehmen und namentlich dessen erinnerungsgemäßes Behalten mir die größten Anstrengungen machte, wurde jetzt alles anders. Eine vorher nicht vorhandene Aufmerksamkeit für das Sinnlich-Wahrnehmbare erwachte in mir. Einzelheiten wurden mir wichtig; ich hatte das Gefühl, die Sinneswelt habe etwas zu enthüllen, was nur *sie* enthüllen kann.»[321]

Was Rudolf Steiner da erlebte, geschieht bei den meisten Menschen viel früher. Die Verbindung des seelischen Lebens

319 Rudolf Steiner, *Mein Lebensgang,* GA 28, Dornach 1982, S. 316. Zum Zusammenhang von unvollständiger Inkarnation und übersinnlichen Fähigkeiten siehe mein Buch *Die Spiritualität der Jugend und ihre Schatten,* Hamburg 2017.

320 Hella Krause-Zimmer, *Gesammelte Dramen aus verschiedenen Kulturen,* Dürnau 2018, S. 486.

321 Rudolf Steiner, *Mein Lebensgang,* Dornach 1982, S. 316f.

mit den Sinnesorganen erlebte er spät – und dafür umso bewusster. In *Mein Lebensgang* reflektierte er: «Ich wurde gewahr, dass ich einen menschlichen Lebensumschwung in einem viel spätem Lebensabschnitt erlebte als andere.»[322]

Mit der stärkeren Verbindung des Seelenlebens mit den Sinnen des Leibes, was einer intensiveren Inkarnation der Seele gleichkommt, wurde auch das Willens-Element wichtiger. Je besser Seele und Leib zusammenspielen, desto leichter wird der Zugriff auf den Willen. Einerseits erlebte Rudolf Steiner nun die Sinneserfahrungen klarer, andererseits veränderte sich das Erkennen:

«Ich fühlte, wie das Ideelle des vorangehenden Lebens nach einer gewissen Richtung zurücktrat und das Willensmäßige an dessen Stelle kam. Damit das möglich ist, muß sich das Wollen bei der Erkenntnis-Entfaltung aller subjektiven Willkür enthalten können. Der Wille nahm in dem Maße zu, als das Ideelle abnahm. Und der Wille übernahm auch das geistige Erkennen, das vorher fast ganz von dem Ideellen geleistet worden ist. Ich hatte ja schon erkannt, daß die Gliederung des Seelenlebens in Denken, Fühlen und Wollen nur eingeschränkte Bedeutung hat. In Wahrheit ist im Denken ein Fühlen und Wollen mitenthalten; nur ist über die letzteren das Denken vorherrschend. Im Fühlen lebt Denken und Wollen, im Wollen Denken und Fühlen ebenso. Nun wurde mir Erlebnis, wie das Wollen mehr vom Denken, das Denken mehr vom Wollen aufnahm.»[323]

Menschen, welche ähnlich wie Rudolf Steiner länger als andere damit warten, mit der Seele ganz in die Sinne des Leibes unterzutauchen, erleben diesen Vorgang dann oft im Zusammenhang mit einer großen Liebe. Solches berichtete beispielsweise Botho Sigwart zu Eulenburg: «Ich litt oftmals sehr unter

322 Ebenda, S. 317.
323 Rudolf Steiner, *Mein Lebensgang*, Dornach 1982, S. 327f.

diesem Nicht-Bezwingen-Können des Körpers, dann kam Helene, meine liebe Frau, und hat es mir gezeigt.»[324]

Während Rudolf Steiner diesen Seelenumschwung vollzog, war Marie von Sivers noch in weiter Ferne. Er lebte damals mit seiner ersten Frau Anna Eunike. Über diese Beziehung wurde noch nicht viel geforscht und publiziert. Martina Maria Sam wird in dem dritten Band ihrer Rudolf Steiner-Biographie diesbezüglich manches erstmals darstellen. [325]

Ob bei diesem Seelenumschwung – dem vollständigen Einzug ins eigene «Haus» des physischen Leibes – die Beziehung mit Anna Eunike eine besondere Rolle spielte, muss noch offen gelassen werden. Ebenfalls, ob diese Verbindung mit dem Wirken des Ischtar-Kultes und seiner Priesterinnen in der Zeit Enkidus zusammenhängt.

Durch Rudolf Steiners Ausführungen in den Vorträgen über *Okkulte Geschichte* (1910/11), *Die Weltgeschichte in anthroposophischer Beleuchtung* (1923/24) und in den Karma-Vorträgen vom Sommer 1924 in Zusammenschau mit dem Gedicht *Ich frage am Tigris* und anderen Dokumenten wissen wir von den gemeinsamen Inkarnationen Rudolf Steiners und Ita Wegmans über die Jahrtausende hin. Margarete und Erich Kirchner-Bockholt sowie Emanuel Zeylmans van Emmichoven haben diese Inkarnationen dargestellt. Auch die vorliegende Publikation widmet sich dem Zusammenwirken dieser beiden Individualitäten.

Am 11. Dezember 1991 wies Hans Peter van Manen in einem Vortrag im Goetheanum in Dornach darauf hin, dass ein Ungleichgewicht entstehe, wenn nicht in gleicher Weise der Blick

324 [Botho Sigwart zu Eulenburg] *Brücke über den Strom – Mitteilungen aus dem Leben nach dem Tode,* Schaffhausen 2008, S. 123.

325 Der erste Band *Rudolf Steiner – Kindheit und Jugend* erschien 2018 im Verlag am Goetheanum, Dornach. Der zweite Band *Rudolf Steiner – Die Wiener Jahre 1884–1890* erscheint 2021. Auf den dritten Band müssen wir noch warten.

auf das Zusammenwirken der Individualitäten von Rudolf Steiner und Marie Steiner über die Jahrtausende hin geschehe: «Und in welchem Sinne ist unser Schiff nun ungleich, einseitig beladen? Durch die Tatsache, dass über Ita Wegman beziehungsweise über Rudolf Steiner und Ita Wegman allmählich auf karmischem Gebiete weit mehr bekannt ist als über Marie Steiner.»[326] Glücklicherweise nahm sich neben Hans Peter van Manen vor allem Wilfried Hammacher dieses Ungleichgewichtes an, und spürte in seinem verdienstvollen Werk *Marie Steiner – Lebensspuren einer Individualität* (Stuttgart 1998) den früheren Inkarnationen Marie Steiners nach. Einzelnes ist diesbezüglich bekannt und bezeugt, anderes nicht, da Marie Steiner gerade diejenigen Dokumente, in welchen Rudolf Steiner von seiner ewigen Verbindung zu ihrer Individualität sprach, verbrannt hat.[327]

Das von Hans Peter van Manen benannte Ungleichgewicht geht so weit, dass mancherorts wie selbstverständlich davon ausgegangen wird, dass Rudolf Steiner keine anderen Inkarnationen gehabt habe als diejenigen, die ihn mit der Individualität Ita Wegmans zusammengeführt haben. Das ist ein gravierendes Vorurteil.

Es ist noch viel geistige Arbeit nötig, um zukünftig einmal eine Darstellung des karmischen Geflechts zwischen Rudolf Steiner und Ita Wegman einerseits und Rudolf Steiner und Marie Steiner andererseits zu erreichen, welche die gegenseitigen Verhältnisse der drei Individualitäten so zusammenzuschauen versucht, dass ein ausgeglichenes Gesamtbild entstehen kann.[328]

326 Hans Peter van Manen, *Marie Steiner – Über ihre Stellung im Weltenkarma,* Dornach 1998, S. 9.

327 Siehe Marie Steiner, *Briefe und Dokumente,* Dornach 1981, S. 126.

328 Am leichtesten ist diese Zusammenschau im Hinblick auf Rudolf Steiners Inkarnation als Thomas von Aquin, da die Identitäten Marie Steiners mit Albertus Magnus und Ita Wegmans mit Reginald bekannt sind.

Bezüglich der Enkidu-Zeit darf gefragt werden, ob Marie Steiner damals mitwirkend war. Dabei kann die Parallele auffallen zwischen der Ischtar-Priesterin, die Enkidu in die Stadt holte, und Marie Steiner, welche Rudolf Steiner zu den Theosophen holte und nach der Anthroposophie fragte. Allerdings möchte ich vor einfachen Zuordnungen warnen, da die Ischtar-Priesterinnen damals innerlich so verbunden waren, dass auch die im Tempel verbliebenen an den Erlebnissen der Einen, welche Enkidu in die Zivilisation führte, teilhaben konnten, – das deutlichste Bewusstsein von dem Geschehen hatte wohl die oberste Priesterin im Tempel, welche nicht mit der ausgeschickten Priesterin identisch war. Was durch die eine einzelne Priesterin geschah, war in Wirklichkeit ein Gemeinschaftswerk.

Am 17. November 1875 wurde die Theosophische Gesellschaft begründet. Auf den Tag genau 26 Jahre später, am 17. November 1901 fand das Gespräch zwischen Marie von Sivers und Rudolf Steiner statt, in dessen Verlauf sie die Frage nach einer für das christliche Europa stimmigen Spiritualität stellte. Er nahm daraufhin 1902 die Leitung der deutschen Sektion der Theosophischen Gesellschaft an und betrat damit nach langem unabhängigem Wirken nun die «Stadt» und verpflichtete sich einer Menschengemeinschaft. Vor 1902 glich Rudolf Steiner einem Rufer in der Wildnis, nach 1902 galt sein Rufen einer Menschengemeinschaft, die durch sein Wirken überhaupt erst herangebildet wurde. Es war Marie Steiner, die ihn in die «Stadt» holte und diesen Gang über die Schwelle zum Innenraum einer Gemeinschaft begleitete.

> Sie nahm ihn an die Hand, ihn wie ein Gott
> Zu führen zu des Hirten Tisch, zur Stätte des Hofes.[329]

329 *Das Gilgamesch-Epos*, übersetzt und mit Anmerkungen versehen von Albert Schott, Stuttgart 1997, S. 26.

Es geschah übrigens auch an einem 17. November, als im Jahre 1923 Ita Wegman Rudolf Steiner bat, die Anthroposophische Gesellschaft nicht «im Stich» zu lassen[330], und ihn damit anregte, ein weiteres gewaltiges Abendteuer einzugehen – die Neubegründung der Anthroposophischen Gesellschaft anlässlich der Weihnachtstagung von 1923/1924 mit allem, was daraus folgte.

Die am 17. November 1901 durch Marie von Sivers an Rudolf Steiner gerichtete Frage kann gar nicht gewichtig genug eingeschätzt werden. Erst aufgrund dieser Frage konnte er die Anthroposophie entwickeln. Dabei begleitete sie ihn unterstützend.

Vor Uruk sprach die Gesandte der Ischtar: «Weise bist du, Enkidu, bist wie ein Gott!»[331] Nun sah Marie von Sivers in Rudolf Steiner denjenigen Menschen, welcher der modernen christlichen Spiritualität zur Inkarnation verhelfen kann. Sie sprach durch ihre Frage gewissermaßen: «Weise bist du, Rudolf Steiner, führe uns wieder zu Gott!»

Wie beflügelnd dieser sein tieferes Wesen erkennende und seinem Wirken vertrauende Blick auf ihn wirkte, schrieb er ihr in einem Brief am 18. April 1903: «Du verstehst mich; und das gibt mir Kraft, das macht mir die Flügel frei.»[332] Am 21. November 1903 ergänzte er: «Der *Mit-Glaube* ist eine positive Kraft, die magnetisch für uns wirkt, und diese *Mitglaubens-Kraft* hast Du mir durch Dein Verständnis gebracht; und wir müssen sie uns *gegenseitig* geben.»[333]

Am 8. April 1904 schrieb er: «Du bist mir die Priesterin, als

330 Siehe Emanuel Zeylmans van Emmichoven, *Wer war Ita Wegman,* Band 1, Heidelberg 1990, S. 264.

331 *Das Gilgamesch-Epos*, übersetzt und mit Anmerkungen versehen von Albert Schott, Stuttgart 1997, S. 22.

332 Rudolf Steiner/Marie Steiner: *Briefwechsel 1901-1925,* GA 262, Dornach 2002, S. 54.

333 Ebenda, S. 61.

die Du mir entgegenblicktest, als ich Deine Individualität erkannt hatte.»[334] Meinte er damit, dass ihr tieferes Wesen von priesterlicher Art sei, oder gar, dass sie ihm damals als Priesterin entgegengetreten war, als sich ihre Individualitäten in der Zeit Gilgameschs begegneten?

14 Jahre nach der «Ur-Frage» Marie von Sivers nach der Anthroposophie sprach Rudolf Steiner am 11. Oktober 1915 erstmals vor den Mitgliedern der Anthroposophischen Gesellschaft von der Bedeutung dieser Frage. 21 Jahre nach der «Ur-Frage» schenkte er Marie Steiner zu Weihnachten 1922 den Spruch *Sterne sprachen einst zu Menschen*, der die Gilgamesch-Enkidu-Zeit, in welcher noch die Sterne zu den Ischtar-Priesterinnen sprachen, in Beziehung zur Gegenwart setzt, wo in den Menschen dasjenige reift, was der Mensch zu den Sternen sprechen kann:

*Für Marie Steiner*

Sterne sprachen einst zu Menschen,
Ihr Verstummen ist Weltenschicksal;
Des Verstummens Wahrnehmung
Kann Leid sein des Erdenmenschen;

In der stummen Stille aber reift,
Was Menschen sprechen zu Sternen;
Ihres Sprechens Wahrnehmung
Kann Kraft werden des Geistesmenschen.[335]

334 Ebenda, S. 65.
335 Rudolf Steiner, *Wahrspruchworte,* GA 40, Dornach 1998, S. 107.

Am 17. November 1901 lud Marie von Sivers den vierzigjährigen Rudolf Steiner ein, die «Stadt» der Theosophischen Gesellschaft zu betreten und auf ihre Frage antwortend dem Himmelswesen Anthroposophie zur Inkarnation in Menschengedanken, Menschenkunst und Menschenwirken zu verhelfen. Dies geschah etwa fünf Jahre nach der Umwandlung der Konstitution, welche für die Persönlichkeit Rudolf Steiners einen individuellen Schritt vom Paradies in die Stadt bedeutete.

Zunächst wirkte Rudolf Steiner als Denker. An der Seite Marie Steiners lebte er sich immer intensiver in die Kunst ein. In der Kunst wird das Geistige sinnlich erlebbar. Den Schritt vom gedachten Geist zum sinnlich-künstlerisch erlebten Geist ging Rudolf Steiner gemeinsam mit Marie Steiner. Spätestens mit dem künstlerisch gestalteten Theosophischen Kongress 1907 in München erhoffte er, dass auch alle mit ihm verbundenen Menschen mit ihm den Weg zum künstlerisch belebten Geistigen beschreiten.

Der Seelenumschwung des 36. Lebensjahres, der darin bestand, dass für Rudolf Steiner die Sinneswelt in vollem Licht erstrahlte und damit das Sinnliche eine neue Bedeutung für ihn gewann, trug nun Früchte, indem Rudolf Steiner durch die anthroposophische Impulsierung der Künste es den Menschen möglich machen wollte, der Geistigkeit der Anthroposophie in Kunstwerken sinnlich zu begegnen.

Zog er mit 36 Jahren sozusagen in sein eigenes Haus ein, so lud er nun die Menschen ein, diesem Schritt zu folgen und fortan den Geist auch im Sinnlichen zu suchen. Dabei vollzog er alle wesentlichen künstlerischen Schritte in Gemeinsamkeit mit Marie Steiner.

«Während die anthroposophischen Erkenntnisse in die Gesellschaft so getragen wurden, wie sich das – zum Teile – aus den Privatdrucken ergibt, pflegten Marie von Sivers und ich in gemeinsamen Arbeiten namentlich das künstlerische Element, das ja vom Schicksal bestimmt war, ein *Belebendes* der anthroposophischen Bewegung zu werden.»[336]

«Als nun die Reisen für die Anthroposophie in Gemeinsamkeit mit Marie von Sivers gemacht wurden, traten mir die Schätze der Museen im weitesten europäischen Umkreise entgegen. Und so machte ich vom Beginne des Jahrhunderts ab, also in meinem fünften Lebensjahrzehnt, eine hohe Schule des Kunststudiums, und im Zusammenhange damit, eine Anschauung der geistigen Entwickelung der Menschheit durch. Überall war da Marie von Sivers mir zur Seite, die mit ihrem feinen und geschmackvollen Eingehen auf alles, was ich in der Kunst- und Kulturanschauung erleben durfte, selbst in schöner Weise alles, ergänzend, miterlebte. Sie verstand, wie diese Erlebnisse in all das flössen, was dann die Ideen der Anthroposophie beweglich machte.»[337]

«Das Stehen vor dem Abendmahl des Lionardo in Mailand, vor den Schöpfungen Raphaels und Michelangelos in Rom und die im Anschlusse an diese Betrachtungen mit Marie von Sivers geführten Gespräche müssen, wie ich glaube, gerade dann gegenüber der Schicksalsfügung dankbar empfunden werden, wenn sie erst im reiferen Alter zum ersten Male vor die Seele treten.»[338]

Die seelisch-geistige Entwicklung der Menschheit spiegelt sich in der Kunst. Die Entwicklung der Kunst veranschaulicht den Bewusstseinswandel der Menschheit von Epoche zu Epoche. «Was sich mir aus der geistigen Anschauung als das Gesetz der Menschheitsentwickelung ergeben hatte: es tritt, sich deutlich offenbarend, in dem Werden der Kunst der Seele entgegen.»[339]

So konnte er, mit Marie Steiner die Museen Europas be-

336 Rudolf Steiner, *Mein Lebensgang*, GA 28, Dornach 1982, S. 453.
337 Ebenda, S. 453f.
338 Ebenda, S. 454f.
339 Ebenda, S. 455.

reisend und die Kunstentwicklung lesen lernend und überblickend, in «reiferem Alter» die Menschheitsentwicklung bis hin zur Gegenwart am Spiegel der Kunst innerlich durchleben.

Im alten Uruk war es eine Priesterin der Ischtar, mit deren Hilfe Enkidu in Schnelle die Entwicklung vom paradiesischen Seelenzustand des Eins-Seins mit den Tieren bis hin zur «Jetzt-Zeit» durchmachte, so dass er reif wurde, Gilgamesch gegenüberzutreten. Als eine «Spiegelung» dieser Erlebnisse mit der Priesterin können diejenigen gelten, welche Rudolf Steiner an der Seite Marie Steiners erlebte, als er das zuvor über die Menschheitsentwicklung Gedachte nun an Hand der Kunstentwicklung zur Anschauung bringen konnte. Er erlebte nun die Menschheitsentwicklung durch sinnlich-künstlerische Erfahrungen nach.

Denkend war er schon lange in der Gegenwart angekommen – schon vor seinem Seelenumschwung. Nun kam er auch durch das sinnliche Erleben am Künstlerischen in der Gegenwart an. Von da aus konnte er die Wege in die Zukunft weisen.

In den letzten Jahren seines Lebens begleitete ihn dann vor allem Ita Wegman auf diesen Zukunftswegen.

Corinna Gleide

# Die drei Tätigkeiten der Grundsteinbildung als «gestaltende Substanz»

## Die Grundsteinlegung an der Weihnachtstagung und heutiges Anknüpfen

Rudolf Steiner hat noch während der Weihnachtstagung, nachdem er den Grundstein geformt hatte und die Anwesenden diesen als ätherisch-spirituelles Gebilde in ihre Herzen versenkt hatten, am 1. Januar 1924 von einem «Welten-Zeitenwende-Anfang» gesprochen, der mit dieser Mysterienhandlung begonnen habe – mit dieser Wortprägung Bezug nehmend auf das Ur-Weihnachtsfest, die Geburt Jesu. Aufgrund der Zerwürfnisse in der Anthroposophischen Gesellschaft, insbesondere nach Rudolf Steiners Tod, kam es zu Lagerbildungen. Schließlich zerbrach diese Gesellschaft in Bruchstücke, weil die Vorstandsmitglieder Ita Wegman und Elisabeth Vreede, und mit ihnen viele andere Menschen, ausgeschlossen wurden.

Die Anthroposophische Gesellschaft war gerade durch ihre Neubegründung auf der Weihnachtstagung klar auf die Zusammenarbeit der verschiedensten Menschen, Strömungen und Gruppierungen angelegt gewesen. Der «rechte Boden», in den der Grundstein hineingelegt werden sollte, waren die «Herzen in ihrem harmonischen Zusammenwirken, in ihrem guten, von Liebe durchdrungenen Willen, gemeinsam das anthroposophische Wollen durch die Welt zu tragen»[340]. Auch in den 1924 gehaltenen Karmavorträgen Rudolf Steiners ging es um eine Anregung zu einer tieferen Selbsterkenntnis, welche die Voraussetzung eines Sich-Verbindens der verschiedenen Strömungen hätte werden können.

Vieles von den ursprünglichen Intentionen zur spirituellen Gemeinschaftsbildung scheiterte zunächst. Doch daraus abzuleiten, dass die Weihnachtstagung gänzlich gescheitert sei, dass der Welten-Zeitenwende-Anfang nicht stattgefunden habe, ist eine weitreichende Folgerung, die möglicherweise zu sehr auf die irdische Umsetzung blickt, die geistigen Räume und Wesenheiten, welche damals ebenso angesprochen, ja involviert waren, aber nicht berücksichtigt. Und auch die Menschen, die damals physisch oder geistig zugegen waren und die inzwischen, durch das eigene Scheitern und ihre Weiterentwicklung, dazugelernt haben, außen vor lässt. «Kann ein Welten-Zeitenwende-Anfang scheitern? Wohl kaum; denn es ist der Anfang einer Entwicklung, der Beginn neuer Mysterien. Diese neuen Mysterien wollen sich entfalten in der Menschheit, es sind Quellkräfte des geistig-ätherischen Grundsteins in der Erdenatmosphäre», schreibt Steffen Hartmann auf Seite 185 in diesem Buch.

Willem Zeylmans van Emmichoven, der die Weihnachtstagung als junger Mann miterlebte, hat diese als das Mittelpunktserlebnis seines Lebens bezeichnet. Er hat sie als eine Mysterienhandlung, hinführend auf ein Einweihungsgeschehen für eine größere Gruppe von Menschen, beschrieben. Er schreibt: Wenn man «die Tatsache berücksichtigt, daß die moderne Menschheit am Schwellenübergang steht, dann liegt es wohl nahe, an eine Art geistigen Versuchs zu denken, eine Gruppe von Menschen durch eine Einweihung auf höhere zukünftige Aufgaben vorzu-

340 So Rudolf Steiner am 25. Dezember 1923, in GA 260.

bereiten. Diese Einweihung vollzog sich in den geschilderten Etappen[341] und war besonders dadurch charakterisiert, daß sie immer größere Menschengruppen umfaßte und immer deutlicher die dazukommenden Menschen als eine aus dem Geiste heraus geborene Gemeinschaft ansprach. [...] Es wurde ein Keim gelegt für die eigentlich moderne Einweihung, die zunächst jeder Einzelne für sich durchzumachen hat, bei der aber das Wesentliche darin besteht, daß dieser Einzelne sich umso mehr als Teil einer Totalmenschheit erlebt, wenn er sich selber immer tiefer kennenlernt. Das Ich des Menschen wird vorbereitet, Träger des Menschheits-Ichs zu werden. Der Mensch wird zur Menschheit; die Menschheit lebt als Ganze in dem Einzelnen.»[342]

Die Grundsteinlegung war eine Mysterienhandlung, in der die Geistgeburt für viele Menschen veranlagt wurde. Diese Veranlagung kommt der Schaffung eines Urbildes für die moderne Einweihung und Geistgeburt gleich. Denn Urbilder können in der neueren Zeit offensichtlich auch auf der Erde geschaffen werden. Rudolf Steiner zog dafür die dreifältigen geistigen Kräfte zusammen, die für die Geistgeburt des Einzelnen, der sich als Teil der Totalmenschheit zu erleben beginnt, notwendig sind, und fügte sie ineinander. Während die vorchristlichen Einweihungen die Betroffenen durch Einsamkeits- und Geisterlebnisse deutlich von den anderen Menschen abrückten und sie zu Verkündern des Geistes machten, was notwendig etwas Hierarchisches hatte, spielt für die moderne Einweihung das Soziale, der Weg vom Einzelmenschen zur Gesamtmenschheit eine ent-

341 Gemeint ist damit der zuvor in seinem Buch *Der Grundstein* beschriebene Dreischritt der Grundsteinlegung für das erste Goetheanum, der Erschaffung des Baues des ersten Goetheanums und als Drittes die Grundsteinlegung im Sinne eines seelisch-geistigen Vorganges bei der Weihnachtstagung. Siehe Frederik Willem Zeylmans van Emmichoven, *Der Grundstein*, Stuttgart 1980.

342 Zeylmanns van Emmichoven, *Der Grundstein*, S. 11.

scheidende Rolle. Neben der Weisheit und dem Erkennenlernen der Weltengeheimnisse rückt deswegen die Liebe in den Mittelpunkt. Sie ist die zweite Hauptsubstanz des Grundsteins, des «dodekaedrischen Liebessteins»[343]. Ohne den Zugang zur umfassenden Liebe, wie sie dem Menschen durch Christus zuströmen kann, bleibt die moderne Einweihung bruchstückhaft. Genau diesen für das 20. Jahrhundert und für die heutige Zeit notwendigen Zusatz sprach Rudolf Steiner während der Grundsteinlegung deutlich aus: «Und der rechte Boden, in den wir den heutigen Grundstein hineinverlegen müssen, der rechte Boden, das sind unsere Herzen in ihrem harmonischen Zusammenwirken, in ihrem guten, von Liebe durchdrungenen Willen, gemeinsam das anthroposophische Wollen durch die Welt zu tragen.»[344]

Gerade dieser von Liebe durchdrungene Wille für das gemeinsame Wirken gelang damals nicht in genügendem Maße. Die Menschen waren Kämpfer, einzeln oder in Gruppen. Das heißt, sie waren sich ihres Eigenseins in Abgrenzung zum Sein und der Eigenart anderer Menschen und Gruppen bewusst – aber noch nicht so, dass sie in das Eigene deren Anderssein integrieren konnten. Sich mit Menschen aus ganz anderen Strömungen zu verbinden und zusammenzuarbeiten, ja sie auch noch zu lieben, diese Aufgabe überstieg oft das, was geleistet werden konnte.

Andererseits gab es aber auch viele heilende und versöhnende Impulse von Menschen, die in tiefer Treue mit dem Grundstein das ganze 20. Jahrhundert über arbeiteten. Dies half dabei, den Impuls der Grundsteinlegung in der ätherischen Erdumgebung zu halten. Es liegt aber auch im Wesen dieses Urbildes der neuen Einweihung, dass es sich trotz der Konflikte nicht auflöste, son-

343 GA 260, S. 58.
344 Zeylmanns van Emmichoven, *Der Grundstein*, S. 11.

dern weiter wirksam blieb. Jeder suchende Mensch kann heute daran anknüpfen. Insbesondere Sergej O. Prokofieff hat mit seinem Lebenswerk viel dazu beigetragen, dass der Grundstein und die Grundsteinlegung für viele Menschen erneut ins Bewusstsein traten. Von ihm ging ein starker Impuls zur Realisierung dessen aus, was auf der Weihnachtstagung veranlagt wurde.[345]

Was ist der Grundstein? Und was bedeutet es, ihn in das Herz zu versenken? Eine wesentliche Erkenntnis – die mir seit Jahren immer klarer wurde und die ich erstmals in dem Buch *Die Geburt der geistigen Sonne* formuliert habe[346] – ist, dass der Grundstein nicht in dem Sinne ein Gebilde oder ein Ding ist, wie das Wort «Grundstein» es vermuten lässt. Sicher gibt es auch diese bildhaft-imaginative Ebene. Aber für die Frage, was der Grundstein in Wirklichkeit ist und was es bedeutet, ihn in das Herz zu versenken, scheint es mir wichtig zu sein, dass er aus bestimmten Tätigkeiten besteht. Und dann liegt es im Wesen der Sache, dass er eben nur dann «besteht» und «Wirklichkeit hat», wenn der Mensch diese Tätigkeiten ausführt. Etwas Verwandtes gilt ja auch für den Gral, der mit dem Grundstein zutiefst verwandt und verbunden ist. Auch der Gral ist dann, wenn man beginnt, ihn tiefer zu verstehen und zu realisieren, kein Ding mehr, weder ein Stein, noch eine Schale. Auch er wird Tätigkeit, für die der Stein oder die Schale als Bilder, als Imagination dienen können. Parzival findet den Gral nach langen Irrwegen und viel Leid ja nicht als Ding an einem bestimmten Ort. Schon früh wird ihm von Sigune gesagt, dass es keinen Ort im Sinne einer geografischen Räumlichkeit gibt, an dem der Gral gefunden werden kann. Parzival erwacht durch

345 Sergej Prokofieff, *Menschen mögen es hören. Das Mysterium der Weihnachtstagung*, Stuttgart 2002, sowie *Die Grundsteinmeditation. Ein Schlüssel zu den neuen christlichen Mysterien*, Dornach 2003.

346 Siehe Corinna Gleide, *Die Geburt der geistigen Sonne. Meditative Wege und Erfahrungen*, Stuttgart 2018.

seine Sehnsucht und durch das Leid, das er durchmacht, zu der Erkenntnis, dass es um bestimmte seelisch-geistige Tätigkeiten geht, um das wirkliche Fragen – was mehr ist als das äußere Fragenstellen, auch wenn es damit anfängt.

Die an einen anderen Menschen gerichtete Frage kann sich ja zur tieferen Teilnahme, zum Mitleiden und innerlichen Mitleben steigern. Auch hier taucht eigentlich schon die Liebe im Sinne einer Kraft auf, die sich völlig von Selbstbezogenheit gereinigt hat. Denn diese tiefere Teilnahme und dieses innerliche Mitleben sind nur durch die Liebe möglich. Und genau darin liegt wiederum der Unterscheid zu alten Einweihungen, in denen man sich als Einzelner und Abgesonderter hervortat, der anderen die höhere Weisheit brachte.

Die Liebe in dieser vergeistigten Dimension verbindet die Menschen auf der gleichen Ebene in der Kraft des Christus. Keiner steht tiefer, keiner höher. Keiner ist durch Schuld abgewertet oder durch Verdienste erhoben. Die Schuld von Amfortas stellt die Voraussetzung, aber auch so etwas wie den Quellort für das Ersehnen einer neuen Stufe der Entwicklung menschlichen Bewusstseins dar, die dann das Finden des Grals und das Stellen der Mitleidsfrage durch Parzival ermöglichen.

Wie schon erwähnt, wäre ein reines Besinnen und Anknüpfen an die von Rudolf Steiner vorgenommene Grundsteinlegung und Formung des Grundsteins für uns Heutige nicht hinreichend. Dies ist ein wichtiger Baustein; gleichzeitig muss etwas, das urbildlich vorhanden ist, doch von jedem, der sich wirklich darauf einlassen will, neu und eigens erzeugt werden. Der Grundstein ist reine Tätigkeit, er lebt im inneren Tätigsein.

Ich will im Folgenden versuchen, die Formung des Grundsteins auf der Weihnachtstagung zu schildern. Diese ging von einer vertieften Selbsterkenntnis in den drei Bereichen des Willens- und Stoffwechselmenschen, des Fühlens- und Rhythmusmenschen und des Denk- und Kopfmenschen aus, und mündete in drei damit zusammenhängende Tätigkeiten, die sich in einem urbildlichen Geschehen verbanden. Dies will ich versuchen, mit Selbsterkenntnis- und Meditationsansätzen zu verbinden, die heute helfen können, diese inneren Tätigkeiten zu ermöglichen und durchzuführen; denn diese müssen immer von neuem aufgebracht werden, wenn man den Grundstein in sich gestalten will, so dass er Grundlage – eben ein Grundstein – des eigenen Lebens werden kann.

Nachdem Rudolf Steiner die mikrokosmischen Strophen des Grundsteinspruches gesprochen hatte,[347] sprach er zu den Teilnehmern der Weihnachtstagung darüber, wie er einen über Jahrzehnte währenden Forschungsprozess zur Dreigliederung des geistig-seelisch-leiblichen Menschen in der Zeit des Ersten Weltkrieges auf den Punkt bringen konnte, wodurch das «Erkenne dich selbst» vom Apollontempel zu Delphi sich neu, nämlich dreifältig gestaltete. Diese Erneuerung und Transformation werde, so Rudolf Steiner, durch die «Durchlebung des Herzens mit Anthroposophia» möglich. Indem der Mensch «fühlend und wollend erkennen lernt, was er eigentlich tut, indem er, die Weltengeister ihn belebend, durch seine Glieder sich hineinstellt in die Raumesweiten, dann erkennt im tätigen Erfassen der Welt – nicht im leidenden, passiven Erfassen der Welt, sondern im aktiven, tätigen Erfassen der Welt, indem er seine Pflichten, seine Aufgaben, seine Mission in der Welt erfüllt – das Wesen der allwaltenden Menschen- und Weltenliebe, die da ist ein Glied im Gesamtweltenwerden.»[348]

347 Den Aspekt der Grundsteinlegung, der mit dem Grundsteinspruch zusammenhängt, werde ich etwas später andeuten, aber nicht in seiner Gänze thematisieren.

348 Rudolf Steiner, *Die Weihnachtstagung zur Begründung der Allgemeinen Anthroposophischen Gesellschaft 1923/1924*, GA 260, Dornach 1963, S. 56.

Indem wir nicht allein denkend, sondern auch fühlend und wollend erkennen lernen, können wir bemerken, wie wir in der Erfüllung unserer Aufgaben und Pflichten tief mit der Welt und mit den anderen Menschen verbunden sind. Gerade wenn man im inneren Hinsehen und Hinlauschen auf das, was da im Willen eigentlich geschieht, den Kopfaspekt, der mit Vorstellungen und Gedanken zu tun hat, etwas zurückstellt, merkt man, wie man dadurch zur Liebe, die im Willen wirkt, durchstoßen kann. Steiner nennt das die «allwaltende Menschen- und Weltenliebe», denn die Menschenliebe hat ihren makrokosmischen Hinter- und Keimgrund in der Weltenliebe. Für den Kopf, in dem wir uns zunächst als Menschen beheimatet fühlen, ist dieses Gebiet einer umfassenden geistigen Liebe, die alles durchzieht und ernährt, etwas, was er nicht kennt und nicht bemerkt, weil er selbst wie losgelöst davon existiert. Im Hinabsteigen in ein tieferes, mit dem Herzen und mit dem Willen verbundenes Erkennen, finden wir diese Liebe in uns selbst und dadurch in der Welt. Die eigene Tätigkeit der selbstlosen Liebe wird zum Organ, um die Kräfte der Liebe auch in der Welt zu finden. Dieser Gang in die Tiefe des eigenen Wesens ist mit dem Überschreiten einer Bewusstseinsschwelle verbunden; hier lauern verschiedene Gefahren, die mit schlafenden oder halbschlafenden Aspekten des eigenen Doppelgängers verbunden sind. Diese werden nun wacher, das heißt sie werden von nun an auch im Leben bemerkbar, falls sie das nicht auch schon davor waren. Worum handelt es sich hier?

Es kann zum Beispiel sein, dass man auf diesem Weg in die Tiefe bemerkt, dass in einem selbst eine viel stärkere Neigung zur Sexualität besteht, als man das davor spürte oder wusste. Auch Christian Rosenkreutz steigt ja auf seinem Einweihungsweg, der in der *Chymischen Hochzeit* geschildert wird, in die Kellerräume des Schlosses – ein Bild für die menschliche Leiblichkeit – hinunter, um dort der nackten Frau Venus zu begegnen. Hier geht es darum, den Liebeskräften in ihrer Reinheit und Schönheit, aber eben unverstellt durch das eigene Begehren oder Bedürfen, als Teil des eigenen Wesens zu begegnen. Heute kann man es auf diesem Gang in die Tiefe so erleben, dass der eigene Doppelgänger die Kräfte der Liebe wie abfängt und sie egoistisch und sinnesgebunden machen möchte, damit aber das reine Strömen dieser den Menschen und die Welt ernährenden und tragenden Kräfte in eine persönliche Richtung leitet. Hier ist es nötig, klar zwischen Persönlichem und Überpersönlichem zu unterscheiden. Die Liebeskräfte, die sich zum Grundstein gestalten, gewinnen dann die angemessene Qualität, wenn der Mensch in der Lage ist, das Überpersönlich-Geistige der Liebe in sich zu realisieren.

Dasselbe Unterscheidungsmerkmal kann einen in Bezug auf den eigenen Willen auch ganz allgemein beschäftigen. Wir arbeiten und tun Dinge für andere, erledigen unsere Pflichten, verfolgen unsere Aufgabenstellungen. Immer kann die Frage sein, ob und wie weit Handlungen selbstlos, aus Liebe, oder aus egoistischen Gründen und Motiven heraus getan werden. Denke ich dabei letztlich an mich, vielleicht auch nur in versteckten Tiefen der Seele, oder sind es wirklich die anderen Menschen, für die ich handle? Wenn ich zur wahren Liebe kommen will, muss ich an einer weitreichenden Transformation des eigenen Willens arbeiten, verbunden mit Selbsterkenntnis: Nur Selbsterziehung und bewusste Schulung geben den neuen Kräften Dauer. Vieles muss losgelassen, richtiggehend geopfert werden. Dies bedeutet eben auch, dass seelische Todeserfahrungen und Ohnmachtserlebnisse nicht umgangen, sondern bewusst durcherlebt werden. Im Grundsteinspruch wird dieser Bereich der tieferen Selbst- und Welterkenntnis durch das Geist-Erinnern zugänglich. Gemeint ist hiermit nicht ein normaler Erinnerungsvorgang, sondern ein In-die-Tiefe-Dringen, ein Ins-geistige-Innere-Dringen, hin zu den Grund- und Haltekräften im einzelnen Menschen, aber auch in der gesamten Schöpfung.

Die zweite Dimension der Selbsterkenntnis ist das «Geheimnis, das da waltet zwischen Lunge und Herz- in dem innerlich wahrnehmbar ausgedrückt wird, wie die Weltenrhythmen, die durch Jahrtausende, durch Äonen wirken, in Puls- und Blutrhythmus hereinschlagen und Weltbeseelung im Menschen erwecken.» Wird dies mit dem Herzen als Erkenntnisorgan erfahren, dann kann der Mensch erleben «wie die Weltenbilder, die gottgegebenen, den Kosmos aus sich heraus tatkräftig offenbaren. Wie man im wirkenden Sich-Bewegen erfaßt die waltende Weltenliebe, so wird man die Urbilder des Weltenseins erfassen, wenn man in sich fühlt den geheimnisvollen Übergang zwischen Weltenrhythmus und Herzensrhythmus und durch diese wiederum den Menschenrhythmus, der geheimnisvoll seelisch-geistig sich abspielt zwischen Lunge und Herz.»[349]

Den mittleren, rhythmischen Menschen erfassen wir zunächst im Erleben des Atems in seinem Verhältnis zum Herzschlag. Wenn man sich darauf einlässt – viele Menschen machen heute Atemmeditationen – so merkt man, wie einen das in ein Geöffnetsein und in etwas Nonduales hineinführt. Verstärkt man diese Bemühungen und bleibt darin wach, so kann der Übergang zwischen dem eigenen Atem- und Herzrhythmus und den Weltenrhythmen erlebbar werden. Was sich im Kleinen darin andeutet, dass beim Atmen die innere Luft nach außen geht und äußere Luft nach innen genommen wird, das hat auch eine kosmische Dimension: Ich kann erleben, wie das Verhältnis zu den Planeten, insbesondere zu Sonne und Mond, intensiver, ja innig wird. Ich beginne das, was im Äußeren den rhythmischen Tages- und Jahreslauf gestaltet, auch in mir zu erleben. Und umgekehrt: Ich beginne mich selbst im Äußeren zu erleben. So wird deutlich,

349 Ebenda.

und es wird zum eigenen Erleben, dass z.B. die Sonne neben ihrer physischen Sichtbarkeit auch ein «Urbild des Weltenseins», ein «Weltenbild» ist. Und wenn ich sie als solches wahrnehmen kann, dann merke ich, wie sie auch in mir, in allen Menschen und zugleich in aller Kreatur wirkt. Sinnliche und übersinnliche Sonnenkräfte durchwirken die Welt.[350] Im Grundsteinspruch wird diese Tätigkeit, die sich auf die Rhythmen des Kosmos, der Natur und des gesamten Umkreises richtet, und im Wahrnehmen Geistiges empfängt das «Geist-Besinnen» genannt.

Die dritte Dimension der Selbsterkenntnis eröffnet sich ebenfalls dem fühlenden Wahrnehmen und Erkennen: «Und wenn der Mensch in der richtigen Weise fühlend wahrnehmen wird, was sich offenbart in seinem Hauptessystem, das da ruhet auf seinen Schultern, auch wenn er geht, dann wird er, sich erfühlend in seinem Hauptsystem, die Herzenswärme ausgießend in sein Hauptessystem, die waltenden, wirkenden, webenden Weltgedanken in seiner eigenen Wesenheit erleben.»[351] Im rhythmischen System erleben wir uns dann als Menschen, wenn wir uns im fühlenden Bewusstsein mit unseren inneren Rhythmen mitbewegen und bemerken, wie diese nicht von den kosmischen Rhythmen zu trennen sind. Innerer und kosmischer Rhythmus gehen ineinander über. Im Erleben des menschlichen Hauptes hingegen kommen wir zu einem Erlebnis der Ruhe und Abgeschlossenheit. Selbst wenn der Körper sich bewegt, ist der Kopf in relativer Ruhe. Diese Abgeschlossenheit des Kopfes gilt zunächst auch für das Gedankenleben. Da, wo sich aber nun die Wärme des Herzens in das Haupt ausgießt, das Kopfdenken zum Herzdenken wird, beginnen wir die «waltenden, wirkenden, webenden Weltgedanken» zu erleben. Es ist gerade

350 Hierzu, wie auch zu den anderen Selbsterkenntnis- und Tätigkeitsschritten, sind in dem Buch *Die Geburt der geistigen Sonne* (Stuttgart ²2021), verteilt über das ganze Buch verschiedene Übungsansätze beschrieben.
351 Siehe GA 260.

das vom persönlichen Fühlen gereinigte Herz in seiner Beziehung zum Kopf, das die engen, noch an das Persönliche und die sinnlichen Vorstellungen gebundenen Gedanken verwandelt und weitet, so dass sie in eine Beziehung zu den Weltgedanken kommen können. Die Beschäftigung mit der Anthroposophie, mit Gedanken, die das Geistige in der Welt zu beschreiben versuchen, ist hier hilfreich. Im Grundsteinspruch wird diese dritte Art von Tätigsein mit dem «Geist-Erschauen» angesprochen

Nachdem in der esoterischen Handlung der Grundsteinlegung die drei Weltenkräfte, die mit der Dreigliedrigkeit der menschlichen Organisation verbunden sind, in eine Aktualität gebracht wurden, leitete also Rudolf Steiner zu der Aufgabenstellung über, diese Selbst- und Welterkenntnis in ihrer individuellen und zugleich kosmischen Dimension in sich selbst tätig zu vollziehen. Danach verband er sie mit der Weltenliebe des Vaters in den Tiefen, die in unseren Gliedmaßen lebt und die wir im erwachenden Willen erfassen, den Urbildern des Sohnes im Umkreis der Erde, die in unserem rhythmischen System leben und die wir fühlend erfassen, und den Weltgedanken des Geistes aus den Höhen, die wir in unserem fühlenden Denken erfassen, um den Grundstein als eine «gestaltende Substanz» zu schaffen und «dem Welten-Dodekaeder das Menschen-Dodekaeder»[352] gegenüberzustellen.

Indem er ihn eine «gestaltende Substanz» nannte, formulierte Rudolf Steiner zugleich deutlich: Der Grundstein ist kein fertig geformtes Gebilde. Das Partizip Präsenz deutet darauf hin, dass es um einen immer wieder von neuem zu erringenden Gestaltungs- und Schöpfungsprozess geht. Der Grundstein ist sozusagen immer neu.

Seine Grundlage bildet die Liebe, die mit dem väterlichen Urgrund verbunden ist. Zugleich ist Liebe ja immer konkret, also bezogen auf bestimmte Menschen, auf konkrete Handlungssi-

352 Ebenda, S. 57.

tuationen. So lautet die erste Frage: Kann ich innerlich so mit den jeweiligen Menschen und der jeweiligen Aufgabe, die zu tun ist, verbunden sein, dass in meinem Tun die Liebe wirkt? Dann braucht diese Liebe aber auch den Bereich, aus dem heraus sie sich gestaltet, durch den sie eine konkrete, produktive Form erhält. Und hier kommt die zweite Richtung ins Spiel, die Umkreiskräfte, die mit dem Christus verbunden sind. Aus dieser Richtung kommen uns «Weltenbilder», Imaginationen, Ausblicke zu, die wir mit der Liebe verbinden können. Gerade dann, wenn sich der Mensch wirklich ins Offene stellt und aufgehört hat, aus den Mustern und Vorgaben der Vergangenheit zu handeln, wenn er durch das eigene Handeln also die Zukunft hereinholen will, braucht er aktuelle Bilder und Gestaltungen, die seinem Handeln die Form geben.

Solche «Weltenbilder» und Imaginationen können einem heute zukommen, wenn man sich angewöhnt, sich z.B. abends vor dem Schlafengehen mit dem Problem zu beschäftigen, das man am nächsten oder einem der nächsten Tage lösen will. Das kann ein soziales oder ein pädagogisches Problem sein. Selbst technische Probleme kann man mit in die Nacht nehmen. Wenn sich ein Lehrer z.B. abends mit einem Schüler beschäftigt, ist es oft so, dass er am nächsten Tag weiß, was er tun kann. Wenn ein Mensch, der z.B. mit Leitungsaufgaben zu tun hat, zwischenmenschliche Konflikte geistig «besinnt», indem er darauf achtet, ob ihm Gestaltungsmöglichkeiten zukommen, dann ist das eine Vorgehensweise, die mit dem sich immer neu bildenden Grundstein verbunden ist.

Als drittes braucht es mit der Liebe verbundene, umfassende Gedanken und Weltgedanken, durch welche die «gestaltende Substanz» ihre Ausrichtung bekommt. Denn mit dem Handeln sind ja immer Richtungen verbunden. So frage ich mich: Mit welchem ideellen Zusammenhang will ich meine konkrete Handlung verbinden? In welchen geistigen Strom stelle ich mein Handeln hinein? Auch hier ist es so, dass je nachdem, wo man tätig ist und was man genau tut, die umfassenden Gedanken, welche die Tätigkeit von oben her ordnen und tragen, unterschiedlich sind. In der *Philosophie der Freiheit* ist dieser dritte Bereich derjenige der Motive. Wenn meine Motive nicht mehr «gebunden», das heißt festgelegt sind, sondern ich frei Ausschau halten und mich mit einem für die Handlung angemessenen, umfassenden Gedanken begnaden lassen kann, dann wird mein Handeln durch eine moralische Intuition gehalten und überstrahlt.

So sind es die Kräfte der Liebe, des sinnlichen Wahrnehmens sowie des geistigen Schauens und des Denkens, verbunden mit dem geistigen Licht, die im Grundstein, als von uns immer von neuem zu gestaltender Substanz in Zusammenklang gebracht werden können. Wesentlich aber ist doch, dass wir mit den Tätigkeiten, die den Grundstein bilden und ihn immer wieder erneuern, immer auch weltbezogen sind. Ich bin einerseits mit mir selbst verbunden, weil die Liebe, das Schauen und das Denken Ideale darstellen und ich in meinem Tätigsein immer wieder prüfen muss, wie weit ich zum eigenen höheren Wesen durchstoße. Und dann bin ich mit der Welt, mit ganz bestimmten Menschen, mit konkreten sozialen, sachlichen, pädagogischen oder künstlerischen Aufgabenstellungen und Verpflichtungen verbunden, wo ich hoffen darf, etwas bewegen zu können, Dinge in eine gute Richtung zu lenken. In dem Sinne, wie es am Ende des Grundsteinspruches heißt:

Dass gut werde,
Was wir aus Herzen
Gründen,
Was wir aus Häuptern
Zielvoll führen wollen.

# LITERATURVERZEICHNIS


## *Zum Gilgamesch-Epos:*

*Das Gilgamesch-Epos,* übersetzt von Albert Schott, Stuttgart 1992

*Das Gilgamesch Epos,* in der Übersetzung von Hermann Ranke, nach der Ausgabe von 1924, Wiesbaden 2006

*Gilgamesch,* zu einem Ganzen gestaltet von Georg Burckhardt, Leipzig 1958

*Gilgamesch,* aus dem Babylonischen übersetzt und kommentiert von Stefan M. Maul, München 2007

Hella Krause-Zimmer, *Das Gilgamesch Epos. Freie Nachdichtung,* Dürnau 1986

Stephen Mitchell, *Gilgamesch. Der Urmythos des Königs von Uruk und seines Weges der Selbstfindung,* München 2006

Fred Poeppig, *Gilgamesch und Eavani. Ein Drama aus dem alten Orient nach dem Gilgamesch-Epos frei gestaltet,* Freiburg i. Br. 1970

Raoul Schrott, *Gilgamesh,* Frankfurt am Main [4]2011

Annie Caubert / Patrick Pouyssegur, *Alter Orient,* Paris 1998

Sigismund von Gleich, *Marksteine der Kulturgeschichte,* Stuttgart 1963

Anton Kimpfler, *Schicksalsprobleme bewältigen. Stärker als Menschen und Götter,* Heidenheim 2007

Eberhard Klemp, *Das Schöpfungs-Wort,* Krefeld 1995

Werner Papke, *Die geheime Botschaft des Gilgamesch,* Augsburg 1993

Frank Teichmann, *Die Kultur der Empfindungsseele,* Stuttgart 1990

Nicola Crüseman u.a. (Hrsg.), *Uruk – 5000 Jahre Megacity*, Petersberg [2]2013

## *Zu Ephesus:*

Junko Althaus, *Persephoneia im Spiegel der Wandlung der Menschheit,* Zürich 2015

Karl-Martin Dietz, *Metamorphosen des Geistes. Bd. 3: Heraklit von Ephesus*, Stuttgart 1990

Johannes Greiner, Alexander Kühl und Benjamin Gautier, *Heraklit. Denken zwischen Bildern und Begriffen,* Selbstverlag 2015

Johannes Greiner, *Persephone – Die Frage nach der neuen Gemeinschaft. Edouard Schuré: Das Heilige Drama von Eleusis, Ita Wegman / Walter Johannes Stein: Das Persephoneia-Spiel,* Hamburg 2020

Steffen Hartmann, *Vom Schicksal der Töne in unserer Zeit. Musikalische Betrachtungen zur Anthroposophie*, Hamburg 2018

Martin-Ingbert Heigl, *Artemis – Eurythmie, Sprachgestaltung und Philosophie der Freiheit*, BoD [3]2015

Frank Teichmann, *Die Griechischen Mysterien,* Stuttgart 2007

### *Zu Aristoteles und Alexander:*

Aristoteles, *Über die Seele,* übertragen von Adolf Lasson, Jena 1924

Aristoteles, *Philosophische Schriften*, in sechs Bänden, Hamburg 1995

Aristoteles, *Metaphysik,* Hamburg 1995

Aristoteles, *Nikomachische Ethik,* Hamburg 1995

Aristoteles, *Kategorien. Organon Band 2*, Hamburg 1998

Aristoteles, *Fragmente zu Philosophie, Rhetorik, Poetik, Dichtung,* Berlin 2006

Hellmut Flashar, *Aristoteles. Lehrer des Abendlandes,* München 2013

Hella Krause-Zimmer, *Alles durchweben die Götter,* Stuttgart 1984

Bernd Lampe, *Gebärden des Wortes. 57 Gespräche zum Beginn des Johannes-Evangeliums,* Dürnau, 2010

Berthold Wulf, *Die Kategorien des Aristoteles,* Zürich 1988

Jean-Marie Zemb, *Aristoteles,* Reinbek bei Hamburg 1981

Franz Altheim, *Zarathustra und Alexander,* Frankfurt am Main 1960

Peter Bamm, *Alexander oder Die Verwandlung der Welt,* Zürich 1965

Johann Gustav Droysen, *Alexander der Große,* Frankfurt am Main & Leipzig 2004

Robin Lane Fox, *Alexander der Große,* Düsseldorf 1974

Nicholas Hammond, *Alexander der Große. Feldherr und Staatsmann,* München & Berlin, 2001

Ernst Jünger, *Der gordische Knoten,* Frankfurt am Main 1953

Klaus Mann, *Alexander. Roman der Utopie,* Hamburg 2006

Claude Mossè, *Alexander der Große. Leben und Legende,* Düsseldorf/ Zürich 2004

Plutarch, *Alexander / Caesar,* übersetzt von Marion Giebel, Stuttgart 2007

James Romm, *Der Geist auf dem Thron,* München 2016

Beatriz Sànchez-Segura, *Aus den Zeiten Alexanders und Ptolemäus des Großen,* Madrid 2005

Albert Steffen, *Alexanders Wandlung,* Dornach 1953

Johannes Voigt, *Die Befreiung des Einhorns,* Steinbergkirche 2020

Jakob Wassermann, *Alexander in Babylon, Historischer Roman,* Berlin 1990

Gerhard Wirth, *Alexander der Große,* Reinbek bei Hamburg 1973

## *Zur Gralszeit:*

Klaus J. Bracker, *Manichäismus und moderne Geisteswissenschaft,* Stuttgart 2019

Wolfram von Eschenbach, *Parzival,* in Prosa übertragen von Wilhelm Stapel, Wien 1992

Georg Goelzer, *Menschheitsweg Mitten-Durch. Odysseus und Parzival und ihre Kreise,* Dornach 2016

Georg Goelzer, *Palladion, Gral und Grundstein,* Dornach 1989

Bernd Lampe, *Parzival. Gralssuche und Schicksalserkenntnis,* Band 1, Dürnau 2000

Bernd Lampe, *Gawan, Gralssuche und Schicksalserkenntnis,* Band 2, Dürnau 1994

Bernd Lampe, *Anfortas, Gralssuche und Schicksalserkenntnis,* Band 3, Dürnau 2007

Barbara Nordmeyer, *Mitten hindurch. Schicksalsbilder aus der Gralssage,* Stuttgart 1973

Walter Johannes Stein, *Weltgeschichte im Lichte des Heiligen Gral,* Stuttgart 1986

### *Zu Thomas von Aquin:*

Thomas von Aquin, *Über Seiendes und Wesenheit,* übersetzt und kommentiert von Horst Seidl, Hamburg 1988

Thomas von Aquin, *Über die Trinität,* übersetzt und erläutert von Hans Lentz, Stuttgart 1986

Thomas von Aquin, *Der Prolog des Johannes-Evangeliums,* übersetzt und kommentiert von Wolf-Ulrich Klünker, Stuttgart 1986

Thomas von Aquin, *Über die Einheit des Geistes gegen die Averroisten,* übersetzt und kommentiert von Wolf-Ulrich Klünker, Stuttgart 1987

Thomas von Aquin, *Vom Wesen der Engel,* übersetzt und kommentiert von Wolf-Ulrich Klünker, Stuttgart 1989

Steffen Hartmann, *Von der Philosophie zur Anthroposophie. Gesammelte Aufsätze zu Grundfragen einer modernen Wissenschaft des Geistes,* Hamburg ²2016

Steffen Hartmann, *Engel denken. Ein Erkenntnisweg,* Hamburg 2021

Wolf-Ulrich Klünker und Bruno Sandkühler, *Menschliche Seele und kosmischer Geist. Siger von Brabant in der Auseinandersetzung mit Thomas von Aquin,* Stuttgart 1988

Wolf-Ulrich Klünker, *Selbsterkenntnis der Seele. Zur Anthropologie des Thomas von Aquin,* Stuttgart 1990

Peter Selg, *Mysterium Cordis: Von der Mysterienstätte des Menschenherzens,* Dornach 2003

Wilhelm Rath, *Rudolf Steiner und Thomas von Aquino,* Basel ²2010

A. D. Sertillanges, *Der heilige Thomas von Aquin*, Köln und Olten 1954

Berthold Wulf, *Thomas von Aquin – Doctor Angelicus,* Stuttgart 1982

### *Zu Rudolf Steiner, Ita Wegman und das Weiterschreiten in die Zukunft:*

Jesaiah Ben Aharon, *Das spirituelle Ereignis des 20. Jahrhunderts. Eine Imagination,* Dornach 1993.

Yeshayahu [Jesaiah] Ben Aharon, *Menschendämmerung und Auferstehung der Menschheit*, München 2021.

Dante Alighieri, *Die göttliche Komödie,* in Prosa nacherzählt von Kilian Nauhaus, Köln, 2014

Johann Valentin Andreae, *Die Chymische Hochzeit des Christian Rosenkreutz,* übertragen von Walter Weber, Dornach 2004

Dunja Batarilo, *Die Brückenbauerin. Wie Ute Craemer die Favela Monte Azul verwandelte,* Bad Vilbel 2014

Gerhard von Beckerath, *Der Leidensweg Rudolf Steiners,* Dornach 2011

Hermann Beckh, *Das Christus-Erlebnis im Dramatisch-Musikalischen von Richard Wagners «Parsifal»,* Stuttgart 1930

Mario Betti, *Platonismus-Aristotelismus und die Zukunft der Anthroposophie,* Stuttgart 2003

Mario Betti, *Zwölf Wege, die Welt zu verstehen,* Stuttgart 2007

Mario Betti, *Ein Weg zur Individualität Rudolf Steiners,* Stuttgart 2009

Gernot Böhme, *Am Ende des Baconschen Zeitalters,* Frankfurt am Main 1993

Margarete und Erich Kirchner-Bockholt, *Die Menschheitsaufgabe Rudolf Steiners und Ita Wegman,* Dornach, 1976/1981

Elias Canetti, *Das Gewissen der Worte*, Frankfurt am Main 1995

Malte Diekmann, *Der Weg der Initiation. Anthroposophie und die Neuen Mysterien,* Sammatz 2010

Fjodor Dostojewski, *Die Brüder Karamasow,* Frankfurt am Main 2019

Charles Eisenstein, *Die Krönung*, in ders., Thomas Hardtmuth, Christoph Hueck und Andreas Neider, *Corona und die Überwindung der Getrenntheit,* Stuttgart 2020

[Botho Sigwart zu Eulenburg], *Brücke über den Strom – Mitteilungen aus dem Leben nach dem Tode,* Schaffhausen 2008

Volker Fintelmann, *Intuitive Medizin,* Stuttgart [6]2016

Volker Fintelmann, *Das Herz als Sinnesorgan,* Berlin 2017

Volker Fintelmann, *Die Wiedergewinnung des Heilens. Wege zu einer christlichen Medizin*, Frankfurt 2017

Volker Fintelmann / Steffen Hartmann, *Mit Widar Zukunft schaffen,* Stuttgart 2019

Volker Fintelmann / Markus Treichler, *Seele & Leib in Gesundheit und Krankheit,* Frankfurt am Main 2019

Volker Fintelmann (Hrsg.), *Carl Gustav Carus. Begründer einer spirituellen Medizin und ihre Bedeutung für das 21. Jahrhundert,* Stuttgart 2007

Sigismund von Gleich, *Die Wahrheit als Gesamtumfang aller Weltansichten,* Stuttgart 1957

Johann Wolfgang von Goethe, *Die Geheimnisse*, in ders.: *Werke. Band 2*, Hamburger Ausgabe, München 1994

Corinna Gleide, *Die Geburt der geistigen Sonne. Meditative Wege und Erfahrungen*, Stuttgart [2]2021

Johannes Greiner, *Es ist alles ganz anders. Beiträge zur Aktualität der Anthroposophie,* Hamburg [3]2018

Johannes Greiner, *Die Spiritualität der Jugend und ihre Schatten,* Hamburg 2017

Johannes Greiner (Hrsg.), *Mit dem Menschheitsrepräsentanten unterwegs,* Steinbergkirche 2018

Johannes Greiner und Anton Kimpfler, *Elektronische Gefangenschaft?,* Hamburg 2019

Erdmuth Johannes Grosse, *Das Rätsel des Urvorstandes,* Dornach 2007

Roland Halfen, *Chartres. Schöpfungsbau und Ideenwelt im Herzen Europas, Band 4: Die Kathedralschule und ihr Umkreis*, Stuttgart & Berlin 2011

Judith von Halle, *Rudolf Steiner – Meister der Weißen Loge. Zur okkulten Biographie,* Dornach 2011

E. Leonora Hambrecht, *Aphorismen von Margarethe Hauschka über Ita Wegman,* Dürnau 2018

Wilfried Hammacher, *Marie Steiner. Lebensspuren einer Individualität,* Stuttgart 1998

Klaus Hartmann, *Wiederholung des Lebens bei Goethe und Schiller,* Kamp-Lintfort 2007

Steffen Hartmann, *Die Michael-Prophetie Rudolf Steiners und die Jahre 2012 bis 2033,* Hamburg [2]2018

Steffen Hartmann, Torben Maiwald und Anton Kimpfler (Hrsg.), *Aus Widars Wirken,* Hamburg [2]2020

Steffen Hartmann und Anton Kimpfler (Hrsg.), *Einstehen für die Zukunft – mit Michael und Widar,* Hamburg 2020

Steffen Hartmann, *Die Chymische Hochzeit des Christian Rosenkreutz: Das Geschehen in sieben Tagen und Nächten*, in *Stufen der Wandlung,* Birnbach 2013

G.W.F. Hegel, *Die Phänomenologie des Geistes,* Hamburg 1988

Günther Heuschkel, *Alchimia* Hamburg 2010

Gunnar Hillerdal / Berndt Gustafsson (Hrsg.), *Sie erlebten Christus,* Basel 1979

Hans Henny Jahnn, *Fluß ohne Ufer,* Hamburg 1994

Hermann Jülich, *In Gegensätzen miteinander,* Freiburg i.Br. 1994

Anton Kimpfler, *Das Ereignis der Gemeinschaft. Die Geisteswissenschaft und die neue Christusoffenbarung,* Freiburg i.Br. 1981

Anton Kimpfler, *Ankunft und Wiederkehr des Christus,* Dornach 2001

Anton Kimpfler, *In der Weltenwende,* Dortmund 1987, Neuauflage Hamburg 2020

Wolf-Ulrich Klünker, *Alanus an Insulis,* Stuttgart 1993

Johannes Kiersch, *In okkulter Gefangenschaft?,* Frankfurt am Main 2015

Gunhild von Kries, *Aus Liebe zur Musik,* Steinbergkirche 2012

Gunhild von Kries, *Zeit heilt. Begegnungen mit dem Klang der Zeit,* Schaffhausen 2003

Michael Kurtz, *Rudolf Steiner und die Musik,* Dornach 2015

*Das Evangelium nach Johannes,* übertragen von Bernd Lampe, Dürnau $^{6}$2004

Brunetto Latini, *Tesoretto,* übersetzt von Dora Baker, Stuttgart 1979

Salvatore Lavecchia, *Ichsamkeit,* Kassel 2018

Hans Erhard Lauer, *Die Wiedergeburt der Erkenntnis,* Freiburg i. Br. 1946

Hans Peter van Manen, *Marie Steiner – Über ihre Stellung im Weltenkarma,* Dornach 1998

Ekkehard Meffert, *Carl Gustav Carus,* Basel 1999

Thomas Meyer, *Rudolf Steiners «eigenste Mission». Ursprung und Aktualität geisteswissenschaftlicher Karmaforschung,* Basel $^{2}$2009

Thomas Meyer (Hrsg.), *Ein Leben für den Geist. Ehrenfried Pfeiffer (1899–1961)*, Basel 2003

Thomas Meyer, *Wegmarken,* Basel 2012

*Der Meditationsweg der Michaelschule. Ergänzungsband,* hrsg. von Thomas Meyer, Basel 2011

Helmuth von Moltke, *Dokumente zu seinem Leben und Wirken. Band 2,* hrsg. von Andreas Bracher und Thomas Meyer, Basel 2007

Andreas Neider, *Bodhisattva-Weg und Imitatio Christi im Lebensgang Rudolf Steiners*, Stuttgart 2020

Fred Poeppig, *Abenteuer meines Lebens,* Schaffhausen 1975

Sergej O. Prokofieff, *Menschen mögen es hören. Das Mysterium der Weihnachtstagung,* Stuttgart 2002

Sergej O. Prokofieff, *Die Grundsteinmeditation. Ein Schlüssel zu den neuen christlichen Mysterien,* Dornach 2003

Sergej O. Prokofieff, *Von der Beziehung zu Rudolf Steiner,* Dornach 2006

Sergej O. Prokofieff, *Rudolf Steiner und die Meister des esoterischen Christentums,* Dornach 2018

Sergej O. Prokofieff, *Rudolf Steiner – Fragment einer spirituellen Biographie,* Dornach 2020

Hella Krause-Zimmer, *Christian Rosenkreutz. Sich kreuzende Lebenswege,* Dornach 2001

Lorenzo Ravagli, *Selbsterkenntnis in der Geschichte – Anthroposophische Gesellschaft und Bewegung im 20. Jahrhundert. Band 1*, Sauldorf-Roth 2020

Paul Regenstreif, *Christian Rosenkreutz und seine Mission,* Dornach 1980

Harrie Salman, *Die soziale Welt als Mysterienstätte,* Hamburg 2020

Harrie Salman, *Valentin Tomberg und das Schicksal der platonischen Strömung in der Anthroposophie,* Steinbergkirche 2021

Martina Maria Sam, *Rudolf Steiner – Kindheit und Jugend,* Dornach 2018

Benjamin Schmidt, *Wilhelm Rath,* Stuttgart 2018

Wolfgang Schuchhardt, *Schicksal in wiederholten Erdenleben,* Band 1, Dornach 2007

Peter Selg, *Geistiger Widerstand und Überwindung. Ita Wegman 1933–1935,* Dornach 2005

Peter Selg, *Die letzten drei Jahre. Ita Wegman in Ascona 1940–1943,* Dornach 2006

Peter Selg, *Edith Maryon,* Dornach 2006

Peter Selg, *Marie Steiner-von Sivers*, Dornach, 2006

Peter Selg, *Ich bleibe bei Ihnen. Rudolf Steiner und Ita Wegman,* Stuttgart 2007

Peter Selg, *Rudolf Steiner und Christian Rosenkreutz,* Arlesheim 2010

Peter Selg, *Rudolf Steiner. 1861–1925: Lebens- und Werkgeschichte. Band 3*, Arlesheim 2012

Peter Selg, *Briefe und Meditationen für Ita Wegman. Zur Rehabilitierung Ita Wegmans. Band 1*, Arlesheim 2018

Peter Selg, *Die Intentionen Ita Wegmans 1925–1943. Zur Rehabilitierung Ita Wegmans. Band 2,* Arlesheim 2019

Peter Selg / Marc Desaules (Hrsg.), *Die Sozialgestalt der Weihnachtstagung,* Arlesheim, 2014

Kaj Skagen, *Anarchist, Individualist, Mystiker. Rudolf Steiners frühe Berliner Jahre 1897–1902,* Basel 2020

Marie Steiner, *Briefe und Dokumente,* Dornach 1981

Rudolf Steiner, *Wahrheit und Wissenschaft,* GA 3

Rudolf Steiner, *Die Philosophie der Freiheit,* GA 4

Rudolf Steiner, *Theosophie,* GA 9

Rudolf Steiner, *Wie erlangt man Erkenntnisse der höheren Welten?,* GA 10

Rudolf Steiner, *Aus der Akasha-Chronik,* GA 11

Rudolf Steiner, *Die Geheimwissenschaft im Umriss,* GA 13

Rudolf Steiner, *Die Rätsel der Philosophie,* GA 18

Rudolf Steiner, *Anthroposophische Leitsätze,* GA 26

Rudolf Steiner/Ita Wegman, *Grundlegendes für eine Erweiterung der Heilkunst,* GA 27

Rudolf Steiner, *Mein Lebensgang,* GA 28

Rudolf Steiner, *Philosophie und Anthroposophie,* GA 35

Rudolf Steiner, *Briefe Band I,* GA 38

Rudolf Steiner, *Briefe Band II*, GA 39,

Rudolf Steiner, *Wahrspruchworte,* GA 40

Rudolf Steiner, *Die Philosophie des Thomas von Aquino,* GA 74

Rudolf Steiner, *Die Tempellegende und die Goldene Legende,* GA 93

Rudolf Steiner, *Die Theosophie des Rosenkreuzers,* GA 99

Rudolf Steiner, *Der Orient im Lichte des Okzidents. Die Kinder des Luzifer und die Brüder Christi,* GA 113

Rudolf Steiner, *Das Ereignis der Christus-Erscheinung in der ätherischen Welt,* GA 118

Rudolf Steiner, *Okkulten Geschichte,* GA 126

Rudolf Steiner, *Das esoterische Christentum und die geistige Führung der Menschheit,* GA 130

Rudolf Steiner, *Der irdische und der kosmische Mensch,* GA 133

Rudolf Steiner, *Erfahrungen des Übersinnlichen. Die drei Wege der Seele zu Christus,* GA 143

Rudolf Steiner, *Der menschliche und der kosmische Gedanke,* GA 151

Rudolf Steiner, *Der innere Aspekt des sozialen Rätsels. Luziferische Vergangenheit und ahrimanische Zukunft,* GA 193

Rudolf Steiner, *Die Sendung Michaels,* GA 194

Rudolf Steiner, *Mysteriengestaltungen,* GA 232

Rudolf Steiner *Die Weltgeschichte in anthroposophischer Beleuchtung,* GA 233

Rudolf Steiner, *Mysterienstätten des Mittelalters,* GA 233a

Rudolf Steiner, *Esoterische Betrachtungen karmischer Zusammenhänge. Band I bis VI*, GA 235 bis GA 240

Rudolf Steiner, *Das Initiaten-Bewusstsein,* GA 243

Rudolf Steiner, *Die Grundsteinlegung der Allgemeinen Anthroposophischen Gesellschaft 1923/24*, Dornach 1986

Rudolf Steiner, *Die Weihnachtstagung zur Begründung der Allgemeinen Anthroposophischen Gesellschaft 1923/24*, GA 260

Rudolf Steiner, *Unsere Toten,* GA 261

Rudolf Steiner und Marie Steiner-von Sivers, *Briefwechsel und Dokumente 1901 – 1925*, GA 262

Rudolf Steiner / Edith Maryon, *Briefwechsel,* GA 263/1

Rudolf Steiner, *Das Zusammenwirken von Ärzten und Seelsorgern, Pastoral-Medizinischer Kurs,* GA 318

Rudolf Steiner, *Moral und Christentum,* Dornach 1994

*Die Oberuferer Weihnachtsspiele nach Karl Julius Schröer und Rudolf Steiner,* Dornach 1997

Valentin Tomberg, *Sieben Vorträge über die innere Entwicklung des Menschen,* Schönach 1993

Valentin Tomberg, *Die Grundsteinmeditation Rudolf Steiners,* Schönach 1993

Valentin Tomberg, *Die vier Christusopfer und das Erscheinen des Christus im Ätherischen,* Schönach 1994

Elisabeth Vreede / Thomas Meyer, *Die Bodhisattvafrage,* Basel 1989

Ita Wegman, *An die Freunde,* Arlesheim 1968

Nora von Baditz (Hrsg.), *Aus Michaels Wirken. Eine Legendensammlung mit Betrachtungen von Ita Wegman und einem Beitrag von Herbert Hahn*, Stuttgart 1988

Gerhard Wehr, *Rudolf Steiner,* Zürich 1993

*Die Bruderschaft der Rosenkreuzer,* herausgegeben von Gerhard Wehr, München 1990

Emanuel Zeylmans van Emmichoven, *Wer war Ita Wegman, Eine Dokumentation, Band 1, 1876 bis 1925,* Dornach ³2004

Emanuel Zeylmans van Emmichoven, *Wer war Ita Wegman, Eine Dokumentation, Band 2, 1925 bis 1943,* Dornach 1992

Emanuel Zeylmans van Emmichoven, *Wer war Ita Wegman, Eine Dokumentation, Band 3, Kämpfe und Konflikte 1924 bis 1943,* Dornach 1992

Emanuel Zeylmans van Emmichoven, *Die Erkraftung des Herzens*, Arlesheim 2009

*Ita Wegman und die Anthroposophie. Ein Gespräch mit Emanuel Zeylmans,* Flensburger Hefte, Sonderheft Nr. 17, Winter 1996

*Erinnerungen an Ita Wegman,* Arlesheim 1945

*Ita Wegmans Erdenwirken aus heutiger Sicht,* Arlesheim 1980

Frederik Willem Zeylmans van Emmichoven, *Der Grundstein*, Stuttgart 1980

**Steffen Hartmann**, geboren 1976 in Freiburg im Breisgau, studierte von 1998 bis 2003 Klavier in Hamburg bei Karin van Buiren. Als Liedbegleiter besuchte er Meisterkurse bei Elisabeth Schwarzkopf und Dietrich Fischer-Dieskau. Parallel zum Musikstudium privates Philosophie- und Anthroposophie-Studium. 2007 gründete er das Institut MenschMusik Hamburg, zusammen mit Matthias Bölts, das neue Wege in der Musikerausbildung beschreitet. Dozent bei MenschMusik und in der Leitung des Instituts bis 2014.

Zusammen mit Torben Maiwald gründete er 2012 den Verlag Edition Widar, in dem unter anderem einige seiner Bücher erschienen sind. Seit 2012 ist er im Zweig am Rudolf Steiner Haus Hamburg verantwortlich tätig. Mittlerweile geht er einer internationalen Vortrags-, Seminar- und Konzerttätigkeit nach. Einladungen erfolgten in Deutschland, der Schweiz, Österreich, Finnland, Norwegen, Litauen, Griechenland und Brasilien.

Steffen Hartmann begann seinen meditativen Erkenntnisweg auf Grundlage der Anthroposophie im Jahre 1997. Er forscht zu Grundfragen der anthroposophischen Geisteswissenschaft, Reinkarnation und Karma, zur Kunst der Meditation und zu musikalischen Phänomenen und Werken.

*Veröffentlichungen / Bücher von Steffen Hartmann:*

*Wege zum Geist. Zum Lebenswerk von Anton Kimpfler*, Hamburg 2012, 2. Aufl. 2016

*Von der Philosophie zur Anthroposophie*, Hamburg 2013, 2. Aufl. 2016

*Aus Widars Wirken* (Mitherausgeber), Hamburg 2014, 2. Aufl. 2020

*Geistesgegenwart und Schöpferkraft* (zusammen mit Anton Kimpfler), Hamburg 2015

*Die Michael-Prophetie Rudolf Steiners und die Jahre 2012 bis 2033*, Hamburg 2017, 2. Aufl. 2018

*Vom Schicksal der Töne in unserer Zeit*, Hamburg 2018

*Benjamin oder das Kind über den Wolken,* Hamburg 2019

*Mit Widar Zukunft schaffen* (zusammen mit Volker Fintelmann,) Verlag Freies Geistesleben, Stuttgart 2019

*Einstehen für die Zukunft – mit Michael und Widar,* (Mitherausgeber), Hamburg 2020

*Engel denken. Ein Erkenntnisweg*, Hamburg 2021

Veröffentlichungen / Bücher in anderen Sprachen:

*Henkinen läsnäolo ja luova voima,* Helsinki 2019 (finnisch)

*The Michael Prophecy and the Years 2012–2033,* Temple Lodge 2020 (englisch)

*Ur Vidars Verksamhet,* Wra Förlag, Järna 2020 (schwedisch)